Taranto

Golfo di Taranto

Bari

PUGLIA

BASILICATA

CALABRIA

Potenza

CAMPANIA

Vesuvio

Napoli

Pompei

Amalfi

Reggio

Messina

Taormina

Etna

Catania

Ragusa

SICILIA

Ischia

Capri

Isole Lipari

Palermo

Mare Ionio

Mare Tirreno

Mare Mediterraneo

Nord

SARDEGNA

Sassari

Cagliari

TUNISIA

AFRICA

CIAO!

CIAO!

CARLA FEDERICI
San José State University

CARLA LARESE RIGA
Stanford University

HOLT, RINEHART and WINSTON

New York • Chicago • San Francisco • Philadelphia
Montreal • Toronto • London • Sydney • Tokyo
Mexico City • Rio de Janeiro • Madrid

Publisher   Nedah Abbott
Acquisitions Editor   Vincent Duggan
Senior Project Editor   Ines Greenberger
Production Manager   Lula Als
Design Supervisor   Renée Davis
Illustrator   Ed Malsberg
Text Designer   Carmen Cavazos
Photo Researcher   Rona Tuccillo

Photo and literary credits appear on page 441.

Library of Congress Cataloging-In-Publication Data

Federici, Carla
  Ciao!

  English and Italian.
  Includes index.
  1. Italian language—Text-books for foreign speakers—English.
II. Riga, Carla Larese.   II. Title
PC1128.F43   1985   458.2′421   85-8588

ISBN 0-03-069333-0

Address correspondence to:
383 Madison Avenue
New York, NY 10017

6789   032   987654321

CBS COLLEGE PUBLISHING
Holt, Rinehart and Winston
The Dryden Press
Saunders College Publishing

To Marino Cavalca,
my father.
C.F.

_____

To my daughters,
Liliana and Roberta
C.L.R.

PREFACE

Ciao! is a first-year college-level Italian textbook that emphasizes the active use of the language without neglecting the other basic language skills. It reflects the authors' long experience teaching beginning Italian and answers the need for a practical approach to learning the language.

The unique organization of the lexical and grammatical material distinguishes *Ciao!* from other Italian textbooks. Each chapter is in fact identifiable both from its vocabulary theme and its grammar content.

Each chapter title announces that chapter's particular theme, which is introduced in the opening dialogue, amplified in the unique feature of *Studio di Parole,* and then reflected and expanded upon throughout the chapter. This emphasis allows students to assimilate the vocabulary gradually, proceeding from practical and limited situations to broader and more abstract ones.

A similar "crescendo" pattern distinguishes the presentation of grammatical structures. Everyone is aware of the difficulties and frustrations that beginning language students experience while trying to assimilate many new concepts in a short period of time. In the first four chapters students have to deal only with a few basic concepts such as the conjugation of **essere** and **avere** in the present tense, articles, nouns, adjectives, and contractions. The resulting pace allows students to feel comfortable while mastering the new structures, and thus encourages them to express themselves with confidence from the start. This effort to grade the sequence of grammatical structures is consistent throughout the entire textbook. Whenever possible, the presentation of each main grammatical topic has been confined to a single chapter, to avoid dispersion and to facilitate the student's task of reviewing a given structure.

ORGANIZATION

Ciao! consists of 24 chapters, each comprised of the following sections:

1. *Dialogo* This section introduces the chapter's theme in a simple, realistic, and lively manner. It provides further practice for previously learned concepts, while introducing new ones. The difficulty of the latter, however, is kept to a minimum and is usually clarified by marginal glosses. A set of questions tests the students' understanding of the dialogue.

2. *Studio di parole* This focuses on the lexical topic announced in the dialogue to help build vocabulary that is both necessary and practical. The instructor may use it as a springboard for meaningful conversation and personalized questions. The exercise that follows this section, together with the illustration, will also help sustain and reinforce conversation.

3. *Punti grammaticali*   The grammar section presents three to five grammar topics, in order of importance. An effort has been made to concentrate on the essential, and to explain grammar in a clear and concise way. Each grammar point is preceded by one or a series of captioned vignettes, which are a very distinctive feature of this section. They serve as excellent instructional devices by simplifying grammar visually and graphically, in a light and often humorous vein. Abundant charts and examples are also used throughout this section. The varied exercises that follow are designed to develop the students' self-confidence in using each grammatical structure. They proceed from mechanical drills to situational exercises that demand more complex reactions and often involve exchange between two or more students. The grammar explanations, as well as the exercise instructions, are written in English to make them more accessible to all students, particularly during home assignments. It is assumed, however, that the instructor will conduct the class in Italian.

4. *Lettura*   This reading section culminates the chapter by integrating and emphasizing grammatical structures and vocabulary in the chapter. Written in the form of narrative, dialogue, or a combination of both, the readings deal with scenes from everyday life and are of personal interest to the students. The students' enjoyment is heightened because they have already mastered the words and structures involved. Two sets of questions follow the *Lettura*. The first set asks questions pertaining directly to the reading, the second involves student participation. Additional activities are provided, including a translation exercise. These activities offer students extra opportunities for self-expression, creativity, and writing practice.

5. *Vocabolario*   This vocabulary list contains all new words appearing in the chapter that are not covered in *Studio di parole*.

6. *Pagina culturale*   This final reading is related to the lexical theme of the chapter and offers a wealth of information on Italian life and culture. Although many words are glossed, this section is a challenge to the students because it encourages them to develop their ability to grasp ideas without relying on word-for-word translation. The instructor may use these cultural readings to prompt additional discussions about Italy's history, people, and culture.

In addition, selected poems and proverbs are interspersed throughout the text providing, with the photos and other visual elements, a lively picture of Italy, its language, and its culture.

COURSE STRATEGY

The great variety of learning strategies in *Ciao!* provides a high degree of flexibility in structuring the course, according to the needs of individual classes and students. The numerous exercises allow instructors to disregard some that may seem less suited to their teaching methods and techniques. This textbook is designed for use in both the two semester year and the three quarter year. In view of the light content of the first chapters, the authors strongly suggest, for the three quarter year, that chapters 1–10 be completed in the first quarter, chapters 11–17 in the second quarter, and chapters 18–24 in the third quarter. Chapter 10, however, is for its content a transitional chapter, and may be introduced either at the end of the first quarter or at the beginning of the second.

Ciao! is complemented by a preliminary chapter (*Capitolo preliminare*); an appendix with verb conjugations; vocabularies; and an index. The preliminary chapter deals with Italian pronunciation, syllabication, accentuation, intonation, and cognates. The Italian-English vocabulary is a summary of the *Studio di parole* and *Vocabolario* sections. The English-Italian vocabulary contains all the basic words and those needed for the translation exercises.

A *Laboratory Manual/Workbook* is available as a supplement to *Ciao!* Its material is coordinated, chapter by chapter, with the textbook and a tape program.

In conclusion, we believe that the approach of this textbook is pedagogically sound, providing practical knowledge of Italian and presenting it with a degree of humor.

ACKNOWLEDGMENTS

We would like to thank our students for their help and patience during the class testing of the material. We also greatly acknowledge the assistance of Mrs. Charlotte Freeman, Mrs. Jane Bahr and Miss Mary Ann Brunetto who reviewed the manuscript, or portions of it, with a critical eye. We are indebted to Professor Mario Federici for his suggestions, assistance, and support during the preparation of this text. Special thanks are due to the editorial staff of Holt, Rinehart and Winston for their invaluable assistance offered throughout the project and to the following reviewers whose comments helped shape this book:

Rocco Capozzi, *University of Toronto*
Luciano Farina, *Ohio State University*
Herman Haller, *Queens College, New York*
Emmanuel Hatzantonis, *University of Oregon*
Richard Hilary, *Florida State University*
Louis Kibler, *Wayne State University, Detroit*
Christopher Kleinhenz, *University of Wisconsin, Madison*
Harry Lawton, *University of California, Santa Barbara*
Rosabianca Tuzzo LoVerso, *IL CAFFE, Sacramento*
Mario Mignone, *SUNY, Stony Brook*
Augustus Pallotta, *Syracuse University*
Joy Potter, *University of Texas, Austin*
Mary Ricciardi, *University of Missouri, Columbia*

Carla Federici
Carla Larese Riga

CONTENTS

C I A O !

CAPITOLO PRELIMINARE

There are 21 letters in the Italian alphabet. Their written forms and names are:

a	a	*h*	acca	*q*	cu
b	bi	*i*	i	*r*	erre
c	ci	*l*	elle	*s*	esse
d	di	*m*	emme	*t*	ti
e	e	*n*	enne	*u*	u
f	effe	*o*	o	*v*	vu (*or* vi)
g	gi	*p*	pi	*z*	zeta

Five additional letters appear in words of foreign origin:

j	i lunga	*w*	doppia vu	*y*	ipsilon
k	cappa	*x*	ics		(*or* i greca)

The following sections deal primarily with spelling-sound correspondences in Italian and their English equivalents. Listen carefully to your instructor and then repeat the examples. Practice the pronunciation exercises recorded on the tapes; they have been devised to help you acquire a good pronunciation. In describing Italian sounds, we will make use of the international phonetic symbols (given between slants). You will notice that spellings and sounds in Italian are almost always identical. This is particularly true of vowel sounds.

1. Vowels (Vocali)

In Italian there are five basic vowel sounds that correspond to the five letters **a, e, i, o, u**. Two of these letters, **e** and **o**, may have a closed or an open sound. Contrary to English vowels, Italian vowels are pure vowels, that is, they represent only one sound. Whatever their position in the word, they are always pronounced the same way. They are never slurred or glided. When pronouncing them, lips, jaws and tongue must be kept in the same tense position to avoid off-glide. The vowels will be presented according to their point of articulation, **i** being the first of the front vowels and **u** the last of the back vowels, as illustrated in the diagram below:

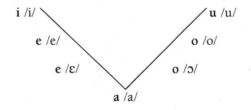

i	/i/	is like *i* in *marine*.	I vini di Rimini.
e	/e/	is like *a* (without glide) in *late*.	Se Ebe vede te.
e	/ɛ/	is like *e* in *let*.	Ecco sette fratelli.
a	/a/	is like *a* in *father*.	La mia cara mamma.
o	/ɔ/	is like *o* in *soft*.	Oggi no.
o	/o/	is like *o* in *oh*.	Nome e cognome.
u	/u/	is like *u* in *rule*.	Una musica pura.

2. Diphthongs (Dittonghi)

When **i** and **u** are unstressed and precede or follow another vowel, they form with this vowel a diphthong and acquire the semivowel sounds /j/ and /w/.

i	/j/	is like *y* in *yet*.	Più piano. Lei e lui.
u	/w/	is like *u* in *wet*.	Un uomo buono.

When two semivowels combine with a vowel, they form a triphthong (**miei, tuoi, guai**).
The vowels that form a diphthong or a triphthong are pronounced with just one emission of voice and correspond to just one syllable.

3. Consonants (Consonanti)

Many single consonants are pronounced in Italian as they are in English. The sounds of the consonants **b, f, m, n,** and **v** present no difference in the two languages. Several consonant sounds, however, need special attention because of the manner in which they are pronounced or the way they are spelled. In general, Italian consonants are clear-cut and without aspiration.

h is always silent:

ha   hanno   ahi!   oh!   hotel

d /d/ and **t** /t/ are similar to English but more dentalized:

due   denti   vado   grande   modo
tre   Tivoli   alto   tempo   molto

p /p/ is as in English but less plosive:

papa   Padova   dopo   piano   parola

q /kw/ is always followed by the letter **u** and is pronounced like *qu* in *quest:*

qui   quando   Pasqua   quale   quaderno

l /l/ is produced more forward in the mouth than in English:

la   lira   lei   libro   lingua

r /r/ is trilled. It is pronounced by pointing the tip of the tongue toward the gum of the upper front teeth:

Roma   caro   treno   amore   vero

s /z/ is pronounced as in *rose* when it is between vowels or when it begins a word in combination with the voiced consonants **b, d, g, l, m, n, r,** and **v:**

rosa   paese   esame   snob   sviluppo

s is voiceless /s/ as in *sell* in all other cases:

sto   studio   destino   rosso   sera

z is sometimes voiced /dz/ as in *beds,* sometimes voiceless /ts/ as in *bets:*

	/dz/		/ts/	
zero	romanzo	marzo	Venezia
zeta	mezzo	pizza	grazie

c and **g** before **i** or **e** are soft /č/, /ǧ/ as in *chill* and *gentle:*

cento   baci   ciao   Cesare   cinema
gesto   gentile   giorno   viaggio   pagina

c and **g** in all other cases are hard /k/, /g/ as in *call* and *go:*

poco   caffè   caro   amico   cura   classe   scrivere
pago   guida   lungo   guerra   gusto   grosso   dogma

ch and **gh** (found only before **e** or **i**) are also hard /k/, /g/:

che   chi   pochi   perchè   cuochi
aghi   righe   laghi   ghetto   paghiamo

gli /ʎ/ sounds approximately like *lli* in *million:*

gli   foglio   figlio   famiglia   voglio

gn /ɲ/ sounds approximately like *ni* in *onion:*

ogni   signora   lavagna   cognome   insegnare

sc before **i** or **e** has a soft sound /ŝ/ as in *shell:*

sciare   pesce   scienza   scena   scemo

sch before **i** or **e** sounds hard /sk/ as in *skill:*

schiavo   schema   dischi   mosche   maschio

---

4. Double consonants (Consonanti doppie)

Double consonants are a characteristic of Italian. The sound of a double consonant is longer than the sound of a single consonant. To pronounce it correctly, it is necessary to shorten the sound of the preceding vowel and hold the sound of the double consonant twice as long. (A similar phenomenon may also be observed in English when pronouncing pairs of words such as *miss school; met Tim.*) The reverse happens when pronouncing a single consonant. In this case one should keep the sound of the preceding vowel longer, especially if the vowel is stressed. Compare:

sono / sonno	sera / serra
casa / cassa	sano / sanno
rosa / rossa	camino / cammino
speso / spesso	lego / leggo

---

5. Syllabication (Sillabazione)

Phonetically, the tendency in Italian is, whenever possible, to begin the syllable with a consonant sound and to end it with a vowel sound. Grammatically, the separation of a word in syllables follows these rules:

a. a single consonant between two vowels belongs with the following vowel or diphthong:

a-ma-re   no-me   i-ta-lia-no   be-ne   le-zio-ne

b. double consonants are always divided:

bel-lo   mez-zo   sil-la-ba   mam-ma   ra-gaz-za

c. a combination of two different consonants belongs with the following vowel, unless the first consonant is **l**, **m**, **n**, or **r**. In this case the two consonants are divided:

pre-sto   so-pra   si-gno-ra   pri-ma   li-bro
but: pron-to   gior-no   El-vi-ra   par-to   dor-mi   lam-po

d. in a combination of three consonants the first goes with the preceding syllable, except **s** which goes with the following syllable:

al-tro   sem-pre   en-tra-re   im-pres-sio-ne   in-gle-se
but: fi-ne-stra   spre-mu-ta   gio-stra   sdra-io   e-sper-to

e. unstressed **i** and **u** are not divided from the vowel they combine with:

uó-mo	piá-no	pié-de	Gio-van-ni	Eu-ro-pa
but: mí-o	zí-i	po-e-sí-a	pa-ú-ra	far-ma-cí-a

---

6. Stress (Accento tonico)

The great majority of Italian words are stressed on the next-to-the-last syllable:

signóra   bambíno   ragázzo   cantáre   veníre

Several words are stressed on the last syllable; these words have a written accent on the last vowel. Although the accent mark can be grave (`) or acute (´), most Italians normally use the grave accent, and this practice is followed in this text.

città   virtù   perchè   lunedì   così

A few monosyllabic words do not carry a stress mark, except to distinguish two words that are spelled the same but have a different meaning:

e   (*and*) vs. **è** (*is*)
da   (*from*) vs. **dà** (*gives*)
te   (*you*) vs. **tè** (*tea*)
si   (*oneself*) vs. **sì** (*yes*)
se   (*if*) vs. **sè** (*self*)
la   (*the*) vs. **là** (*there*)

Some words have the stress on the third-from-the-last syllable and a few verb forms on the fourth-from-the-last syllable:

sábato   cómpito   távola   difícile   diménticano

When the stress does not fall on the next-to-the-last syllable, or in case the word ends in a diphthong, the stress has been indicated by a dot under the stressed syllable to help the student:

fạcile   spiạggia   prạticano

---

7. Intonation (Intonazione)

In general the Italian sentence follows a homogeneous rhythm. Each syllable is important in determining its tempo. Pronounce the following sentence maintaining smooth, even timing:

Sono Marcello Scotti.	So	-	no	-	Mar	-	cel	-	lo	-	Scot	-	ti.
	1		2		3		4		5		6		7

In general the voice follows a gently undulated movement, usually dropping toward the end, when the meaning is completed. In a question, however, the voice rises on the last syllable:

Declarative sentence: I signori Bettini sono di Milano.

Interrogative sentence: Sono di Milano i signori Bettini?

II. Cognates (Parole affini per origine)

While studying Italian, you will encounter many cognates, that is, Italian words that look like English and have similar meanings, because they have a common origin. The following are a few tips that should help you recognize and use cognates.

1. Nouns ending in:
-ia in Italian and -y in English.

biologia	*biology*	**filosofia**	*philosophy*
sociologia	*sociology*	**anatomia**	*anatomy*

-ica in Italian and -ic(s) in English.

musica	*music*	**politica**	*politics*
repubblica	*republic*	**matematica**	*mathematics*

-tà in Italian and -ty in English.

città	*city*	**identità**	*identity*
società	*society*	**università**	*university*

-za in Italian and -ce in English.

importanza	*importance*	**eleganza**	*elegance*
violenza	*violence*	**pazienza**	*patience*

-zione in Italian and -tion in English.

nazione	*nation*	**attenzione**	*attention*
educazione	*education*	**situazione**	*situation*

-ore in Italian and -or, -er in English.

attore	*actor*	**dottore**	*doctor*
professore	*professor*	**motore**	*motor*

-ario in Italian and -ary in English.

segretario	*secretary*	**vocabolario**	*vocabulary*
salario	*salary*	**funzionario**	*fonctionary*

-**ista** in Italian and -*ist* in English.

artista	*artist*	**violinista**	*violinist*
pianista	*pianist*	**ottimista**	*optimist*

2. Adjectives ending in:
-**ale** in Italian and -*al* in English.

speciale	*special*	**personale**	*personal*
originale	*original*	**sentimentale**	*sentimental*

-**etto** in Italian and -*ect* in English.

perfetto	*perfect*	**corretto**	*correct*
eretto	*erect*	**diretto**	*direct*

-**ico** in Italian and -*ical* in English.

tipico	*typical*	**classico**	*classical*
politico	*political*	**geografico**	*geographical*

-**oso** in Italian and -*ous* in English.

generoso	*generous*	**curioso**	*curious*
nervoso	*nervous*	**ambizioso**	*ambitious*

3. Verbs ending in:
-**care** in Italian and -*cate* in English.

educare	*educate*	**indicare**	*indicate*
complicare	*complicate*	**masticare**	*masticate*

-**izzare** in Italian and -*ize* in English.

organizzare	*organize*	**simpatizzare**	*sympathize*
analizzare	*analyze*	**minimizzare**	*minimize*

-**ire** in Italian and -*ish* in English.

finire	*to finish*	**abolire**	*to abolish*
punire	*to punish*	**stabilire**	*to establish*

CIAO!

Ciao, Gabriella, come va?

UNA PRESENTAZIONE

an introduction

Franco **presenta** la signorina Marini a un amico.

introduces

Franco	Ciao, Claudio. Come va?
Claudio	Bene, grazie, e tu?
Franco	Bene. Claudio, *ti presento* Gisella Marini, un'amica.
Claudio	Molto piacere.
Gisella	Piacere.
Claudio	Di dov'è Lei, signorina?
Gisella	Sono di Roma.
Franco	Gisella è studentessa di biologia *qui* a Milano.
Claudio	*Davvero?* Anch'io sono studente di biologia.
Franco	Scusa, Claudio, *ma siamo in ritardo*. Arriverderci.
Claudio	Ciao. ArrivederLa, signorina.
Gisella	ArrivederLa.

I introduce (to) you

here
Really?
but we are late

STUDIO DI PAROLE

ESPRESSIONI DI CORTESIA

Ciao! Hello. Good-bye.

Buon giorno, signore. Good morning (good day), Sir.

Buona sera, signora. Good evening, Madam.

Buona notte, signorina. Good night, Miss.

Arrivederci.
ArriverderLa. (*formal sing.*) } Good-bye.

Sono Marcello Scotti. Molto piacere. I am Marcello Scotti. Nice to meet you.

Per favore; Per piacere. Please.

Grazie. Thank you.

Prego. You're welcome.

Scusi. (*formal sing.*) Scusa. (*familiar sing.*) Excuse me.

Come stai? Come va?
Bene, grazie, e tu? } *familiar sing.*

Come sta?
Bene, grazie, e Lei? } *formal sing.*

How are you?
Fine, thank you, and you?

ESERCIZIO SU STUDIO DI PAROLE

Look at the drawings in the Studio di Parole and state what the people in each vignette are saying. In some instances you have more than one choice.

PUNTI GRAMMATICALI

I. Essere *(to be)*

Marcello è in classe con Gabriella.

Essere *(to be)* is an irregular verb. It is conjugated in the present tense as follows:

Person	Singular	Plural
1st	io **sono** (*I am*)	noi **siamo** (*we are*)
2nd	tu **sei** (*you are, familiar*)	voi **siete** (*you are, familiar*)
3rd	lui **è** (*he is*) lei **è** (*she is*) Lei **è** (*you are, formal*)	loro **sono** (*they are*) Loro **sono** (*you are, formal*)

1. There are many rules regarding verbs and their usage:

a. Contrary to English verbs, Italian verbs have a different ending for each person.

b. The negative of a verb is formed by placing **non** before the verb.

Non siamo a teatro.	*We are not at the theater.*
Marcello **non è** in classe.	*Marcello is not in class.*

c. The interrogative form of a verb is formed either by placing the subject at the end of the sentence or by leaving it at the beginning of the sentence. There is a change in intonation, and the pitch rises at the last word:

È studentessa Gabriella? Gabriella è studentessa?	*Is Gabriella a student?*
È in classe?	*Is she in class?*

2. The subject pronouns in Italian are:

io	*I*	**noi**	*we*
tu	*you (familiar sing.)*	**voi**	*you (familiar pl.)*
lui, lei	*he, she*	**loro**	*they*
Lei	*you (formal sing.)*	**Loro**	*you (formal pl.)*

a. The subject pronoun *you* is expressed in Italian in several ways: **tu** (singular) and **voi** (plural) are the familiar forms. They are used to address relatives, close friends, and children, as well as when young people address one another.

Io sono di Pisa, e tu?	*I am from Pisa, and you?*
Siete a scuola voi oggi?	*Are you in school today?*

Lei (singular) and **Loro** (plural) are formal forms and are used among persons who are not well acquainted. **Lei** and **Loro** are used for both men and women. They take, respectively, the third person singular and the third person plural of the verb and are usually written with a capital **L** to distinguish them from **lei** (*she*) and **loro** (*they*).

— *Io sono di Pisa, e **Lei?***
— *Io sono di Bagdad.*

Io sono ingegnere, e Lei?	*I am an engineer, and you?*
Noi siamo di Roma, e Loro?	*We are from Rome, and you?*

b. In Italian the subject pronouns are often omitted, since the subject of the sentence is indicated by the verb ending. However, the subject pronouns are used for emphasis and for avoiding ambiguities.*

Sono Marcello.	*I am Marcello.*
Io sono Marcello.	*I am Marcello.* (emphatic)
Pio e Lina non sono a casa: lui è a Roma, lei è a Pisa.	*Pio and Lina are not at home: he is in Rome, she is in Pisa.* (for clarification)

The pronouns **it and **they**, when referring to animals and things, are usually not expressed in Italian.*

E S E R C I Z I

A. *Substitute the subject with each subject in parentheses and make the appropriate verb change.*

1. Io sono in America. (Lei; tu; Pietro; voi; Lia e Mario)
2. Luigi è a casa. (noi; tu e Gabriella; Loro)
3. Noi siamo con un amico. (la signora; voi; loro; tu e Pia)

B. *Complete with the correct present tense form of essere.*

ESEMPIO: **Los Angeles** ———— in America. *Los Angeles è in America.*

1. Giuseppe ———— con Mirella.   2. Francesca e io non ———— a Firenze; ———— a Milano.
3. Madrid ———— in Spagna.   4. Tu e lei ———— in California; non ———— in Florida.
5. Lui non ———— dottore; ———— ingegnere.   6. San Francisco e Chicago ———— in America.   7. Piazza San Marco ———— a Venezia.   8. Gabriella ———— un'amica di Marcello.
9. Tu ———— a scuola.

C. *Make the following sentences interrogative.*

ESEMPIO: **Anna è professoressa.** *È professoressa Anna?* or *Anna è professoressa?*

1. Napoli è una città.   2. Loro sono a teatro.   3. Tu sei con un amico.   4. Lui è dottore.
5. Franco è in classe.   6. Voi siete a San Francisco.

D. *One student will turn the following statements into questions and another will answer in the negative.*

ESEMPIO: **Marco è dottore.**   *È dottore Marco?*
                                        No, Marco non è dottore.

1. Marcello è con un ragazzo.   2. Francesca è una signorina.   3. Lei (*you*) è professore.   4. Tu sei di Roma.   5. Voi siete di Napoli.   6. Pavarotti è a New York.   7. Chicago è in Europa.

II. **The indefinite article**

— *Gabriella è **una** signora?*
— *No, Gabriella è **una** ragazza. È **un'**amica di Marcello.*

1. In Italian the indefinite article must agree in gender with the noun, which is either masculine or feminine.

a. Nouns ending in **-o** are generally masculine, and nouns ending in **-a** are generally feminine.

b. There is a class of nouns that end in **-e**; these nouns can be either masculine *or* feminine.

giorno (*m.*)   studente (*m.*)   sera (*f.*)   classe (*f.*)

2. The indefinite article has the following forms: the masculine forms **un, uno** and the feminine forms **una, un'**, according to the first letter of the noun it precedes. The indefinite article does not have a plural form.

		Masculine	Feminine
before	consonant	**un** libro	**una** casa
	vowel	**un** amico	**un'**amica
	z	**uno** zoo	**una** zebra
	s + consonant	**uno** studente	**una** studentessa

3. When a noun indicates a profession, the indefinite article is generally omitted.

Paolo è dottore, ed io sono professore. | *Paolo is a doctor, and I am a professor.*

E S E R C I Z I

Supply the appropriate indefinite article.

1. ragazzo   2. ragazza   3. amico   4. amica   5. signorina   6. signore (*m.*)   7. signora
8. professore (*m.*)   9. professoressa   10. studente (*m.*)   11. studentessa   12. scuola
13. classe (*f.*)   14. studio   15. lettera   16. consonante (*f.*)   17. vocale (*f.*)   18. verbo
19. nome (*m.*)   20. pronome (*m.*)   21. frase (*f.*)   22. vocabolario   23. libro

III. *Interrogative expressions*

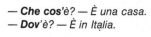

— **Che cos'**è? — *È una casa.*
— **Dov'**è? — *È in Italia.*

The interrogative expressions are:

Chi?	*Who? Whom?*	**Chi** è Marcello?	*Who is Marcello?*
Che cosa?			
Cosa?	*What?*	**Cos'è** un pronome?	*What is a pronoun?*
Che?			
Come?	*How?*	**Com'è** Firenze?	*How is Florence?*
Dove?	*Where?*	**Dov'è** Palermo?	*Where is Palermo?*
Quando?	*When?*	**Quando** sei a casa?	*When are you at home?*

Cosa, come, dove, and **quando** are elided before a vowel sound.

Cos'è?	*What is it? or What is he (she)?*
Dov'è?	*Where is it? or Where is he (she)?*

━━━━━ E S E R C I Z I ━━━━━

Ask the questions for the following answers by using chi, che (che cosa, cosa), come, dove, or quando.

ESEMPIO: **Io sono in classe.**   *Dove sei?*

1. *Romeo e Giulietta* è una tragedia di Shakespeare.   **2.** Io sono un amico di Francesca.   **3.** Pechino è in Cina.   **4.** Genova è un porto in Italia.   **5.** Piazza San Marco è a Venezia.   **6.** *Davide* è una scultura di Michelangelo.   **7.** Sto bene, grazie.   **8.** Oggi Francesca Rovati è a casa.   **9.** Io sono Carlo Rossi.

LETTURA

UNO STUDENTE

Marcello *incontra* la professoressa d'inglese.   meets

— Buon giorno, signora Rovati.
— Ciao, Marcello.
— Come sta, signora?
— Bene, grazie, e tu?
— Molto bene, grazie.
— Arrivederci.
— ArrivederLa.

    Marcello Scotti è un ragazzo. È studente in un'università. Oggi è con un'amica, Gabriella Bettini. Chi è Gabriella? È una ragazza,

Chi è Marcello? Dov'è?

una studentessa d'italiano. Chi è Francesca Rovati? È una signora, non è una signorina. È una professoressa d'inglese. Dove? In un'università di Milano. Che cos'è Milano? È una città. Dov'è? È in Italia, non è in America. Anche Venezia e Roma sono in Italia.

DOMANDE SULLA LETTURA

1. Chi è Marcello?   2. È professore Marcello?   3. Chi è Gabriella?   4. Dov'è Gabriella?   5. Dove sono Milano e Roma?   6. Cos'è Venezia?   7. Francesca Rovati è una signorina?   8. Francesca Rovati è una studentessa?   9. Sono a casa Gabriella e Marcello?   10. Sono in Europa o in America?

DOMANDE PERSONALI

1. Chi è Lei?   2. Lei è ingegnere?   3. Come sta Lei?   4. Dov'è Lei?   5. In che città è Lei?   6. Lei è un amico (un'amica) di Gabriella?   7. Lei è a scuola con un amico (un'amica)?   8. Chi sono io?   9. Sono professore (professoressa) di spagnolo?   10. Siamo a casa oggi?   11. Siamo in Italia?   12. È di New York Lei?

ATTIVITÀ

Salutate uno studente (una studentessa) vicino a voi.   Presentatevi e domandate come sta e di dov'è.   (*Greet a student next to you. Introduce yourself and ask how he or she is and where he or she is from.*)

TRADUZIONE

1. They are in Italy.   2. We are not in Rome.   3. Gina is not a boy, she is a girl.   4. Franco is a student in a university in Milan.   5. What is he? He is a professor.   6. Where are they? They are at home.   7. Who is Mary? She is a friend.   8. When are you at home?   9. Excuse me, where is a theater?   10. I am Gino Pini. Nice to meet you.   11. Good-bye, Miss. Good night.

VOCABOLARIO

Nomi

amico; amica *friend*	**lettera** *letter*
casa *house, home*	**libro** *book*
città *city, town*	**Milano** *Milan*
classe (f.) *class*	**nome (m.)** *noun, name*
consonante (f.) *consonant*	**professore; professoressa** *professor*
conversazione (f.) *conversation*	**pronome (m.)** *pronoun*
dottore; dottoressa *doctor, university graduate*	**ragazzo; ragazza** *boy; girl*
frase (f.) *sentence*	**scuola** *school*
ingegnere (m.) *engineer*	**studente; studentessa** *student*
inglese *English language*	**teatro** *theater*
Italia *Italy*	**università** *university*
italiano *Italian language*	**vocale (f.)** *vowel*
	zio; zia *uncle; aunt*

Verbi

essere *to be*

Altre espressioni

a *in, at, to*	**dove?** *where?*
anche *also, too*	**e** *and*
che?, che cosa?, cosa? *what?*	**ecco!** *here is!, here are!*
chi? *who?, whom?*	**molto (inv.)** *very*
come? *how?*	**o** *or*
con *with*	**oggi** *today*
di *of, from*	**quando?** *when?*

PAGINA CULTURALE

THE ITALIAN LANGUAGE AND ITS DIALECTS

The Italian language stems directly from Latin. As the authority of ancient Rome fragmented, its language, Latin, also broke apart and shaped itself into several national European idioms. In the same way, numerous linguistic varieties or dialects took form within the Italian peninsula. They were the expressions of different centers of civilization within the larger Italian world.

Una statua di Dante, a Firenze.

The dialect of Tuscany was assured linguistic supremacy by the political importance and geographical position of its principal city, Florence, and above all by the authority of the thirteenth-century Tuscan writers, Dante, Petrarca, and Boccaccio. Each of these men wrote works of major literary significance in their native Tuscan dialect. Eventually, the Tuscan dialect became recognized as the official Italian language.

However, for many centuries the Italian language remained a literary expression of only learned people. The different dialects continued to be spoken, a situation favored by the historical and political conditions of Italy, which remained, until the second half of the nineteenth century, a country divided into many separate city-states. The local dialect was often accepted as the official language of the court of that particular city-state. This was the case in Venice, a republic renowned for the skill of its diplomats. The eighteenth-century playwright, Carlo Goldoni, who has been called by critics the Italian Molière, wrote many of his plays in Venetian. For example, in his dialect theater we find the word *schiao,* meaning "your servant," which is derived from the Latin word for slave, *esclavum.* This is the original version of the international greeting "ciao."

Today Italy has achieved political as well as linguistic unity and, with few exceptions, everyone speaks Italian. The dialects, however, remain very much alive. Indeed, Italians may be considered bilingual because, in addition to speaking Italian, they also speak or, at least, understand the dialect of their own region or city.

2

LA CITTÀ

Ecco Milano. In centro ci sono il Duomo ...   *e la Scala.*

MILANO

(In treno.)

Alberto	Ecco Milano!
Passeggero	È grande?
Alberto	È una città di circa due milioni di abitanti.
Passeggero	Ci sono *molte* attrazioni?
Alberto	Sì, *in centro* ci sono il *Duomo,* la Galleria, la *Scala...*
Passeggero	Che cosa c'è in Galleria?
Alberto	Ci sono negozi, caffè, ristoranti e uffici.
Passeggero	Ci sono giardini a Milano?
Alberto	Sì, molti giardini. E c'è anche il parco *del* Castello Sforzesco.
Passeggero	È a Milano l'affresco di Leonardo, *L'Ultima Cena*?
Alberto	Sì, *si trova* in una chiesa in Corso Magenta: Santa Maria delle Grazie.
Passeggero	Ci sono anche *fabbriche*?
Alberto	Oh, sì! Milano è una città molto industriale.

Margin glosses: many · downtown / cathedral · opera house · of the · Last Supper · it's (situated) · factories

DOMANDE SUL DIALOGO

1. Ci sono tre milioni di abitanti a Milano?   2. Che attrazioni ci sono?   3. Dove sono?   4. Che cosa c'è in Galleria?   5. *L'Ultima Cena* è un affresco di Michelangelo? Dove si trova?

STUDIO DI PAROLE

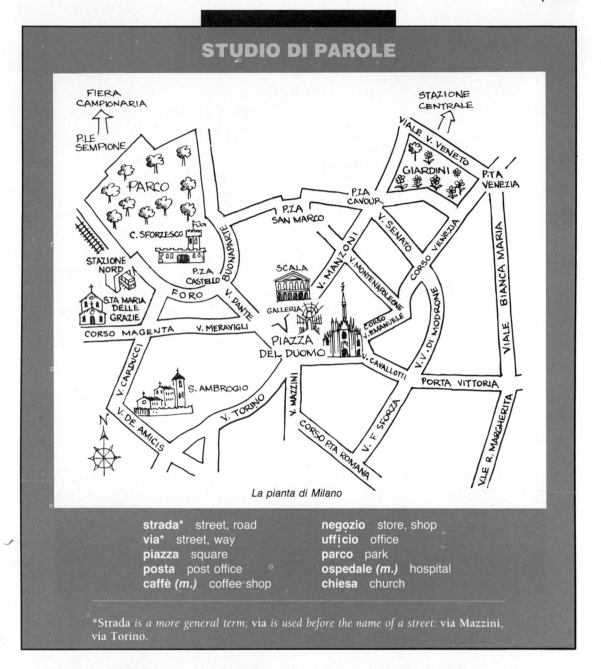

La pianta di Milano

strada*	street, road	**negozio**	store, shop
via*	street, way	**ufficio**	office
piazza	square	**parco**	park
posta	post office	**ospedale** *(m.)*	hospital
caffè *(m.)*	coffee shop	**chiesa**	church

*Strada *is a more general term;* via *is used before the name of a street:* via Mazzini, via Torino.

ESERCIZIO SU STUDIO DI PAROLE

Use the map of Milan on this page to help you answer the following questions.

1. Che cos'è Santa Maria delle Grazie?   2. Cosa c'è in via Manzoni?   3. Che cos'è la Scala?
4. È in un parco il Duomo?   5. Dov'è il Castello Sforzesco?   6. Che cos'è Corso Magenta?

PUNTI GRAMMATICALI

I. The noun

Ecco una piazza con una chiesa e un giardino con alberi.

1. *Gender of nouns.* As we mentioned in Chapter 1, a noun is either masculine or feminine: usually, nouns ending in **-o** are masculine and nouns ending in **-a** are feminine; but nouns ending in **-e** can be either masculine *or* feminine.

treno (*m.*)   **casa** (*f.*)
ristorante (*m.*)   **stazione** (*f.*)

a. Nouns for males and females often have the same stems but different endings:

bamb**ino**	bamb**ina**
sign**ore**	sign**ora**
stud**ente**	studen**tessa**
profess**ore**	professor**essa**
pitt**ore**	pitt**rice**
leo**ne**	leon**essa**

b. Nouns ending in **-ore** are masculine.

fiore   motore   professore   dottore

c. Nouns ending in **-ione** are generally feminine.

stazione   attenzione   eccezione   lezione

2. *Plural of nouns.* In Italian the plural is usually formed according to the final vowel of the noun.

A noun ending in **-o** changes to **-i**: **giardino, giardini.**
A noun ending in **-a** changes to **-e**: **casa, case.**
A noun ending in **-e** changes to **-i**, be it masculine or feminine: **automọbile** (*f.*), **automọbili; dottore** (*m.*), **dottori**

NOTE:

a. Nouns ending in **-io** usually drop the **-o** in the plural: **negozio, negozi; ufficio, uffici.**

b. Nouns bearing an accent on the last vowel (**città, università, caffè, tè**) and those ending with a consonant (**bar, tram, autobus, sport**) are invariable, and thus do not change in the plural.

c. Feminine nouns ending in **-ca** and **-ga** change to **-che** and **-ghe**, respectively: **amica, amiche; banca, banche; riga, righe.**

E S E R C I Z I

A. *Indicate the gender of the following nouns.*

1. bambino   2. studente   3. casa   4. appartamento   5. giardino   6. dottore   7. conversazione
8. piazza   9. professoressa   10. pasta   11. lettera   12. zero   13. fontana   14. banca
15. stato   16. regione   17. pittore   18. leonessa   19. mercato   20. bar   21. università
22. opinione   23. autobus   24. amica

B. *Now give the plural for the nouns listed in Exercise A.*

II. The definite article

*Ecco **la** strada con **il** bar, **la** banca, **i** negozi, **gli** alberi e **le** automobili.*

1. In Italian the definite article agrees with the noun it precedes in gender (masculine or feminine) and in number (singular or plural). The masculine forms are *il, l', lo, i, gli,* and the feminine forms are *la, l', le,* according to the initial letter of the word it accompanies.

	Definite article		**Singular**		**Plural**
Masculine	before ⟨ consonant	**il**	giardin**o**	**i**	giardin**i**
	vowel	**l'**	appartament**o**	**gli**	appartament**i**
	z	**lo**	zer**o**	**gli**	zer**i**
	s + consonant	**lo**	stat**o**	**gli**	stat**i**
Feminine	before ⟨ consonant	**la**	cas**a**	**le**	cas**e**
	vowel	**l'**	autostrad**a**	**le**	autostrad**e**

2. If a noun ending in **-e** is masculine, it will have the appropriate masculine article (**il, l', lo, i, gli**) depending on its initial letter. If the noun is feminine, it will have the appropriate feminine article (**la, l', le**) depending on its initial letter.

il fior**e** (*m.*)   i fior**i**
l'automọbil**e** (*f.*)   le automọbil**i**

══════════════ E S E R C I Z I ══════════════

A. *Give the definite article for the following nouns.*

1. monumento   **2.** chiesa   **3.** strada   **4.** ristorante   **5.** duomo   **6.** ạlbero   **7.** autostrada
8. fiore (*m.*)   **9.** stazione   **10.** periferia   **11.** stụdio   **12.** ospedale (*m.*)   **13.** automọbile (*f.*)
14. parola   **15.** ạutobus   **16.** attrazione   **17.** studente (*m.*)   **18.** bambino   **19.** animale.

5/1

B. *Change from the singular to the plural.*

1. il giardino   **2.** la panchina   **3.** il treno   **4.** l'ạutobus   **5.** la città   **6.** il libro   **7.** la pạgina
8. il nome   **9.** la forma   **10.** la banca   **11.** la fạbbrica   **12.** il ristorante   **13.** l'abitante
14. il telẹfono   **15.** il tram

C. *Change the following sentences into the singular.*

1. Dove sono i signori (*Mr. and Mrs.*) Bianchi?   **2.** I bambini sono a scuola?   **3.** Le signorine non sono a casa.   **4.** Come sono le università di Milano?   **5.** Chi sono gli amici di Pietro?   **6.** Le banche sono in centro.   **7.** Dove sono le automọbili?   **8.** I mercati sono in periferia (*outskirts*).
9. Dove sono i treni?

III. Titles

— *Buon giorno,* **Dottor** *Lisi.*
— *Buon giorno,* **Professore.**

1. When addressing someone and using a title, omit the article. In declarative sentences (when you are speaking *about* the person), use the appropriate definite article *before* the title.

Buon giorno, **signor** Neri.	*Good morning, Mr. Neri.*
Buona sera, **dottor** Lisi.	*Good evening, Doctor Lisi.*
Dov'è **la signora** Rossi?	*Where is Mrs. Rossi?*
Il professor Rossi non è in casa.	*Professor Rossi is not home.*
I signori Bianchi sono a teatro.	*Mr. and Mrs. Bianchi are at the theater.*

Note that nouns such as *signore, professore,* and *dottore* lose the final *-e* in front of a proper name.

2. The following abbreviations are used when writing titles:

Sig.	signore	**Prof.ssa**	professoressa
Sig.a	signora	**Dott.**	dottore
Sig.na	signorina	**Dott.ssa**	dottoressa
Prof.	professore		

═══ E S E R C I Z I ═══

Say where the following people are

ESEMPIO: Dott. Palma / a casa
Il dottor Palma è a casa.

1. Dott.ssa Speranza / in ufficio 2. Sig.na Zani / in giardino 3. Prof. e Prof.ssa Bravo / in centro
4. Sig.ra Bano / in chiesa

IV. C'è, ci sono *versus* ecco!

— **Ecco** *il programma di stasera.*
— **Ci sono** *anche i prezzi?*

1. **C'è** (*there is*) and **ci sono** (*there are*) are used to indicate the existence of someone or something (in sight or not). Their negative forms are **non c'è** and **non ci sono**, respectively.

C'è la metropolitana a Roma?	*Is there the subway in Rome?*
Oggi **ci sono** diciotto studenti.	*Today there are eighteen students.*
Non ci sono fiori in giardino.	*There are no flowers in the garden.*

2. **Ecco** is invariable and is used to *point out* someone or something *in sight.* It has several meanings: *look!, here is ...!, here are ...!, there is ...!, there are ...!*

Ecco l'autobus!	*Here (There) is the bus!*
Ecco i signori Parini!	*There are Mr. and Mrs. Parini!*

■ ■ ■ ■ ■ ■ E S E R C I Z I ■ ■ ■ ■ ■ ■

A. *Using the map of Milan on page 23, one student will ask where the following places are and another student will point them out on the map.*

1. Duomo   2. Scala   3. giardini   4. Castello Sforzesco   5. chiesa di Santa Maria delle Grazie

B. *Complete the sentences, using c'è or ci sono.*

1. _____ un cinema in centro?   2. _____ due rose in un vaso.   3. _____ tre fontane in Piazza Navona.   4. In un parco _____ alberi e panchine.   5. Non _____ chiese in centro. 6. _____ un orologio in piazza.   7. _____ un mercato in periferia.   8. _____ un ristorante in via Garibaldi?   9. _____ il professore oggi?

V. Cardinal numbers: 0 to 20

*Ecco **due** topi di biblioteca!*

The cardinal numbers from zero to twenty are:

0	zero	7	sette	14	quattordici
1	uno	8	otto	15	quindici
2	due	9	nove	16	sedici
3	tre	10	dieci	17	diciassette
4	quattro	11	undici	18	diciotto
5	cinque	12	dodici	19	diciannove
6	sei	13	tredici	20	venti

All these numbers are invariable except **uno**, which has the same forms (**un,
uno, una, un'**) as the indefinite article **un** when it precedes a noun.

C'è **una** fontana in Piazza Navona?	*Is there one fountain in Piazza Navona?*
No, ci sono **tre** fontane.	*No, there are three fountains.*

━━━━━ E S E R C I Z I ━━━━━

Answer the following questions with a complete sentence.

1. Ci sono otto giorni in una settimana (*week*)? 2. Ci sono due professori in classe? 3. Sono diciassette le studentesse d'italiano? 4. Sono diciannove i ragazzi in classe? 5. Sono cinque le stagioni (*seasons*)? 6. Sono tredici gli Apostoli?

LETTURA

CHE COSA C'È IN UNA CITTÀ?

Mimmo, un bambino di quattro anni, *domanda*:

— Mamma, che cosa c'è in una città?

— Ci sono molte strade. *Lungo* le strade ci sono i palazzi, i negozi, gli uffici e le banche, i ristoranti e i caffè.

— E il cinema?

— Sì, ci sono anche i cinematografi, i teatri, i musei, i giardini e i parchi.

— E lo zoo con gli animali non c'è?

— *Certo,* è in un parco, dove ci sono anche *i giochi* per i bambini, gli alberi, i fiori e le panchine.

— Le scuole non ci sono?

— Sì. Una città ha anche le scuole, le università e gli ospedali.

— Ci sono treni?

— Una città ha *molti mezzi di trasporto:* i treni, gli autobus, i filobus, i tram e le automobili.

— Mamma, perchè *non andiamo* in treno?

	asks
	along
	Of course / attractions
	many means of transportation
	don't we go

Una via di Milano. Che mezzi di trasporto ci sono in una città?

DOMANDE SULLA LETTURA

1. Che cosa c'è lungo una strada?   2. Dove sono i giochi per i bambini?   3. Che cosa c'è anche in un parco?   4. Che mezzi di trasporto ci sono in una città?

DOMANDE PERSONALI

1. Nella Sua (*in your*) città c'è un ospedale?   2. Ci sono gli autobus nella Sua città?   3. C'è anche un parco?   4. Cosa c'è in uno zoo?   5. Cos'è Fifth Avenue?   6. Che cosa c'è in Fifth Avenue?   7. Che cosa c'è in Broadway?   8. Che cos'è il Big Ben?   9. Dov'è il Colosseo?   10. In che città ci sono le gondole?

ATTIVITÀ

In autobus: Conversazione fra un turista e un passeggero locale. (*Imagine you are a tourist traveling on a bus in the city where you are studying. You start a conversation with a local passenger asking whether he or she is from that city, if and where there are attractions in town, what there is to see in a well-known street or square, etc. Two or three students can participate in this activity.*)

TRADUZIONE

1. The shops are downtown.   2. Here are the fountains of Piazza Navona!   3. Good morning, Mr. Bianchi. Where is Prof. Lisi?   4. There are sixteen children in (the) class.   5. In Milan there is the fresco *L'Ultima Cena* by (*di*) Leonardo.   6. Excuse me, where is the freeway?   7. Are the students there?   8. Here is the garden with the trees and the flowers.   9. The three girlfriends are in a restaurant.   10. The letter is for Dr. Pini.

VOCABOLARIO

Nomi

l'abitante (*m.*)   *inhabitant*
l'affresco   *fresco*
l'albero   *tree*
l'animale (*m.*)   *animal*
l'appartamento   *apartment*
l'autobus (*m.*)   *bus*
l'automobile (*f.*)   *car*
l'autostrada   *freeway*
il bambino; la bambina   *little boy; little girl*
la banca   *bank*
la biblioteca   *library*
il centro   *downtown*
il cinematografo   *movie theater*
il duomo   *cathedral*
il fiore   *flower*
la fontana   *fountain*
il giardino   *garden*

la lezione   *lesson*
il mercato   *market*
il monumento   *monument*
il museo   *museum*
l'opinione (*f.*)   *opinion*
l'orologio   *watch, clock*
la pagina   *page*
il palazzo   *palace, building*
la parola   *word*
la periferia   *outskirts*
il ristorante   *restaurant*
la settimana   *week*
la stagione   *season*
la stazione   *station*
la strada   *street*
il tè   *tea*
il tram   *streetcar*
il treno   *train*

Altre espressioni

c'è   *there is*
circa   *about, approximately*
ci sono   *there are*

in   *in*
per   *for*
solo (*adv.*)   *only*

PAGINA CULTURALE

MILAN AND LOMBARDY

The city of Milan (Italian **Milano**, from Latin *Mediolanum,* meaning place in the middle) owes its name to its central location in the Po valley. It is the capital of the region called Lombardy (**Lombardia**), named after the Lombards or Longobards, a barbarian tribe that settled in Italy in the sixth century. This region extends from the peaks of the central Alps to the low-lying fertile plain of the Po river. It includes scenery of remarkable diversity and beauty such as that of the great Italian lakes, **Lago Maggiore**, **Lago di Como**, and **Lago di Garda**.

The prosperity of Milan is partly due to its position on the main trade routes between southeastern and northwestern Europe. As early as the Middle Ages, the Lombard bankers were competing with the Florentines in trade all over Europe.* From the fourteenth

Il Lago di Como

Lombard Street, the famous banking street in London, England, is named after these Italian bankers.

Il Palazzo delle Nazioni alla Fiera di Milano   La Galleria Vittorio Emanuele

century to the end of the sixteenth, Milan became an artistic center as well, under the patronage of its leading families—the Viscontis and the Sforzas. The court of Ludovico Sforza and Beatrice d'Este, patrons of Leonardo da Vinci, was considered to be the richest in all of Italy.

In the eighteenth century Milan was flourishing with circles of intellectuals who played an important role in making Italy independent.

Today Milan is the largest Italian city after Rome and the most important industrial and financial center in the country. Among its main industries are textiles, the chemical-electrical industry, and the automobile industry, represented by Alfa-Romeo. Milan has also become a forerunner in the fashion world, as every spring an international trade fair, **La Fiera Campionaria**, is held there and attracts buyers from all over the world. Lombardy alone accounts for one-third of all Italian exports.

PERSONE E PERSONALITÀ

Hans è biondo e simpatico. Com'è Luciano?

COM'È *IL TUO COMPAGNO DI STANZA?*

your roommate

Rita	Ciao, Luciano. Sei solo *quest*'anno?
Luciano	No, ho un nuovo compagno di stanza. Si chiama Hans. È tedesco, di Berlino.
Rita	Com'è? È un ragazzo simpatico?
Luciano	Sì, è un ragazzo molto simpatico. È anche un bel ragazzo—alto, biondo, con gli occhi verdi—e molto sportivo.
Rita	È un bravo studente?
Luciano	Sì, è molto studioso e parla quattro lingue.
Rita	Sono curiosa *di conoscerlo.*
Luciano	Bene. Domani sera *abbiamo* una festa al dormitorio. Sei invitata.
Rita	Grazie. Hai una vecchia grammatica di tedesco?
Luciano	Sì, ma perchè?
Rita	*Per imparare* cinque o sei frasi per domani sera.

this

to meet him

we are having

(in order) to learn

DOMANDE SUL DIALOGO

1. Ha un vẹcchio compagno di stanza Luciano?   2. Di che nazionalità è?   3. È bruno?   4. È un cattivo studente?   5. Che cosa c'è domani sera al dormitọrio?   6. Perchè Rita domanda a (*is asking*) Luciano se ha una vẹcchia grammạtica di tedesco?

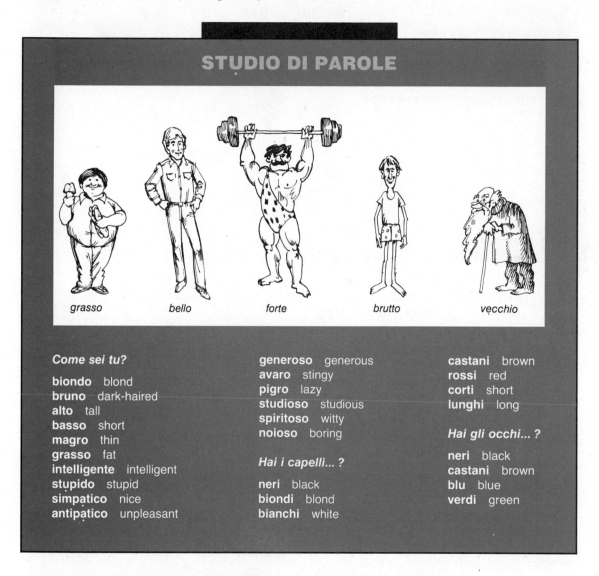

STUDIO DI PAROLE

grasso   bello   forte   brutto   vẹcchio

Come sei tu?

biondo blond
bruno dark-haired
alto tall
basso short
magro thin
grasso fat
intelligente intelligent
stụpido stupid
simpạtico nice
antipạtico unpleasant

generoso generous
avaro stingy
pigro lazy
studioso studious
spiritoso witty
noioso boring

Hai i capelli... ?

neri black
biondi blond
bianchi white

castani brown
rossi red
corti short
lunghi long

Hai gli occhi... ?

neri black
castani brown
blu blue
verdi green

ESERCỊZIO SU STUDIO DI PAROLE

Answer the following questions by choosing the appropriate descriptive adjective.

1. Sono avari i Rockefeller?   2. Come sono i capelli di un uomo vecchio?   3. È generoso Scrooge?   4. Com'è Miss America?   5. Sono brune e basse, in genere, le ragazze svedesi (*Swedish*)?   6. Ha gli occhi neri Robert Redford?   7. Com'è un topo di biblioteca (*bookworm*)?   8. È noioso Woody Allen?

PUNTI GRAMMATICALI

I. The adjective

*Lucia è **carina**: ha i capelli **corti** e **neri** e gli occhi **castani**.*

1. È brutta o è carina Lucia?   **2.** Ha i capelli lunghi o corti?   **3.** Ha gli occhi verdi o castani?

---

1. An adjective must agree in gender and number with the noun it modifies. When a masculine singular adjective ends in **-o**, it has four endings: **-o** (*m. sing.*), **-i** (*m. pl.*), **-a** (*f. sing.*), and **-e** (*f. pl.*).

	Singular	Plural
Masculine	il bambino biond**o**	i bambini biond**i**
Feminine	la bambina bionda	le bambine bionde

When a masculine singular adjective ends in **-e**, it has two endings: **-e** (*m. & f. sing.*) and **-i** (*m. & f. pl.*).

	Singular	Plural
Masculine	il ragazzo intelligent**e**	i ragazzi intelligent**i**
Feminine	la ragazza intelligent**e**	le ragazze intelligent**i**

una ragazza studios**a**	*a studious girl*
due ragazze studios**e**	*two studious girls*
un amico spiritos**o**	*a witty friend*
due amici spiritos**i**	*two witty friends*
la lezione diffic**ile**	*the difficult lesson*
le lezioni diffic**ili**	*the difficult lessons*

NOTE: If an adjective is modifying two nouns, each of a different gender, the masculine plural ending is used: Lisa e Paolo sono **simpatici**. *Lisa and Paolo are nice.*

---

2. As shown above, an adjective usually follows the noun it modifies. However, the following common adjectives usually precede the noun:

bello	*beautiful, handsome, fine*	caro	*dear*
brutto	*ugly*	altro	*other*
buono	*good*	stesso	*same*
bravo	*good*	vecchio	*old*
cattivo	*bad, mean*	grande	*big, large*
giovane	*young*	piccolo	*small,*
nuovo	*new*		*short*

un **caro** amico	*a dear friend*
una **grande** casa	*a big house*
i **bravi** ragazzi	*the good boys*

NOTE: All adjectives follow the noun when modified by the adverb **molto** (*very*).

un amico **molto** caro	*a very dear friend*
una casa **molto** grande	*a very big house*

---

3. Adjectives denoting *nationality* or *color* always follow the noun:

italiano*	*Italian*	americano	*American*
giapponese	*Japanese*	tedesco (*pl.* tedeschi)	*German*
francese	*French*	spagnolo	*Spanish*
irlandese	*Irish*	russo	*Russian*
inglese	*English*	cinese	*Chinese*
messicano	*Mexican*	greco	*Greek*
bianco (*pl.* bianchi)	*white*	blu	*blue*
nero	*black*	marrone	*brown*
rosso	*red*	rosa	*pink*
verde	*green*	viola	*purple*
grigio	*gray*	giallo	*yellow*

NOTE: The adjectives **rosa**, **blu**, and **viola** are invariable.

una signora **inglese**	*an English lady*
la lingua **cinese**	*the Chinese language*

In Italian, adjectives denoting nationality are not capitalized.

una macchina **tedesca**	*a German car*
due belle donne **americane**	*two beautiful American women*
un fiore **giallo**	*a yellow flower*
due case **bianche**	*two white houses*
due biciclette **blu**	*two blue bicycles*

4. As with feminine nouns, feminine adjectives ending in -**ca** and -**ga** have the plural endings -**che** and -**ghe**.

la strada lu**nga**	*the long street*
le strade lu**nghe**	*the long streets*
la signora simpa**tica**	*the nice lady*
le signore simpa**tiche**	*the nice ladies*

E S E R C I Z I

A. *Give the feminine equivalent of the following expressions.*

1. il ragazzo spagnolo   2. il bambino intelligente   3. il professore simpatico   4. il signore inglese
5. l'uomo interessante   6. il bravo studente   7. lo zio ricco

B. *Supply the correct form of the adjective for each noun.*

1. (magro) l'uomo; le donne; i giovanotti (*young men*)
2. (gentile) un dottore; due signore; una ragazza
3. (blu) una macchina; due biciclette; un fiore
4. (francese) il caffè; i negozi; l'università
5. (studioso) gli studenti; la ragazza; il professore
6. (utile) una lingua; due libri; due cose

C. **Come... ?** *One student will ask for a description of the following things or people, and another will answer using the suggested adjectives.*

> ESEMPIO: **ristoranti di Bologna (buono)**
> *Come sono i ristoranti di Bologna?*
> *I ristoranti di Bologna sono buoni.*

1. case di Alberobello (bianco)   2. occhi di Lucia (castano)   3. capelli di Renzo (rosso)
4. strade di Milano (lungo)   5. macchina di Marcello (sportivo)   6. studenti di italiano (intelligente)   7. amici di Antonio (generoso)   8. ragazze di Napoli (bruno)   9. professoressa di Gabriella (bravo)

D. *Place the adjective(s) either before or after the noun and make the necessary changes.*

1. (giovane) la donna   2. (piccolo) un giardino   3. (tedesco) le macchine   4. (caro) gli amici
5. (nero) i capelli   6. (utile) la cosa   7. (francese) i caffè   8. (rosa) i fiori   9. (grande) le

piazze   10. (bello) le fontane   11. (americano) le signorine   12. (bravo) una dottoressa
13. (facile) le parole   14. (piccolo, verde) una casa   15. (americano, nuovo) l'ospedale
16. (nero, stesso) gli occhi

E. *Answer each question by using molto.*

> ESEMPIO: **Non è un bravo bambino Mimmo?**
> *Sì, è un bambino molto bravo.*

1. Non è una bella città Venezia?   2. Non è un caro amico Marcello?   3. Non è un libro utile,
questo (*this*)?   4. Non sono ragazzi spiritosi, Pietro e Paolo?   5. Non è una studentessa intelligente,
Liliana?   6. Non sono donne simpatiche, le Italiane?   7. Non è un uomo fortunato, il signor
Rockefeller?

II. Buono, bello, *and* grande

— **Buona** *fortuna!*
— **Buon** *viaggio!*
— **Buone** *vacanze!*

1. When the adjective **buono** (*good*) precedes a singular noun, it has the same
endings as the indefinite article **un**.

un libro, un **buon** libro	*a book, a good book*
un'amica, una **buon**'amica	*a friend, a good friend*

2. When the adjective **bello** (*beautiful, handsome*) precedes a noun, it has the
same endings as the definite article **il**.

il ragazzo, il **bel** ragazzo	*the boy, the handsome boy*
i fiori, i **bei** fiori	*the flowers, the beautiful flowers*
l'amica, **la** bell'amica	*the friend, the beautiful friend*
gli occhi, i **begli** occhi	*the eyes, the beautiful eyes*
le fontane, le **belle** fontane	*the fountains, the beautiful fountains*

3. The adjective **grande** (*big, large, great*) may have the following endings in front of a masculine or feminine singular noun: **gran** before a consonant, **grand'** before a vowel.

un **grande** (*or* **gran**) naso	*a big nose*
una **grande** (*or* **grand'**) occasione	*a great opportunity*

E S E R C I Z I

A. *One student will ask a question according to the example. Another student will answer by using* **buono.**

> ESEMPIO: caffè   *Com'è il caffè?*
> *È un buon caffè.*

1. ristorante   **2.** lezione   **3.** automobile   **4.** libro   **5.** studenti   **6.** idea   **7.** amici   **8.** dottore

B. *Imagine that you are showing a friend some pictures of people, things, and places. Your friend then comments on the pictures by using* **bello.**

> ESEMPIO: **la casa di Anna**   *Ecco la casa di Anna.*
> *Che bella casa!*

1. le zie di Lucia   **2.** il negozio Gucci   **3.** l'appartamento di Mimmo   **4.** i bambini di una signora italiana   **5.** due alberi di rose   **6.** l'automobile di Marcello   **7.** il ragazzo di Gabriella

III. **Quale?** *and* **che?** *(which? and what?)*

Quali sono i colori della bandiera americana?

1. **Quale** and **che** are interrogative adjectives. **Quale** implies a *choice* and, like the adjectives ending in **-e**, has only two forms: **quale** and **quali.***

Quale professore hai?	*Which professor do you have?*
Quali possibilità ci sono?	*Which possibilities are there?*

---

*Quale *usually drops the* **e** *before* **è:** Qual è la casa di Gino?

Che indicates *what kind* and is an invariable adjective.

Che macchina hai?	*What car do you have?*
Che libro è?	*What book is it?*

2. **Che** is also used in exclamations. In this case, it means *What . . .!* or *What a . . .!*

Che bravo studente!	*What a good student!*
Che bei bambini!	*What beautiful children!*

■ E S E R C I Z I ■

A. Quale? *One student will ask where the following people or things are and another will ask him or her to be more specific by asking* **Quale... ?**

ESEMPIO: **il libro** *Dov'è il libro?*
Quale libro?

1. il dizionario   **2.** la signorina   **3.** lo studente   **4.** le riviste (*magazines*)   **5.** i giornali (*newspapers*)   **6.** i ragazzi

B. Che? *Imagine that some people are making the following statements. Solicit more information by asking* **Che... ?**

ESEMPIO: **Abbiamo una macchina.** *Che macchina avete?*

1. I signori Verdi hanno due cani.   **2.** Io ho un orologio.   **3.** Ecco un negozio.   **4.** Abbiamo una motocicletta.   **5.** C'è un fiore (*flower*)!

IV. Avere (to have)

— *Che naso* **ha** *Pinocchio?*
— **Ha** *un naso lungo.*

The present tense of **avere** is conjugated as follows:

Person	Singular	Plural
1st	io **ho** (*I have*)	noi **abbiamo** (*we have*)
2nd	tu **hai** (*you have, familiar*)	voi **avete** (*you have, familiar*)
3rd	lui **ha** (*he has*) lei **ha** (*she has*) Lei **ha** (*you have, formal*)	loro **hanno** (*they have*) Loro **hanno** (*you have, formal*)

Io non **ho** un cane.	*I do not have a dog.*
Gianni non **ha** i capelli neri.	*Gianni does not have black hair.*
Hai una macchina sportiva?	
Tu hai una macchina sportiva?	*Do you have a sports car?*
Hai una macchina sportiva **tu**?	

NOTE: Another way of asking a question in Italian is by placing (**non è**) **vero?** at the end of a statement.

Hai una bicicletta, (**non è**) **vero?**	*You have a bicycle, don't you?*
Mimmo **ha** gli occhi verdi, (**non è**) **vero?**	*Mimmo has green eyes, doesn't he?*

═══ E S E R C I Z I ═══

A. *Substitute the subject with each subject in parentheses and change the verb accordingly.*

1. Carlo ha una bella bicicletta. (Gabriella e Pietro; noi; tu e Paolo; Lei; io)   **2.** Ho una vecchia macchina grigia. (tu; voi; i signori Pucci; Ada)   **3.** Quali classi hai? (voi; Lei; i ragazzi; la signorina Bossi)   **4.** Non ho i capelli biondi. (Laura; Lia e Nino; il bambino; noi)

B. *Complete with the correct form of avere.*

1. Antonio _____ un bel cane nero.   **2.** Lui e io _____ un bel negozio in centro.   **3.** Anche tu _____ una macchina sportiva?   **4.** Io _____ un bell'amico.   **5.** Lui _____ i capelli castani.   **6.** Non _____ una bella macchina noi?   **7.** Un dottore _____ una professione difficile.   **8.** Loro _____ una professione interessante?

C. *One student will ask a question, and another will then answer in the negative, using the opposite adjective.*

ESEMPIO: Marcello / un amico alto.
   Ha un amico alto Marcello?
   No, non ha un amico alto, ha un amico basso.

1. Maria / macchina nera   2. i signori Parri / cattivi amici   3. Pinuccio / una vecchia bicicletta
4. i signori Rossi / un bravo dottore   5. la signora Ricci / un bambino studioso   6. i professori /
un'occupazione noiosa   7. Antonio / un amico avaro   8. Lino / una mamma grassa   9. la ragazza /
i capelli biondi

LETTURA

DUE BUONI AMICI

Marcello Scotti e Antonio Catalano sono buoni amici. Marcello
è giovane, alto, *snello* e biondo. Ha gli occhi verdi, il naso greco, la
bocca regolare. È un bel ragazzo? Sì, un vero Adone! Ha anche una
nuova Alfetta rossa. È *comprensibile* se ha successo. «Com'è carino!
Com'è simpatico!» sono le opinioni di *molte* ragazze.

E Antonio? Anche lui è giovane: ha la stessa *età* di Marcello,
ma non è molto bello. È basso e grasso. Ha i capelli neri, gli occhi
castani, e il naso *storto*. Non ha la macchina, ma ha Fido, un vecchio
cane *spelato*, basso e grasso e con le *gambe* storte.

E in classe, com'è Antonio? Be', in classe è un'altra cosa, perchè
Marcello è un cattivo studente, ma lui, Antonio, è molto intelligente
e bravo. Sì, Antonio è un vero *campione*.

thin

understandable
many
age

crooked
mangy/ legs

champion

DOMANDE SULLA LETTURA

1. Chi sono Marcello e Antonio?   2. Sono vecchi?   3. È vero che Marcello è un brutto ragazzo?
4. Di che colore sono gli occhi di Marcello?   5. Che macchina ha?   6. Qual è l'opinione di molte
ragazze?   7. È un bel ragazzo Antonio?   8. È alto?   9. Di che colore sono gli occhi di Antonio?
10. Com'è Antonio in classe?   11. È un bravo studente Marcello?

DOMANDE PERSONALI

1. Ha gli occhi castani Lei?   2. Ha i capelli rossi?   3. È alto(a), basso(a) o di statura media
(*medium height*)?   4. Ha una macchina Lei? Che macchina è?   5. Di che colore è? È vecchia o
nuova?   6. Ha un cane Lei? Com'è?   7. È ricco(a) Lei?   8. Ha buoni amici?   9. È generoso(a)
o avaro(a) Lei con gli amici?   10. Ha classi facili o difficili?   11. È difficile la lingua italiana?
12. Quante studentesse abbiamo in classe?   13. Come sono?

ATTIVITÀ

Descrivete uno studente o una studentessa della classe di italiano, usando molti aggettivi. (*Describe
a student in the Italian class, using many adjectives.*)

TRADUZIONE

1. Lisa and Graziella are two good friends.   2. They have brown eyes, but Lisa is blond and tall, whereas (*mentre*) Graziella is short and dark-haired.   3. They are very pretty and young.   4. Lisa is rich and she has a small sports car.   5. Graziella has an old bicycle.   6. They have the same Italian class (*classe di italiano*).   7. What a difficult class!   8. But today they have a very easy exam.

VOCABOLARIO

Nomi

l'anno   *year*
la bicicletta   *bicycle*
la bocca   *mouth*
il cane   *dog*
il colore   *color*
la cosa   *thing*

la donna   *woman*
il giovanotto   *young man*
la lingua   *language*
la macchina   *car*
il naso   *nose*
l'uomo (*pl.* uomini)   *man*

Aggettivi

altro   *other*
americano   *American*
bianco (*pl.* bianchi)   *white*
bravo   *good*
buono   *good*
carino   *pretty, cute*
caro   *dear, expensive*
cattivo   *bad, mean*
difficile   *difficult*
diritto, dritto   *straight*
facile   *easy*
fortunato   *lucky*
francese   *French*
gentile   *kind*
giovane   *young*
grande   *big, wide, large, great*

inglese   *English*
interessante   *interesting*
lungo (*pl.* lunghi)   *long*
nuovo   *new*
piccolo   *little, small*
povero   *poor*
regolare   *regular*
ricco (*pl.* ricchi)   *rich*
sfortunato   *unfortunate*
spagnolo   *Spanish*
sportivo   *sports*
stesso   *same*
tedesco   *German*
utile   *useful*
vecchio   *old*
vero   *true*

Verbi

avere   *to have*

Altre espressioni

Be', bene   *well*

perchè   *why; because*

PAGINA CULTURALE

ITALY: NORTH AND SOUTH

When we study Italy's geography, we divide the country into three parts: **Italia settentrionale**, comprising all the regions north of Tuscany; **Italia centrale**, including all regions from Tuscany to Abruzzi; and **Italia meridionale** (and **insulare**), which starts from Campania and Puglie and includes the two islands of Sicily and Sardinia.

The adjective **settentrionale** derives from the Latin words *septem triones,* the seven stars of the Big Bear, or **Orsa Maggiore**. The adjective **meridionale** derives from *meridiem,* meaning midday or **mezzogiorno**. They signify two opposite cardinal points, north (**il nord** or **settentrione**) and south (**il sud** or **meridione**).

For Italians these two adjectives have a deeper meaning; they represent two different economic systems and two different lifestyles. The **settentrione** is highly developed and industrial, while the **meridione** is predominantly agricultural and still less developed than the **settentrione**.

The lack of resources in the south and its overpopulation led to a mass emigration overseas from 1880 to 1915. Later, especially after World War II, the southerners emigrated to northern Italy and to the northern European countries.

Immediately after World War II, the Italian government introduced some measures to alleviate the problems of the south, namely, a land reform, the **Riforma Agraria**, whose aim was to turn over the land from the big landlords to the peasants, and a long-term capital fund, the **Cassa del Mezzogiorno**, which favored the development and industrialization of southern regions.

These measures and the administrative autonomy given to the regions have allowed the south to improve economically. Today the phenomenon of emigration has slowed down and many southerners are returning to their cities or villages.

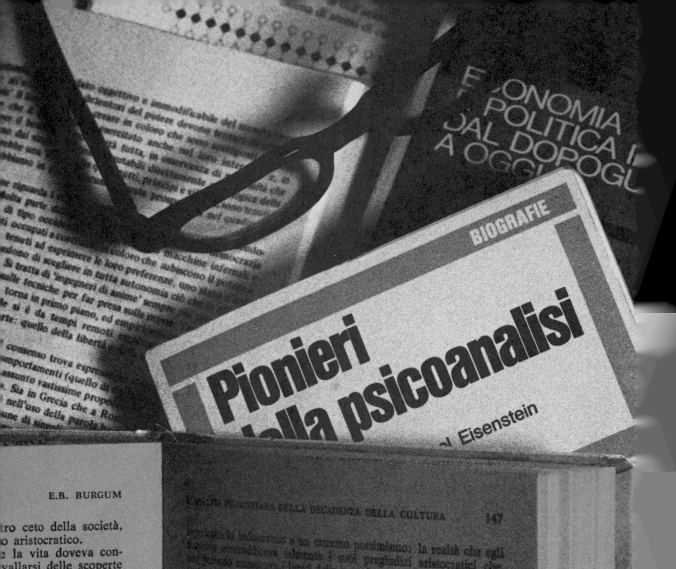

4

ALL' UNIVERSITÀ

Perchè hanno bisogno di studiare gli studenti?

MOLTE LEZIONI E *POCO* TEMPO

Gino e Pietro sono **davanti a**lla biblioteca.

Gino	Pietro, quante lezioni hai oggi?
Pietro	Ho una lezione di biologia e un'altra di fisica. E tu?
Gino	Io ho un esame di chimica e **ho bisogno di** studiare perchè gli esami **del** Professor Riva sono sempre difficili.
Pietro	Non hai gli appunti?
Gino	No, ma Franco, **il mio compagno di stanza,** è un ragazzo molto studioso e ha molte pagine di appunti.
Pietro	Gino, *io ho fame,* e tu?
Gino	Anch'io. C'è un piccolo caffè **vicino alla** biblioteca. **Va bene?**
Pietro	Sì, va bene, perchè anch'io non ho molto tempo. Ho molti compiti per domani.
Gino	La vita dei poveri studenti non è facile!

little

in front of

I need
of (the)

my roommate

I am hungry
near / Is it o.k.?

DOMANDE SUL DIALOGO

1. Quali lezioni ha Pietro oggi?   2. Di cosa ha bisogno Gino?   3. Chi è Franco?   4. Dov'è un piccolo caffè?   5. Com'è la vita degli studenti?

STUDIO DI PAROLE

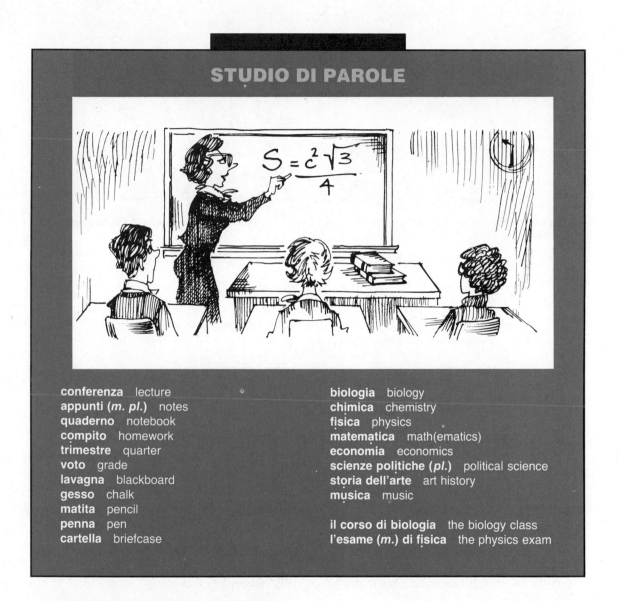

conferenza lecture	**biologia** biology
appunti (m. pl.) notes	**chimica** chemistry
quaderno notebook	**fisica** physics
compito homework	**matematica** math(ematics)
trimestre quarter	**economia** economics
voto grade	**scienze politiche (pl.)** political science
lavagna blackboard	**storia dell'arte** art history
gesso chalk	**musica** music
matita pencil	
penna pen	**il corso di biologia** the biology class
cartella briefcase	**l'esame (m.) di fisica** the physics exam

ESERCIZIO SU STUDIO DI PAROLE

1. Di che cosa abbiamo bisogno per scrivere (*to write*) sulla lavagna?   2. Di che cosa abbiamo bisogno per prendere (*to take*) appunti?   3. A e B sono due brutti voti?   4. Quanti corsi ha Lei questo (*this*) trimestre? Quali?   5. Quante settimane ci sono in un trimestre?   6. Quale corso è difficile per Lei?   7. Quali compiti sono noiosi?

PUNTI GRAMMATICALI

I. Prepositions

— *Oggi siamo* **all'***università. Il professore è* **alla** *lavagna.*

— **Nella** *biblioteca i libri sono* **sugli** *scaffali.*

1. Dove siamo oggi?   **2.** Dov'è il professore?   **3.** Cosa c'è sugli scaffali?

---

1. *Simple prepositions.* You have already learned some simple prepositions (**preposizioni semplici**): **a, di, in, per**. The following chart lists all of the simple prepositions and their meanings.

di (d')	*of*	**con**	*with*
a	*at, to, in*	**su**	*on, over, above*
da	*from, by*	**per**	*for*
in	*in*	**tra (fra)**	*between, among*

Il libro **d'**italiano.	*The Italian book.*
Siamo **a** New York.	*We are in New York.*
Arriva **da** Roma.	*He is arriving from Rome.*
Siamo **in** America.	*We are in America.*
Leo è **con** Gino.	*Leo is with Gino.*
Il vocabolario è **su** uno scaffale.	*The dictionary is on a shelf.*
Il libro è **per** Lia.	*The book is for Lia.*
Il quaderno è **tra** due libri.	*The notebook is between two books.*

Note that **di** is used to express:

a. possession:

Di chi è il libro?	*Whose book is it?*
È **di** Antonio.	*It is Antonio's.*

b. place of origin:

Di dov'è il sig. Smith?	*Where is Mr. Smith from?*
È **di** Londra.	*He is from London.*

2. When the prepositions **a**, **da**, **di**, **in**, and **su** are used with a definite article, they combine to form one word (**preposizione articolata**), as follows:

	il	lo	l' (*m.*)	la	l' (*f.*)	i	gli	le
a	al	allo	all'	alla	all'	ai	agli	alle
da	dal	dallo	dall'	dalla	dall'	dai	dagli	dalle
di	del	dello	dell'	della	dell'	dei	degli	delle
in	nel	nello	nell'	nella	nell'	nei	negli	nelle
su	sul	sullo	sull'	sulla	sull'	sui	sugli	sulle

Siamo **all'**università.	*We are at the university.*
Il costo **dei** libri è alto.	*The cost of books is high.*
Ecco la cartella **del** professore.	*Here is the professor's briefcase.*
La penna è **sul** comodino.	*The pen is on the night table.*
Siamo **negli** Stati Uniti.	*We are in the United States.*
Lia è **nello** studio.	*Lia is in the study.*

The preposition **con** is seldom contracted. Its most common contractions are **col** and **coi**: **con i** (**coi**) bambini.

E S E R C I Z I

A. *Complete the following sentences with the correct preposition (**a**, **da**, **di**, **in**, **con**, **su**, **per**, **tra**).*

1. Siamo _____ casa.   2. Il giardino è _____ due edifici.   3. Dov'è la stanza _____ Maria?
4. Firenze è _____ Italia.   5. La cartella è _____ una sedia.   6. Ecco l'amico _____ Filippo.
7. Il bambino è _____ il papà e la mamma.   8. Ecco il treno in arrivo (*arriving*) _____ Roma.
9. C'è il professore _____ matematica?   10. I fiori sono _____ Luisa.   11. *La Gioconda* (*Mona Lisa*) _____ Leonardo è al Louvre.

B. *One student will ask of what nationality the following people are. Another will answer according to the example.*

ESEMPIO: la signorina (Milano)
Di che nazionalità è la signorina di Milano?
La signorina di Milano è italiana.

1. i turisti (Londra)   2. la professoressa (Parigi)   3. la piccola ragazza (Pechino)   4. i signori (Berlino)   5. l'ingegnere (Tokio)   6. gli studenti (Guadalajara)

C. *Combine the following prepositions with the definite article.*

1. *a*   il parco, gli studenti, gli artisti, le pareti, la porta, l'università
2. *di*   l'esame, gli appunti, i maestri, lo studio, le finestre, gli oggetti
3. *in*   la cartella, l'edificio, lo studio, i cassetti (*drawers*), le stanze
4. *su*   gli alberi, il pavimento, i fogli, lo scaffale, le sedie
5. *da*   la biblioteca, il dottore, lo zio, l'università, la Lombardia, la scuola

D. Di chi...? *(Whose . . . ?) Ask a student to whom the following things belong. He or she will then answer, according to the example.*

> ESEMPIO: **la stanza / Carlo**   *Di chi è la stanza?*
> *È di Carlo.*

1. il vocabolario / la signorina Franchi   2. gli appunti / lo studente universitario   3. la cartella / Lisa   4. la penna / il giovanotto biondo   5. il libro di biologia / Marco   6. la scrivania / il Dott. Pieri   7. l'automobile / i signori Neri   8. le due matite / le due ragazze spagnole

E. *Complete the following sentences with the correct form of the preposition + article.*

1. C'è un cane (in) _____ stanza.   2. Ci sono studenti (a) _____ università.   3. Non ci sono libri (su) _____ scaffali.   4. C'è una ragazza (a) _____ finestra?   5. Ci sono due sigarette (in) _____ portacenere (*m.*).   6. Ci sono dottori (in) _____ ospedale.   7. C'è una lampada (su) _____ pavimento.   8. Ci sono matite (in) _____ cassetti?   9. Ci sono fogli (su) _____ scrivania.   10. C'è un dizionario (su) _____ scaffale.

II. *Adverbial prepositions*

—Scusi, il Davide **davanti al** Palazzo Vecchio è l'originale?
—No, è una copia. L'originale è nel Museo dell'Accademia.
—Dov'è? È **lontano da** qui?
—No, è **vicino al** Museo di San Marco.

The following adverbs are often used as prepositions:

sopra	*above, on (top of)*	**davanti (a)**	*in front of, before*
sotto	*under, below*	**dietro**	*behind, after*
dentro	*in, inside*	**vicino (a)**	*near, beside, next to*
fuori (di)	*out (of), outside*	**lontano (da)**	*far (from)*

Sopra il letto c'è una foto.	*Above the bed there is a picture.*
Il giardino è **dietro** l'edificio.	*The garden is behind the building.*
Non è **lontano** dal centro.	*It is not far from downtown.*

E S E R C I Z I

With the help of the pictures below, answer the questions by using the prepositions sotto, sopra, *dentro,* davanti (a), *dietro,* vicino (a), *lontano* (da), *or other prepositions.*

1. Dov'è il portacenere? la sigaretta? il cane?
2. Dov'è la fotografia? il gatto (*cat*)?

3. Dov'è la sedia? la ragazza?
4. Dov'è il tavolo (*table*)? la tazza?

III. Idioms with avere

— *Cara, non **hai paura**, vero?*

1. In Italian, the following idiomatic expressions are formed by using **avere** + *noun,* while in English they are formed in most cases by using *to be* + *adjective.*

avere fame	*to be hungry*	avere caldo	*to be hot*
avere sete	*to be thirsty*	avere freddo	*to be cold*
avere sonno	*to be sleepy*	avere ragione	*to be right*
avere paura (di)	*to be afraid (of)*	avere torto	*to be wrong*
avere bisogno (di)	*to need*		

Hai paura di un esame difficile?	*Are you afraid of a difficult exam?*
Ha bisogno di un quaderno?	*Do you need a notebook?*
Ho caldo e **ho** anche **sete.**	*I am hot and I am also thirsty.*
Hai ragione: è un corso interessante.	*You are right: it is an interesting course.*

2. To express age, Italian uses **avere** + *number* + **anni.**

Gina   ha   diciannove   anni.

E S E R C I Z I

A. *Complete the following sentences with the correct form of the preposition + article.*

1. Io ho paura degli esami, e Lei? Io no, ma ho paura _____ professori severi (*strict*), _____ lezioni difficili, _____ dentista (*m.*), _____ cattivi dottori, _____ cani feroci, _____ amici disonesti, _____ bomba atomica e _____ guerra (*war*).   2. Noi abbiamo bisogno del quaderno per (*in order to*) studiare, e tu? Io no, ma ho bisogno _____ libro, _____ fogli, _____ scrivania, _____ lampada, _____ penna, _____ caffè, _____ appunti di chimica.

B. *Complete each sentence with one of these idiomatic expressions: avere fame, sete, sonno, caldo, freddo, ragione, torto.*

1. Quando la lezione non è interessante, io _____ .   2. In estate (*summer*) noi _____ . 3. Al Polo Nord gli Eschimesi _____ .   4. Quando noi abbiamo caldo, non abbiamo fame, ma _____ .   5. Paolo è ostinato (*stubborn*) anche quando _____ .   6. È vero che i clienti (*customers*) _____ ?

UNIVERSITÀ DEGLI STUDI DI MILANO

IV. Quanto? *(how much?) and cardinal numbers: 21 to 100*

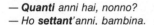
— **Quanti** *anni hai, nonno?*
— *Ho* **settant**'*anni, bambina.*

1. Quanto (**quanta, quanti, quante**) is an interrogative adjective. It must agree in gender and number with the noun it modifies.

Quanti corsi hai oggi?	*How many classes do you have today?*
Quanto tempo hai?	*How much time do you have?*

2. The cardinal numbers from 21 to 100 are:

21	ventuno	31	trentuno
22	ventidue	32	trentadue
23	ventitrè		
24	ventiquattro	40	quaranta
25	venticinque	50	cinquanta
26	ventisei	60	sessanta
27	ventisette	70	settanta
28	ventotto	80	ottanta
29	ventinove	90	novanta
30	trenta	100	cento

All these numbers are invariable. However, note that:

a. the numbers **venti, trenta, quaranta**, up to **novanta**, drop the final vowel before adding **uno** and **otto**.

trentun giorni	*thirty-one days*
quarantotto minuti	*forty-eight minutes*

b. the numbers **ventuno, trentuno, quarantuno**, up to **novantuno**, drop the final **o** in front of a noun.

Lisa ha **ventun** anni.	*Lisa is twenty-one years old.*

c. the numbers **venti**, **trenta**, **quaranta**, up to **cento**, usually drop the final vowel in front of the word **anni**.

> **La nonna ha ottant' anni.** | *Grandma is eighty.*

d. **Tre** takes an accent when it is added to **venti**, **trenta**, and so on.

ventitrè, trentatrè, etc.

═══════════════ **E S E R C I Z I** ═══════════════

A. *Read and complete the following operations aloud.*

1. 11 + (*più*) 30 = (*fa*) _____
2. 80 − (*meno*) 22 = _____
3. 10 × (*per*) 8 = _____
4. 100 : (*diviso*) 4 = _____

B. *Write out the following numbers.*

7, 17, 28, 31, 45, 66, 78, 91, 100

C. *Answer the following questions.*

1. Quanti minuti ci sono in un'ora?   2. Quante ore ci sono in un giorno?   3. Quanti giorni ci sono nel mese di aprile?   4. Quanti anni ci sono in un secolo (*century*)?   5. Quanti anni ha il Presidente degli Stati Uniti?   6. Quante stelle (*stars*) ci sono sulla bandiera americana?

LETTURA

LA STANZA DI MARCELLO

La stanza di Marcello è in un vecchio edificio in via Senato, vicino ai Giardini. Davanti alla finestra c'è una piccola scrivania. Sulla scrivania ci sono *molti* oggetti: quaderni e libri, fogli e matite, una lampada e una penna. Ecco anche una tazza di caffè e un *portacenere*. La sedia è dietro la scrivania. Sul pavimento ci sono fogli di carta.

                  many

                  ashtray

Il letto è *in disordine*. Alle pareti ci sono molte fotografie di *paesaggi*, perchè Marcello ha l'hobby della fotografia. Tra la porta e

                  messy

                  landscapes

il letto ci sono uno scaffale pieno di libri e un *tavolino* con sopra un *giradischi*.

  La stanza di Marcello è molto disordinata, ma lui non ha tempo di *pensare* all'ordine. Perchè? Perchè domani ha un esame di scienze politiche. Marcello ha paura dell'esame e ha bisogno di *studiare*. Ha ragione. Ma dov'è Marcello? Non è alla scrivania, e non è a letto. È davanti alla finestra. *Poverino*, è stanco, ha bisogno di *riposare*. E poi... dall'altra parte della strada c'è un'altra finestra e, alla finestra, c'è una bella ragazza.

nightstand
record player

to think
to study

Poor fellow / to rest

DOMANDE SULLA LETTURA

1. È in un nuovo edificio la stanza di Marcello?   2. Che cosa c'è vicino a via Senato?   3. Che oggetti ci sono sulla scrivania?   4. Dov'è la sedia?   5. Perchè ci sono molte foto nella stanza di Marcello?   6. Dove sono il tavolino e il giradischi?   7. È ordinata la stanza di Marcello? 8. È calmo o preoccupato Marcello?   9. Di che cosa ha paura?   10. Perchè non è alla scrivania? 11. Chi c'è dall'altra parte della strada?

DOMANDE PERSONALI

1. È alla scuola secondaria o all'università Lei?   2. Con chi è alla lezione d'italiano?   3. Quanti studenti ci sono nella classe d'italiano?   4. Dov'è il professore adesso?   5. Di che cosa hanno bisogno gli studenti in classe?   6. Di che cosa ha paura Lei alla fine (*at the end*) dei corsi?   7. I professori hanno sempre ragione?   8. Ha sonno o ha fame Lei dopo un esame difficile?   9. Dov'è la biblioteca dell'università?   10. È lontano dall'università il centro della città?   11. Che cosa c'è nella Sua (*your*) stanza?   12. Ha una bella scrivania?   13. Che cosa c'è sulla scrivania?   14. È ordinato(a) Lei?

ATTIVITÀ

1. **Quanti corsi hai oggi?** Parlate (*speak*) con altri compagni dei vostri (*about your*) corsi. Quanti sono? Quali sono? Come sono? Usate, come esempio, il dialogo « Molte lezioni e poco tempo ». 2. **Per piacere, dov'è...?** Domandate a (*ask*) un compagno o una compagna in quale edificio è la classe di..., o dove si trova l'ufficio del professore, ecc. Usate nella risposta le espressioni **in...**, **vicino a...**, **davanti a...**, ecc.

TRADUZIONE

1. Here is a conversation between two roommates, Nina and Lori.   2. You are very messy, Nina. You have books, paper and other things on the floor.   3. You're right. I am tired and worried because Professor Riva's exams are always difficult.   4. Is he the math professor? How old is he? 5. He is forty and is very nice. Where is my (*il mio*) algebra notebook?   6. It is on the shelf near the window.   7. Are you hungry?   8. No, I am thirsty. I need a cup of coffee.   9. I do, too (*anch'io*). It is difficult to study (*studiare*) if (*se*) we are sleepy.

VOCABOLARIO

Nomi

la **carta**   *paper*
il **cassetto**   *drawer*
l'**edificio**   *building*
la **finestra**   *window*
il **foglio**   *sheet*
la **foto(grafia)**   *picture, photography*
la **lampada**   *lamp*
il **letto**   *bed*
il **maestro; la maestra** *elementary teacher*
la **mamma**   *mom*
l'**oggetto**   *object*

il **papà**   *dad*
la **parete**   *wall*
il **pavimento**   *floor*
la **porta**   *door*
lo **scaffale**   *shelf*
la **scrivania**   *desk*
la **sedia**   *chair*
la **stanza**   *room*
la **tazza**   *cup*
il **tempo**   *time*
l'**ufficio**   *office*

Aggettivi

calmo   *calm*
disordinato   *messy*
molto   *much, a lot of*
ordinato   *neat*

pieno (di)   *full (of)*
preoccupato   *worried*
stanco   *tired*
universitario   *university*

Verbi

avere... anni   *to be . . . years old*
avere bisogno (di)   *to need*
avere caldo   *to be hot*
avere fame   *to be hungry*
avere freddo   *to be cold*

avere paura (di)   *to be afraid (of)*
avere ragione   *to be right*
avere sete   *to be thirsty*
avere sonno   *to be sleepy*
avere torto   *to be wrong*

Altre espressioni

adesso   *now*
da   *from, by*
dall'altra parte   *on the other side*
davanti (a)   *in front of, before*
dentro   *inside, in*
dietro   *behind, after*
domani   *tomorrow*
dopo   *after, afterwards*
fuori (di)   *out (of), outside*

lontano (da)   *far (from)*
poi   *then*
sempre   *always*
sopra   *above, on (top of)*
sotto   *under, below*
su   *on, over, above*
tra (or fra)   *between, among*
vicino (a)   *near, beside, next to*

PAGINA CULTURALE

IL SISTEMA SCOLASTICO ITALIANO

In Italia la scuola è obbligatoria fino ai quattordici anni. *Incomincia* dopo la scuola materna e include cinque anni di scuola elementare e tre di *scuola media.*

Dopo la scuola media, i ragazzi e le ragazze italiani hanno il *compito* difficile di decidere il *loro* futuro. Infatti esiste una grande varietà di *scuole secondarie superiori.* Se uno studente o una studentessa ha intenzione di seguire, per esempio, una professione nell'*insegnamento,* in medicina, *legge* o ingegneria, *si iscrive* al *liceo* classico o scientifico. Gli studenti che hanno talento artistico si iscrivono al liceo artistico, o all'istituto d'arte, o al conservatorio di musica. Per la specializzazione di lingue *estere* esiste il liceo linguistico. Per altre specializzazioni ci sono gli istituti tecnici o professionali. *Per diventare* maestri o maestre di scuola elementare è necessario *iscriversi* all'istituto magistrale. Quasi tutte le scuole secondarie superiori *durano* cinque anni.

Per le scuole pubbliche e per le scuole private i programmi sono *stabiliti* e controllati dal governo. Al liceo classico, per esempio, ci sono: lingua e letteratura italiana, latina, greca e *straniera;* geografia, filosofia, scienze naturali, chimica, matematica, fisica, storia dell'arte, religione, educazione fisica. La scuola italiana generalmente non include attività sociali, come club, sport e danze.

Alla fine della scuola media superiore ci sono gli esami di maturità, *scritti* e orali. Gli studenti *ricevono* un diploma e sono *liberi* di continuare gli studi all'università.

It begins

junior high school

task / their
high schools

teaching / law / he or
she enters / high
school

foreign

to become
to enter, enroll
last

established
foreign

written / receive / free

Al liceo: esami orali di maturità.

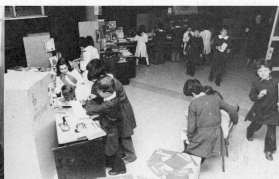

Bambini all'interno della mostra del libro per l'infanzia.

A TAVOLA

Milano. Un ristorante in Galleria.

AL RISTORANTE

Linda	È un *locale* piccolo, ma carino, no? Io non ho molta fame, e tu?	place
Gianni	*Ho una fame da lupo.* Ma che menù povero! Non ci sono *nè* lasagne *nè* scaloppine!	I'm hungry as a wolf neither . . . nor
Linda	Per piacere, Gianni! Non sei stanco di *mangiare* sempre le stesse cose? Sst! Ecco il cameriere!	to eat
Cameriere	*Desiderano* un antipasto? Abbiamo del prosciutto delizioso.	do you wish (would you like)
Gianni	Non per me, grazie. Io desidero degli spaghetti al pomodoro. Anche tu, Linda?	
Linda	*Scherzi?* Ho bisogno di vitamine, io, non di calorie. Per me, una zuppa di verdura.	are you joking?
Cameriere	E come secondo, che cosa *ordinano?* Oggi abbiamo arrosto di vitello, molto buono, con piselli.	do you order
Gianni	D'accordo. E tu, Linda?	
Linda	Io desidero una bistecca con insalata verde.	
Cameriere	Vino bianco o vino rosso?	
Gianni	Vino rosso, per favore. Una *bottiglia.*	bottle

DOMANDE SUL DIALOGO

1. Dove sono Linda e Gianni?   2. Ha poca o molta fame Gianni?   3. Perchè non è contento Gianni?   4. Perchè Linda desidera una zuppa di verdura?   5. Che cosa mangiano Linda e Gianni come secondo?

STUDIO DI PAROLE

—I signori desiderano?

Pasti (m. pl.)   meals

colazione (f.)   breakfast
pranzo   lunch
cena   dinner

Antipasto   hors-d'oeuvre

prosciutto e melone

Primo piatto   first course

zuppa di verdura   vegetable soup
spaghetti al pomodoro   spaghetti with
   tomato sauce

ravioli
lasagne (f. pl.)

Secondo piatto   second course

bistecca   steak
pollo arrosto   roast chicken
scaloppine (f. pl.)
arrosto di vitello   roast veal
pesce fritto   fried fish

Verdure (f. pl.)   vegetables

insalata   salad
piselli   peas
spinaci
zucchine
patate fritte   fried potatoes

Dessert

torta   cake
gelato   ice cream
frutta   fruit
formaggio   cheese

Bevande (f. pl.)

birra   beer
vino
acqua minerale
cappuccino; espresso   espresso coffee with steamed milk; espresso
conto   check
cameriere   waiter
mancia   tip

ESERCIZIO SU STUDIO DI PAROLE

1. Chi porta (*brings*) il menù in un ristorante?   **2.** Con che cosa incomincia (*begins*) un pranzo elegante in Italia?   **3.** Gli spaghetti in Italia sono un primo o un secondo piatto?   **4.** Che cosa ordina Lei in un ristorante italiano?   **5.** Se abbiamo ancora (*still*) fame dopo la carne o il pesce, che cosa ordiniamo?   **6.** Che cosa porta il cameriere alla fine (*at the end*) del pranzo?

PUNTI GRAMMATICALI

I. Regular verbs ending in -are: present tense

Mamma e Nino **suonano**; il papà **canta**.

*I tre ragazzi **giocano**: al golf, al pallone, a tennis.*

1. Chi suona la chitarra?   **2.** Anche il padre suona?   **3.** A che cosa giocano i tre ragazzi?

cantare *(to sing)*	
cant **o**	cant **iamo**
cant **i**	cant **ate**
cant **a**	cant **ano**

1. Verbs that end in *-are* are identified as first conjugation verbs. Most of these verbs are regular. The infinitive of a regular verb, such as **cantare**, consists of the stem **cant-** (invariable) and the ending **-are**. To conjugate the present tense of **cantare**, we replace **-are** with a different ending for each person: **-o, -i, -a, -iamo, -ate, -ano**.

2. The present tense in Italian is rendered in English in different ways:

Io **canto**.
{ *I sing.*
{ *I am singing.*
{ *I do sing.*

Canta Maria?
{ *Does Maria sing?*
{ *Is Maria singing?*

Maria non **canta**.
{ *Maria does not sing.*
{ *Maria is not singing.*

3. Verbs ending in **-iare** drop the i of the stem before adding the endings **-i** and **-iamo**.

studi**are**   studi, studiamo

4. Verbs ending in **-care** and **-gare**, such as **dimenticare** (*to forget*) and **pagare** (*to pay*), acquire an **h** before the endings **-i** and **-iamo**, to preserve the hard sounds /k/ and /g/: dimentichi, dimentichiamo; paghi, paghiamo.

5. Here is a list of some common **-are** verbs:

abitare	*to live*	(in)cominciare	*to begin*
amare	*to love*	invitare	*to invite*
arrivare	*to arrive*	lavorare	*to work*
ascoltare	*to listen (to)*	mangiare	*to eat*
aspettare	*to wait (for)*	pagare	*to pay*
comprare	*to buy*	parlare	*to speak*
desiderare	*to wish, to want*	pensare	*to think*
dimenticare	*to forget*	portare	*to bring*
domandare	*to ask*	studiare	*to study*
guardare	*to look at*	telefonare (a)	*to phone, to call*

Aspetti il cameriere?	*Are you waiting for the waiter?*
Sì, **desidero** pagare il conto.	*Yes, I want to pay the bill.*
Non **telefoni** al dottore?	*Aren't you calling the doctor?*
Il professor Sapienti **parla** cinque lingue.	*Professor Sapienti speaks five languages.*
Abitiamo in una piccola città.	*We live in a small city.*

6. Contrary to their English equivalents, the verbs **ascoltare**, **aspettare**, and **guardare** take a direct object and therefore are *not* followed by a preposition.

Aspettiamo l'autobus.	*We are waiting for the bus.*
Perchè non **ascolti** la radio?	*Why don't you listen to the radio?*

7. Pensare is followed by the prepositions **a** or **di**. **A** is used when **pensare** is followed by a noun:

Penso **a** Maria.	*I am thinking of Maria.*
Penso **al** pranzo.	*I am thinking about the dinner.*

Di is used when **pensare** is followed by an infinitive and when asking for an opinion:

Penso **di** lavorare.	*I am thinking of working.*
Che cosa pensi **di** Maria?	*What do you think of Mary?*

═══ **E S E R C I Z I** ═══

A. *Give the present tense form of each verb, according to the subject in parentheses.*

1. (io) preparare; aspettare; incominciare
2. (noi) dimenticare; cucinare; cantare
3. (Paolo) pensare; arrivare; desiderare
4. (tu) mangiare; salutare; studiare
5. (lui e lei) ascoltare; comprare; portare
6. (tu e lei) giocare; guardare; telefonare

B. *Answer each question by starting with Anche (also). . . .*

> ESEMPIO: **Luigi canta. E tu?** *Anch'io canto.*

1. Antonio mangia quando ha fame. E tu? E il gatto? E i bambini? E voi due? E Lucia e io?
2. Lucia canta quando è contenta. E Lei? E noi? E lui e lei? E la ragazza? E io?
3. Io saluto quando incontro (*I meet*) un amico. E voi? E Filippo? E Maria e Lei? E tu? E loro?
4. Lui dimentica i problemi quando balla (*he dances*). E Loro? E tu? E Antonio? E voi? E io? E noi?

II. The partitive (some, any)

*Marco desidera **del** tè.*
*C'è **della** torta nel frigo.*
*Ci sono anche **dei** pasticcini.*

del tè   il tè

della torta   la torta

dei pasticcini   i pasticcini

1. The partitive is used to indicate a part of a whole or an undetermined quantity (or number). In English it is expressed by *some* or *any*. In Italian it is expressed by the contraction of **di** and the definite article **il** in all its forms (**del, dello, dell'; della, dell'; dei, degli; delle**).

Desidero **dell'**acqua minerale.	*I would like some mineral water.*
Luisa porta **dei** pasticcini.	*Luisa is bringing some pastry.*
Abbiamo **del** vino francese.	*We have some French wine.*
Ho **degli** amici simpatici.	*I have some nice friends.*
Invitiamo **delle** ragazze americane.	*We are inviting some American girls.*

2. The partitive is omitted in negative sentences and is frequently omitted in interrogative sentences.

Non ho soldi; hai (**dei**) soldi tu?	*I don't have any money; do you have (any) money?*
Comprate (**dei**) dolci per me? No, non compriamo dolci, compriamo **del** gelato.	*Are you buying (some) sweets for me?* *No, we are not buying (any) sweets, we're buying ice cream.*

═══ E S E R C I Z I ═══

A. *Use the correct form of the partitive to complete the following.*

1. Desidero _____ birra, _____ vino, _____ pane, _____ torta, _____ insalata, _____ spinaci, _____ frutta, _____ acqua minerale, _____ dolci (*sweets*), _____ tè, _____ cioccolata, _____ spaghetti, _____ arrosto e _____ spumante (*m.*).   2. Cosa c'è in una città? In una città ci sono _____ autobus, _____ alberi, _____ parchi, _____ musei, _____ monumenti, _____ case, _____ giardini, _____ macchine, _____ ospedali, _____ negozi, _____ ristoranti, _____ scuole, _____ università e _____ teatri.

B. *Answer the questions in the affirmative or in the negative and replace the article with the partitive.*

> ESEMPIO: Hai i dolci?   (sì) *Sì, ho dei dolci.*
> (no) *No, non ho dolci.*

1. Ordina il pesce Marcello? (sì)   2. Desideri il pollo? (no)   3. Liliana mangia i pasticcini? (sì)   4. Porti lo spumante alla festa? (sì)   5. Lucia ascolta la musica romantica? (sì)   6. Guardate i film di fantascienza (*science fiction*)? (no)

III. **Alcuni, qualche, un po' di**

— *Cosa desideri?*
Ci sono **alcune** *mele.*
C'è anche **un po' di** *torta.*

1. **Alcuni**, **qualche**, and **un po' di** are other forms that translate into "some." The adjective **alcuni** (**alcune**) is always followed by a plural noun. The adjective **qualche** is invariable and is only followed by a singular noun. Both may replace the partitive when *some* means *a few*.

Invitiamo $\left.\begin{array}{l}\textbf{alcuni amici.}\\ \textbf{qualche amico.}\\ \textbf{degli amici.}\end{array}\right\}$ *We invite some (a few) friends.*

Pio porta $\left.\begin{array}{l}\textbf{alcune bottiglie.}\\ \textbf{qualche bottiglia.}\\ \textbf{delle bottiglie.}\end{array}\right\}$ *Pio brings some (a few) bottles.*

2. **Un po' di** (**un poco di**) may replace the partitive only when *some* means *a little, a bit of*.

Desidero $\left.\begin{array}{l}\textbf{un po' di latte.}\\ \textbf{del latte.}\end{array}\right\}$ *I would like some milk.*

Mangio $\left.\begin{array}{l}\textbf{un po' di pollo.}\\ \textbf{del pollo.}\end{array}\right\}$ *I eat some chicken.*

E S E R C I Z I

Answer the questions in the affirmative and replace the partitive with **alcuni(e)**, **qualche**, *or* **un po' di**.

1. Ordinano dei pasticcini le ragazze?   2. Ci sono dei ristoranti in centro?   3. Desidera dell'insalata Lei?   4. Cantate delle canzoni italiane?   5. Lisa compra dei libri?   6. Ascoltate dei dischi la sera?   7. Desideri del vino?   8. Aspetti delle lettere dagli amici?

IV. Molto, tanto, troppo, poco, tutto, ogni

— Hai **molta** fame?
— Sì, ma ho **pochi** soldi.

1. The following adjectives express quantity:

molto, molta; molti, molte	*much, a lot of; many*
tanto, tanta; tanti, tante	*much, so much; so many*
troppo, troppa; troppi, troppe	*too much; too many*
poco, poca; pochi, poche	*little; few*

Lavorate **molte** ore?	*Do you work many hours?*
Pensiamo a **tante** cose.	*We are thinking about (so) many things.*
I bambini comprano **troppo** gelato.	*Children buy too much ice cream.*
Invita **pochi** amici.	*He invites few friends.*

2. When **molto, tanto, troppo,** and **poco** modify an adjective or a verb, they are adverbs. In this case they are invariable.

La bambina mangia **poco.**	*The child eats little.*
La mamma è **molto** stanca.	*Mother is very tired.*

3. Tutto, tutta; tutti, tutte (*the whole; all, every*). When the adjective **tutto** is used in the singular, it means *the whole;* when it is used in the plural, it means *all, every.* The adjective **tutto** is followed by the definite article.

Fido mangia **tutto** il pollo.	*Fido is eating the whole chicken.*
Tutti i ragazzi sono là.	*All the boys are there.*
Studio **tutti** i giorni.	*I study every day.*

4. Ogni (*each, every*) is an invariable adjective. It is *always* followed by a singular noun.

Lavoriamo **ogni** giorno.	*We work every day.*
Ogni settimana gioco a tennis.	*Every week I play tennis.*

NOTE: **Tutto** and **ogni** are often used interchangeably.

tutti i giorni
ogni giorno } *every day*

E S E R C I Z I

A. *Complete with the correct form of* **quanto, molto, poco, tutto, tanto,** *or* **troppo.**

1. (troppo) Tu mangi _____ lasagne.   **2.** (molto) Cuciniamo _____ spaghetti.   **3.** (molto) Comperano _____ birra.   **4.** (poco) Desidero _____ minestra.   **5.** (tutto) Guardiamo ____ i regali (*gifts*).   **6.** (tutto) _____ le ragazze parlano francese.   **7.** (poco) Ci sono _____ camerieri.   **8.** (quanto) _____ pane mangi!   **9.** (tutto) Nino suona la chitarra _____ il giorno.
10. (tanto) Desidero _____ cose.

B. *Complete with* **molto** *(adverb), or the correct form of* **molto** *(adjective).*

1. « Cucini _____ ? » « No, cucino poco ».   **2.** Marcello ha _____ soldi e _____ amici.
3. Mangiate sempre _____ frutta?   **4.** Non siamo _____ stanchi   **5.** Gabriella è _____ preoccupata.   **6.** Liliana non ama _____ cucinare.

C. *Answer in the negative using the adjective* **tutto** + *article, according to the example.*

> ESEMPIO: **Aspetta qualche amico Lei?**
>   *No, aspetto tutti gli amici.*

1. Lavora alcuni giorni della settimana?   **2.** Invita alcune ragazze?   **3.** Canta qualche canzone italiana?   **4.** Ascolta qualche disco?   **5.** Studia alcuni verbi?

D. *Answer the following questions using the adjective* **ogni.**

> ESEMPIO: **Studi tutte le sere?**   *Sì, studio ogni sera.*

1. Studi tutte le lezioni?   **2.** Ascolti tutte le spiegazioni?   **3.** Lavori tutte le mattine?   **4.** Saluti tutti i professori?   **5.** Mangi a casa tutti i giorni?

LETTURA

UNA FESTA DI COMPLEANNO

Domani Gabriella ha ventun anni. Lucia organizza una festa e invita Filippo, *il ragazzo* di Gabriella, e tutti gli altri amici.

boyfriend

Lucia   Marcello, tu *che* sei sempre pieno di soldi, che cosa porti?

who

Marcello   *Macchè* pieno di soldi! Papà è milionario, ma se aspetto i soldi di papà... Io compro alcune bottiglie di spumante Asti. Liliana e Antonio arrivano con me nell'Alfetta.

no way

Lucia	E loro cosa portano?
Marcello	Liliana ha intenzione di comprare del prosciutto perchè detesta cucinare. Antonio, *poverino,* è sempre *al verde:* lui porta Fido e la chitarra.
Lucia	Filippo, che cosa desideri portare tu?
Filippo	Del vino rosso e una torta Motta?
Marcello	Molto bene. Con ventun candeline, vero? E tu Lucia, che sei una *cuoca* molto brava, che cosa cucini?
Lucia	Penso di preparare un arrosto di vitello e delle patate fritte.
Marcello	Perchè non compriamo *insieme* un regalo? Qualche disco, per esempio, *dato che* Gabriella ama la musica.
Lucia	D'accordo. E tu Filippo, sono *sicura* che hai un bel regalo. Che cos'è? Siamo curiosi.
Filippo	Ho due *biglietti* per l'opera, ma silenzio, per piacere. È una sorpresa.

poor fellow / broke

cook

together
since

sure

tickets

Arriva la sera della festa. Tutti gli amici sono a casa di Lucia e aspettano Gabriella e Filippo. Quando i due arrivano, gli amici *augurano:* « Buon compleanno, Gabriella! ».

wish

DOMANDE SULLA LETTURA

1. Perchè Lucia organizza una festa?   2. Chi è Filippo?   3. Che cosa porta alla festa Filippo?   4. Che cosa cucina Lucia?   5. Che cosa portano Marcello, Antonio e Liliana?   6. È una brava cuoca Liliana?   7. Chi è sempre al verde?   8. Che regalo desiderano comprare gli amici di Gabriella?   9. Che bella sorpresa prepara Filippo? Perchè?   10. Che cosa augurano tutti gli amici quando Gabriella arriva a casa di Lucia?

DOMANDE PERSONALI

1. Dove abita Lei?   2. Ama o detesta cucinare Lei?   3. Mangia spesso al ristorante?   4. Quando Lei è al ristorante, quali piatti ordina di solito (*usually*)?   5. Quale cucina ama? La cucina cinese, francese, italiana?   6. Che regalo desidera per il Suo (*your*) compleanno?   7. Che tipo di musica ascolta alla radio? Musica classica, sinfonica, operistica, pop, jazz?   8. Lei suona il pianoforte o un altro strumento musicale?   9. Gioca a tennis Lei? O al golf?   10. Lavora Lei?   11. Ha un lavoro (*job*) interessante?   12. Quante lingue parla Lei? Quali?

ATTIVITÀ

Al ristorante.   Immaginate di essere in un ristorante italiano.   Uno studente è il cameriere.   Due o tre studenti ordinano un pranzo completo (antipasto, pasta, secondo piatto, eccetera).

TRADUZIONE

1. Today Mr. and Mrs. Buongusto are eating in a restaurant.   2. The waiter brings the menu and says (*dice*), "Today we don't have roast veal, but we have very good *scaloppine al marsala*."   3. They order spaghetti with tomato sauce, two steaks, green salad and a bottle of red wine.   4. While (*mentre*) they are waiting, Mr. and Mrs. Buongusto talk about (*di*) some friends.   5. We don't have many friends, but we do have good friends.   6. Why don't we invite Ornella and Paolo to (*a*) play tennis with us (*noi*) tomorrow? They are very good because they play every day.   7. Mr. Buongusto is very hungry and he eats a lot.   8. At the end Mr. Buongusto pays the bill.   9. "Are you forgetting the tip for the waiter?" asks Mrs. Buongusto.

VOCABOLARIO

Nomi

la bottiglia *bottle*	**la fine** *end*
la canzone *song*	**il latte** *milk*
la carne *meat*	**la musica** *music*
la chitarra *guitar*	**il pane** *bread*
il compleanno *birthday*	**il pasticcino** *pastry*
la cucina *kitchen, cooking*	**il pianoforte** *piano*
il cuoco; la cuoca *cook*	**il pranzo** *dinner*
il disco (*pl.* dischi) *record*	**il regalo** *gift, present*
la festa *party; holiday*	**lo strumento** *instrument*

Aggettivi

alcuni(e) *some, a few*	**tanto** *much, so much*
ogni (*inv.*) *each, every*	**troppo** *too much*
poco *little, few*	**tutto** *the whole; all, every*
qualche (*sing.*) *some*	

Verbi

abitare *to live*	**incominciare** *to begin*
amare *to love*	**invitare** *to invite*
arrivare *to arrive*	**lavorare** *to work*
ascoltare *to listen to*	**mangiare** *to eat*
aspettare *to wait for*	**ordinare** *to order*
cantare *to sing*	**pagare** *to pay*
comprare *to buy*	**parlare** *to speak, to talk*
cucinare *to cook*	**pensare** *to think*
desiderare *to wish, to want*	**portare** *to bring, to carry; to wear*
detestare *to hate*	**preparare** *to prepare*
dimenticare *to forget*	**salutare** *to greet, to say good-bye*
domandare *to ask*	**studiare** *to study*
giocare (a) *to play (a game)*	**suonare** *to play (an instrument)*
guardare *to look at, to watch*	**telefonare (a)** *to phone, to call*

Altre espressioni

d'accordo *O.K.*	**un po' di (un poco di)** *some, a bit of*
di solito *usually, generally*	**spesso** *often*
là *there, over there*	

PAGINA CULTURALE

I VINI ITALIANI

Nei tempi antichi i Greci *chiamarono* l'Italia col nome di *Eno-*   called
tria, cioè terra del vino. Il vino è abbondante anche oggi. L'Italia è
infatti la prima nazione del mondo nella produzione vinicola: sette
bilioni di litri all'anno, *cioè un quinto* della produzione mondiale.   that is / one-fifth

I vini ufficiali di qualità rappresentano il venti per cento della
produzione vinicola nazionale. Tutti gli altri entrano nella grande
categoria dei vini da tavola, cioè dei vini che gli Italiani *bevono* a   drink
casa o nelle trattorie.

Una delle regioni più ricche di vini è il Piemonte, con il Barolo,
il Grignolino, il Barbera e lo spumante Asti. Il Valpolicella e il Soave
sono vini prodotti nella zona vicino al lago di Garda. Noti sono
anche il Lambrusco (Emilia-Romagna), il Chianti (Toscana), l'Orvieto (Marche) e il Marsala (Sicilia).

Alcuni nomi di vini sono ispirati dall'*ambiente storico,* come il   historical milieu
Nuragus (i *nuraghi* sono monumenti preistorici, caratteristici dell'isola
di Sardegna); altri da leggende locali, come il Lacryma Christi (dalle
lacrime di Cristo per la *caduta* dell'Arcangelo Lucifero vicino al   tears / fall
Vesuvio). Alcuni nomi *descrivono* gli effetti del vino, come lo *Scac-*   describe / chase away
ciadiavoli (Umbria). Secondo alcuni il Chianti deriva il suo nome   the devil
dal latino *clangor* che significa *suono di trombe* o *canto di uccelli.*   sound of trumpets / birds' singing

In genere gli Italiani sono buoni conoscitori di vini e hanno
una cantina *ben fornita.* L'uso del vino, e dell'alcool, *tuttavia,* è   well furnished / however
moderato in Italia.

ATTIVITÀ E PASSATEMPI

Da dove telefoniamo se non siamo a casa?

UNA TELEFONATA

Gianna telefona all'amica Marisa. La mamma di Marisa, la signora Pini, risponde al telefono.

Signora Pini	Pronto?
Gianna	Buon giorno, signora. Sono Gianna. Ç'è Marisa, per favore?
Signora Pini	Sì, un momento, è qui.
Marisa	Pronto? Ciao Gianna!
Gianna	*Finalmente! Il tuo* telefono è sempre occupato!
Marisa	Da dove telefoni?
Gianna	Sono a un telefono pubblico. E *dobbiamo* fare una telefonata breve perchè ho solo un gettone.
Marisa	Allora, *andiamo* al cinema nel pomeriggio?
Gianna	*Veramente io preferisco* giocare a tennis.
Marisa	Va bene. Perchè non andiamo in bicicletta al *campo da tennis?* E al ritorno andiamo a prendere un gelato.
Gianna	Perfetto. Sono *da te* in cinque minuti.

Marginal glosses:
finally! / your
we have to
are we going
actually I prefer
tennis court
at your house

DOMANDE SUL DIALOGO

1. Chi risponde al telefono?   **2.** Da dove telefona Gianna?   **3.** Perchè la telefonata è breve?
4. Cosa desidera fare Gianna?   **5.** Come vanno (*go*) al campo da tennis le due amiche?

STUDIO DI PAROLE

— *Pronto* (hello). *Chi parla?*
— *Sono Filippo. Posso* (may I) *parlare con Gabriella?*

telefono pubblico
elenco telefonico   phone book
numero telefonico (di telefono)
prefisso   area code
formare il numero   to dial
fare una telefonata } to call, to phone
telefonare

gettone (*m.*)   token
libero   free
occupato   busy
il/la centralinista   operator
telefonata interurbana   long-distance phone call

ESERCIZIO SU STUDIO DI PAROLE

1. Dove cerchiamo (*do we look for*) il numero di telefono di una persona?   2. Se il numero non è nell'elenco telefonico, chi chiamiamo (*do we call*)?   3. Qual è il Suo (*your*) numero di telefono? 4. Abbiamo bisogno del prefisso per fare una telefonata in città?   5. Di che cosa hanno bisogno gli Italiani per telefonare da un telefono pubblico?   6. Quando rispondiamo al telefono, che espressione usiamo?

PUNTI GRAMMATICALI

I. *Regular verbs ending in -ere and -ire: present tense*

*Gabriella **scrive** a Filippo.*
*Papà **legge** il giornale.*

*La mattina il signor Brambilla **dorme** troppo.*

1. A chi scrive Gabriella?   **2.** Cosa legge il papà?   **3.** Perchè il signor Brambilla corre (*runs*)?

scrivere *(to write)*		**dormire** *(to sleep)*	
scriv **o**	scriv **iamo**	dorm **o**	dorm **iamo**
scriv **i**	scriv **ete**	dorm **i**	dorm **ite**
scriv **e**	scriv **ono**	dorm **e**	dorm **ono**

1. Verbs ending in **-ere** (second conjugation) and verbs ending in **-ire** (third conjugation) differ only in the ending of the **voi** form: scriv**ete**, part**ite**. Both **-ere** and **-ire** verbs differ from **-are** verbs in the endings of the **lui**, **voi**, and **loro** forms: parlare ⟶ parla, parlate, parlano.

Scrivo una lettera a Gino.
{ *I write a letter to Gino.*
  I am writing a letter to Gino.
  I do write a letter to Gino.

Dormi in classe?
{ *Do you sleep in class?*
  Are you sleeping in class?

2. Some common verbs ending in **-ere** are:

chiẹdere	to ask	**ripẹtere**	to repeat
cọrrere	to run	**rispọndere (a)**	to answer
crẹdere	to believe	**vedere**	to see
lẹggere	to read	**vẹndere**	to sell
prẹndere	to take	**vịvere**	to live
ricẹvere	to receive		

Che voti **ricevete** a scuola?	*What grades do you receive in school?*
Oggi **prendo** l'autobus.	*Today I'm taking the bus.*
Gli studenti non **rispọndono** alla domanda.	*The students don't answer the question.*

3. Some common verbs ending in **-ire** are:

aprire	to open	**seguire**	to follow, to take a course
offrire	to offer	**sentire**	to hear
partire	to leave	**servire**	to serve

Quanti corsi **sẹgui?**	*How many classes are you taking?*
Dorme soltanto cinque ore.	*He sleeps only five hours.*
Sentite il telẹfono?	*Do you hear the phone?*

E S E R C I Z I

A. *Give the present tense form of each verb using the subject in parentheses.*

1. (lei) lẹggere; scrịvere; dormire; partire
2. (noi) cọrrere; aprire; vedere; sentire
3. (tu) rịdere; ripẹtere; seguire; prẹndere
4. (voi) scrịvere; partire; vịvere; servire
5. (io) ricẹvere; crẹdere; offrire; rispọndere

B. *Substitute the subject with each subject in parentheses and give the correct form of the verb.*

1. Io chiedo un gettone. (le ragazze; loro; noi)   2. Ricevi molte lẹttere tu? (Luisa; voi; i professori)
3. Che cosa vedete dalla finestra? (noi; Lei; i bambini)   4. Quante ore dormi tu? (voi; Lei; gli studenti)   5. Non seguiamo molti corsi. (io; Gianni; loro)

II. -ire *verbs with the suffix* -isc-

— *No, caro,* **preferisco** *la macchina!*

finire *(to finish)*	
fin **isc** o	fin **iamo**
fin **isc** i	fin **ite**
fin **isc** e	fin **isc** ono

Many -ire verbs take the suffix -isc- between the stem and the endings of the io, tu, lui, and loro forms. In the vocabulary lists of this book and in the dictionary these verbs are indicated in this way: finire (-isc-). Some common verbs that follow this pattern are:

capire	*to understand*		**pulire**	*to clean*
costruire	*to build*		**restituire**	*to give back*
preferire	*to prefer*		**ubbidire**	*to obey*

Quando **finisci** di studiare?	*When do you stop studying?*
Preferiamo un esame facile.	*We prefer an easy exam.*
Pulisco la casa il sabato.	*I clean the house on Saturdays.*

■ E S E R C I Z I ■

A. *Substitute the subject with each subject in parentheses and give the correct form of the verb.*

1. Io restituisco i soldi. (il giovanotto; noi; le ragazze; tu e Lisa)   **2.** Non capiamo la domanda. (la signora; tu; io; i due)   **3.** È vero che tu costruisci una casa? (il signor Ricci; Lei; voi; loro) **4.** Che cosa preferisce Lei? (tu; i bambini; la signora; voi; noi tutti)

B. *Imagine that your class is having an Italian exam tomorrow. Determine whether the students are spending their time wisely or wasting it. Use the expression* **perdere tempo** *in the affirmative or in the negative.*

ESEMPIO: **noi / studiare**   *Quando studiamo, non perdiamo tempo.*

1. Filippo / correre in bicicletta   2. Tina e Giancarlo / ascoltare dei dischi dei Beatles.
3. tu / ripetere i verbi d'italiano.   4. voi / dormire.   5. io / preferire andare al cinema.
6. Ornella / giocare a tennis.   7. noi / scrivere degli esercizi d'italiano   8. Franco / suonare il
pianoforte.   9. noi / leggere alcune pagine del giornale.   10. voi / pulire la macchina.

C. Answer the following questions according to the example.

> ESEMPIO: **Io ordino un caffè. E voi?** (un tè)
> *Noi ordiniamo un tè.*

1. Lui parte oggi. E tu? (domani)   2. Noi dormiamo cinque ore. E voi? (otto ore)   3. Io prendo
un gettone. E Lei? (due gettoni)   4. Tu segui tre corsi. E Luisa? (quattro corsi)   5. Paolo vive a
Bologna. E la sua (*his*) famiglia? (a Venezia)   6. Io vedo gli amici al caffè. E Lei? (alla biblioteca)
7. Tu desideri un espresso. E i bambini? (una Coca-Cola)   8. Noi preferiamo il pesce fritto. E tu?
(il pollo arrosto)   9. Antonio riceve bei voti. E Marcello e Filippo? (brutti voti)   10. Lina pulisce
la stanza il sabato. E tu? (la domenica)

III. Irregular verbs ending in -are

*Che cosa **fa** Gino? **Va** al parco in bicicletta.*

1. Sta a casa Gino?   2. Va al parco a piedi o in bicicletta?

The following **-are** verbs are irregular in the present tense:

1. andare *(to go)*		2. fare *(to do; to make)*	
vado	andiamo	faccio	facciamo
vai	andate	fai	fate
va	vanno	fa	fanno

3. dare *(to give)*		**4. stare** *(to stay)*	
do	diamo	sto	stiamo
dai	date	stai	state
dà	danno	sta	stanno

Andiamo al cinema o in biblioteca?	*Are we going to the movies or to the library?*
Faccio una telefonata interurbana.	*I am making a long-distance phone call.*
Do una festa.	*I am giving a party.*
Maria **sta** a casa.	*Maria stays home.*

1. **Andare** is always followed by the preposition **a** before an infinitive.

Vado a vedere un film.	*I am going to see a movie.*
Andiamo a comprare un gelato.	*We are going to buy an ice cream.*

NOTE: Contrary to English, **andare** is not used to express the immediate future. To convey this idea, Italian uses the present (or future) tense: **Parto.** = *I am going to leave.*

2. **Fare** is used in many idiomatic expressions, some of which are listed below:

fare una passeggiata	*to take a walk*
fare le spese	*to go shopping*
fare la spesa	*to buy groceries*
fare il bagno, la doccia	*to take a bath, a shower*
fare colazione	*to have breakfast*
fare un viaggio	*to take a trip*
fare una domanda	*to ask a question*
fare una foto	*to take a picture*

Faccio una passeggiata prima di mangiare.	*I take a walk before eating.*
Lui non **fa** domande.	*He does not ask questions.*

3. **Dare** is used in the following idiomatic expressions:

dare un esame	*to take an examination*
dare la mano	*to shake hands*

Giovedì **do l'esame** di fisica.	*On Thursday I'll take the physics exam.*

4. **Stare** is used in the following idiomatic expressions:

stare attento	*to pay attention, to be careful*
stare zitto	*to be quiet*
stare bene	*to be well, to feel well*
stare male	*to be ill, to feel ill*

Perchè non **stai** attento?	*Why don't you pay attention?*
Come **sta,** Signora?	*How do you feel, Madam?*
Sto male.	*I feel ill.*

NOTE: **Stare per** + *infinitive* translates as *to be about to* (do something).

I corsi **stanno per** finire.	*Classes are about to end.*

E S E R C I Z I

A. *Answer the following questions by using each subject in parentheses and the correct form of the verb.*

1. Chi va in autobus? (la signora; io e Filippo; tu; noi; i bambini)   2. Chi fa la spesa il sabato? (tu; noi; la mamma; io; il sig. Bettini)   3. Chi dà una festa domenica? (i signori Rossi; la professoressa d'italiano; voi; io; noi studenti)   4. Chi sta attento? (gli studenti; Pierino; tu e Maria; tu ed io)

B. **Quando...?** *One student will ask a question; another student will answer according to the example.*

ESEMPIO: **(Paolo)** il bagno / mangiare   *Quando fai il bagno Paolo?*
Fa il bagno prima di mangiare.

1. (tu) la doccia / mangiare   2. (noi) colazione / partire   3. (voi) la spesa / cucinare   4. (gli zii) una passeggiata / ritornare   5. (io) una telefonata / andare   6. (tu) la domanda / pensare   7. (lei) il compito / andare a dormire

IV. Uses of **a, in, da,** *and* **per**

*Marcello va a Firenze **in** macchina.*
*Va **da** zia Rita.*

1. The prepositions **a**, **in**, and **da** are all used to indicate *location* or *means of transportation*. Each is employed in the following ways:

a. The simple preposition **a** is placed before the *names of cities*:

Vado **a** Roma.   Vivo **a** Venẹzia.

and before the nouns **casa**, **scuola**, **teatro**, **cavallo** (*on horseback*), and **piedi** (*on foot*):

Vado **a teatro.**	*I am going to the theater.*
Andiamo **a piedi.**	*We go on foot (We walk).*
Oggi mangiamo **a casa.**	*Today we eat at home.*

b. The simple preposition **in** is used before the *names of countries*:

Ạbito **in** Italia.	*I live in Italy.*

and before the nouns **uffịcio**, **biblioteca**, **classe**, **città**, **chiesa**, **giardino**, **campagna**, **montagna**, **aẹreo**, **treno**, **ạutobus**, **bicicletta**:

Vado **in** montagna.	*I am going to the mountains.*
Abitiamo **in** campagna.	*We live in the country.*
I bambini giọcano **in** giardino.	*The children are playing in the garden.*
Parto **in** aẹreo.	*I am leaving by plane.*

c. The preposition **da** is used before a *person's name*, before a *profession*, and before *pronouns*:

Vado **da** Pietro.	*I am going to Peter's.*
Vado **dalla** dottoressa Calvi.	*I am going to Dr. Calvi's.*
Arrivo **da** lui.	*I am arriving at his place.*

2. To indicate purpose, Italian uses **per** + *infinitive*. This construction corresponds to the English construction *(in order) to* + *infinitive*.

Studio **per** imparare.	*I study (in order) to learn.*
Lavoro **per** vịvere.	*I work (in order) to live.*

━━━━━━━━ **E S E R C I Z I** ━━━━━━━━

A. **Vai...?** *One student will ask a question, another student will answer, according to the example.*

ESEMPIO: (ora) in classe / — biblioteca
Vai in classe ora?
No, vado in biblioteca.

1. (in ufficio) in autobus / — macchina   2. (venerdì sera) al cinema / — teatro   3. (all'università) in bicicletta / — piedi   4. (a New York) in aereo / — treno   5. (domani) da Luisa / — dentista   6. (lunedì) a Boston / — montagna   7. (in estate, *summer*) in Europa / — Acapulco

B. *Combine the following sentences using* **per** + *infinitive.*

> ESEMPIO: Studio. Imparo. *Studio per imparare.*

1. Compro un gettone. Telefono a Pietro.
2. La mamma ritorna. Prepara il pranzo.
3. Gli studenti stanno attenti. Capiscono la conferenza.
4. La signora prende il giornale. Legge le notizie (*news*).
5. Andiamo a una pizzeria. Mangiamo una pizza.
6. Io sto a casa. Faccio il compito d'italiano.

V. Days of the week (i giorni della settimana)

GENNAIO		
16	L	s Marcello
17	M	s Antonio
18	M	s Prisca
√19	G	s Mario
20	V	s Sebastiano
21	S	s Agnese
22	D	Sacra Famiglia

— *Che giorno è oggi?*
— *Oggi è* **giovedì.**

The days of the week are:

*lunedì	Monday
martedì	Tuesday
mercoledì	Wednesday
giovedì	Thursday
venerdì	Friday
sabato	Saturday
domenica	Sunday

NOTE: Days of the week are masculine except **domenica**, which is feminine.

---

1. The preposition *on* is not expressed in Italian when used in expressions such as *on Monday, on Tuesday,* and so on.

Lunedì il Prof. Bini dà una conferenza.	*On Monday Prof. Bini is giving a lecture.*

The days of the week are not capitalized in Italian. In Italy **lunedì** *is considered the first day of the week.*

2. The definite article is used in the singular before the days of the week to express an habitual event.

Il sạbato gioco al golf. | *On Saturdays (every Saturday) I play golf.*

But:

Sạbato invito degli amici. | *(This) Saturday I am inviting some friends.*

3. The expressions **una volta a**, **due volte a**, etc., + *definite article* translate into English as *once a, twice a,* etc.

Vado al cịnema **una volta alla settimana.** | *I go to the movies once a week.*
Mangiamo **due volte al giorno.** | *We eat twice a day.*
Andiamo a teatro **quattro volte all'anno** | *We go to the theater four times a year.*

E S E R C I Z I

Answer the following questions.

1. Che giorno della settimana è oggi?   **2.** Con quale giorno incomịncia la settimana in Itạlia?
3. Qual è l'ụltimo (*last*) giorno della settimana?   **4.** Che cosa facciamo la domẹnica?   **5.** Quale giorno sẹgue il giovedì?   **6.** In che giorno gli Americani cẹlebrano il Thanksgiving?

Domani è sabato. Che facciamo?

LETTURA

UNA SETTIMANA MOLTO OCCUPATA

Lunedì:	Filippo va all'università. Dopo i corsi vede Gabriella e *litigano*. Gioca a tennis per un'ora. Va a casa e fa una doccia. Prima di cena va in Galleria e prende un aperitivo con Marcello e Liliana.
Martedì:	Filippo finisce il lavoro in ufficio. Nel pomeriggio corre in bicicletta e nuota in piscina. La sera vede gli amici al Caffè Sport: parlano di politica. Compra un gettone e fa una telefonata a Gabriella: Gabriella non risponde. La *cassiera* del caffè è una bella bionda: Filippo chiede il *suo* numero di telefono.
Mercoledì:	Sta alcune ore in ufficio. Poi va in biblioteca. Legge e studia molto perchè domani ha un esame difficile. La sera telefona a Gabriella. Il telefono è sempre occupato. Filippo telefona a Milva, la cassiera.
Giovedì:	Filippo dà l'esame. L'esame è **un osso duro**. Non capisce alcune domande e non finisce. Da un telefono pubblico telefona a Milva. Vanno insieme al cinema.
Venerdì:	Filippo ha grandi progetti per il week-end, ma **è al verde**. Manda un telegramma al padre: « Caro papà sono senza soldi STOP *Prego* mandare *subito* centomila (100.000) lire STOP *Baci* Filippo ».
Sabato:	Filippo riceve una risposta: « Caro Filippo capisco la situazione STOP *Mi dispiace* STOP *Spendi meno* o *lavora di più* STOP Baci Papà ». Filippo telefona a Marcello per chiedere un *prestito*. Marcello non c'è.
Domenica:	Addio progetti. Filippo è solo. Fa una passeggiata al parco. Pensa a Gabriella.

Glosses (right column):
- quarrel
- cashier
- her
- tough
- he is broke
- please / immediately
- kisses
- I am sorry / spend less
- work more
- loan

DOMANDE SULLA LETTURA

1. Quali sport preferisce Filippo?   2. Dove vede gli amici? Vede anche Gabriella?   3. Incontra (*does he meet*) un'altra ragazza martedì sera? Com'è la ragazza?   4. Perchè va in biblioteca mercoledì?   5. A chi telefona la sera? È libero il telefono?   6. In che giorno dà l'esame? È facile l'esame?   7. Dove va giovedì sera Filippo? Con chi?   8. Perchè venerdì Filippo manda un telegramma al padre? È generoso il padre di Filippo?   9. A quale amico desidera chiedere soldi Filippo?   10. Che cosa fa Filippo domenica sera?

DOMANDE PERSONALI

1. Quanti giorni alla settimana va all'università Lei? Quali?   2. Quanti corsi segue Lei? Quali?
3. Sta zitto(a) Lei o partecipa alle discussioni di politica?   4. Quante volte alla settimana va in biblioteca Lei?   5. Vive in città o in campagna Lei?   6. Come va all'università Lei?   7. Per andare in Europa andiamo in treno o in aereo?   8. Va all'università Lei il sabato sera? Dove va?
9. Dà molte feste Lei o preferisce andare alle feste degli amici?   10. Va spesso al cinema Lei?   11. Stiamo attenti o siamo distratti quando guardiamo un film noioso?   12. Ha paura Lei quando va dal dottore?   13. Fa molte telefonate Lei agli amici?   14. Chi paga il conto del telefono?   15. Dà la mano Lei quando vede gli amici?

ATTIVITÀ

Pronto? Che cosa fai...?   Immaginate una conversazione telefonica fra due compagni o compagne di classe.   Soggetto: Che cosa fate stasera (o domani, o un altro giorno)? Dove andate? Se state a casa, spiegate (*explain*) perchè, ecc.   Uno (una) di voi telefona da un telefono pubblico.

TRADUZIONE

1. On Fridays Giulia walks to the university with Maria.   2. Today, however, Maria is staying home because she is not well; so Giulia prefers to take the bus.   3. At the library she sees a friend: "Hi, Paola. What are you doing here?"   4. I am reading a book on (*sull'*) Italian art.   5. How many classes are you taking this quarter?   6. Three: a psychology class, an English class, and an art history class.   7. When Giulia finishes studying (*di studiare*), she takes a walk and then makes a phone call to Maria.   8. Maria answers: "Hello? Who is speaking?"   9. This is (I am) Giulia. How are you?   10. I am fine now, thank you.   11. Are we going to Gianni's on Sunday? He is giving a party.   12. Sorry (*mi dispiace*), but on Sunday I am going to the movies with Cristina.

VOCABOLARIO

Nomi

l'aereo *airplane*
la campagna *country*
la doccia *shower*
la domanda *question*
il giornale *newspaper*
il mare *sea*

la montagna *mountain*
l'ora *hour*
il padre *father*
la piscina *swimming pool*
la risposta *answer*
i soldi (*m. pl.*) *money*

Aggettivi

libero *free*
occupato *busy*
pubblico *public*

solo *alone, only*
telefonico *telephone*

Verbi

andare *to go*
aprire *to open*
capire (-isc-) *to understand*
chiedere *to ask*
correre *to run*
costruire (-isc-) *to build*
credere *to believe*
dare *to give*
domandare *to ask*
dormire *to sleep*
fare *to do; to make*
finire (-isc-) *to finish*
lasciare *to leave*
leggere *to read*
mandare *to send*
nuotare *to swim*
offrire *to offer*
partire *to leave*

passare *to pass; to pass by*
perdere *to lose; to waste* (time)
preferire (-isc-) *to prefer*
prendere *to take*
pulire (-isc-) *to clean*
ricevere *to receive*
ridere *to laugh*
ripetere *to repeat*
rispondere *to answer, to reply*
ritornare *to return*
scrivere *to write*
seguire *to follow; to take* (a class)
sentire *to hear*
stare *to stay*
ubbidire (-isc-) *to obey*
vedere *to see*
vendere *to sell*
vivere *to live*

Altre espressioni

così *so*
insieme *together*
ora *now*
però *however; but*

prima di *before*
se *if*
senza *without*
solo, soltanto *only*

PAGINA CULTURALE

L'UNIVERSITÀ IN ITALIA

In Italia ci sono più di quaranta università, quasi tutte *statali*. Le più grandi sono a Milano, Napoli e Roma, dove ci sono più di *cento mila* studenti. La più antica università d'Italia e d'Europa è l'università di Bologna, *fondata* alla fine *del 1100,* e famosa nel *Medio Evo* per gli studi di legge. Oggi è nota per i corsi di medicina e di lettere.

Dopo il diploma della scuola media superiore, più dell'ottanta per cento degli studenti italiani continua gli studi all'università. La ragione: la difficoltà che i *diplomati* hanno in *questi* anni di trovare lavoro.

Lo studente o la studentessa che incomincia gli studi universitari *deve* decidere immediatamente la sua specializzazione, cioè, a

state schools

one hundred thousand

founded / of the twelfth century / Middle Ages

secondary school graduates / these

must

Durante un esame di una scuola romana.

quale *facoltà* iscriversi. Le facoltà più *affollate* sono Lettere, Lingue e Letterature Straniere, Medicina, Legge, Scienze, e *Economia e Commercio*.

> school / crowded
> School of Business

I corsi sono in genere basati su conferenze e *durano* un anno accadèmico. I contatti con i professori non sono frequenti *a causa del* numero eccessivo di studenti. Alla fine dei corsi gli studenti danno degli esami orali: i voti vanno da diciotto (il minimo *per essere promossi*) a trenta *e lode*.

> last
> due to
> to be promoted
> / with honors

Gli studi universitari durano quattro, cinque o sei anni, secondo la facoltà. Alla fine degli studi gli studenti scrivono una tesi che dèvono difèndere davanti ad una commissione di professori. Dopo l'esame di laurea, gli studenti ricèvono il titolo di « dottore » o « dottoressa ».

In Italia non esiste un « campus » universitario. L'università è spesso un vecchio edificio nel centro della città. Ci sono alcune « case dello studente » e dei *pensionati* che servono da « dormitorio ». *La maggior parte* degli studenti, però, vive in famiglia o in *camere d'affitto*.

> boarding houses
> most
> rented rooms

Le tasse universitarie sono modeste. Il governo aiuta i giovani *meritèvoli* e poveri.

> deserving

Bologna. Una sala di biblioteca della più antica università d'Italia.

LA FAMIGLIA E I PARENTI

Dai bisnonni ai nipoti: quattro generazioni.

QUANTI FRATELLI HAI?

Bianca visita per la prima volta la stanza di Ornella, un'amica.

Ornella	Che fai, Bianca?
Bianca	Guardo la fotografia sullo scaffale. È la tua famiglia?
Ornella	Sì. È un bel gruppo, vero?
Bianca	Molto. Hai dei genitori molto giovani. Ma quanti figli ci sono nella tua famiglia? Vedo cinque ragazzi; sono i tuoi fratelli?
Ornella	*Per carità,* non tutti! I due vicino all'automobile sono i miei cugini di Torino. *Vengono* spesso a passare il week-end da noi.
Bianca	*Allora,* il bel giovanotto sui vent'anni è tuo fratello?
Ornella	Oh, no! *Quello* è lo zio Giacomo, il fratello *minore* di mia madre. Ha venticinque anni e fa l'ultimo anno di medicina all'università di Bologna. Simpatico, no? Ed è anche scapolo, se *per caso...*
Bianca	Per piacere, Ornella. *Lo sai* bene che ho *già* un ragazzo.

Marginal glosses:
Good heavens!
they come

so
that / younger

by any chance
you know / already

DOMANDE SUL DIALOGO

1. Che cosa guarda Bianca? **2.** Quanti ragazzi vede nella foto di famiglia? **3.** Chi sono i due ragazzi vicino alla macchina? **4.** Lo studente di medicina è un fratello di Ornella o è un parente? **5.** Quanti figli ci sono nella famiglia di Ornella?

STUDIO DI PAROLE

FIGLIO MEO FIGLIA PIA FIGLIA LUISA FIGLIO NINO

MADRE ADA PADRE ENZO MADRE LINA PADRE ALDO

ALBERO GENEALOGICO NONNO PINO NONNA LISA

i genitori parents	**genero** son-in-law
marito husband	**nuora** daughter-in-law
moglie wife	**cognato(a)** brother/sister-in-law
fratello brother	**il/la parente** relative
sorella sister	
zio(a) uncle/aunt	*Stato civile*
cugino(a) cousin	**nubile** unmarried (single) female
il nipote grandson; nephew	**celibe** *or* **scapolo** unmarried (single) male
la nipote grandaughter; niece	**sposato(a)** married
suocero(a) father/mother-in-law	**divorziato(a)** divorced

ESERCIZIO SU STUDIO DI PAROLE

*Use the **Albero Genealogico** on this page to answer the following questions:*
1. Quanti nipoti hanno nonno Pino e nonna Lisa?   2. Chi è lo zio di Meo e di Pia?   3. Chi sono i cugini di Luisa e di Nino?   4. Chi è la nuora di nonno Pino e di nonna Lisa?   5. Chi è la suocera di Aldo?   6. Chi è la moglie di Enzo?   7. Meo è il fratello di Nino?   8. Nonno Pino è il padre di Aldo?

PUNTI GRAMMATICALI

I. Possessive adjectives

*Ecco Antonio, con **la sua** famiglia: **suo** padre, **sua** madre, **le sue** sorelle, **i suoi** fratelli e **il suo** cane. Sulla parete c'è il ritratto **dei suoi** nonni.*

1. È con i suoi amici o con la sua famiglia Antonio?   **2.** Quante persone ci sono nella sua famiglia?
3. Cosa c'è sulla parete?

	Singular		Plural	
	Masculine	**Feminine**	**Masculine**	**Feminine**
my	il mio	la mia	i miei	le mie
your (*familiar sing.*)	il tuo	la tua	i tuoi	le tue
his, her, its	il suo	la sua	i suoi	le sue
your (*formal sing.*)	il Suo	la Sua	i Suoi	le Sue
our	il nostro	la nostra	i nostri	le nostre
your (*familiar pl.*)	il vostro	la vostra	i vostri	le vostre
their	il loro	la loro	i loro	le loro
your (*formal pl.*)	il Loro	la Loro	i Loro	le Loro

1. Possessive adjectives express ownership (*my, your, his,* etc.). They are preceded by the article and agree in gender and number with the noun that follows, *not* with the possessor.

il mio amico	*my friend*
i nostri nonni	*our grandparents*
la sua macchina	*his (her) car*
Telefona **dal Suo** ufficio?	*Are you calling from your office?*
Ritornano **dal loro** viaggio.	*They are returning from their trip.*
Rispondo **alla vostra** lettera.	*I am answering your letter.*

2. **Loro** is invariable and is *always* preceded by the article.

la loro sorella	*their sister*
i loro vicini	*their neighbors*

3. The article is *not* used when the possessive precedes a singular noun that refers to a relative.

mio zio Baldo	*my uncle Baldo*
nostra cugina Nella	*our cousin Nella*
suo fratello	*his (her) brother*

NOTE: The article is used with the possessive if the noun referring to relatives is plural, or if it is modified by an adjective or a suffix.

i miei zii e **le mie** cugine	*my uncles and my cousins*
la mia bella cugina Lia	*my beautiful cousin Lia*
il tuo fratellino	*your little brother*

4. Phrases such as *a friend of mine* and *some books of yours* translate as **un mio amico** and **alcuni tuoi libri.**

5. The idiomatic constructions **a casa mia, a casa tua,** etc., correspond to the English *at (to) my house, at (to) your house,* etc.

E S E R C I Z I

A. *One of your two roommates cleaned your room. You ask him where your things are.*

> ESEMPIO: **Dove sono (*my*)** _____ libri?   *Dove sono i miei libri?*
> **Dov'è (*his*)** _____ esame?   *Dov'è il suo esame?*

1. (*my*) quaderni; appunti; libro; penna; matite
2. (*his*) fogli; cose; dizionario; cartella
3. (*our*) lettere; dischi; foto; giornale

B. *Supply the following nouns with the correct forms of the possessive adjectives given in parentheses.*

1. (*your, fam. sing.*) fratello; cugini; amici; zio
2. (*their*) padre; esami; sorelle; appartamento
3. (*your, fam. pl.*) lẹttere; sorella; amici; cara sorella

C. Chi...? *Say whom the following people are bringing to dinner.*

ESEMPIO: **Marcello (amico)** *Marcello porta il suo amico.*

1. Lucia (cugino)   2. Daniela e Lina (amiche)   3. Mimmo (sorella)   4. Gina (genitori)   5. noi (madre)   6. Sẹrgio e Pạolo (il professore)   7. voi (i nonni)   8. tu (zio)   9. io (cugina e amica)

D. *Answer the following questions using possessive adjectives.*

ESEMPIO: **È la mạcchina di Maria?** *Sì, è la sua mạcchina.*

1. È la casa di Luigi?   2. Guardi i libri di Mirella?   3. Leggi la lẹttera dei ragazzi?   4. Conosci la madre di Gino?   5. Vedi i genitori di Giovanna?   6. Preferisci il regalo dei signori Rossi?   7. Paghi anche il conto di Luisa?   8. Inviti anche i bambini degli amici?   9. Chiami anche il fratello di Gina?   10. Aspetti anche le amiche di Lia?

E. *Complete with a preposition + possessive adjective.*

1. Io dimẹntico sempre molti oggetti (*on my*) ———— letto, ———— scrivania, ———— sẹdie.
2. Lui mette i soldi (*in his*) ———— portafọglio (*wallet*), o ———— cartella.   3. Offriamo regali (*to our*) ———— amici e ———— parenti.   4. Stasera vẹngono tutti (*to our*) ———— festa.
5. Lei parla (di) (*about her*) ———— famịglia, ———— figli, ———— marito.   6. Le ragazze ascọltano l'opinione (*of their*) ———— genitori e ———— amiche.   7. Marcello ritorna (*from his*) ———— viạggio in montagna.   8. Se tu hai bisogno di soldi, scrivi (*to your*) ———— padre, ———— madre, o ———— nonni?   9. Signor Mạuri, posso sapere l'indirizzo (*of your*) ———— figlia?

II. *Possessive pronouns*

— *Mio figlio si chiama Luigi. E **i Loro?***
— ***I nostri** sono: Mina, Lisa, Tino, Gino, Nino.*

1. The possessive pronouns have the same forms as the possessive adjectives. They are preceded by the article, even when they refer to relatives.

mia madre e **la sua**	*my mother and his (hers)*
la tua casa e **la nostra**	*your house and ours*
i suoi amici e **i miei**	*his friends and mine*

2. After the verb ẹssere, the article is usually omitted.

È **tua** questa pipa? Sì, è **mia**.	*Is this pipe yours? Yes, it is mine.*
Sono **suoi** questi fiori? Sì, sono **suoi**.	*Are these flowers hers? Yes, they are hers.*

■■■■■ E S E R C I Z I ■■■■■

A. *Replace the italicized words with possessive pronouns.*

> ESEMPIO: **Ricordo mia madre e** *tua madre.*
> *Ricordo mia madre e la tua.*

1. Conosco i tuoi genitori e anche *i genitori di Pietro.*
2. Io lavoro nel mio uffịcio e lui lavora *nel suo uffịcio.*
3. Voi raccontate le vostre storie e io racconto *le mie storie.*
4. Lui ha bisogno dei suoi soldi e anche *dei soldi dei genitori.*
5. Penso a mio padre e *a tuo padre.*
6. Ecco mia madre. Dov'è *la madre di Nino?*
7. Ecco la tua penna. Dov'è *la mia penna?*

B. *Use possessive pronouns to answer the following questions in the affirmative.*

> ESEMPIO: È tuo il libro di storia?   *Sì, è mio.*

1. È di Lucia il giornale di oggi?   2. Sono vostri gli appunti?   3. È di tuo padre la cartella nera?
4. È di Nella il gatto grigio?   5. Sono tuoi i fogli sul tạvolo?   6. È di Marcello la mạcchina nella strada?

III. Irregular verbs ending in -ere: present tense

— **Bevo** *alla tua salute!*
— *Cin cin!*

The following verbs ending in **-ere** are irregular in the present tense.

bere *(to drink)*		dovere *(to have to, must)*	
bevo	beviamo	devo	dobbiamo
bevi	bevete	devi	dovete
beve	bevono	deve	devono
potere *(can, may, to be able to)*		volere *(to want)*	
posso	possiamo	voglio	vogliamo
puoi	potete	vuoi	volete
può	possono	vuole	vogliono

Oggi **beviamo** Chianti.	*Today we are drinking Chianti.*
Stasera **devo** uscire.	*Tonight I have to go out.*
Posso sedermi qui?	*May I sit here?*
Possiamo fare molte cose.	*We can do many things.*
Vuole un succo d'arancia?	*Do you want a glass of orange juice?*

■ ESERCIZI ■

A. Quale aperitivo? *Say what the following people drink before dinner.*

ESEMPIO: **Pio preferisce la birra.** *Beve della birra.*

1. Mamma preferisce l'Aperol.   2. Io preferisco il Campari.   3. Gli zii preferiscono la vodka.
4. Voi preferite il whisky.   5. Tu, nonna, preferisci il succo d'arancia.

B. Volere non è potere. *One student will say what the following people want to do with a thousand dollars; another student will say whether they can or cannot do it.*

ESEMPIO: **(Jane) andare in Italia**
Jane vuole andare in Italia.
Non può andare in Italia.

1. (il signor Mauri) comprare un cavallo   2. (Filippo e Gabriella) costruire una casa   3. (noi) invitare i genitori a teatro   4. (tu) seguire un corso di lingua tedesca   5. (io) fare un viaggio a New York

C. Prima il dovere. *Make a sentence according to the pattern below, using the verb **volere** and **dovere.***

ESEMPIO: **(il bambino) giocare / studiare.**
Il bambino vuole giocare, ma prima deve studiare.

1. (voi) / imparare i verbi / fare gli esercizi.   2. (la signora) / uscire / riordinare (*to tidy up*) la stanza.
3. (i ragazzi) / andare a letto / finire il compito.   4. (noi) / mangiare / cucinare.   5. (la nonna) /
dormire / telefonare alla nipote.

IV. Irregular verbs ending in -ire: present tense

Un proverbio **dice**
« Dopo la pioggia **viene** il sole ».

The following verbs ending in **-ire** are irregular in the present tense.

dire *(to say, to tell)*		**uscire*** *(to go out)*		**venire** *(to come)*	
dico	diciamo	esco	usciamo	vengo	veniamo
dici	dite	esci	uscite	vieni	venite
dice	dicono	esce	escono	viene	vengono

I genitori **dicono** « Buon compleanno! »	The parents are saying, "Happy birthday."
Veniamo domani.	We'll come tomorrow.
Esce tutte le sere.	He goes out every night.
Lia **riesce** bene a scuola.	Lia is very successful in school.

NOTE: The expression **voler(e) dire** translates as *to mean*.

Non capisco. Che cosa **vuol dire**?	I don't understand. What does it mean?

E S E R C I Z I

A. *Replace the subject with each subject in parentheses and make all necessary changes.*

1. Tu esci con gli amici stasera. (io e mia moglie; la famiglia; i bambini; tu e io)
2. Maria dice sempre la verità. (io; Nino e io; i miei genitori; voi)
3. Gino viene sempre a casa presto (*early*). (io; Suo figlio; i signori Volpe; noi)
4. Tu riesci nel tuo lavoro. (noi; tu e lui; Loro; tua sorella; Lei)

---

*The verb **riuscire** (*to succeed*) is conjugated like **uscire**.

B. *Answer the following questions with the correct expressions.*

1. Dice « Prego! » Lei quando ringrazia?   2. Diciamo « Buon compleanno! » quando un amico parte?   3. Viene all'università Lei la domenica?   4. Venite alla classe d'italiano sette giorni alla settimana, voi?   5. Esce la sera Lei quando è stanco(a)?   6. Escono i bambini la sera?

V. Sapere *versus* conoscere

— *Pietro! Cosa fai!?*
*Mia madre non **sa** nuotare!*

In Italian there are two verbs that correspond to the English verb *to know:* **sapere** and **conoscere**. They are conjugated as follows:

sapere		conoscere	
so	sappiamo	conosco	conosciamo
sai	sapete	conosci	conoscete
sa	sanno	conosce	conoscono

1. **Sapere** is an irregular verb. It means *to know how, to know a fact.*

Sai la lezione?	*Do you know the lesson?*
Nino **sa** suonare il piano.	*Nino knows how to play the piano.*
So che Pietro è a Roma.	*I know that Pietro is in Rome.*
Sapete quando ritorna?	*Do you know when he will come back?*

2. **Conoscere** is a regular verb. It means *to be acquainted with a person* or *a place, to meet someone for the first time.*

Non **conosco** il sig. Paoli.	*I don't know Mr. Paoli.*
Conosciamo Venezia bene.	*We know Venice well.*
Desidero **conoscere** i tuoi genitori.	*I would like to meet your parents.*

E S E R C I Z I

A. *Replace the subject with each subject in parentheses and change the verb form accordingly.*

1. Anche tu sai suonare il pianoforte. (noi; voi; mia sorella; i bambini)
2. Io non conosco Venezia. (i miei cugini; mio nonno; tu; Lei; voi)

B. *You are asking information about Filippo. Begin your questions with **Sai** or **Conosci**.*

      ESEMPIO: **suo padre?** *Conosci suo padre?*

1. dove abita?   2. con chi lavora?   3. la sua famiglia?   4. se è un ragazzo serio?   5. i suoi amici?   6. quanti corsi segue all'università?   7. i suoi genitori?   8. perchè vuole telefonare a Gabriella?

LETTURA

CHI VIENE STASERA A CENA?

Stasera grande riunione a casa mia. Vengono i miei nonni Bettini e mio zio Baldo con sua moglie. Viene anche Filippo: vuole conoscere i miei genitori e i miei parenti e annunciare il nostro *fidanzamento*.

engagement

Una riunione di famiglia al ristorante.

Nella mia famiglia siamo solamente in tre: mio padre, mia madre ed io. Mio padre è un uomo tranquillo e paziente, che ama fumare la pipa e leggere il giornale. Lavora in una *ditta di assicurazioni*. Mia madre è professoressa di musica; ama il teatro, ha molte amiche e sa cucinare meravigliosamente.

insurance company

Mio zio Baldo è il fratello di mio padre. È un vecchio *lupo di mare* che conosce *diversi* paesi del mondo. Quando beve un po' troppo deve raccontare le sue avventure: parla allora di paesi esotici e di donne meravigliose. Mia zia Teresina sorride: conosce *queste* storie a memoria e sa che suo marito è un *sognatore*. I miei zii hanno due figli, Nino e Luisa. Mio cugino Nino è un « punk » *appassionato* di musica rock, e viene a casa solo quando è al verde. Sua sorella scrive poesie e ha sempre *la testa fra le nuvole*. I miei nonni dicono che sono « un po' matti » come il loro padre.

sea dog
several

these
dreamer

crazy for
her head in the clouds

Oggi è una giornata molto importante per me. Sono felice, ma anche preoccupata. I miei genitori dicono che Filippo ed io dobbiamo prima finire gli studi. Dicono anche che siamo troppo giovani e che non siamo maturi per il matrimonio. Hanno torto!

DOMANDE SULLA LETTURA

1. Chi viene a casa di Gabriella stasera?   2. Che cosa vogliono annunciare stasera i due giovani? 3. Ha fratelli o sorelle Gabriella?   4. Il padre di Gabriella esce la sera?   5. La madre di Gabriella è una donna tranquilla come suo marito?   6. Zio Baldo è il fratello della madre di Gabriella? 7. Quando racconta storie interessanti lo zio di Gabriella?   8. Che cosa fa zia Teresina quando suo marito racconta le sue avventure?   9. Quanti cugini ha Gabriella?   10. Che musica preferisce Nino?   11. Chi scrive poesie?   12. Perchè Gabriella dice che è preoccupata stasera?

DOMANDE PERSONALI

1. Lei è figlio(a) unico(a) o ha fratelli e sorelle?   2. Quante persone ci sono nella Sua famiglia? Chi sono?   3. Dove abitano i Suoi nonni?   4. Ha molti cugini Lei?   5. Abitano vicino o lontano dalla Sua città?   6. I Suoi parenti vengono spesso a trovare (*to visit*) la Sua famiglia?   7. Può spiegare in italiano il significato (*the meaning*) della parola « cognato »?   8. E la parola « suocero » che cosa vuol dire?   9. Conosce Lei una persona interessante o strana? Chi è?   10. Che cosa beve Lei quando mangia?   11. Esce Lei il sabato sera? Dove va?   12. Viene solo(a) o con amici a scuola?   13. Che cosa dice quando incontra per la strada una persona che conosce?

ATTIVITÀ

Quattro o cinque studenti posano come un gruppo di famiglia.   Gli altri studenti descrivono il gruppo.   Ogni studente partecipa con alcune frasi.

TRADUZIONE

1. How many people are there in your (*fam. sing.*) family?   2. Only four: my father, my mother, my little brother, and myself (*io*).   3. Where do they live?   4. They live in New York.   5. If you are alone, why don't you come to my party tonight? It is at my house.   6. I'm sorry, but I can't because I have to meet a friend of mine.   7. Do I know your friend?   8. No. He is a quiet young man, but very witty. He also knows how to play the guitar marvelously.   9. Is he your boyfriend?   10. Yes. He wants to meet my family, and he is speaking of engagement.   11. What do your parents say?   12. They say that we are too young and that we must wait.

VOCABOLARIO

Nomi

l'aperitivo   *aperitif*
la famiglia   *family*
il fidanzamento   *engagement*
il figlio unico; la figlia unica   *only child*
la giornata   *(the whole) day*
l'indirizzo   *address*
il lavoro   *work*
il matrimonio   *marriage, wedding*
il mondo   *world*
il paese   *country, hometown, village*

la persona   *person;* **(due o tre) persone;** *(two or three) people*
il ritratto   *picture*
la riunione   *reunion, meeting*
il significato   *meaning*
il succo d'arancia   *orange juice*
la storia   *story*
la verità   *truth*
il vicino; la vicina   *neighbor*
la vita   *life*

Aggettivi

felice   *happy*
importante   *important*
matto   *crazy*
maturo   *mature*

meraviglioso   *wonderful*
paziente   *patient*
strano   *strange*
tranquillo   *quiet*

Verbi

bere   *to drink*
conoscere   *to know, to be acquainted with, to meet for the first time*
dire   *to say, to tell*
dovere   *to have to, must*
incontrare   *to meet*
potere   *to be able to, can, may*

raccontare   *to tell*
ritornare   *to return*
sapere   *to know, to know how*
sorridere   *to smile*
spiegare   *to explain*
uscire   *to go out*
venire   *to come*
volere   *to want*

Altre espressioni

allora   *then*
al verde   *broke*
a memoria   *by heart*

come   *as, like*
meravigliosamente   *wonderfully*
stasera   *tonight*

PAGINA CULTURALE

LA FAMIGLIA IN ITALIA

La famiglia occupa un posto speciale nella società italiana. La storia *mostra* il nucleo familiare come un'istituzione solida, auto-sufficiente. I *rapporti di parentela* sono sacri e offrono l'*aiuto* morale, fisico e economico che il governo molte volte non può offrire.

shows
family ties / help

Nel passato le varie generazioni — genitori, figli, nipoti, pro-nipoti — *vivevano* nella stessa casa e *ubbidivano* al più vecchio, il capo-famiglia. Al tipo di famiglia patriarcale *corrispondeva* una forma di vita basata su un'economia principalmente agricola e artigianale.

used to live / used to obey
used to correspond

La seconda guerra mondiale e il boom industriale degli anni sessanta *hanno trasformato* profondamente la struttura patriarcale della famiglia italiana. Molti giovani *hanno lasciato* la campagna e le piccole città per vivere nei grandi centri urbani.

have transformed
left

Vivono in famiglia o soli i giovani sposi moderni?

Oggi la famiglia tipica è piccola, con uno o due figli.

Dal 1970 esiste in Italia il divorzio, approvato dagli Italiani nel referendum del 1974. Il divorzio rappresenta un nuovo *pericolo* per l'unità della famiglia. È vero *tuttavia* che il divorzio in Italia non è così facile da ottenere come in altri paesi: gli sposi che vogliono divorziare devono vivere separati per almeno cinque anni.

Oggi la famiglia tipica italiana è piccola, con uno o due figli. Quasi sempre anche la moglie lavora. La solidarietà è tuttavia ancora grande fra i vari *rami* di una stessa famiglia. I parenti *si riuniscono* ancora *intorno a* una stessa tavola, per la festa del santo patrono della città, per esempio, o per altre festività. *Quanto ai* figli, è normale la loro vita in famiglia fino al momento del loro matrimonio. Quando *si sposano* non è raro vedere i giovani sposi occupare un appartamento vicino all'appartamento dei genitori. Come risultato il problema dei « nonni » è meno grave in Italia che in altri paesi.

danger
however

branches / gather
around
As for

they get married

REGNO D'ITALIA

A-024779

Guanti

PASSAPORTO
PER L'ESTERO

INDICE GRAFICO
FERROVIE STATO

8

IN VIAGGIO

Cosa comprano i viaggiatori alla biglietteria?

ALLA STAZIONE

La famiglia Betti, padre, madre e un ragazzo, sono alla stazione
Centrale di Milano. I Betti vanno a Rapallo per il week-end. La
stazione è *affollata*.   crowded

Sig.a Betti	Rodolfo, hai i biglietti, vero?	
Sig. Betti	Sì, ho i biglietti, ma *non ho fatto* le prenotazioni.	I didn't make
Sig.a Betti	Oggi è venerdì. Ci sono molti viaggiatori. Perchè *non hai comprato* i biglietti di prima classe?	didn't you buy
Sig. Betti	Perchè c'è una *bella* differenza di prezzo tra la prima e la seconda classe. E poi, non è un viaggio lungo.	(here) big
Sig.a Betti	Ma l'impiegato dell'agenzia di viaggi *ha detto* che il venerdì i treni sono molto affollati.	said
Sig. Betti	Sì, è vero, ma uno o due posti ci sono sempre.	
Sig.a Betti	Sì, ma io non voglio viaggiare in uno *scompartimento* per fumatori...	compartment
Pippo	Mamma, *hai messo* la mia racchetta da tennis nella valigia?	did you put
Sig.a Betti	Sì, e anche il tuo libro di storia.	
Pippo	Papà, il treno per Rapallo *è arrivato* sul binario 6.	has arrived
Sig. Betti	Presto, andiamo!	

DOMANDE SUL DIALOGO

1. Dove vanno i Betti?   2. Da dove partono?   3. Perchè il signor Betti non ha comprato i biglietti
di prima classe?   4. Come sono i treni il venerdì?   5. Perchè la signora Betti è preoccupata?
6. Che cosa desidera sapere Pippo?

STUDIO DI PAROLE

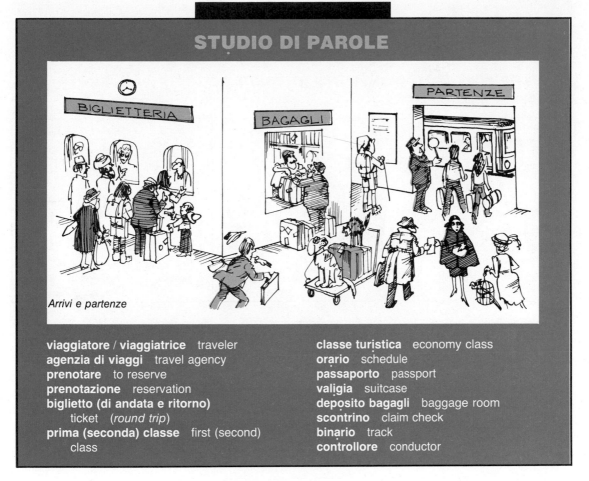

Arrivi e partenze

viaggiatore / viaggiatrice traveler
agenzia di viaggi travel agency
prenotare to reserve
prenotazione reservation
biglietto (di andata e ritorno)
    ticket (*round trip*)
prima (seconda) classe first (second)
    class

classe turistica economy class
orario schedule
passaporto passport
valigia suitcase
deposito bagagli baggage room
scontrino claim check
binario track
controllore conductor

Alla dogana (customs):
— *Lei ha qualcosa da dichiarare?*

ESERCIZIO SU STUDIO DI PAROLE

1. Dove andiamo a chiedere informazioni se desideriamo fare un viaggio?   2. Quando vogliamo trovare un posto in treno (o in aereo o in albergo), che cosa facciamo?   3. Per viaggiare comodamente, in che classe dobbiamo viaggiare?   4. Di quale documento abbiamo bisogno, se andiamo all'estero (*abroad*)?   5. Che cosa consultiamo per sapere l'ora d'arrivo o di partenza di un treno? 6. Dove mettiamo tutte le nostre cose quando viaggiamo?   7. Appena (*as soon as*) arriviamo in un paese straniero, in quale ufficio mostriamo il passaporto?

PUNTI GRAMMATICALI

I. The **passato prossimo** (present perfect) with **avere**

Jane **ha comprato** un biglietto per Roma.

A Roma **ha veduto** molti monumenti.

Ha dormito in un albergo in via Veneto.

1. Che cosa ha comprato Jane?   2. Che cosa ha veduto a Roma?   3. Dove ha dormito?

---

1. The **passato prossimo**, which corresponds to the English present perfect tense, indicates an action completed in the past. It is a compound tense formed by the present of the auxiliary verb **avere** + the past participle (**participio passato**) of the main verb.

The **participio passato** of regular verbs is formed by replacing the infinitive endings **-are**, **-ere**, and **-ire** with **-ato**, **-uto**, and **-ito**, respectively.

comp**rare**   comp**rato**
ved**ere**   ved**uto**
dorm**ire**   dorm**ito**

comp**rare**		ved**ere***		dorm**ire**	
ho		ho		ho	
hai		hai		hai	
ha	**comprato**	ha	**veduto**	ha	**dormito**
abbiamo		abbiamo		abbiamo	
avete		avete		avete	
hanno		hanno		hanno	

---

*Vedere has also an irregular past participle, visto.

2. The **passato prossimo** is rendered in English in the following ways:

Ho portato due valigie.
$$\begin{cases} I \text{ have carried two suitcases.} \\ I \text{ carried two suitcases.} \\ I \text{ did carry two suitcases.} \end{cases}$$

---

3. The *negative form* is expressed by placing **non** in front of the auxiliary verb.

Hai telefonato all'agenzia di viaggi?	*Did you call the travel agency?*
Non ho avuto tempo.	*I did not have time.*
Non hai viaggiato con l'Alitalia?	*Haven't you traveled with Alitalia?*
Non ha finito i suoi studi.	*He did not finish his studies.*

---

4. Many verbs, especially those ending in **-ere**, have an irregular past participle. Here are some of the most common:

fare *(to make)*	**fatto**
bere *(to drink)*	**bevuto**
chiedere *(to ask)*	**chiesto**
chiudere *(to close)*	**chiuso**
leggere *(to read)*	**letto**
mettere *(to put, to wear)*	**messo**
prendere *(to take)*	**preso**
ridere *(to laugh)*	**riso**
rispondere *(to answer)*	**risposto**
scrivere *(to write)*	**scritto**
spendere *(to spend)*	**speso**
aprire *(to open)*	**aperto**
dire *(to say, to tell)*	**detto**

Non **ha chiuso** la porta.	*He did not close the door.*
Hai letto il giornale?	*Did you read the newspaper?*
Abbiamo scritto ai nonni.	*We wrote to our grandparents.*
Hanno preso un tassì.	*They took a cab.*

■ E S E R C I Z I ■

A. *Replace the subject with each subject in parentheses and change the verb form accordingly.*

1. I turisti hanno visitato molti posti. (noi due; Guido; tu; Lei, signorina)   2. Ho perduto lo scontrino. (l'Americano; noi; gli sposi)   3. Hai viaggiato in prima classe? (voi; Lei; i signori Barri) 4. Abbiamo avuto un incidente. (la signorina; mio cugino; i miei genitori)   5. Quale città avete visitato? (tu; Loro; Gabriella; i viaggiatori)   6. Ho sentito una bella notizia. (Gino e io; gli invitati; mio fratello)   7. Non hai ricevuto la lettera? (Franca; tua madre; i tuoi nonni)

B. Ieri. *One student will ask a question and another student will answer, according to the example.*

> ESEMPIO: **fare la spesa**   *Fai la spesa oggi?*
> *No, ho fatto la spesa ieri.*

1. prendere i biglietti   2. fare le prenotazioni   3. scrivere ai nonni   4. preparare le valigie
5. rispondere alla lettera   6. telefonare all'agenzia   7. salutare i parenti   8. dire ciao agli amici
9. leggere le notizie   10. vedere il dottore

II. *The* **passato prossimo** *with* **essere**

*Jane è **andata** a Roma. **È partita** dall'aeroporto Kennedy ed **è arrivata** all'aeroporto Leonardo da Vinci (Roma).*

1. Dov'è andata Jane?   2. Da quale città è partita?   3. A quale aeroporto è arrivata?

---

1. Some intransitive verbs (verbs that do not take a direct object) are conjugated with the auxiliary **essere**. In this case, the past participle *must agree with the subject* in gender and number.

andare	
sono sei } **andato(a)** è	siamo siete } **andati(e)** sono

2. Most verbs that take the auxiliary **ẹssere** are verbs of motion. Here is a list of the most common ones:

andare *(to go)*	**andato**
venire *(to come)*	**venuto**
arrivare *(to arrive)*	**arrivato**
partire *(to leave)*	**partito**
(ri)tornare *(to return)*	**ritornato**
entrare *(to enter)*	**entrato**
uscire *(to go out)*	**uscito**
salire* *(to climb)*	**salito**
(di)scẹndere* *(to go down)*	**(di)sceso**
nạscere *(to be born)*	**nato**
morire *(to die)*	**morto**
ẹssere *(to be)*	**stato**
stare *(to be, to stay)*	**stato**
restare *(to remain)*	**restato**
diventare *(to become)*	**diventato**

E S E R C I Z I

A. *Here is a story illustrating the use of these verbs. Read the entire story and then repeat it, replacing* **Maria** *with* **Giovanni** *or* **le sorelle gemelle** *(the twin sisters) and making all necessary changes.*

Maria Caputo *è nata* in un villaggio vicino a Nạpoli. *È restata* in questo villaggio fino a quando *è diventata* maestra.

È partita da lì all'età di 19 anni. *È andata* con la famiglia ad abitare a Bologna.

Dopo molti anni *è ritornata* al suo paese. *È arrivata* una sera buia. *È andata* alla vẹcchia casa, ora abbandonata. *È entrata, è salita* al primo piano. Poi *è discesa,* ma... *è caduta* dalle scale.

Non *è più uscita* viva dalla vẹcchia casa: *è morta* immediatamente. Pọvera Maria!

Salire and (di)scendere *are conjugated with* **avere** *when they have a direct object:*
Ho salito le scale. *I climbed the stairs.*

B. *Replace the subject with each subject in parentheses and give the correct form of the* **passato prossimo.**

1. Sono arrivato due giorni fa. (Lucia; i miei amici; lei; Marisa ed io) 2. Ieri Maria è andata all'aeroporto. (noi tutti; io; le due sorelle) 3. Io sono nato a Torino. (i miei nonni; sua madre; lei e lui) 4. Siamo partiti dopo pochi minuti. (i viaggiatori; il treno; le signore) 5. Il passeggero è disceso dal treno. (i viaggiatori; la signora bionda; tu)

C. *Answer in the negative.*

> ESEMPIO: **Franco è nato a Gẹnova, e Lei?**
> *No, io non sono nato a Gẹnova.*

1. Io sono andato(a) in Europa, e voi? 2. I turisti sono restati in albergo, e Loro? 3. Paolo è stato alla conferenza, e tu? 4. Io sono uscito(a) presto stamattina, e voi? 5. I signori Baldini sono andati all'opera, e la signorina Neri? 6. Io ho bevuto latte, e i ragazzi? 7. Mio padre è partito in aẹreo, e Lei?

D. *Ask a student if he or she has done the following activities. The student will answer in the negative.*

> ESEMPIO: **visitare Santa Maria del Fiore**
> *Hai visitato Santa Maria del Fiore?*
> *No, non ho visitato Santa Maria del Fiore.*

1. vedere le tombe Medịcee 2. entrare alla Galleria degli Uffizi 3. andare a Fiẹsole 4. ẹssere a Siena 5. fare delle spese in via Vẹneto 6. pranzare (*to dine*) in un ristorante di lusso 7. comprare un biglietto di prima classe 8. passare una sera in un night-club romano 9. dormire a Ịschia

E. *Give the correct form of the* **passato prọssimo.**

1. Ieri sera noi (mangiare) _____ alla trattoria.
2. La notte scorsa io non (dormire) _____ bene.
3. Teresa (scrịvere) _____ una lẹttera.
4. Lia (rispọndere) _____ al telẹfono.
5. Gli sposi (arrivare) _____ a Napoli due giorni fa.
6. In che giorno (partire) _____ la signora Rovati?
7. (capire) _____ la domanda, tu?
8. La mia amica ed io (vedere) _____ un film di Bertolucci.
9. L'agente di viaggi (dire) _____ che non ci sono posti sull'aẹreo.
10. Io (finire) _____ di lavorare due giorni fa.
11. Ieri il bambino (salire) _____ sull'ạlbero.
12. Lia (ẹssere) _____ molto preoccupata la settimana scorsa.

F. La gente non è mai contenta. *Rewrite this story using the passato prossimo.*

Un giorno la Madonna, San Giuseppe e il Bambino Gesù *partono* da Gerusalemme con il loro asino (*donkey*). San Giuseppe *mette* la Madonna e il Bambino Gesú sull'asino. Lui *va* a piedi. *Arrivano* ad un paese. La gente (*people*) *guarda* i tre viaggiatori e *dice:* « Che vergogna (*What a shame*)! La giovane donna e il bambino sono sull'asino, e il povero vecchio cammina! » Allora (*then*) la Madonna e il Bambino *scendono* dall'asino e *incominciano* a camminare, mentre (*while*) San Giuseppe *sale* sull'asino. *Arrivano* ad un altro paese e *sentono* altri commenti della gente: « Che vergogna! L'uomo forte è sopra l'asino e la povera donna con il bambino cammina! » Allora tutti e tre *montano* sull'asino. Ma *arrivano* ad un terzo paese e la gente *commenta* ancora: « Che vergogna! Tre persone sopra un povero asino! » E i tre *scendono* dall'asino e *portano* l'asino sulle spalle (*on their shoulders*). Quando *arrivano* ad un altro paese gli abitanti *hanno* ancora commenti: « Che stupidi! Tre persone che portano un asino! »

III. Expressions of time (past)

— ***L'anno scorso*** *ho dovuto pagare un anno di studio all'estero* (abroad) *per mio figlio.*

Some expressions of time are:

ieri	*yesterday*
ieri sera	*last night*
l'altro ieri	*the day before yesterday*
la settimana scorsa (passata)	*last week*
l'anno scorso (passato)	*last year*
un mese fa	*one month ago*

E S E R C I Z I

Imagine that you are asking your friends whether they are going to do the following things. Your friends will then answer in the negative, using the passato prossimo.

> ESEMPIO: **andare al cinema stasera / sabato scorso**
> *Andate al cinema stasera?*
> *No, siamo andati al cinema sabato scorso.*

1. uscire stasera / ieri sera   2. incontrare gli amici domani (*tomorrow*) / la settimana scorsa
3. invitare i genitori a cena domenica / domenica scorsa   4. restare a casa oggi / l'altro ieri
5. vedere il museo d'arte moderna domani / un mese fa

IV. Da quanto tempo?, da quando?

— **Da quanto tempo** aspetta l'autobus?
— Da secoli.

1. To ask *how long* (da quanto tempo?) something has been going on, the following construction is used:

Da	+	**quanto tempo**	+		*present tense*
Da		**quanti anni**			**abiti** qui?
How		*many years*			*have you been living here?*

To answer, the following construction is used:

present tense	+	**da**	+	**tempo**
Abito qui		**da**		**dieci anni.**
I have been living here		*(for)*		*ten years.*

Da quanti giorni sei a Roma?	*How many days have you been in Rome?*
Sono a Roma **da tre giorni.**	*I have been in Rome (for) three days.*

2. If the question is **da quando?** (*since when?*), **da** means *since*.

Da quando studi l'italiano?	*Since when have you been studying Italian?*
Studio l'italiano **dall'**anno scorso.	*I have been studying Italian since last year.*

E S E R C I Z I

Ask a student how long he or she has been doing the following things.

> ESEMPIO: **guardare la TV / dieci minuti**
> *Da quanto tempo guardi la TV?*
> *Guardo la TV da dieci minuti.*

1. abitare a... / molto tempo   2. studiare / due ore   3. essere a scuola / alcune ore   4. leggere il giornale / trenta minuti   5. andare all'università / due anni   6. telefonare / un'ora   7. avere la macchina / quattro anni   8. lavorare nella stessa ditta (*company*) / sei mesi   9. ascoltare il professore / troppo tempo

V. *Adverbs*

La tartaruga e la lepre (hare)
fanno una gara (race):
la tartaruga cammina **lentamente,**
l'altra corre **velocemente.**

1. You have already studied a few adverbs (**molto, troppo,** etc.). In Italian many adverbs are formed by adding **-mente** to the feminine form of the adjective. The suffix **-mente** corresponds to the English adverbial suffix *-ly*.

caro	cara	**caramente** (*dearly*)
fortunato	fortunata	**fortunatamente** (*fortunately*)
attento	attenta	**attentamente** (*carefully*)

Adjectives ending in **-e** add **-mente** without changing the final vowel.

semplice	**semplicemente** (*simply*)
paziente	**pazientemente** (*patiently*)

Adjectives ending in **-le** and **-re** drop the final **-e** before taking **-mente**.

probạbile	**probabilmente** (*probably*)
particolare	**particolarmente** (*particularly*)

2. The following are some useful adverbs of time:

adesso, ora	*now*		**dopo**	*later*
prima	*first, before*		**poi**	*then*
presto	*early, soon*		**tardi**	*late*
spesso	*often*		**raramente**	*seldom*
			qualche volta	*sometimes*
già	*already*		**non... ancora**	*not . . . yet*
ancora	*still, more, again*		**non... più**	*not . . . any longer*
				not . . . anymore
sempre	*always*		**non... mai***	*never*

3. Adverbs generally follow the verb.

Vado **sempre** in aẹreo.	*I always go by plane.*
Hanno scritto **raramente**.	*They seldom wrote.*

With *compound tenses,* however, the following adverbs of time are placed *between* the auxiliary verb and the past participle: **già, non... ancora, non... più,** *and* **non... mai.**

Non sono **mai** andata in treno.	*I never went by train.*
Non ho **ancora** fatto colazione.	*I have not had breakfast yet.*
Hai **già** ricevuto i biglietti?	*Have you already received the tickets?*

E S E R C I Z I

A. *Answer the questions by changing each adjective into its corresponding adverb.*

ESEMPIO: **Sei una persona cordiale: come saluti?**
   Saluto cordialmente.

1. Sei molto rạpido a leggere: come leggi?   2. Tua sorella è intelligente: come parla?   3. Stai attento quando il professore spiega: come ascolti?   4. Il tuo fratellino è rumoroso (*noisy*): come gioca?   5. Fai una vita regolare: come vivi?   6. Per te (*you*) è fạcile scrịvere: come scrivi?

***Mai** *in an affirmative question means* ever: *Hai* **mai** *visto Roma?*

B. *Rewrite the sentences, placing the adverbs in the appropriate place.*

1. (facilmente) Quando è con gli amici, ride.
2. (sempre) Ho viaggiato in prima classe.
3. (già) Hai prenotato il biglietto per Firenze?
4. (mai) Non so che cosa dire.
5. (spesso) Usciamo la domenica.
6. (più) Non ha visto i suoi parenti.
7. (ancora) È ritornata alla città dei suoi genitori.

C. *Ask a student the following questions. The student will then answer by using one of these adverbs: non... mai, spesso, raramente, qualche volta, sempre, or non... ancora.*

1. Hai già visto Roma?   2. Sei mai andato(a) in metropolitana?   3. Sei già andato(a) sulla torre di Pisa?   4. Hai viaggiato spesso quest'anno (*this year*)?   5. Hai già celebrato il tuo compleanno quest'anno?   6. Hai mangiato qualche volta in una trattoria romana?   7. Hai già fatto colazione oggi?

LETTURA

UN VIAGGIO DI NOZZE

Ieri Lucia ha ricevuto una lettera da Gabriella. L'amica *si è sposata* alcuni giorni fa e, ora è in *viaggio di nozze*.

got married
honeymoon

Ischia, 16 aprile 19..

Firenze. Il Ponte Vecchio sul fiume Arno.

Cara Lucia,

scrivo da Ịschia mentre aspetto l'*aliscafo* per Nạpoli. Da quando siamo partiti abbiamo visitato molti posti interessanti. Siamo stati solamente una notte a Firenze, perchè Filippo ha voluto visitare le colline toscane. Prima di Montefiascone il nostro **pullman** ha avuto **un guasto al motore** e noi tutti abbiamo dovuto scẹndere e camminare per tre chilọmetri. Quando siamo arrivati a Montefiascone abbiamo bevuto un *fiasco* di vino locale.

Il giorno dopo siamo partiti per Roma. Hai ragione, Lucia: è una città magnịfica, ma il trạffico è impossịbile! Per andare all'albergo abbiamo preso un tassì, ma siamo arrivati due ore dopo perchè abbiamo avuto un pịccolo incidente: vicino al Colosseo un gatto nero **ha attraversato** la strada e ha causato una sẹrie di **tamponamenti**.

Ieri abbiamo preso il treno per Nạpoli. In treno abbiamo conosciuto due viaggiatori americani molto simpạtici e abbiamo parlato in inglese. È stata una conversazione un po' diffịcile, perchè abbiamo dimenticato molte delle espressioni che abbiamo studiato al liceo. *Ricordi?*

Oggi siamo nella meravigliosa ịsola d'Ịschia davanti al golfo di Nạpoli.

hydrofoil boat
tour bus
breakdown
flask
crossed / collisions
Do you remember?

Avete mai visitato le colline toscane?

Dopo una settimana di matrimọnio conosco *mẹglio* Filippo. Adesso so, per esẹmpio, che mio marito *russa,* e che perde facilmente la pazienza. Stamattina abbiamo litigato per la prima volta. Sull'aliscafo ho quasi avuto la tentazione di *buttare* mio marito in mare. *Scherzo,* ma è vero che qualche volta gli uọmini sono *insopportạbili.*

> better
> snores
>
> to throw
> I am joking / insufferable

Un caro *abbrạccio,*
Gabriella

> hug

DOMANDE SULLA LETTURA

1. A chi ha scritto la lẹttera Gabriella? 2. Quanti giorni fa si è sposata Gabriella? 3. Chi è suo marito? 4. Da dove scrive Gabriella? 5. Che cosa hanno visitato i due sposi in Toscana? 6. Come sono arrivati a Montefiascone? 7. Che cosa hanno fatto quando sono arrivati a Montefiascone? 8. A Roma che cosa hanno preso per andare all'albergo? 9. Perchè hanno avuto un incidente vicino al Colosseo? 10. Chi hanno conosciuto in treno? 11. Perchè la loro conversazione in inglese è stata un po' difficile? 12. Che tentazione ha avuto Gabriella sull'aliscafo? 13. Come ha finito la sua lẹttera Gabriella?

DOMANDE PERSONALI

1. In quale città è nato(a) Lei? 2. Da quanto tempo ạbita a...? 3. Da quanti mesi o da quanti anni va all'università Lei? 4. Ha fatto un viạggio Lei recentemente? Quanto tempo fa? 5. Dove è andato(a)? Come ha viaggiato? 6. È mai stato(a) all'ẹstero? 7. Quale paese o quali paesi stranieri (*foreign*) ha visitato Lei? 8. Ha mai viaggiato in treno Lei? 9. Ha mai incontrato persone interessanti durante un Suo viạggio? 10. È uscito(a) o è restato(a) a casa ieri sera? 11. Che cosa ha mangiato oggi a colazione? 12. Che cosa ha bevuto?

ATTIVITÀ

Siamo stati in Italia. Un gruppo di studenti della vostra classe è ritornato da un viaggio in Italia. I compagni che sono restati a casa sono curiosi di sapere molte cose: dove sono stati, come sono andati, quanto hanno pagato per il biglietto, quali città hanno visitato, che cosa hanno fatto, ecc. (Dividete la classe in due gruppi; ogni studente deve partecipare alla conversazione.)

TRADUZIONE

1. I am very tired because I did not sleep much last night. 2. Why? Did you work late (*fino a tardi*)? 3. No. I came home five hours ago from a one-week trip to New York with my aunt Jane. 4. Did you travel by plane or train? 5. By plane. Luckily, I did not have to buy a (*il*) ticket. My Aunt Jane bought two first-class tickets and we traveled very comfortably. 6. Did she reserve a room in a hotel? 7. No, we stayed with my grandparents, as we often do. 8. How long have they been living in New York? 9. They have been living in New York for ten years. 10. I have never seen New York. 11. It is a beautiful city, and also very big. There are too many people and everything (*tutto*) goes too fast.

VOCABOLARIO

Nomi

l'aereo *airplane*	il posto *place, seat*
l'aeroporto *airport*	il secolo *century*
l'albergo *hotel*	gli sposi *newlyweds*
la collina *hill*	lo sposo; la sposa *groom; bride*
l'età *age*	il tassì *cab*
l'isola *island*	il/la turista (*pl.* turisti/[e]) *tourist*
la notizia *news*	il viaggio *trip*
la pazienza *patience*	

Aggettivi

comodo *comfortable*	scorso *last*
lento *slow*	semplice *simple*
perfetto *perfect*	stanco *tired*
rapido *fast*	straniero *foreign*
raro *rare*	veloce *fast*

Verbi

aiutare *to help*	mettere *to put, to wear*
cadere *to fall*	morire *to die*
camminare *to walk*	mostrare *to show*
chiamare *to call*	nascere *to be born*
chiudere *to close*	perdere (*p.p.* perduto, perso) *to lose*
(di)scendere *to descend, to go down*	restare *to remain*
diventare *to become*	riposare *to rest*
entrare *to enter*	salire *to climb, to go up*
incontrare *to meet*	viaggiare *to travel*
lasciare *to leave (someone, something)*	visitare *to visit*
litigare *to fight*	

Altre espressioni

all'estero *abroad*	mai *never, ever*
ancora *still, more, again*	non... mai *never*
durante *during*	mentre *while*
fa *ago*	presto *early, fast, soon*
fino a *until*	quasi *almost*
già *already*	stamattina *this morning*
ieri *yesterday*	tardi *late*

PAGINA CULTURALE

LA TOSCANA

Una delle regioni più affascinanti d'Italia è la Toscana. Il suo antico nome *Tuscia* deriva dalla misteriosa civiltà etrusca, esistente in questa regione prima della civiltà romana. Firenze, fondata dai Romani sul *fiume* Arno, è il *capoluogo* della Toscana. — river / chief town

Già nel *Trecento* Firenze *era* uno dei centri più importanti d'Europa. Città rivali erano Siena, Lucca e Pisa, con una popolazione superiore alla popolazione di Londra di *quell'*epoca. I *banchieri* toscani *prestavano* la loro moneta, il « fiorino », a papi, imperatori e *re*. — fourteenth century / was · that / bankers · used to lend · kings

Il Rinascimento* è nato precisamente in Toscana, favorito dalla *ricchezza* economica e dalla vita raffinata delle grandi famiglie toscane. La più famosa è la famiglia dei De' Medici, signori di Firenze e protettori delle arti. Grazie alla scuola artistica toscana, il Rinascimento *vanta* una miriade di artisti, *fra cui* Donatello, Brunelleschi, il Beato Angelico, Botticelli, Michelangelo e Leonardo da Vinci. — wealth · boasts / among whom

La letteratura toscana, arrivata alla perfezione nel Trecento con le opere di Dante, Petrarca e Boccaccio, era nel Rinascimento un modello da seguire per gli *scrittori* italiani e dei paesi occidentali. Il contributo filosofico, politico e scientifico non è stato inferiore. Niccolò Machiavelli e Galileo Galilei sono solamente due dei tanti nomi del *pensiero* toscano rinascimentale. — writers · thought

La storia e la civiltà di quell'epoca splendida hanno lasciato un'*impronta* speciale nel *paesaggio* toscano, straordinariamente ricco di castelli, torri, monasteri, chiese, piazze e palazzi. Oggi la tradizione artistica dei grandi maestri continua a vivere nell'*artigianato* delle *botteghe* e delle piccole industrie toscane. — mark / landscape · handicrafts · shops

---

*Rinascimento *means Renaissance, that is, the "rebirth" or revival of human values, art, literature, and learning after the prevailing religiosity of the Middle Ages.*

9

TEMPO E DENARO

Quante lire sono?

ALLA BANCA

Mr. White è entrato in una banca italiana.

Mr. White	Scusi, signorina, a che sportello posso cambiare dei travelers' cheques?
Signorina	*Là,* allo sportello numero cinque.
Mr. White	Mille grazie.
	(Dopo alcuni minuti, allo sportello del cambio.)
Impiegato	Il signore desidera?
Mr. White	Scusi, il cambio del dollaro è ancora come ieri?
Impiegato	No, è salito di venti lire. Questa è una settimana particolarmente fortunata per il dollaro.
Mr. White	Bene, bene. Quest'anno i turisti americani sono fortunati... *Vorrei* cambiare un travelers' cheque di mille dollari.
Impiegato	Ha un documento d'identità, per favore?
Mr. White	Un momento..., dove ho messo il passaporto? Ah, ecco!
Impiegato	Che sorpresa! Io mi chiamo come Lei, Bianchi. Signor White, ecco la ricevuta. *Si accomodi* alla cassa.
Mr. White	Quante lire sono? Un milione e... Com'è facile essere milionari in Italia!

Marginal glosses:
over there
I would like
please go

DOMANDE SUL DIALOGO

1. Perchè è andato alla banca il signor White?   2. Quanti dollari deve cambiare?   3. È una settimana sfortunata per il dollaro?   4. Quale documento ha voluto vedere l'impiegato?   5. Come si chiama l'impiegato?   6. Perchè il signor White ha detto che è facile essere milionari in Italia?

STUDIO DI PAROLE

Mr. White: *Desidero cambiare un travelers' cheque di mille dollari.*
Impiegato: *Ha il passaporto, per favore?*

allo sportello numero uno (due...) to window number one (two . . .)
alla cassa to the cashier
depositare un assegno to deposit a check
incassare to cash
cambiare un travelers' cheque to cash a traveler's check

mostrare un documento d'identità to show I.D.
passaporto passport
firmare una ricevuta to sign a receipt
firma signature

ESERCIZIO SU STUDIO DI PAROLE

1. Qual è il cambio del dollaro in Italia, in questi giorni?   2. Se riceviamo un assegno di mille dollari, e non abbiamo bisogno di soldi, che cosa facciamo?   3. Quando entriamo in una banca, dove andiamo per incassare un assegno?   4. Che cosa dobbiamo scrivere sull'assegno?   5. Se siamo turisti in un paese straniero, qual è il nostro documento d'identità?

PUNTI GRAMMATICALI

I. Reflexive verbs

Mi chiamo Gino: sono impiegato di banca.

Mi alzo alle sette.

Mi lavo e **mi vesto.**

Mi riposo la sera.

1. Come si chiama l'impiegato di banca?   2. A che ora si alza?   3. Poi che cosa fa?   4. Quando si riposa?

---

1. A verb is reflexive when the action expressed by the verb refers back to the subject. A transitive verb (a verb that takes a direct object) may be used in the reflexive construction.

Lavo la macchina.	*I wash the car.* (transitive)
Mi lavo.	*I wash myself.* (reflexive)

---

2. The infinitive of a reflexive verb is formed with the infinitive of the verb without the final **-e** (**lavar-**) + the reflexive pronoun **si** (*oneself*): **lavarsi** (*to wash oneself*). Reflexive verbs are recognizable in the dictionary by their endings: **-arsi**, **-ersi**, and **-irsi**.

---

3. The reflexive pronouns are **mi**, **ti**, **si**, **ci**, **vi**, and **si**. They must always be expressed and agree with the subject, since the object and subject are the same. They precede the reflexive verb.

lavarsi *(to wash oneself)*	
mi lavo	*I wash myself*
ti lavi	*you wash yourself*
si lava	*he/she/it washes himself/herself/itself*
Si lava	*you wash yourself (formal sing.)*
ci laviamo	*we wash ourselves*
vi lavate	*you wash yourselves*
si lavano	*they wash themselves*
Si lavano	*you wash yourselves (formal pl.)*

4. Some common reflexive verbs are:

chiamarsi	*to be called*		**sentirsi**	*to feel*
svegliarsi	*to wake up*		**fermarsi**	*to stop*
alzarsi	*to get up*		**riposarsi**	*to rest*
vestirsi	*to get dressed*		**addormentarsi**	*to fall asleep*
mettersi	*to put on*		**arrabbiarsi**	*to get angry*
prepararsi	*to get ready*		**innamorarsi**	*to fall in love*
divertirsi	*to have fun, to enjoy oneself*		**sposarsi**	*to get married*
annoiarsi	*to get bored*			

(Noi) **ci alziamo** presto.	*We get up early.*
(Lei) **si veste** bene.	*She dresses well.*
Come **ti chiami?**	*What's your name?*
Mi sveglio tutti i giorni alle otto.	*I wake up every day at eight.*

5. If the reflexive verb is used in an infinitive form, the appropriate reflexive pronoun is attached to the infinitive, after dropping the final **-e**.

Desidero divertir**mi**.	*I wish to enjoy myself (have a good time).*
Non dobbiamo alzar**ci** presto.	*We do not have to get up early.*
Oggi preferisce riposar**si**.	*Today she prefers to rest.*

NOTE: With **dovere**, **potere**, and **volere**, the reflexive pronoun may be placed *before* the conjugated verb:

Voglio alzarmi.
Mi voglio alzare. } *I want to get up.*

6. Some verbs change their meaning when they are reflexive.

Teresa **chiama** Rosa.	*Teresa calls Rosa.*
Mi chiamo Rosa.	*My name is Rosa.*
Sento la musica.	*I hear the music.*
Mi sento stanco.	*I feel tired.*

7. When the action involves parts of the body or clothing, Italian uses the reflexive construction instead of the possessive adjective. In this case, the possessive adjective is replaced by the definite article.

Mi lavo **le** mani.	*I wash my hands. (Literally, I wash myself the hands.)*
Si taglia **i** capelli.	*He cuts his hair.*
Mi metto **il** vestito rosso.	*I put on my red dress.*

8. Sedersi (*to sit down*) has an irregular conjugation.

mi siedo	ci sediamo
ti siedi	vi sedete
si siede	si siedono

══════ E S E R C I Z I ══════

A. *Replace the subject with each subject in parentheses and give the correct present tense form of the reflexive verb.*

1. Io mi chiamo Rossi. (i miei cugini; voi; l'impiegato; noi)   **2.** Concettina si alza tardi. (tu; lui e lei; io; Lei; i ragazzi)   **3.** Come ti vesti tu questa sera? (lei; noi; tua sorella; i tuoi suoceri; Luca) **4.** Non vi divertite quando avete fame. (il turista; i bambini; noi; io; Lei)   **5.** Rosalia si siede davanti allo specchio. (io; voi; le bambine)

B. *One student will ask a question and another will answer, according to the example.*

ESEMPIO: **svegliarsi presto / tardi**
Ti svegli presto?
No, mi sveglio tardi.

1. chiamarsi Paolo(a) / ...   **2.** sentirsi bene / male   **3.** divertirsi a una conferenza / a una festa **4.** annoiarsi al cinema / a teatro   **5.** fermarsi in biblioteca / al caffè

C. *Substitute the infinitive in parentheses with the correct form of the present tense.*

Lisa e io siamo compagne di stanza. Tutt'e due (svegliarsi) _____ alle sei del mattino, ma io (alzarsi) _____ subito, mentre Lisa (alzarsi) _____ dopo mezz'ora. Io (lavarsi, vestirsi) _____ e _____ in fretta; lei (lavarsi, vestirsi, pettinarsi) _____, _____ e _____ molto lentamente. Io non (truccarsi) _____ mai; lei (truccarsi, guardarsi) _____ e _____ allo specchio per un'ora. Finalmente tutte e due prepariamo la colazione e (sedersi) _____ a tavola.

E voi, (alzarsi) _____ presto o tardi? Voi (prepararsi) _____ lentamente o rapidamente? Lei, signorina, (truccarsi) _____ ? E Lei, signor..., in quanti minuti (radersi) _____ ?

D. *Choose the correct verb to answer each of the following questions:*

Che cosa fa Lei quando...

1. un amico è in ritardo?	mettersi un golf (*sweater*)
2. ha freddo?	addormentarsi
3. va a una festa?	svegliarsi
4. ascolta un discorso noioso?	divertirsi
5. è stanco(a) di camminare?	arrabbiarsi
6. la sveglia (*alarm clock*) suona?	annoiarsi
7. ha sonno?	sedersi

E. *One student will ask a question, and another student will answer, according to the example.*

ESEMPIO: **Pietro, alzarsi presto / tardi.**
Si alza presto Pietro?
No, preferisce alzarsi tardi.

1. voi, riposarsi ora / dopo   2. Maria, lavarsi i capelli oggi / domani   3. tu, sedersi qui / là   4. i bambini, svegliarsi alle sette / alle nove   5. Lei, divertirsi la domenica / il sabato   6. tu, vestirsi elegantemente stamattina / stasera   7. Lei, mettersi il vestito verde / blu

II. *Reciprocal verbs*

Carlo e Maria **si telefonano.**

When a verb expresses reciprocal action (we know *one another,* you love *each other*), it follows the pattern of a reflexive verb. In this case, only the plural pronouns **ci, vi,** and **si** are used.

Lia e Gino **si** salutano. (Lia saluta Gino e Gino saluta Lia.)	*Lia and Gino greet each other.*
Noi **ci** scriviamo spesso.	*We write to each other often.*

═══════ **E S E R C I Z I** ═══════

Complete the following sentences with the present tense of the reciprocal verbs.

1. Le due amiche (vedersi) _____ tutti i giorni. 2. Quando noi (incontrarsi) _____, (salutarsi) _____. 3. Io e mia sorella (dirsi) _____ sempre la verità. 4. Loro (scriversi) _____ spesso. 5. Noi (telefonarsi) _____ tutte le sere. 6. Quando (vedersi) _____ voi?

III. The **passato prossimo** *with reflexive and reciprocal verbs*

*Pippo l'astuto **si è seduto.***

All reflexive and reciprocal verbs in the **passato prossimo** are conjugated with the auxiliary **essere.** The past participle must agree with the subject in gender and number.

Lia, **ti sei divertita** ieri?	*Lia, did you have fun yesterday?*
Ci siamo alzati alle sei.	*We got up at six.*
Il treno **si è fermato** a Parma.	*The train stopped in Parma.*
Le ragazze **si sono sedute** sull'erba.	*The girls sat down on the grass.*

E S E R C I Z I

A. *One student will ask a question, and another will answer, according to the example.*

> ESEMPIO: **divertirsi / voi**
> **Vi divertite oggi?**
> **No, ma ci siamo divertiti ieri.**

1. alzarsi presto / tu   2. telefonarsi / i due amici   3. lavarsi i capelli / Mariella   4. vestirsi elegantemente / loro   5. riposarsi un po' / Lei   6. sentirsi stanchi / voi   7. fermarsi al bar / gli studenti   8. incontrarsi in banca / le due signore

B. *Complete the following paragraph with the correct forms of the passato prossimo.*

> Un giorno Teresa e Lucio (incontrarsi) _____ ad una festa. Loro (sorridersi, parlarsi, innamorarsi) _____, _____ e _____. Da allora (vedersi) _____ quasi tutti i giorni, e (telefonarsi) _____ tutte le sere. In settembre (fidanzarsi) _____ e due mesi dopo (sposarsi) _____.

IV. *Cardinal numbers above 100*

— *O dividiamo i* **cento milioni** *o chiamo mio marito!*

1. The numbers above 100 are:

101	centouno	100.000	centomila
200	duecento	1.000.000	un milione
300	trecento	2.000.000	due milioni
1.000*	mille	1.000.000.000	un miliardo
1.001	milleuno		
1.100	millecento		
2.000	duemila		
3.000	tremila		

*In writing numbers of four or more digits, Italian uses a period instead of a comma.

2. The plural of **mille** is **mila.**

duemila chilometri   *two thousand kilometers*

In Italian, **cento** and **mille** are not preceded by the indefinite article **un.**

cento dollari	*a hundred dollars*
mille lire	*a thousand lire*

3. When **milione** (pl. **milioni**) and **miliardo** (pl. **miliardi**) are immediately followed by a noun, they take the preposition **di.**

Ci sono due **milioni di** abitanti a Milano?	*Are there two million inhabitants in Milan?*

E S E R C I Z I

A. *Imagine you are asking the operator for the phone numbers listed below. (Note that the numbers are given in groups of two or three digits.)*

ESEMPIO: **Rossi 30–500**   *Vorrei* (**I would like**) *il numero trenta-cinquecento.*

1. Bettini 240–764   **2.** Bianchi 618–207   **3.** Bini 301–824   **4.** Bruschi 238–575   **5.** Cardinale 352–601   **6.** Storti 42–909

B. Quanto costa? *Give the approximate cost (in dollars and in lire) of the following:*

1. un orologio d'oro (*gold*)   **2.** una chitarra   **3.** un pianoforte   **4.** una radio   **5.** una bella bicicletta   **6.** una macchina economica   **7.** un'automobile lussuosa   **8.** una casa modesta   **9.** una casa lussuosa

V. *Time* (l'ora)

1. The hour and its fractions are expressed in Italian as follows:

È l'una.

È l'una e dieci.

È l'una e un quarto (*or* e quindici).

È l'una e mezzo (*or* e trenta).

Sono le due meno venti.

Sono le due meno un quarto (*or* quindici).

2. To ask what time it is, either expression can be used:

Che ora è? *or* **Che ore sono?**

To answer, **è** is used in combination with **l'una, mezzogiorno,** and **mezzanotte**. **Sono le** is used to express all other hours.

È l'una.	*It is one o'clock.*
È mezzogiorno.	*It is noon.*
È mezzanotte.	*It is midnight.*
Sono le due, le tre, ecc.	*It is two o'clock, three o'clock,* etc.

To indicate A.M. and P.M., the expressions **di mattina, di pomeriggio, di sera,** and **di notte** are added after the hour.

Sono le cinque **di mattina.**	*It is 5:00 A.M.*
Sono le tre **del pomeriggio.**	*It is 3:00 P.M.*
Sono le dieci **di sera.**	*It is 10:00 P.M.*
È l'una **di notte.**	*It is 1:00 A.M.*

3. The question **A che ora?** (*At what time?*) is answered as follows:

A mezzogiorno (o mezzanotte).	*At noon (or midnight).*
All'una e mezzo.	*At 1:30.*
Alle sette di sera.	*At 7:00 P.M.*

4. Italians use the twenty-four-hour system for official time (travel schedules, museum hours, theater times).

La Galleria degli Uffizi apre **alle nove** e chiude **alle diciotto.**	*The Uffizi Gallery opens at 9:00 A.M. and closes at 6:00 P.M.*
L'aereo da Parigi arriva **alle quindici.**	*The plane from Paris arrives at 3:00 P.M.*

5. The following expressions are associated with time:

in anticipo	*ahead of time*	**presto**	*early*
in orario	*on time*	**in punto**	*at . . . sharp*
in ritardo	*late*	**tardi**	*late*

Il treno è **in orario**.	*The train is on time.*
Sono le due **in punto**.	*It is two o'clock sharp.*
Franco è uscito **presto** ed è arrivato a scuola **in anticipo**.	*Franco left early and arrived at school ahead of time.*
Gina si è alzata **tardi** e ora è **in ritardo** all'appuntamento.	*Gina got up late and now she is late for her appointment.*

The adverbs **presto** and **tardi** are used with **essere** only when this verb is used in impersonal expressions.

È **presto** (**tardi**).   *It is early (late).*

6. The English word *time* is translated as **tempo, ora, volta**.

Non ho **tempo**.	*I don't have time.*
Che **ora** è?	*What time is it?*
Tre **volte** al giorno.	*Three times a day.*

E S E R C I Z I

A. Che ore sono?

1. 12:15   3:10   12:00   6:30   9:45   6:20   7:35   1:05
2. 10:00 P.M.   5:30 P.M.   11:00 A.M.   2:00 A.M.

B. A che ora? *Ask a student at what time he or she does the following:*

1. svegliarsi la mattina   2. fare colazione   3. uscire di casa   4. arrivare al lavoro   5. ritornare a casa   6. cenare   7. andare a letto di solito

C. *Answer the following questions using the appropriate expressions of time.*

1. Il corso di matematica comincia alle nove. Oggi Gianna è arrivata alle nove e un quarto. È arrivata in anticipo?   2. Domenica scorsa Pippo si è alzato a mezzogiorno. Si è alzato presto? 3. Tu devi essere dal dentista alle tre del pomeriggio e arrivi alle tre in punto. Sei in ritardo? 4. È sabato. Noi ci svegliamo e guardiamo l'orologio: sono le sei di mattina. Ci addormentiamo di nuovo (*again*). Perchè?

Una giornata ideale in campagna.

D. Proverbi. *Find the English equivalent of the following Italian proverbs.*

Il tempo è denaro.
Il tempo è buon maestro.
L'occasione fa l'uomo ladro.
I soldi non fanno la felicità.
Le ore del mattino hanno l'oro (*gold*) in bocca (*mouth*).
Chi trova un amico, trova un tesoro (*treasure*).
Meglio (*better*) un giorno da leone che cent'anni da pecora (*sheep*).

LETTURA

LA GIORNATA DI UN IMPIEGATO

L'ingegner Scotti ha dato un ultimatum al figlio: Marcello deve pensare seriamente a una carriera. Così, Marcello incomincia oggi la sua prima giornata di lavoro.

Stamattina si sveglia molto presto. Guarda la sveglia: sono appena le sette e un quarto. Non è abituato a svegliarsi così presto, ma oggi non può dormire. Si alza, si guarda allo specchio. Si vede pallido. Non si sente molto bene. Oggi è il grande giorno. Marcello si lava, si rade e si pettina lentamente. Poi si mette un vestito elegante e beve un caffè. Di solito Marcello ha una fame da lupo e fa una colazione abbondante, ma oggi non **ha voglia** di mangiare. Guarda l'orologio: sono le otto ed è ora di andare al lavoro.

In banca Marcello **fa la conoscenza** del suo **capoufficio** e dei suoi colleghi, poi si siede alla sua scrivania e incomincia a lavorare.

he does not feel like

he makes the acquaintance / boss

Ma è nervoso e fa degli errori. Il suo capoufficio prima è gentile, poi si arrabbia. Marcello guarda l'orologio con impazienza. Il tempo non passa mai!

Finalmente arrivano le sei del pomeriggio e Marcello esce dalla banca.

(A casa, durante la cena.)

Papà	*Allora,* com'è andata oggi?	So
Marcello	Non molto bene. Mi sono annoiato terribilmente e mi sono quasi addormentato sulla calcolatrice.	
Papà	Caro ragazzo, incominci a capire che cosa vuol dire *guadagnarsi il pane. Finora* ti sei divertito; adesso è ora di *mettere la testa a posto.*	to earn one's living / Until now to settle down
Marcello	Ho fatto bene a divertirmi, perchè il lavoro è una bella *seccatura.*	bore

DOMANDE SULLA LETTURA

1. Perchè oggi è una giornata importante per Marcello?   2. A che ora si sveglia? Si sveglia sempre così presto?   3. Perchè oggi non può dormire?   4. Dopo che si è alzato, che cosa fa?   5. Come si veste?   6. A che ora esce di casa?   7. Di chi fa la conoscenza in ufficio?   8. Perchè il suo capoufficio si arrabbia?   9. Perchè Marcello guarda l'orologio con impazienza?   10. Si è divertito oggi Marcello in ufficio?   11. Dove si è quasi addormentato?   12. Che cosa ha fatto Marcello finora nella sua vita?   13. Che cosa pensa suo padre?

DOMANDE PERSONALI

1. Come si chiama Lei?   2. Quando si sveglia, si alza subito o resta a letto?   3. A che ora si·è alzato(a) Lei stamattina?   4. Dove si guarda Lei, signorina, quando si pettina?   5. Si è truccata Lei stamattina, signorina?   6. Si rade allo specchio, Lei, signor... ?   7. Stamattina ha avuto tempo Lei di fare colazione?   8. Si è vestito(a) elegantemente Lei oggi?   9. Secondo Lei, quanti soldi deve guadagnare (*to earn*) Lei al mese per vivere bene?   10. Si è arrabbiato(a) Lei recentemente? Perchè?   11. Che cosa fa Lei quando si sente stanco(a)?   12. A che ora si è addormentato(a) ieri sera?   13. Si scusa Lei quando arriva in ritardo a un appuntamento?   14. Quando Lei e i Suoi amici s'incontrano per la strada, che cosa fanno?

ATTIVITÀ

Uno studente (una studentessa) crea un personaggio immaginario, con un nome, una professione, un indirizzo.   Gli altri studenti descrivono una giornata tipica nella sua vita, usando molti verbi riflessivi.   (Ogni studente partecipa alla descrizione.)

TRADUZIONE

1. Marco and Vanna got married three years ago.   2. Marco found a good job at the Fiat plant (*fabbrica*), and his wife continued to (*a*) work at the bank.   3. One day, two months ago, Marco lost his job, and their life became very difficult.   4. For a few weeks Marco looked for a new job,

but without success.   **5.** Finally, last Thursday, he phoned his father's friend, Anselmo Anselmi, one of the directors (*direttore*) of Olivetti.   **6.** They met, and Anselmo gave Marco a job with (*nella*) his company (*ditta*).   **7.** Now, every morning Marco and his wife get up at 6:00; they wash and get dressed in a hurry (*in fretta*).   **8.** They only have time to drink a cup of coffee (*un caffè*). Then they kiss each other and say good-bye.

VOCABOLARIO

Nomi

la calcolatrice *calculator*
il capoufficio *boss*
la cena *dinner*
il/la collega *colleague*
il denaro *money*
il discorso *speech*
l'errore (m.) *error, mistake*
la felicità *happiness*
l'impiegato(a) *employee*

l'occasione (f.) *opportunity*
l'orologio *watch, clock*
il pomeriggio *afternoon*
il quarto *quarter (of an hour)*
lo specchio *mirror*
la sveglia *alarm clock*
la verità *truth*
il vestito *dress, suit*

Aggettivi

abbondante *abundant*
abituato *accustomed*
lussuoso *sumptuous*

pallido *pale*
primo *first*

Verbi

addormentarsi *to fall asleep*
alzarsi *to get up*
annoiarsi *to get bored*
arrabbiarsi *to get angry*
baciare *to kiss*
chiamarsi *to be called*
costare *to cost*
divertirsi *to have fun, to enjoy oneself*
fermarsi *to stop*
fidanzarsi *to become engaged*
innamorarsi (di) *to fall in love (with)*
mettersi *to wear, to put on*
pettinarsi *to comb one's hair*

prepararsi *to get ready*
radersi (p.p. raso) *to shave*
riposarsi *to rest*
scusarsi *to apologize*
sedersi *to sit down*
sentirsi *to feel*
sorridere (p.p. sorriso) *to smile*
sposarsi *to get married*
svegliarsi *to wake up*
tagliarsi *to cut oneself*
trovare *to find*
truccarsi *to put makeup on*
vestirsi *to get dressed*

Altre espressioni

appena *as soon as*
avere una fame da lupo *to be as hungry as a wolf*
è ora di *it is time to*
finalmente *finally*
in anticipo *ahead of time*

in orario *on time*
in ritardo *late*
mezzo *half*
prima *first*
subito *immediately*

PAGINA CULTURALE

ORARI NELLA VITA ITALIANA

Il *campanile* della chiesa rappresenta il centro ideale della vita cittadina italiana. *Esso* si alza al di sopra dei *tetti* della città o del villaggio e simboleggia l'amore degli abitanti per il loro paese nativo. Esiste una parola nella lingua italiana che esprime la forma eccessiva di questo sentimento: « campanilismo » . L'Italiano campanilista

bell tower
It / roofs

Messina. Il campanile rappresenta il centro ideale della vita cittadina.

Firenze, Palazzo Vecchio. L'orologio della torre.

appartiene soprattutto al piccolo centro di provincia e mette spesso gli interessi della sua città *al di sopra* degli interessi della nazione.

Nelle cittadine e nei villaggi, le campane annunciano *tuttora* i momenti particolari nella vita della comunità. Quando le campane sono silenziose, è il grande orologio del campanile che *sottolinea,* con i suoi *rintocchi,* il passaggio del tempo e le attività importanti della giornata. Il tocco del mezzogiorno, per esempio, *avverte* i contadini del villaggio che è arrivata l'ora di pranzare e di riposarsi.

Per molti Italiani, specialmente per gli Italiani di provincia, il pranzo continua ad essere il pasto principale del giorno. I negozi e buona parte degli uffici chiudono, per *assicurare* alcune ore a questa attività sacra. Ci sono ancora molte donne che dedicano alla preparazione del pranzo grandi cure. All'una del pomeriggio la tavola *è apparecchiata,* il pranzo è pronto, e non resta che « *buttare* la pasta ».

Se gli Italiani non abitano lontano dal loro impiego, ritornano a casa per il pranzo.

Ci sono persone, invece, che devono rinunciare al pranzo in famiglia. Sono i « pendolari », cioè i lavoratori che abitano distanti dal *luogo* dove lavorano e che imitano, nel loro movimento — casa-lavoro, lavoro-casa —, il movimento meccanico del pendolo. Anche questi però, nonostante il ritmo *febbrile* della vita moderna, non sanno rinunciare all'invito della tavola e del vecchio proverbio che dice « A tavola non s'invecchia ». Per loro ci sono le trattorie, le *tavole calde* o le *mense aziendali.* E, alla fine del pasto, la *sosta* tradizionale al caffè.

belongs
above
still

underlines
strokes
warns

to ensure

is set / to cook (lit., to throw . . . in the pot)

place

feverish

snack bars / cafeterias / stop

10

L'ABBIGLIAMENTO

Davanti al negozio dello stilista Armani.

CHE VESTITI PORTIAMO?

Terry e Jane *fanno le valigie* perchè vanno a studiare a Firenze. — *are packing*

Terry	*Hai deciso* che cosa mettere nella valigia?	*Have you decided*
Jane	Non molta *roba*. Detesto viaggiare con valigie *pesanti*.	*stuff / heavy*
Terry	Io porto un impermeabile perchè ho sentito che a Firenze *piove* spesso in primavera.	*rains*
Jane	E io porto un due pezzi di lana per la sera, quando *fa fresco*.	*it is cool*
Terry	Porti anche dei vestiti eleganti?	
Jane	Uno solo, per qualche occasione importante.	
Terry	Quale?	
Jane	*Questo* vestito bianco e *quelle* due camicette di seta.	*this / those*
Terry	Allora dobbiamo portare anche un paio di scarpe con i *tacchi alti*.	*high heels*
Jane	Sì, ma abbiamo bisogno soprattutto di scarpe comode. Nelle città italiane *si gira* a piedi o in tram e non in macchina.	*one goes*
Terry	Io penso di comprare alcuni vestiti eleganti e degli stivali in Italia.	
Jane	Anch'io. Speriamo di avere abbastanza soldi per tornare a casa.	

DOMANDE SUL DIALOGO

1. Perché Terry e Jane hanno fatto le valigie?   2. Perchè Jane non ha messo molta roba nella valigia?
3. Perchè Terry porta un impermeabile?   4. Perchè hanno bisogno di scarpe comode?   5. Che cosa desidera comprare Terry in Italia?   6. Di che cosa hanno paura le due ragazze?

STUDIO DI PAROLE

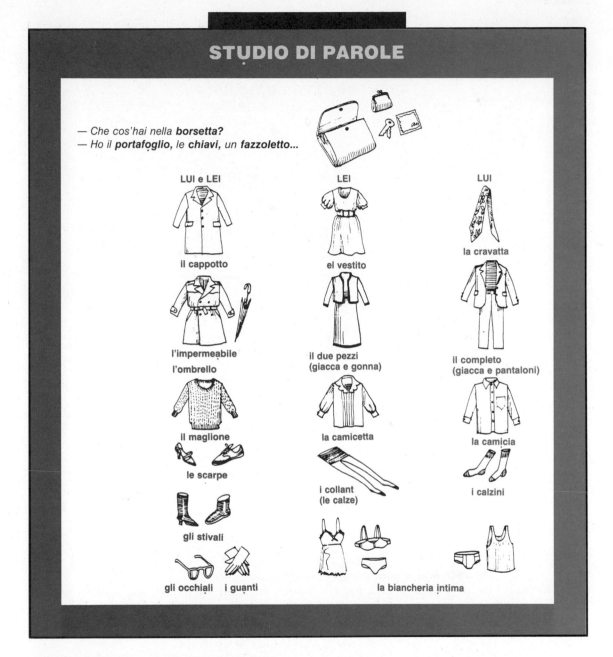

— Che cos'hai nella **borsetta**?
— Ho il **portafoglio**, le **chiavi**, un **fazzoletto**...

LUI e LEI

il cappotto

l'impermeabile
l'ombrello

il maglione

le scarpe

gli stivali

gli occhiali   i guanti

LEI

el vestito

il due pezzi
(giacca e gonna)

la camicetta

i collant
(le calze)

la biancheria intima

LUI

la cravatta

il completo
(giacca e pantaloni)

la camicia

i calzini

ESERCIZIO SU STUDIO DI PAROLE

1. Che cosa porta Lei quando piove (*it rains*)?   2. Che cosa mettiamo d'estate per proteggere (*to protect*) gli occhi dal sole?   3. Come si veste un uomo per andare a una festa molto elegante? E una donna?   4. Dove mettiamo i soldi o le carte di credito?   5. Signorina, dove mette Lei il portafoglio?   6. Che cosa portiamo quando fa caldo (*it is hot*)?   7. Che cosa si mette un uomo sotto la giacca?

PUNTI GRAMMATICALI

I. *Demonstrative adjectives*

Lucia: *Non è bello **questo** vestito rosso?*
Liliana: *Sì, ma preferisco **quella** giacca.*
Lucia: *Quanto costano **quegli** stivali?*

1. Che cosa preferisce Liliana?   **2.** Quale articolo (*item*) costa centomila lire?   **3.** Che cosa desidera sapere Lucia?

---

1. **Questo** and **questa** (pl. **questi, queste**) translate as *this* (*these*). As with all other adjectives, **questo** must agree in gender and number with the noun it precedes. The short form **quest'** is used before a singular noun beginning with a vowel.

Queste scarpe sono strette.	*These shoes are tight.*
Quanto hai pagato **questa** maglietta?	*How much did you pay for this T-shirt?*
Quest'anno vado al mare.	*This year I'll go to the beach.*

---

2. **Quello, quella** (pl. **quelli, quelle**) translate as *that* (*those*). Like the adjective **bello**, **quello** has the same endings as the *partitive* (see Chapter 5, II): **quel, quell', quello, quei, quegli; quella, quell', quelle.**

Preferisco **quell**'abito.	*I prefer that dress.*
Quegli stivali sono di moda.	*Those boots are fashionable.*
Hai visto **quei** vestiti?	*Did you see those dresses?*

———————— E S E R C I Z I ————————

A. *Imagine you are critical of everything. Following the example, use the adjective* **questo** *to form sentences with the words given.*

> ESEMPIO: **Il libro (interessante)**
> *Questo libro non è interessante.*

1. il profumo (buono)   2. gli stivali (eleganti)   3. l'albergo (economico)   4. i treni (veloci)
5. le lezioni (semplici)   6. la vita (facile)   7. il caffè (caldo)   8. le scarpe (comode)   9. il latte (fresco)

B. *Ask how much the following items cost, using the nouns in combination with the adjective* **quello.**

> ESEMPIO: **il formaggio**   *Quanto costa quel formaggio?*

1. i collant   2. gli spinaci   3. il maglione   4. le fotografie   5. il cappotto   6. la gonna
7. il calendario   8. i calzini   9. l'uva (*grapes*)   10. i guanti   11. l'abito

II. *Demonstrative pronouns*

Il tenore canta: « **Questa** *o* **quella** *per me pari sono (are the same) ».*

Questo and **quello** are also pronouns when used alone. **Questo** translates as *this one* and **quello** translates as *that one, that of,* or *the one of.* They have regular endings (o, a, i, e). For emphasis, **questo** may be followed by **qui** (*here*) and **quello** may be followed by **là** (*there*).

Compro questo vestito, **quello** rosso è caro.	*I am buying this dress, the red one is expensive.*
Questa macchina è **quella** di Renzo.	*This car is Renzo's (that of Renzo).*
Ho provato queste scarpe e anche **quelle là.**	*I tried on these shoes and also those over there.*

─────── **E S E R C I Z I** ───────

A. *Use the nouns listed below in combination with* **questo** *and* **quello**, *according to the examples.*

> ESEMPIO: **ragazzo**   *Non questo ragazzo, ma quello.*

1. scarpe; impermeabile; frutta; stivali; commesso; albero; pantaloni; aereo; camicia

> ESEMPIO: **libro**   *Desidera quel libro o questo?*

2. fazzoletti; regalo; insalata; cravatta; dolci; borsetta; completo; ombrello; occhiali

B. *Answer according to the example.*

> ESEMPIO: **È il cappotto di Maria?** *(Giovanni's)*
> *No, è quello di Giovanni.*

1. Sono i bambini di Lucia? No, sono _____ *(Mary's)*.
2. È l'assegno di Pietro? No, è _____ *(Mr. Smith's)*.
3. Sono i poemi di Dante? No, sono _____ *(Petrarca's)*.
4. Hai letto il giornale di ieri? No, ho letto _____ *(today's)*.
5. Preferisci le opere di Verdi? No, preferisco _____ *(Puccini's)*.
6. Sono le scarpe di Pio? No, sono _____ *(Paul's)*.
7. Desideri vedere i film di Fellini? No, preferisco vedere _____ *(Antonioni's)*.

III. *Verbs + infinitive*

Liliana ha dimenticato **di** *prendere l'ombrello.*

1. Some verbs are followed by an *infinitive without a preposition*. The most common are:

dovere	*to have to, must*	**amare**	*to love*
potere	*to be able to, can, may*	**desiderare**	*to wish*
volere	*to want*	**preferire**	*to prefer*
sapere	*to know how*	**detestare**	*to hate*

Desideri uscire?	*Do you wish to go out?*
Dobbiamo studiare.	*We must study.*
Ho preferito restare a casa.	*I preferred to stay home.*

---

2. Some verbs are followed by **a** + *infinitive:*

(in)cominciare	*to begin, to start*		**imparare**	*to learn*
insegnare	*to teach*		**continuare**	*to continue*

Quando incominci **a** studiare?	*When do you start to study?*
Nino ha imparato **a** suonare.	*Nino has learned to play.*

---

3. Some verbs are followed by **di** + *infinitive:*

dimenticare	*to forget*		**pensare**	*to think*
domandare	*to ask*		**sperare**	*to hope*
finire	*to finish*			

Speri **di** finire presto?	*Do you hope to finish soon?*
Ho dimenticato **di** rispondere alla lettera.	*I forgot to answer the letter.*

■ E S E R C I Z I ■

A. *Complete the following sentences according to the example.*

> ESEMPIO: Pino dorme poco. Desidera...
> *Desidera dormire.*

1. Maria non ha mai viaggiato. Vuole...
2. Lina fuma sempre sigarette. Continua...
3. Noi partiamo alle cinque. Dobbiamo...
4. Luisa e Leone si sposano in giugno. Pensano...
5. La signora compra il vestito di seta. Spera...
6. Tu ascolti sempre la musica classica. Preferisci...
7. Quel signore porta sempre l'ombrello. Non dimentica mai...
8. Adesso piove. Incomincia...

B. *Complete with the prepositions a, di, or per, if necessary.*

Pierino impara _____ suonare il piano. Detesta _____ studiare. Preferisce _____ giocare con gli amici. Dopo la scuola incomincia _____ studiare e spera _____ finire presto perchè vuole _____ uscire _____ giocare al pallone. Quando è fuori, continua _____ giocare e dimentica _____ ritornare presto per la cena. Dopo cena Pierino domanda _____ guardare la televisione, ma non può _____ guardare per molto tempo perchè ha sonno e desidera _____ dormire. La mattina del giorno dopo deve _____ alzarsi presto _____ finire i compiti.

IV. Ordinal numbers

— Che cos'è questo oggetto?
— È un relitto del **ventesimo** secolo.

1. Ordinal numbers (*first, second, third,* etc.) are adjectives and must agree in gender and number with the noun they modify. They are:

*primo(a,i,e)	sesto
secondo	settimo
terzo	ottavo
quarto	nono
quinto	decimo

From **undicesimo** (*eleventh*) on, the ordinal numbers are formed by dropping the final vowel of the cardinal number and adding the suffix -esimo (a,i,e). Exceptions: Numbers ending in -**trè** (**ventitrè, trentatrè,** etc.) preserve the final vowel.

quindici	quindic**esimo**	trentatrè	trentatre**esimo**
venti	vent**esimo**	mille	mill**esimo**
trentuno	trentun**esimo**		

Ottobre è il **decimo** mese dell'anno.	*October is the tenth month of the year.*
Hai letto le **prime** pagine?	*Did you read the first pages?*
Ho detto di no, per la **millesima** volta.	*I said no, for the thousandth time.*

---

2. Ordinal numbers precede the noun they modify except when referring to popes and royalty. When referring to centuries, they may follow or precede the noun.

Papa Giovanni XXIII (ventitreesimo)	*Pope John XXIII*
Luigi XIV (quattordicesimo)	*Louis XIV*
il secolo XX (ventesimo)	*the twentieth century*
or il ventesimo secolo	

---

*The abbreviated forms of ordinal numbers are: 1° (primo) *or* 1ª (prima), 2° (secondo) *or* 2ª (seconda), *etc.*

E S E R C I Z I

A. *Give the corresponding ordinal numbers.*

1; 8; 13; 100; 42; 23; 36; 55; 10; 1.000; 16; 3

B. *Read the following aloud.*

1. il 1° aprile   2. il secolo XVI   3. la 43ª strada   4. Papa Giovanni Paolo II   5. Enrico VIII
6. il 25° anniversario   7. la regina (*queen*) Elisabetta II   8. la 3ª volta

C. *Answer the following questions, using ordinal numbers.*

1. Che pagina del libro è questa?   2. Che capitolo del libro è questo?   3. Che giorno della settimana è mercoledì? E venerdì?   4. Aprile è il sesto mese dell'anno? E dicembre?   5. In quale settimana di novembre celebriamo il Thanksgiving?   6. In quale settimana di settembre celebriamo la Festa del Lavoro?   7. Un minuto è la cinquantesima parte di un'ora?   8. A che ora è la vostra prima classe il lunedì? E la seconda classe?

V. *The months and the date* (i mesi e la data)

— *Il 32 marzo?!*
Ma che calendario è questo!

1. In Italian, the months of the year are masculine and are *not* capitalized. They are:

gennaio	*January*	**luglio**	*July*
febbraio	*February*	**agosto**	*August*
marzo	*March*	**settembre**	*September*
aprile	*April*	**ottobre**	*October*
maggio	*May*	**novembre**	*November*
giugno	*June*	**dicembre**	*December*

2. *Dates* are expressed according to the following pattern:

definite article	+	number	+	month	+	year
il		**20**		**marzo**		**1990**

The abbreviation of the above date would be written: 20/3/1990. Note that in Italian the day comes *before* the month (compare March 20, 1990, and 3/20/1990).

---

3. To express days of the months, *cardinal* numbers (1, 2, 3, etc.) are used except for the first of the month, which is indicated by the ordinal number primo.

Oggi è il **primo** (di) aprile.	*Today is April first.*
È il **quattordici** (di) luglio.	*It is July fourteenth.*
Lia è nata il **sedici** ottobre.	*Lia was born on October sixteenth.*
Abito qui **dal tre** marzo 1980.	*I have been living here since March 3, 1980.*

---

4. To ask the date the following question is used:

Quanti ne abbiamo oggi?

The answer is:

Oggi è il tre marzo. *or* **Oggi ne abbiamo tre.**

---

5. The article il is used before the year.

Il 1988 è un anno bisestile.	*1988 is a leap year.*
Siamo nati **nel** 1962.	*We were born in 1962.*

E S E R C I Z I

A. *Ask a student when the following people are leaving.*

> ESEMPIO: Maria? (2/5) *Quando parte Maria?*
> *Parte il due maggio.*

1. Antonio? (13/7)   2. I signori Nadi? (1/4)   3. I tuoi genitori? (23/10)   4. Il nonno di Nino? (29/5)   5. L'ingegner Scotti? (15/8)   6. Suo (*your*) padre? (17/2)   7. Il nostro professore? (31/6)   8. Liliana? (1/1)   9. Il dottor Lisi? (11/3)   10. Lei? (18/11)

B. *Match the following dates and events to form complete sentences.*

25/12   Halloween
21/3   l'anno dell'unificazione d'Italia
1861   il primo giorno di primavera
1/1   l'anno della scoperta dell'America
31/10   il giorno di Natale (*Christmas*)
1492   la data di dichiarazione dell'indipendenza americana
4/7   Capodanno (*New Year's Day*)

C. *One student will ask another since when (**da quando**) he or she has been doing the following things. The answer will include the date (month and/or year).*

> ESEMPIO: **abitare in questa città**
> *Da quando abiti in questa città?*
> *Abito in questa città dal maggio 1982 (or dal 1982).*

1. conoscere questi compagni di classe   2. guidare (*to drive*) la macchina   3. andare all'università
4. pagare con assegni   5. studiare una lingua straniera   6. giocare a...   7. lavorare   8. bere bevande alcooliche

VI. *The seasons and the weather* (le stagioni e il tempo)

In primavera   D'estate   In autunno   D'inverno
fa bello.   fa caldo.   fa brutto.   fa freddo.

1. The seasons are **la primavera** (*spring*); **l'estate** (f.) (*summer*); **l'autunno** (*autumn*); and **l'inverno** (*winter*). The article is used before these nouns, except in the following expressions: **in primavera**, **in autunno**, **d'estate**, **d'inverno**.

L'autunno è molto bello.	*Fall is very beautiful*
Vado in montagna **d'estate**.	*I go to the mountains in the summer.*

2. **Fare** is used in the third person singular to express many weather conditions.

Che tempo fa?	*How is the weather?*
Fa bello. *or* **Fa bel tempo.**	*The weather is nice.*
Fa brutto. *or* **Fa brutto tempo.**	*The weather is bad.*
Fa caldo.	*It is hot.*
Fa freddo.	*It is cold.*
Fa fresco.	*It is cool.*

⬤Il tempo

TEMPO
	sereno
	poco nuval.
	variabile
	nuvoloso
	pioggia
	temporale
	neve
	nebbia

VENTI
→	deboli
⇒	moderati
⇒	forti

MARI
	poco mosso
	mosso
	molto mosso

Temperature in Italia

BOLZANO	17	29	PISA	20	35	NAPOLI	21	30
VERONA	21	32	ANCONA	18	29	POTENZA	18	29
TRIESTE	24	33	PERUGIA	20	32	S.M. LEUCA	22	29
VENEZIA	20	31	PESCARA	20	31	R. CALABRIA	22	30
MILANO	19	30	L'AQUILA	19	33	MESSINA	24	30
TORINO	18	20	ROMA URBE	20	34	PALERMO	24	31
GENOVA	19	30	FIUMICINO	21	31	CATANIA	21	32
BOLOGNA	21	32	CAMPOBASSO	18	30	ALGHERO	18	37
FIRENZE	21	36	BARI	21	29	CAGLIARI	18	31

3. Other common expressions of weather are:

Piove. (pịovere)	*It is raining.*	**C'è afa.**	*It is muggy.*
Nẹvica. (nevicare)	*It is snowing.*	**C'è nẹbbia.**	*It is foggy.*
Tira vento.	*It is windy.*	**È nuvoloso.**	*It is cloudy.*
C'è il sole.	*It is sunny.*	**È serno.**	*It is clear.*

NOTE: **Piọvere** and **nẹvicare** may be conjugated in the **passato prọssimo** with either **ẹssere** or **avere**.

Ieri **ha piọvuto** *or* **è piọvuto.**
    ha nevicato *or* **è nevicato.**

E S E R C I Z I

A. *Use the following weather expressions in statements, according to the example.*

> ESEMPIO: **fare caldo**   *Oggi fa caldo. Anche ieri ha fatto caldo.*

1. piovere   2. fare freddo   3. fare brutto tempo   4. nevicare   5. tirare vento   6. fare fresco
7. essere nuvoloso

B. *Complete each sentence with a weather expression (in the present or in the passato prossimo).*

1. Mi metto il cappotto perchè _____ .
2. Liliana porta l'ombrello perchè _____ .
3. L'inverno scorso _____ in montagna.
4. In autunno a Milano non vediamo bene perchè _____ .
5. Respiro (*I breathe*) male quando _____ .
6. Faccio lunghe passeggiate quando _____ .
7. D'estate porto un vestito leggero perchè _____ .
8. Non abbiamo bisogno dell'impermeabile quando non _____ .
9. Chicago si chiama « the windy city » perchè _____ .
10. L'estate scorsa _____ .

FILASTROCCA

nursery rhyme

Gennaio porta neve,
Febbraio è **pien di gelo**,   icy
Marzo vien col vento,
Aprile con i fior.
Maggio **dona** rose,   gives
Giugno le **spighe d'or**.   golden wheat
Luglio è caldo al mare,
Agosto è fresco ai monti.
A settembre è ricca la **vigna**,   vineyard
A ottobre fermenta il vino;
Novembre arriva con San Martino.
Dicembre finisce con San Silvestro,
E l'anno nuovo arriva presto.

LETTURA

LA MODA IN VIA MONTENAPOLEONE

Da tre ore Liliana e Lucia camminano in via Montenapoleone e ammirano le *vetrine* più eleganti della città. Lucia desidera comprare un bel vestito.

Lucia	Quella boutique è molto conosciuta; è la prima di Milano, ma è anche troppo cara. Entriamo in questa.	shop window
La commessa	Buon giorno, signorine. Desiderano?	
Lucia	*Vorrei* vedere dei vestiti di seta.	I would like
La commessa	Sono là, in quell'*angolo,* signorina... Che taglia ha?	corner
Lucia	*40*... Quanti vestiti rossi!	(corresponds to size 10)
La commessa	Sì, signorina. Il rosso è molto di moda quest'anno. È il colore preferito degli *stilisti* italiani.	clothes designer

(Le due amiche guardano e parlano, mentre Lucia **prova** alcuni vestiti.)

Lucia	Liliana, che pensi di quest'abito? *Come sta?*	How does it look?
Liliana	*Be',* è un po' largo. E poi, quel rosso è troppo vivace. *Sembri Cappuccetto Rosso.*	well / You look like Little Red Riding Hood.
Lucia	Sì, forse hai ragione...	
Liliana	Perchè non provi quello verde? Quanto costa?	
La commessa	Duecentomila.	
Liliana	Così tanto! Ma sei proprio sicura di volere un vestito di seta? Perchè non compri un due pezzi di lana leggera che puoi portare in tutte le stagioni?	
Lucia	No, desidero un vestito per un'occasione speciale. Ecco, questo verde va perfettamente.	
La commessa	*Guardi,* signorina, come va bene con queste scarpe e con questa borsetta Gucci!	look
Liliana	Sì, sono **proprio** eleganti, ma costano *un occhio della testa!*	really / a fortune
La commessa	Eh! Viviamo una volta sola!	
Lucia	Okay. Compro tutto. Quant'è il totale?	
Liliana	Ma hai abbastanza soldi?	
Lucia	No, ma uso la carta di credito.	

(in alto, a sinistra) *Una sfilata di alta moda a Roma; abiti creati da Barocco.* (in alto a destra) *Cappa da pomeriggio bordata di volpe rossa.* (in basso) *Sfilata di moda per bambini a Roma.*

DOMANDE SULLA LETTURA

1. Che cosa fanno Lucia e Liliana in via Montenapoleone?   2. Che cosa desidera comprare Lucia?
3. Chi saluta le due amiche quando entrano nel negozio?   4. Lucia desidera comprare un vestito di lana?   5. Che taglia ha Lucia?   6. Quale colore è di moda quest'anno?   7. Sta bene Lucia con l'abito rosso?   8. È di cotone o di seta il vestito verde? Quanto costa?   9. Perchè Liliana consiglia a Lucia di comprare un vestito di lana leggera?   10. Compra solamente un vestito Lucia?
11. Paga in contanti (*cash*)?

DOMANDE PERSONALI

1. Che giorno è oggi? Quanti ne abbiamo?   2. In che anno siamo?   3. In che giorno e in che mese è nato(a) Lei?   4. In che anno è nato Suo padre?   5. Che tempo fa nella Sua città in ottobre? E nel mese di maggio?   6. Quale stagione preferisce Lei e perchè?   7. Che tempo ha fatto quest'inverno?   8. Che tempo ha fatto la settimana scorsa?   9. Quando porta un cappotto Lei?
10. Quando porta un vestito leggero?   11. Che cosa preferisce fare Lei quando fa molto freddo?
12. Esce Lei se tira molto vento o se piove?   13. Com'è il cielo oggi?

ATTIVITÀ

Come vestirsi?   Alcuni studenti hanno ricevuto l'invito a un ricevimento alla Casa Bianca; altri, invece, hanno intenzione di partire per una settimana sulla neve o...   Formate piccoli gruppi: parlate della data di partenza, del tempo a Washington o in montagna o...,   della valigia già pronta (che cosa avete messo nella valigia, come volete vestirvi, ecc.).

TRADUZIONE

1. Patrizia, why don't we go shopping today?   2. Oh, not today. It is raining, and it is cold. Besides, I went shopping yesterday.   3. Really? What did you buy?   4. I bought these black boots.
5. They are very beautiful. Next week I plan to (*penso di*) go shopping, too (*anch'io*). Do you want to come with me?   6. Yes. What do you want to buy?   7. I would like (*desidero*) to buy a two-piece suit for my birthday.   8. When exactly is your birthday? I know it is in May, but I forgot the exact (*esatta*) date.   9. I was born on June 17, 1964.   10. Oh, yes, I remember. The other day I saw a beautiful silk blouse in Armani's window (*vetrina*), and I thought of buying that blouse for your birthday.   11. Oh, Patrizia, thank you.

VOCABOLARIO

Nomi

l'**abito**   *dress, suit*
l'**afa**   *sultriness*
agosto   *August*
aprile   *April*
l'**autunno**   *autumn, fall*
il **calendario**   *calendar*
il **commesso; la commessa**   *salesperson*
dicembre   *December*
l'**estate** (f.)   *summer*
febbraio   *February*
gennaio   *January*
giugno   *June*
l'**inverno**   *winter*
la **lana**   *wool*
luglio   *July*
maggio   *May*

la **maglietta**   *T-shirt*
marzo   *March*
la **moda**   *fashion*
la **nebbia**   *fog*
la **neve**   *snow*
novembre   *November*
ottobre   *October*
la **pioggia**   *rain*
la **primavera**   *spring*
la **seta**   *silk*
settembre   *September*
il **sole**   *sun*
la **stagione**   *season*
la **taglia**   *size*
il **tempo**   *time, weather*
il **vento**   *wind*

Aggettivi

caldo   *hot, warm*
freddo   *cold*
fresco   *cool, fresh*
largo   *large, wide*
leggero   *light*
nuvoloso   *cloudy*

quello   *that*
questo   *this*
sereno   *clear*
sicuro   *sure*
stretto   *narrow, tight*
vivace   *bright*

Verbi

imparare   *to learn*
insegnare   *to teach*
nevicare   *to snow*
piovere   *to rain*

portare   *to wear*
provare   *to try on*
sperare   *to hope*

Altre espressioni

abbastanza   *enough*
andare bene   *to fit*
be'   *well*
di moda   *fashionable*

forse   *maybe, perhaps*
qui   *here*
tirare vento   *to be windy*

PAGINA CULTURALE

LA DONNA ITALIANA

In Italia il processo di evoluzione della donna verso l'emancipazione è stato lento, ritardato anche dal fascismo e dalla sua insistenza sulla vocazione della donna al ruolo di casalinga e di madre.

L'anno 1946 rappresenta una *tappa* importante nel processo di democratizzazione ed emancipazione della donna. Per la prima volta, le donne italiane *hanno avuto diritto al voto,* e sono state libere di esprimere la loro opinione nel referendum per la monarchia o la repubblica.

Da quel giorno lontano le donne hanno fatto molta strada nella conquista dei loro diritti. Le lavoratrici madri hanno ottenuto, fino dagli anni Cinquanta, facilitazioni in caso di maternità e il diritto a un *congedo* pagato di cinque mesi. Il lavoro delle casalinghe è stato riconosciuto e, di conseguenza, è stato riconosciuto anche il loro diritto alla pensione del governo. Nuova dignità è stata data al lavoro di *domestica,* un tempo *sfruttato* dai padroni e molto comune tra le povere ragazze di campagna. Ora le domestiche si chiamano « collaboratrici familiari » e sono diventate una categoria *ricercata,* protetta da *regole sindacali.*

milestone

were granted the right to vote

leave

housemaid / exploited

sought-after
union rules

Roberta di Camerino, nota soprattutto per le sue borsette.

L'Onorevole Jotti, Presidente della Camera.

La donna italiana, una volta protetta dalla famiglia e *in aspettativa* di marito, è diventata oggi una donna emancipata. La sua aspirazione più modesta, alla fine della scuola media, è di trovarsi un lavoro e di *raggiungere* l'indipendenza economica. *Siccome* ha un senso *innato* dell'eleganza e desidera vestire bene, spende molto del suo stipendio nell'abbigliamento. La moda italiana è un'industria complessa che offre lavoro a più di un milione di persone. Molte donne sono occupate nelle varie attività *legate* al campo della moda. Diverse si sono distinte, come Luisa Spagnoli, creatrice di *abiti a maglia,* e Roberta di Camerino, nota soprattutto per le sue borsette.

Sempre più numerose sono oggi le donne che preferiscono continuare gli studi universitari e competere con gli uomini nelle varie professioni, un tempo esclusivamente maschili, *come pure* nella politica e nell'alta magistratura. Nel 1976 una donna, Tina Anselmi, è diventata ministro del lavoro in Italia, e nel 1979 la Senatrice Nilde Jotti è stata eletta presidente della Camera dei Deputati.

Nonostante la resistenza di certi *ambienti* e di certe regioni, è possibile dire che la donna italiana *ha raggiunto* il *riconoscimento* e l'autonomia sperati. Sposarsi e occuparsi della famiglia non è più per la donna italiana un *dovere,* ma *piuttosto* una questione di preferenza e di *scelta.*

waiting for

to reach / since
inborn

related
knitted dresses

as well as

in spite of
/ milieus
has attained /
recognition
duty / rather
choice

11

IN CUCINA

In una panetteria romana. « Il pane è già nel forno? »

IL GIORNO DELLA MADRE

Oggi è la festa della madre. Mentre la mamma si riposa ***in salotto,***   in the living room
Franco e suo padre sono occupati in cucina a preparare il pranzo.

Franco	Papà, hai guardato l'arrosto nel forno?
Padre	Sì, l'ho guardato mezz'ora fa.
Franco	Non hai dimenticato di mettere tutti gli ingredienti, vero?
Padre	Quali ingredienti?
Franco	Il sale, il pepe e l'aglio, no?
Padre	Ah, quelli? No, non ho dimenticato di metterli. Puoi stare tranquillo: tutto procede bene. E adesso che cosa devo fare?
Franco	La pentola per i tortellini è già sul fornello e la torta è pronta nel frigorifero. È ora di preparare la tavola. Sai dove la mamma ha messo la tovaglia bianca, quella con il *pizzo?*
Padre	In uno di questi cassetti.

    lace

(La madre entra in cucina.)

Madre	Hmmm! Cos'è questo buon odore?
Franco	È l'arrosto che abbiamo preparato per te. Eccolo! Bello, no?
Madre	Che bravi! ***Mi trattate*** come una ***regina***!

    you treat me / queen

DOMANDE SUL DIALOGO

1. Dove si trovano (sono) Franco e suo padre oggi? Perchè?   **2.** Che cosa hanno già preparato?
3. Dove sono l'arrosto e la torta?   **4.** Che ingredienti ha usato il padre per l'arrosto?   **5.** Che cosa
ha intenzione di mettere sulla tavola Franco?

STUDIO DI PAROLE

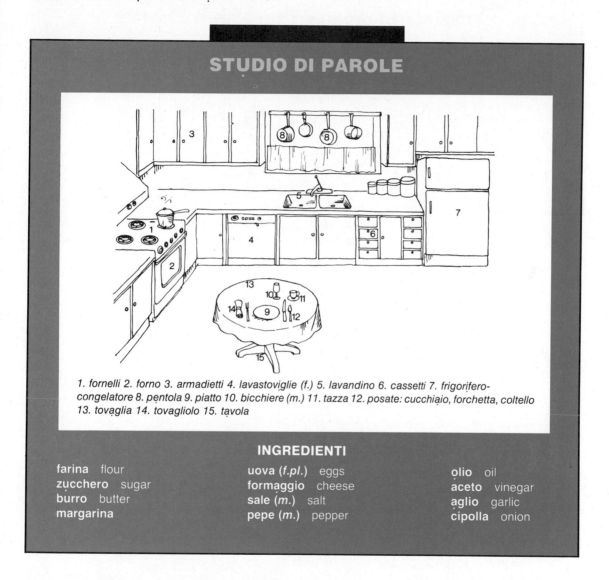

1. *fornelli* 2. *forno* 3. *armadietti* 4. *lavastoviglie (f.)* 5. *lavandino* 6. *cassetti* 7. *frigorifero-
congelatore* 8. *pentola* 9. *piatto* 10. *bicchiere (m.)* 11. *tazza* 12. *posate: cucchiaio, forchetta, coltello*
13. *tovaglia* 14. *tovagliolo* 15. *tavola*

INGREDIENTI

farina flour	**uova** (*f.pl.*) eggs	**olio** oil
zucchero sugar	**formaggio** cheese	**aceto** vinegar
burro butter	**sale** (*m.*) salt	**aglio** garlic
margarina	**pepe** (*m.*) pepper	**cipolla** onion

ESERCIZIO SU STUDIO DI PAROLE

1. In che cosa mettiamo a cuocere (*to cook*) gli spaghetti?   **2.** Se vogliamo cucinare un pollo arrosto,
dove lo mettiamo a cuocere?   **3.** Quali ingredienti sono necessari per preparare una torta?
4. Dove mettiamo il latte ed altri cibi per conservarli freschi?   **5.** Quali ingredienti usano gli
Italiani per condire (*to dress*) l'insalata?   **6.** Che cosa mettiamo sulla tavola per un pranzo elegante?   **7.** Dove mettiamo i piatti e le posate a lavare?

PUNTI GRAMMATICALI

I. Direct object pronouns (pronomi diretti)

— *Liliana, **ti** invito a cena.*
— *Inviti anche Maria e Teresa?*
— *Sì, **le** invito.*
— *Fai gli spaghetti?*
— *Sì, **li** faccio.*

1. Lucia invita le sue amiche a cena?   **2.** Prepara gli spaghetti?

---

1. The direct object of a verb is a noun expressing the person or thing *directly* affected by the verb. It answers the question *whom?* or *what?*

Lucia invita Liliana.	*Whom does she invite? Liliana.*
Lucia prepara il pranzo.	*What does she prepare? Dinner.*

A direct object pronoun replaces the direct object noun. Whereas in English the direct object pronoun follows the verb, in Italian it directly *precedes* it.

Lucia prepara il pranzo.	*Lucia prepares dinner.*
Lucia lo prepara.	*Lucia prepares it.*

Here are the forms of the direct object pronouns:

Singular		Plural	
mi (m')	*me*	ci	*us*
ti (t')	*you (familiar)*	vi	*you (familiar)*
lo (l')	*him, it*	li	*them (m.)*
la (l')	*her, it*	le	*them (f.)*
*La (L')	*you (formal, m. & f.)*	Li, Le	*you (formal; m., f.)*

---

*The formal pronoun **La** (**L'**) is both masculine and feminine, as in **arriverderLa**.*

The final vowel of a singular direct object pronoun may be dropped before a vowel or an **h**.

Apro il frigo. **L'**apro.	*I open the refrigerator. I open it.*
Tina compra la farina. Tina **la** compra.	*Tina buys the flour. Tina buys it.*
Leggo le lettere. **Le** leggo.	*I read the letters. I read them.*
Quando dai gli esami? **Li** do alla fine di questo trimestre.	*When are you taking the exams? I will take them at the end of this quarter.*

2. In negative sentences, **non** precedes the object pronoun.

Non ti vedo mai.	*I never see you.*
Non ci invitano spesso.	*They don't invite us often.*

3. Verbs such as **ascoltare** (*to listen to*), **guardare** (*to look at*), **cercare** (*to look for*), and **aspettare** (*to wait for*) take a direct object, whereas their English equivalents take an indirect object.

Cerchi la ricetta? Sì, **la** cerco.	*Are you looking for the recipe? Yes, I'm looking for it.*
Vi aspetto stasera alle otto.	*I will be waiting for you tonight at eight o'clock.*

E S E R C I Z I

A. *Substitute the italicized nouns with the correct direct object pronouns.*

1. Lavo *le tazze.* 2. Dove mettiamo *i tovaglioli?* 3. Non abbiamo *il denaro.* 4. Oggi cucino *i ravioli.* 5. Domani compro *i regali.* 6. Quando leggi *il giornale?* 7. Perchè non chiudi *i cassetti?* 8. Chiamo *il cameriere.* 9. Quando aspetti *le tue amiche?* 10. Stasera ascoltiamo *i dischi di Elvis Presley.* 11. La mamma serve *la cena.*

B. *One student will ask another student how he or she finds the following things. The student will then answer in the affirmative or in the negative, using object pronouns.*

ESEMPIO: la pizza (buona) *Come trovi la pizza?*
La trovo buona. or *Non la trovo buona.*

1. il vino Valpolicella (eccellente) 2. le ricette francesi (complicate) 3. la moda di quest'anno (elegante) 4. gli Italiani (simpatici) 5. le ragazze americane (belle) 6. lo studio dell'italiano (facile) 7. i professori dell'università (severi) 8. l'ultimo film di Dudley Moore (divertente)

II. *Indirect object pronouns* (pronomi indiretti)

— *Marcello dà i cioccolatini a Lucia?*
— *No, le dà i fiori.*

1. An indirect object pronoun replaces the person *to whom* the action is directed. It is used with verbs of *giving* (**dare, offrire, mandare, portare**) and with verbs of *oral* and *written* communication (**parlare, dire, domandare, rispondere, telefonare, scrivere, insegnare, spiegare**).

Here are the forms of the indirect object pronouns:

Singular		Plural	
mi (m')	*(to) me*	ci	*(to) us*
ti (t')	*(to) you (familiar)*	vi	*(to) you (familiar)*
gli	*(to) him*	loro *or* gli	*(to) them (m. & f.)*
le	*(to) her*		
*Le	*(to) you (formal, m. & f.)*	*Loro *or* Gli	*(to) you (formal, m. & f.)*

2. These pronouns have the same forms as the direct object pronouns except for the third person singular and plural (**gli, le, loro** *or* **gli**). As with direct object pronouns, they precede the verb except for **loro**, which follows the verb.

Mi dai un gettone?	*Will you give me a token?*
Chi **ti** telefona?	*Who is calling you?*
Non **gli** parlo.	*I am not speaking to him.*
Perchè non **ci** scrivete?	*Why don't you write to us?*
Le offro un caffè.	*I am offering you a cup of coffee.*
Domando **Loro** se è giusto.	*I am asking you if it is right.*

In contemporary Italian, the tendency is to replace **loro** with the plural **gli**.

Gli parlo. *or* Parlo **loro**.	*I am speaking to them.*

---

*The capital letter in **Le**, **Loro**, and **Gli** is optional and is used to avoid ambiguity.

E S E R C I Z I

A. *Replace the italicized words with the correct form of the indirect object pronoun.*

1. Scrivo *a mia cugina.* **2.** Perchè non telefoni *a tuo fratello?* **3.** Oggi parliamo *ai professori.*
4. Lucia spiega una ricetta *a Liliana.* **5.** Presto il libro di cucina *al mio ragazzo.* **6.** Il professore spiega i pronomi *agli studenti.*

B. *Make a statement according to the example below.*

> ESEMPIO: **Paolo (un piacere)**
> *Telefono a Paolo e gli chiedo un piacere.*

1. mia madre (dei soldi) **2.** mio padre (un consiglio) **3.** i miei nonni (la macchina) **4.** Maria (il numero di telefono di Lia) **5.** Paolo (l'indirizzo di Anna) **6.** i miei zii (notizie dei mei cugini)

C. *One student will ask a question and another will answer, according to the example below.*

> ESEMPIO: **rispondere** *Mi rispondi?*
> *Sì. ti rispondo. or No, non ti rispondo.*

1. ascoltare **2.** aspettare **3.** invitare a cena **4.** telefonare stasera **5.** dare l'indirizzo di Lucia
6. prestare il libro di italiano **7.** offrire un caffè dopo la classe

D. *Now, using the polite form, repeat the exercise above.*

> ESEMPIO: **rispondere** *Signor..., / Signorina..., mi risponde?*
> *Sì, Le rispondo. or No, non Le rispondo.*

E. *The questions below are being addressed by a parent to his or her children. Answer as if you were the children.*

1. Non vi consiglio sempre bene? **2.** Non vi do abbastanza soldi? **3.** Non vi porto sempre al ristorante? **4.** Non vi compro sempre cose nuove? **5.** Vi punisco mai? **6.** Vi dico mai di no?

III. Object pronouns with the **passato prossimo**

— *Terra! Terra!*
— **L'abbiamo trovata!**

1. When a verb is conjugated in the **passato prọssimo**, the object pronoun *precedes* the auxiliary verb.

L'ho visto.	*I saw him.*
Non **gli** ho parlato.	*I did not speak to him.*
Quando **mi** hai scritto?	*When did you write to me?*

2. The past participle must agree with the *direct* object pronouns **la, li,** and **le**. With the other direct object pronouns, the agreement is optional.

Hai mangiato i biscotti? Sì, **li** ho mangiati.	*Did you eat the cookies? Yes, I ate them.*
Hai messo le patate nel forno? Sì, **le** ho messe.	*Did you put the potatoes in the oven? Yes, I put them in.*
Maria, **ti** ho visto (*or* vista)!	*Maria, I saw you!*

3. The past participle *never* agrees with the indirect object pronoun.

Le ho parlato ieri.	*I spoke to her yesterday.*
Non **gli** hanno telefonato.	*They did not call him.*

E S E R C I Z I

Ask a student if he or she has done the following things today.

ESEMPIO: **Leggere il giornale**
Hai letto il giornale?
L'ho letto. or *Non l'ho letto.*

1. preparare il pranzo   2. mangiare gli spaghetti al pomodoro   3. bere l'aperitivo   4. ascoltare la rạdio   5. mẹttere le scarpe nere   6. guardare la TV   7. prẹndere l'ạutobus   8. vedere gli amici   9. lavare i piatti   10. telefonare all'amico   11. parlare alla professoressa   12. scrịvere ai parenti   13. usare la mạcchina

IV. *Object pronouns with the infinitive and* **ecco**

— *Mamma! Fido ha rubato le salsicce!*
— *Devi fermar**lo**!*

1. When a direct or indirect pronoun is the object of an infinitive, it is attached to the infinitive, which drops the final -e.

Non desidero vederla.	*I don't wish to see her.*
Preferisco scriverle.	*I prefer to write to her.*

NOTE: With the verbs **potere**, **volere**, **dovere**, and **sapere** the object pronoun may be placed before the conjugated verb or attached to the infinitive.

Ti posso parlare?
Posso parlarti? } *May I speak to you?*

2. A direct object pronoun is attached to the expression **ecco!**

Eccolo!	*Here he is!*
Eccomi!	*Here I am!*

═══════ E S E R C I Z I ═══════

A. Devo...? *A student will ask the questions, while another will answer in the affirmative or in the negative, using object pronouns.*

> ESEMPIO: **studiare l'italiano**
> *Devo studiare l'italiano?*
> *Sì, devi studiarlo.* or *No, non devi studiarlo.*

1. lavare i bicchieri   2. preparare la cena   3. prendere l'ombrello   4. comprare i biglietti per il teatro   5. sentire le notizie   6. chiamare la baby-sitter   7. telefonare alla mamma   8. aspettare la tua telefonata   9. offrire l'aperitivo agli ospiti

B. *Replace the italicized words with the correct object pronouns.*

1. Incomincio a capire *questa lingua.*   2. Abbiamo bisogno di parlare *a Tonino.*   3. Preferisco scrivere *a Luisa* domani.   4. Ho deciso di invitare *gli amici.*   5. Ho dimenticato di comprare *le uova.*   6. Ho intenzione di aiutare *mia sorella.*   7. Quest'anno non posso fare molti regali *ai miei amici.*   8. Desidero invitare *le mie amiche* a una festa.   9. Sapete parlare bene *lo spagnolo?*

C. Dov'è...? *One student will ask where the following objects or persons are. Another student will point them out and answer with ecco + the pronoun.*

> ESEMPIO: **la penna** *Dov'è la penna?*
> *Eccola!*

1. il pavimento   2. l'orologio   3. i quaderni   4. il libro di italiano   5. le pareti   6. la lavagna
7. gli studenti   8. il professore (la professoressa)

V. *Disjunctive (stressed) pronouns*

— *Ascolti **me** o guardi **lei?***

Disjunctive pronouns are personal pronouns that are used after a verb or a preposition. They are:

Singular		Plural	
me	*me*	noi	*us*
te	*you (familiar)*	voi	*you (familiar)*
lui	*him*		
lei	*her*	loro	*them*
Lei	*you (formal)*	Loro	*you (formal)*
sè	*himself, herself, itself, yourself*	sè	*themselves, yourselves*

As a direct or indirect object, a disjunctive pronoun is used after the verb for emphasis, for avoiding ambiguity, and when the verb has two or more objects.

Vedo te!	*I see you.*
Parlo a lui, non a lei.	*I'm speaking to him, not her.*
Ha scritto a Franco e a me.	*He wrote to Franco and me.*

It is also used as the object of a preposition.

Parto con loro.	*I'm leaving with them.*
L'invito è per te.	*The invitation is for you.*
Abita vicino a noi.	*He lives near us.*
Teresa impara da sè.	*Teresa is learning by herself.*
Siamo andati da lei.	*We went to her house.*

═══ E S E R C I Z I ═══

A. *Rewrite the statements, replacing the italicized nouns or pronouns with a stressed pronoun and making necessary adjustments.*

ESEMPIO: **Ti ho visto.** *Ho visto te.*

1. *Ci* hanno scritto. **2.** Abbiamo invitato *Luisa,* non Franco. **3.** Hanno portato dei dolci per *Lina,* non per *i bambini.* **4.** Perchè *mi* dici questo? Devi dirlo ai *tuoi genitori.* **5.** Se *ti* chiamo è perchè *ti* voglio parlare. **6.** Vieni a teatro con *Luisa* e con me?

B. *Answer using da + the disjunctive pronoun.*

ESEMPIO: **Vieni a casa mia? Sì, vengo da te.**

1. Andate a casa di Filippo? **2.** Cenate a casa di Maria? **3.** Arrivate alle otto a casa nostra? **4.** Passate dagli amici stasera?

LETTURA

UNA RICETTA SEMPLICE: *RISOTTO* ALLA MILANESE

rice

Domenica scorsa Liliana ha incontrato Marcello con una ragazza francese a casa di amici. Li ha invitati a cena per stasera. Per fare bella figura telefona a Lucia, esperta culinaria. Eccola ora che le parla.

— Lucia, devi aiutarmi. Ho bisogno di te. Ho deciso di servire, come secondo, bistecca alla fiorentina e insalata mista. Sono ricette semplici e le so fare. E per dessert ho comprato un *semifreddo Motta.* Puoi consigliarmi cosa fare come primo piatto?

a brand of Italian ice cream

— Puoi fare un risotto alla milanese. Puoi farlo con i funghi. In questa stagione li trovi freschi. Ti va bene il risotto?

— Se è facile, sì.

— È molto facile! Ti do la ricetta di mia madre. Perchè non la scrivi? Eccola:
Dosi per 4: 400 grammi di riso; 1 cipolla; 100 grammi di burro; *brodo;* 1 bicchiere di vino bianco secco; alcuni funghi; *1 pizzico di zafferano;* sale e pepe; parmigiano.

broth / a dash of saffron

   Triti la cipolla e la metti *a rosolare* nel burro, in padella. Aggiungi il riso e lo mescoli nel burro. Poi aggiungi al riso il vino bianco, lo zafferano, il sale, il pepe, i funghi tritati, e mescoli tutto.

(you) mince / to brown

Aggiungi il brodo a poco a poco, fino a quando il riso è cotto. Devi stare attenta perchè il riso deve essere al dente e non troppo *asciutto*. Lo servi subito in un piatto caldo, con sopra *fiocchi* di burro e parmigiano abbondante. Va bene?

dry / dabs

— Sì, mille grazie. È una ricetta semplice. La metto nel mio libro di cucina.

— Da quando hai un libro di cucina?

— Da oggi.

Che cosa devo preparare come primo piatto?

DOMANDE SULLA LETTURA

1. Dove ha incontrato Marcello e la sua amica, Liliana?   **2.** Perchè telefona a Lucia?   **3.** Quale secondo piatto desidera preparare?   **4.** Prepara lei il dessert?   **5.** Che cosa le consiglia Lucia? **6.** Perchè suggerisce di aggiungere i funghi?   **7.** Di chi è la ricetta del risotto alla milanese? **8.** Quali sono gli ingredienti necessari per preparare il risotto?   **9.** Deve essere molto cotto il riso? **10.** Che cosa deve aggiungere Liliana quando il riso è già cotto?   **11.** Dove vuole mettere questa ricetta Liliana?

DOMANDE PERSONALI

1. Sa cucinare Lei?   **2.** Conosce alcune buone ricette? Quali?   **3.** Come preferisce il cibo Lei: salato (con molto sale), pepato (con molto pepe) o insipido (con poco sapore)?   **4.** È vegetariano(a) Lei?   **5.** Preferisce la verdura fresca o la verdura surgelata Lei?   **6.** Se Lei vuole fare bella figura quando ha degli invitati, che cosa prepara per cena?   **7.** Lei serve il caffè durante o dopo il pasto? **8.** Preferisce servire un gelato o delle paste come dolce?

ATTIVITÀ

Domani è il compleanno del professore (della professoressa) d'italiano, e poichè (*since*) gli studenti di questa classe sono molto simpatici, decidono di organizzare una cena.   Due studenti descrivono come preparano la tavola; altri dicono che cibi portano a tavola — com'è la torta, quante candeline ha,— e uno studente descrive il regalo.

TRADUZIONE

1. Marc's parents intend to spend a few days in town, and Marc has invited them to dinner at his house.   2. Since (*poichè*) he does not know how to cook, he is worried.   3. He phoned his girlfriend and asked her to give him a good recipe.   4. She suggested preparing (*di preparare*) *spaghetti alla carbonara* for them and explained to him how to make it (*pl.*).   5. Marc thinks that it is an easy recipe.   6. At seven o'clock his parents arrive. Here they are!   7. Marc is very happy to (*di*) see them, but he does not want his mother in the kitchen.   8. Unfortunately, his girlfriend didn't tell him how much salt to use, and he has used it generously.   9. She also forgot to tell him how long (*per quanto tempo*) to cook the spaghetti.   10. Tonight Marc and his parents are eating scrambled eggs (*uova strapazzate*) and bacon (*pancetta*) with bread.

VOCABOLARIO

Nomi

il brodo *broth*	**il parmigiano** *Parmesan cheese*
la carota *carrot*	**le paste** (*pl.*) *pastries*
il cibo *food*	**il pomodoro** *tomato*
i cioccolatini *chocolate candies*	**la ricetta** *recipe*
la dose *amount*	**il riso** *rice*
il fungo (*pl.* **funghi**) *mushroom*	**le salsicce** *sausages*
il libro di cucina *cookbook*	**il supermercato** *supermarket*
il minestrone *vegetable soup*	**la terra** *earth, ground*
l'ospite (*m. & f.*) *guest*	**l'uovo** (*pl.* **le uova**) *egg*
la padella *frying pan*	

Aggettivi

diverso *different*	**secco** *dry*
misto *mixed*	**surgelato** *frozen*
necessario *necessary*	

Verbi

aggiungere (*p.p.* **aggiunto**) *to add*	**mescolare** *to mix*
consigliare *to advise*	**rubare** *to steal*
cuocere (*p.p.* **cotto**) *to cook*	**suggerire** (**-isc-**) *to suggest*
decidere (*p.p.* **deciso**) *to decide*	**usare** *to use*

Altre espressioni

al dente *firm, not overcooked (pasta)*	**fare bella figura** *to make a good impression*
a poco a poco *little by little*	**va bene?** *is it OK?*

PAGINA CULTURALE

LA CUCINA ITALIANA

La gastronomia italiana *vanta* una delle tradizioni più illustri d'Europa. Sono stati dei cuochi italiani che, nel Rinascimento, hanno insegnato ai Francesi l'arte culinaria. La cucina italiana si distingue soprattutto per la varietà dei suoi primi piatti, a base di pasta.

L'origine della pasta è situata forse in quei paesi dell'Asia Minore *in cui* sono nate le *civiltà* antiche. Dal mondo arabo la pasta deve essere entrata in Italia *attraverso* il Sud: in Sicilia i vermicelli — varietà degli spaghetti — si chiamano « trii », dal siriaco « itriya ». È certo che non è stato Marco Polo ad importare gli spaghetti in Italia, come molti credono: esistono sull'*argomento* documenti ben anteriori al viaggio in Oriente di questo famoso Italiano.

Oggi la pasta si è trasformata in una varietà infinita di forme e di preparazioni, *secondo* diverse culture e tradizioni locali. Può essere cucinata in brodo o asciutta, con salse elaborate o con condimenti elementari. Il burro è il condimento predominante del Nord,

| |
| boasts |
| where / civilizations |
| through |
| subject |
| according to |

La cucina italiana vanta una delle tradizione più illustri d'Europa.

Colline Toscane. Dove cresce l'ulivo, il condimento preferito è l'olio d'oliva.

ricco di latte di *mucca*. È usato con generosità nella gastronomia dell'Emilia-Romagna, forse la più opulenta d'Italia. La gente che abita nelle regioni dove cresce l'*ulivo,* preferisce l'olio d'oliva. L'olio è alla base della preparazione della pasta al pesto, tipica della Liguria.

Gli altri due grandi protagonisti della tavola italiana sono il riso e la *polenta.* Gli Spagnoli *introdussero* il primo in Italia molti secoli fa. Coltivato prima per ragioni medicinali, il riso ha trovato nella *pianura padana* la sua zona di *sviluppo.* È consumato specialmente qui, ed è l'ingrediente di base di diverse ricette di risotto.

L'ingrediente principale della polenta è il mais, che è arrivato dall'America — come le patate e i pomodori. Si è stabilito nel Veneto con il nome di « granoturco », perchè i Veneziani chiamavano « turco » *tutto quello che veniva* da lontano. La polenta di farina di granoturco ha sostituito per secoli il pane sulla tavola dei *contadini* e dei *montanari* del Nord.

cow	
olive tree	
corn mush / introduced	
Po valley / development	
everything that came	
farmers	
mountain people	

LA POLITICA

Per quale partito voti?

TEMPO DI ELEZIONI

Renata e il fratello Gigi parlano delle elezioni.

Renata	Gigi, hai deciso per quale partito votare?	
Gigi	Non ancora.	
Renata	Ma non hai ascoltato i discorsi di alcuni candidati?	
Gigi	Sì, ma tutti promettono le stesse cose. *Avevo deciso* di votare per il Partito Democristiano, poi ho ascoltato il discorso del senatore T. e *quello che diceva mi sembrava giusto...*	I had decided — what he was saying seemed right to me
Renata	Io sono sempre per il Partito Socialista. Secondo me è l'ideologia di un partito che conta, non il candidato.	
Gigi	Sì, ma questa è la prima volta che io voto, e non *ne* so abbastanza.	about it
Renata	Hai ragione. *Si deve* leggere molto e ascoltare molto per crearsi un'opinione politica.	one must

DOMANDE SUL DIALOGO

1. Perchè tutti i discorsi politici sembrano uguali a Gigi?   2. Gigi aveva deciso di votare per il Partito Democristiano, poi ha cambiato idea. Perchè?   3. Secondo Renata che cosa è importante? 4. Perchè Gigi non sa molto sulla politica?   5. Che cosa si deve fare per crearsi un'opinione politica?

STUDIO DI PAROLE

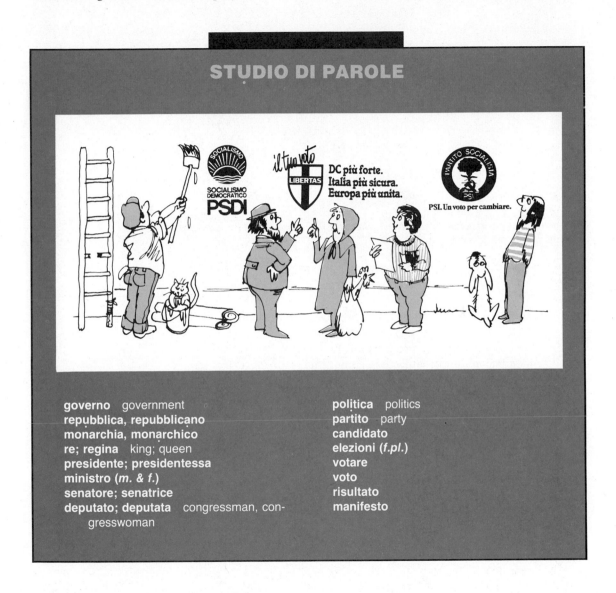

governo government	**politica** politics
repubblica, repubblicano	**partito** party
monarchia, monarchico	**candidato**
re; regina king; queen	**elezioni** (*f.pl.*)
presidente; presidentessa	**votare**
ministro (*m. & f.*)	**voto**
senatore; senatrice	**risultato**
deputato; deputata congressman, congresswoman	**manifesto**

ESERCIZIO SU STUDIO DI PAROLE

1. Che cosa facciamo il giorno delle elezioni?   2. Per chi votiamo?   3. C'è una repubblica in Inghilterra?   4. Chi è il capo del governo negli Stati Uniti?   5. Chi era Vittorio Emanuele III? 6. Che cos'è il PCI? E il PSDI? E la DC?   7. Che cosa c'è sui muri di una città durante una campagna elettorale?

PUNTI GRAMMATICALI

I. The **imperfetto** (imperfect tense)

*C'**era** una volta un burattino di legno che **si chiamava** Pinocchio. **Aveva** il naso molto lungo perchè **diceva** molte bugie...*

1. Chi era Pinocchio?   **2.** Che naso aveva?   **3.** Perchè era così lungo?

---

1. The **imperfetto** (from the Latin *imperfectum*) means imperfect; that is, incomplete. It is used to express an action that took place in the past and that cannot be framed within a precise time limit. It derives from the infinitive and has identical endings for all three conjugations.

parlare ⟶ **parla-vo** = *I was speaking, I used to speak, I spoke*

parlare	ricevere	dormire
parlavo	ricevevo	dormivo
parlavi	ricevevi	dormivi
parlava	riceveva	dormiva
parlavamo	ricevevamo	dormivamo
parlavate	ricevevate	dormivate
parlavano	ricevevano	dormivano

2. The following verbs are irregular in the imperfect tense:

essere: **ero, eri, era, eravamo, eravate, erano**
fare: **facevo, facevi, faceva, facevamo, facevate, facevano**
bere: **bevevo, bevevi, beveva, bevevamo, bevevate, bevevano**
dire: **dicevo, dicevi, diceva, dicevamo, dicevate, dicevano**

3. The imperfect tense is used to describe:

a. Environment, time, weather; physical and mental states; and age in the past.

Il salone **era** pieno di gente.	*The hall was crowded with people.*
Ẹrano le sette di sera.	*It was 7:00 P.M.*
Fuori **faceva** freddo e **pioveva**.	*Outside it was cold, and it was raining.*
La gente **aveva** fame.	*People were hungry.*
Antọnio **era** preoccupato. Non **voleva** fare il discorso.	*Antonio was worried. He did not want to give a speech.*
Nel 1976 **avevo** dieci anni.	*In 1976 I was ten years old.*

b. Habitual actions.

Da bambino **andava** spesso al teatro dei burattini.	*As a child he often used to go to the marionette theater.*
Leggeva fạvole tutte le sere.	*He read (used to read) fables every night.*

c. An action in progress while another action was taking place or was completed.

Mentre **parlava** il pụbblico **sbadigliava**.	*While he was speaking, the audience was yawning.*
Lui **finiva** il discorso quando Marcello è entrato.	*He was finishing his speech when Marcello walked in.*

d. An action that started at some point in the past (at a given or implied time) and was still in progress when another action was completed. In this case, the **imperfetto** corresponds to the English past perfect tense (**parlavo** = I had been speaking) and is related to the questions **Da quanto tempo?** and **Da quando?**

Da quanto tempo parlava?	*How long had he been speaking?*
Parlava da trenta minuti quando l'amico è arrivato.	*He had been speaking for thirty minutes when his friend arrived.*

━━━━━ E S E R C I Z I ━━━━━

A. *Give the imperfect form of the following verbs, according to the subject in parentheses.*

1. (io) mangiare; finire; scrịvere; ballare; vedere
2. (noi) alzarsi; salutare; partire; cọrrere; arrivare
3. (loro) volere; stare; lavarsi; sentire; mẹttersi
4. (Lei) salire; discẹndere; sedersi; riposare
5. (voi) visitare; vedere; raccontare; dovere; dormire
6. (tu) fare; ẹssere; dire; avere; bere; vestirsi
7. (i ragazzi) svegliarsi; venire; fare; dire; bere; ẹssere

B. Oggi *versus* **Allora** *(then). Two people are talking: one is saying what happens today; the other remarks that the same things used to go on in the past.*

> ESEMPIO: (oggi) **I ragazzi sono liberi.**
> *Anche allora i ragazzi erano liberi.*

1. I giovani vogliono cambiare le cose.   2. Le madri lavorano fuori casa.   3. I mariti aiutano in casa.   4. Le donne s'interessano di politica.   5. I padri ripetono le stesse cose.

> ESEMPIO: (oggi) **I ragazzi non ubbidiscono.**
> *Neanche allora* (not even then) *i ragazzi ubbidivano.*

1. Gli studi non sono facili.   2. I treni non arrivano in orario.   3. I giornali non dicono la verità.
4. I discorsi politici non divertono il pubblico.

C. *Rewrite the reading in Chapter 3, "Due buoni amici," in the past tense.*

D. *Replace the infinitive in parentheses with the correct form of the imperfect tense.*

1. Mentre il deputato (parlare) _____, alcune persone (ascoltare) _____ e altre (ridere) _____ .

2. Tutte le mattine, quando (essere) _____ le sette, marito e moglie (baciarsi, salutarsi e partire) _____, _____ e _____ .

3. Quando Mussolini (essere) _____ primo ministro, l'Italia (avere) _____ un re, Vittorio Emanuele III.

4. Tutte le sere il giovanotto (lavorare) _____ come barista perché (dovere) _____ pagarsi gli studi.

5. Quando noi (essere) _____ bambini, noi (andare) _____ al cinema tutte le settimane.

6. Io (conoscere) _____ una ragazza che (volere) _____ diventare deputata del Partito Socialista.

7. I miei nonni (dire) _____ sempre che ai loro tempi i figli (seguire) _____ i consigli dei genitori.

8. Mentre la mamma (raccontare) _____ la favola di Cappuccetto Rosso, i bambini (sbadigliare) _____ perchè (avere) _____ sonno.

E. Da quanto tempo? *Rewrite the sentences, telling for how long you had not done the following activities.*

> ESEMPIO: **Oggi sono andata al ristorante.** (tre mesi)
> *Non andavo al ristorante da tre mesi.*

1. La settimana scorsa ho parlato di politica. (molto tempo)
2. Venerdì sera sono andata al cinema. (alcuni mesi)
3. Sabato ho pulito la mia stanza. (due settimane)
4. Domenica ho votato. (cinque anni)
5. Ieri ho visto lo zio Annibale. (diversi mesi)
6. La notte scorsa ho dormito bene. (molti giorni)
7. Oggi ho bevuto latte. (qualche tempo)

II. *The* **passato prossimo** *versus the* **imperfetto**

— *Hai sentito le previsioni del tempo?*
— *Sì, dicevano « sereno su tutta l'Italia ».*

Both the **passato prossimo** and the **imperfetto** present events and facts that took place in the past. However, they are not interchangeable.

a. If a past action took place only *once,* was repeated a *specific* number of times, or was performed within a *definite* time period, the **passato prossimo** is used.

b. If a past action was *habitual,* was repeated an *unspecified* number of times, or was performed in an *indefinite* time period (with no beginning or end indicated), the **imperfetto** is used. It is also used to *describe* all *circumstances* surrounding a past action or event (time, weather, physical appearance, age, feelings, attitudes, etc.).

The sentence below illustrates graphically the time relationship between these two tenses:

Quando sono entrato,

Antonio parlava.

The **passato prossimo** is represented by the dot (•), which symbolizes the *specific point in time* the action (**sono entrato**) occurred. The **imperfetto** is represented by an uninterrupted line (——→), which symbolizes the *indefinite duration in time* of the action (**parlava**), that is, of what was going on.

The following sets of sentences illustrate further the contrast between these two tenses. (Dots and lines are used as a helping device.)

Ieri sera ho ascoltato la radio. (•, *one occurrence*)	*Last night I listened to the radio.*
Tutte le sere ascoltavo la radio. (——→, *habitual*)	*Every evening I would (= used to) listen to the radio.*

La settimana scorsa Gianni mi **ha telefonato** tre volte. (• • •, *specific number of repetitions*)	*Last week Gianni phoned me three times.*
Prima mi **telefonava** molto spesso. (⟶, *unspecified number of repetitions*)	*Before, he used to phone me very often.*
L'estate scorsa **ho fatto** del tennis tutti i giorni. (•, *definite time period:* **l'estate scorsa**)	*Last summer I played tennis every day.*
Quando **ero** giovane, **facevo** del tennis tutti i giorni. (⟹, *indefinite time period:* **quando ero giovane**)	*When I was young, I would (= used to) play tennis every day.*
Gina **ha preso** l'impermeabile ed **è uscita**. (• •, *two successive single occurrences*)	*Gina took the raincoat and went out.*
Gina **ha preso** l'impermeabile perchè **pioveva**. (⟶, *one occurrence; one factual description with length of time unspecified*)	*Gina took the raincoat because it was raining.*

E S E R C I Z I

A. Una discussione di politica. *You witnessed a brawl and are now telling a friend about it. Put all the sentences in the past, choosing between the **passato prossimo** and the **imperfetto**.*

1. È il primo giugno.   2. Sono le otto di sera.   3. Piove.   4. Entro al Caffè Repubblica.
5. Ordino un espresso.   6. Un giovane s'avvicina al bar.   7. Ha circa vent'anni.   8. Porta un vecchio impermeabile.   9. Incomincia a parlare male del governo.   10. Un cliente s'arrabbia.
11. I due litigano.   12. Il giovane colpisce l'uomo.   13. La confusione è grande.   14. Un cameriere telefona alla polizia.

B. *Replace each infinitive in parentheses with the correct form of the **imperfetto** or **passato prossimo**, according to the meaning.*

1. Questo pomeriggio io (vedere) _____ molte persone: (essere) _____ ferme sul marciapiede e (leggere) _____ dei manifesti.   2. Quando Graziella (uscire) _____ stamattina, il marito (dormire) _____ ancora.   3. Ieri Luisa (andare) _____ in campagna: (fare) _____ bello.
4. Quando noi (svegliarsi) _____ , (essere) _____ le sei.   5. Oggi Paolo (incontrare) _____ la sua ragazza: lei (portare) _____ un vestito rosso.   6. L'Italia (diventare) _____ una repubblica perchè gli Italiani (essere) _____ scontenti della monarchia.   7. Lo scrittore italiano Carlo Collodi (scrivere) _____ *Pinocchio* perchè (avere) _____ bisogno di soldi.   8. Ieri noi (camminare) _____ lungo la strada, quando (vedere) _____ un incidente automobilistico.   9. La ragazza americana (restare) _____ a Perugia tre mesi perchè (desiderare) _____ imparare l'italiano.

III. *The* passato prossimo *versus the* imperfetto *with certain verbs*

— **Ho dovuto** lavorare, anche se non **stavo** bene.

Certain verbs such as **dovere**, **potere**, **sapere**, **volere**, and **conoscere** acquire a different meaning depending on whether they are used in the **imperfetto** or in the **passato prossimo**, the first stressing the state, the second the action.

Doveva lavorare, ma non stava bene.	*He was supposed to work, but he was not well.*
Ha dovuto lavorare anche se non stava bene.	*He had to work even if he was not well.*
Potevo uscire, ma non ne avevo voglia.	*I could go out, but I did not feel like it.*
Ho potuto finire il lavoro in un'ora.	*I was able to finish the job in one hour.*
Sapevamo che le elezioni erano in giugno.	*We knew the elections were in June.*
Abbiamo saputo che i democristiani hanno vinto.	*We found out that the Christian Democrats won.*
Voleva divertirsi, ma non aveva soldi.	*He wanted to have fun, but he did not have any money.*
Ha voluto comprare una casa in Riviera.	*He wanted to buy a house on the Riviera (and he did).*
Conoscevo il senator Fabbri.	*I knew Senator Fabbri.*
Ieri **ho conosciuto** suo padre.	*Yesterday I met his father (for the first time).*

■■■ E S E R C I Z I ■■■

Replace each infinitive in parentheses with the correct form of the passato prossimo *or* imperfetto.

1. La bambina (volere) _____ giocare, ma la mamma le ha detto di studiare.   **2.** Il deputato è ritornato contento: (potere) _____ visitare il Giappone.   **3.** Due giorni fa noi (conoscere) _____ il candidato del Partito Socialista.   **4.** (Sapere) _____ Lei che l'Italia è diventata una repubblica nel 1945?   **5.** Domenica scorsa i signori Tranquilli (dovere) _____ partire, ma pioveva e sono restati a casa.   **6.** Ieri io (sapere) _____ che Marcello non lavora più in banca.   **7.** Sono ritornata a casa tardi perchè (dovere) _____ prendere un libro in biblioteca.

IV. *The* **trapassato prọssimo** *(past perfect tense)*

— *Te l'***avevo detto** *che il tuo
piano non era perfetto!*

The **trapassato prọssimo** expresses an action that took place prior to an action
in the past. It is a compound tense formed with the *imperfect tense* of the auxiliary
(**avere** or **ẹssere**) + *the past participle* of the main verb.

avevo ascoltato = *I had listened*

It is conjugated as follows:

parlare	partire	alzarsi
avevo avevi aveva avevamo avevate avẹvano } parlato	ero eri } partito(a) era eravamo eravate } partiti(e) ẹrano	mi ero ti eri } alzato(a) si era ci eravamo vi eravate } alzati(e) si ẹrano

Non aveva fame perchè **aveva** già **mangiato.** | *She wasn't hungry because she had already
eaten.*

Non siamo andati a San Remo perchè
c'**eravamo** già **stati** l'anno scorso. | *We didn't go to San Remo because we had
already been there last year.*

━━━ E S E R C I Z I ━━━

A. **L'anno prima.** *Say what the following people did the year before last, using the* **trapassato
prọssimo.**

ESEMPIO: **Mia sorella ha lavorato a Roma. (a Milano)**
L'anno prima aveva lavorato a Milano.

1. Il primo ministro è andato a Roma. (a Mosca)   **2.** Noi abbiamo passato il Natale a casa. (in montagna)   **3.** Voi avete viaggiato in aereo. (in treno)   **4.** Il gruppo è salito sul Monte Bianco. (sul Cervino)   **5.** I due amici hanno seguito un corso di politica estera. (di storia)   **6.** Il deputato ha venduto la macchina. (la casa)

B. *Complete the following sentences, using the trapassato prossimo.*

      ESEMPIO: **Non ha mangiato perchè...** *aveva già mangiato.*

1. Non ha dormito perchè...   **2.** Non abbiamo votato perchè...   **3.** Non mi sono lavato perchè... **4.** Non mi ha risposto perchè...   **5.** Non siamo stati a Roma perchè...   **6.** Non gli abbiamo telefonato perchè...   **7.** Non hanno fatto colazione perchè...

V. *The impersonal* si + *verb*

PER ME SI VA NELLA CITTÀ DOLENTE,
PER ME SI VA NELL'ETERNO DOLOR,
PER ME SI VA TRA LA PERDUTA GENTE.

Dante. **Divina Commedia,**
Inferno III*

The impersonal **si** + *verb* in the third personal singular is used:

---

1. In general statements, corresponding to the English words *one, you, we, they,* and *people* + verb.

Come **si dice** « ... » ?	*How do you say "..." ?*
Se **si studia,** s'impara.	*If one studies, one learns.*

**At the beginning of his mystic journey, Dante comes to the gate of Hell and reads the following solemn inscription: "Through me one goes to the grieving city, through me one goes to the eternal sorrow, through me one goes among the lost souls."*

2. In conversational style, meaning **noi**.

Che **si fa** stasera?	*What are we doing tonight?*

3. As the equivalent of the passive construction. The verb is in the singular or plural form depending on whether the noun that follows is singular or plural.

In Francia **si parla** francese.	*In France, French is spoken.*
In Svizzera, **si parlano** diverse lingue.	*In Switzerland, several languages are spoken.*

E S E R C I Z I

Answer the following questions using the impersonal si + verb.

ESEMPIO: **Che cosa si fa al cinema?** *Si guarda un film.*

1. A un concerto?   2. In cucina?   3. In biblioteca?   4. In banca?   5. A una discoteca?   6. A una scrivania?   7. Al ristorante?   8. All'università?   9. Al supermercato?   10. In un negozio di abbigliamento?   11. Durante le elezioni?

UN POEMA DIALETTALE

ER COMPAGNO SCOMPAGNO	**IL CATTIVO *COMPAGNO***	
		comrade
Un Gatto, che faceva er socialista	Un Gatto, che *faceva* il socialista	pretended to be
Solo a lo scopo d'arivà' in un posto,	*solo allo scopo* d'arrivare a un *posto,*	just in order to position
Se stava lavoranno un pollo arosto	*si lavorava* un pollo arrosto nella cucina d'un capitalista.	was eating
Ne la cucina d'un capitalista.		
Quanno da un finestrino su per aria	Quando *da un finestrino su per aria*	at a small narrow window from above
S'affacciò un antro Gatto: — Amico mio,	*s'affaccia* un altro Gatto: — Amico mio,	appears

Pensa — je disse — che ce so' pur'io
Ch'appartengo a la classe proletaria!

Io che conosco bene l'idee tue
So' certo che quer pollo che te magni,
Se vengo giù, sarà diviso in due:
Mezzo a te mezzo a me... Semo compagni!

— No, no: — rispose er Gatto senza core —
Io nun divido gnente co' nessuno:
Fo er socialista quanno sto a diggiuno,
Ma quanno magno so' conservatore!

— gli dice — pensa che sono qui anch'io
e che *appartengo* alla classe proletaria.

Io che conosco bene le idee tue
sono certo che quel pollo che tu mangi,
se vengo giù, *sarà diviso* in due:
mezzo a te, mezzo a me... Siamo compagni!...

— No, no: — risponde il Gatto *senza cuore* —
Io *non* divido *niente* con *nessuno:*
faccio il socialista quando *sto a digiuno,*
ma quando mangio sono conservatore!

I belong

will be divided

heartless
nothing
nobody
I am starving

Satira in dialetto romano del poeta Trilussa, 1871–1950

LETTURA

LA CAMPAGNA ELETTORALE

Dal diario di Antonio:

21 maggio 19..

Questa mattina camminavo lungo la strada. Ero ancora mezzo addormentato perchè ero andato a letto alle due di notte. Quando sono arrivato all'angolo di via Dante, ho visto un gruppo di persone. Erano ferme sul marciapiede e guardavano dei manifesti elettorali. Ho voluto fermarmi anch'io. Un giovanotto biondo lavorava su una *scala* e *attaccava un cartellone*. Avevo dimenticato che le elezioni erano vicine.

ladder / was posting a
poster

Una signora faceva dei commenti: « È questa la democrazia italiana? Mille partiti *che promettono mari e monti?* Poi, si vede il risultato: tutti vogliono arrivare a Roma per mangiare... »   *that promise the moon*

Un signore anziano vicino a me ha riso sarcasticamente e ha detto: « Abbiamo bisogno di una monarchia in Italia. Quand'ero giovane, i tempi erano diversi ». Il vecchio signore aveva una piccola barba bianca e una *cravatta* nera a *farfalla.* Ma che cosa pensava *il matusa?* Che siamo ancora ai tempi di Vittorio Emanuele III? *Roba da matti!*   *bow tie / the old fool* / *unbelievable!*

Ho incominciato a leggere il manifesto del Partito Socialista. Improvvisamente da una macchina che passava veloce è arrivata una pioggia di uova. Un uovo ha colpito il giovane che era sulla scala. *Il poveretto* è caduto. Un altro uovo è arrivato sulla mia giacca. Vandali! Aveva ragione il manifesto socialista: « L'Italia ha bisogno di cambiare ».   *the poor fellow*

Mentre aiutavo il giovanotto, abbiamo incominciato a parlare. Ho saputo che era americano e che lavorava per pagarsi un anno di studi in Italia. Mi ha detto anche che di sera lavorava come barista in centro. Devo leggere *di più* sulla democrazia americana.   *more*

DOMANDE SULLA LETTURA

1. Che cosa faceva Antonio quando ha visto un gruppo di persone?   2. Perchè queste persone erano ferme sul marciapiede?   3. In che mese si vota in Italia?   4. La donna che (*who*) faceva commenti era contenta o scontenta? Perchè?   5. Era repubblicano il signore che portava una cravatta nera?   6. Da dove sono venute le uova?   7. Che cosa faceva il giovanotto americano? 8. Perchè si trovava in Italia?   9. L'incontro con il giovanotto che cosa ha suggerito ad Antonio? 10. In che data Antonio ha scritto questa pagina del suo diario?

DOMANDE PERSONALI

1. Che tempo faceva ieri?   2. Dov'era Lei ieri sera?   3. Che cosa faceva Lei ieri a mezzogiorno? 4. Dove abitava Lei quando era bambino(a)?   5. Come si divertiva allora?   6. I Suoi genitori La portavano spesso a vedere i film di Walt Disney?   7. Quanti anni aveva quando ha visto Disneyland per la prima volta?   8. Sua madre Le raccontava delle favole?   9. Quale favola preferiva? 10. Conosceva Lei la favola di Pinocchio? Chi era Pinocchio?   11. Che cosa voleva diventare Lei quando era bambino(a)?   12. Chi era il presidente degli Stati Uniti quando Lei aveva quindici anni?   13. Chi era presidente quando Lei ha votato per la prima volta?

ATTIVITÀ

Un dibattito elettorale.   È tempo di elezioni e la classe d'italiano è divisa in due gruppi, uno in favore del Partito Democratico, l'altro in favore del Partito Repubblicano.   Quale, secondo voi, è il punto di vista dell'uno e dell'altro partito su problemi come l'inflazione, l'energia nucleare, il movimento femminista, l'educazione, i rapporti con gli altri paesi?   Qualche studente commenta sul passato (com'erano le cose sotto il governo di...).

TRADUZIONE

1. I am reading from the diary of a young cynic (*cinico*).   2. "The other day my friends and I were listening to a political speech.   3. The candidate who (*che*) was giving (*fare*) the speech was a Christian Democrat; he was about fifty and was wearing a gray suit and glasses.   4. He was saying that Italy needed to change and that we had to vote for his party.   5. I had heard these same lies last week from a Communist candidate.   6. At one time (*una volta*), I used to listen to these speeches.   7. Some people were yawning.   8. Suddenly, we heard the voice of a young man. 9. He was asking sarcastically to the candidate if his speeches were always so interesting. 10. Everybody (*tutti*) laughed.   11. When we went out, it was raining.   12. We all went to the Caffè Sport."

VOCABOLARIO

Nomi

l'angolo	corner	la gente	people
la barba	beard	il gruppo	group
la bugia	lie	il legno	wood
il burattino	puppet	il marciapiede	sidewalk
la confusione	confusion	la pioggia	rain
la democrazia	democracy	la previsione	forecast
il diario	diary	il pubblico	public audience
il discorso	speech	la riunione	meeting
il fascismo	fascism	il salone	hall
la favola	fable	la voce	voice

Aggettivi

addormentato	asleep	fermo	still, stopped
anziano	elderly	politico	political
comunista	Communist	scontento	unhappy
coperto	covered	socialista	socialist
democratico	Democratic	vicino	near
democristiano	Christian Democrat		

Verbi

avere voglia di	to feel like	governare	to rule
avvicinarsi	to go near, to approach	interessarsi di	to be interested in
ballare	to dance	raccontare	to tell
cambiare	to change	sbadigliare	to yawn
colpire (-isc-)	to hit	vincere (*p.p.* vinto)	to win

Altre espressioni

allora	then	lungo	along
anche se	even if	mezzo	half
circa	about, approximately	neanche	not even
da bambino	as a child	sarcasticamente	sarcastically
improvvisamente	suddenly	una volta	once upon a time

PAGINA CULTURALE

LA REPUBBLICA ITALIANA

L'Italia è un paese che *vanta* una storia e una civiltà antiche. Come nazione, però, ha poco più di un secolo.

    boasts

Fino alla prima metà del secolo XIX, la penisola italiana era divisa in diversi stati: in Piemonte regnava la casa di Savoia; parte dell'Italia centrale era dominata dall'autorità papale; gli altri Stati erano controllati direttamente o indirettamente dall'Impero austriaco. La nazione italiana è nata in quel secolo, dal movimento di unificazione politica chiamato il Risorgimento. Nel 1860 l'unità d'Italia era finalmente una realtà, e il nuovo Stato cominciava la sua vita sotto il re Vittorio Emanuele II di Savoia.

La rivoluzione fascista del 1922 ha accettato la presenza del re, *il quale* rappresentava la continuità storica del paese. Ma la fine della seconda guerra mondiale ha visto anche la fine del fascismo e della monarchia. Infatti, il 2 giugno 1946 gli Italiani si sono presentati alle *urne* per eleggere l'Assemblea Costituente e *per scegliere* la forma del nuovo governo. Erano le prime elezioni libere in *oltre* vent'anni; la maggioranza del popolo italiano ha scelto la repubblica.

    who

    polls / to choose

    more than

Solenne cerimonia in Campidoglio.

Orvieto. Giovani soldati giurano fedeltà alla Costituzione Italiana.

Oggi l'Italia è una repubblica parlamentare. Il Parlamento è costituito dalla *Camera dei Deputati e da quella dei Senatori*. A differenza degli Inglesi e degli Americani *che* vanno alle urne per scegliere il loro governo, gli Italiani *ci vanno* per eleggere i deputati (630) ed i senatori (315). Questi *restano in carica* cinque anni ed hanno il potere di fare le *leggi* e di eleggere il Presidente. Il Presidente è il capo dello Stato e dura in carica sette anni. Il capo del governo è il Primo Ministro, che è nominato dal Presidente e che ha l'autorità di scegliere i suoi collaboratori, cioè i membri del Consiglio dei Ministri. Ogni governo deve ottenere il consenso delle due Camere.

the House of Representatives and that of the Senate / who
go there
are appointed for
laws

Invece di due partiti principali, come negli Stati Uniti o in Inghilterra, diversi partiti siedono nelle due Camere. I più importanti sono la Democrazia Cristiana (DC), il Partito Comunista (PCI), il Partito Socialista (PSI) e il Partito Liberale (PLI). La Democrazia Cristiana ha dominato la scena politica *fino al* 1983, ma per governare ha dovuto cercare la coalizione di altri partiti, *non avendo* la maggioranza assoluta. Questa è una delle cause dell'instabilità della politica italiana.

instead of

to this date
not having

Per ragioni amministrative, la Repubblica Italiana è divisa in 20 regioni, in 95 province e in circa 8.000 comuni.

13

LA CASA

Roma. Nuovi appartamenti alla periferia.

QUANDO SI TRASLOCA

when one moves

Lisa e Claudio, suo marito, hanno appena traslocato in un nuovo appartamento ed ora *stanno disponendo* i mobili del *soggiorno*.

they are arranging / living room

Claudio	Allora, *ti piace* il divano qui, davanti alla finestra?

do you like

Lisa	No, stava *meglio* dov'era prima, contro la parete.

better

Claudio	Te l'avevo detto anch'io! Questa è la terza volta che *lo sposto*. Hai pensato alla mia *schiena*?

I move it
back

Lisa	Ci penso, ci penso! Ma devo pensare anche all'estetica della stanza.

Claudio	E la poltrona verde, dove la mettiamo? La vuoi vicino al caminetto o vicino al divano?

Lisa	Quell'orribile poltrona? Quand'è che *ce ne liberiamo* e che ne compriamo una nuova?

we get rid of it

Claudio	Ah, no! Dimentichi che me l'ha regalata mia zia Lina?

Lisa	E come posso dimenticarlo? Me lo ricordo ogni volta che la guardo!

Claudio	Lisa, perchè non facciamo la pace? Se tu mi prometti di non parlare male della poltrona, io ti prometto di non parlare male del tappeto marrone *che* ti hanno regalato i tuoi genitori.

that

DOMANDE SUL DIALOGO

1. Lisa e Claudio hanno traslocato in una grande casa?   2. In che stanza si trovano ora?   3. Che mobile stava meglio contro la parete?   4. Dove vuole mettere la poltrona verde Claudio?   5. Chi ha regalato il tappeto marrone a Lisa?

STUDIO DI PAROLE

I MOBILI (FURNITURE)

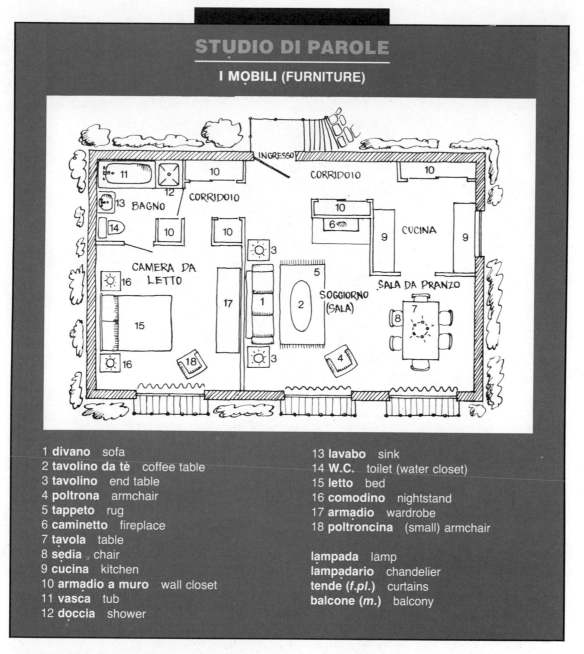

1 **divano** sofa	13 **lavabo** sink
2 **tavolino da tè** coffee table	14 **W.C.** toilet (water closet)
3 **tavolino** end table	15 **letto** bed
4 **poltrona** armchair	16 **comodino** nightstand
5 **tappeto** rug	17 **armadio** wardrobe
6 **caminetto** fireplace	18 **poltroncina** (small) armchair
7 **tavola** table	
8 **sedia** chair	**lampada** lamp
9 **cucina** kitchen	**lampadario** chandelier
10 **armadio a muro** wall closet	**tende (f.pl.)** curtains
11 **vasca** tub	**balcone (m.)** balcony
12 **doccia** shower	

ESERCIZIO SU STUDIO DI PAROLE

1. Dove preferisce sedersi Lei quando guarda la TV?   2. In quale mobile della camera da letto si mettono i vestiti?   3. Dove ci laviamo?   4. Quando si invitano persone importanti, dove si mangia? 5. Cosa c'è sul pavimento del Suo soggiorno?   6. Se entra troppo sole, cosa chiude Lei?   7. La porta del Suo appartamento dà (*opens*) direttamente sul soggiorno?   8. Ha un caminetto Lei nel Suo soggiorno?

PUNTI GRAMMATICALI

I. Ne

Antonio fa la spesa.
— *Quante pere desidera?*
— **Ne** *desidero un chilo.*
— *Desidera uva, mele, fragole?*
— *No, non* **ne** *ho bisogno.*

1. Desidera molti chili di pere Antonio?   **2.** Desidera altra frutta?

---

1. Ne is an invariable pronoun that has several meanings: *some (of it, of them);
any (of it, of them); about it, about them; of it, of them.* **Ne** can be used to replace
a noun used in a partitive sense or a noun introduced by a number or expression
of quantity.

Hai **del vino bianco?**	*Do you have some white wine?*
No, non **ne** ho.	*No, I don't have any (of it).*
Volevo **delle pesche.**	*I wanted some peaches.*
Ne volevo.	*I wanted some (of them).*
Quante **stanze** hai?	*How many rooms do you have?*
Ne ho tre.	*I have three (of them).*
Quanti **anni** hai?	*How old are you?*
Ne ho ventitrè.	*I am twenty-three.*
Hai molti **vestiti?**	*Do you have many dresses?*
Sì, **ne** ho molti.	*Yes, I have many.*

---

2. Ne also replaces the noun or infinitive used after verbs such as **avere bisogno
di**, **avere paura di**, **parlare di**, and **pensare di** (when asking for an opinion).

Hai bisogno **di lavorare?**	*Do you need to work?*
No, non **ne** ho bisogno.	*No, I do not need to.*
Parlavate **dell'affitto?**	*Were you talking about the rent?*
Sì, **ne** parlavamo.	*Yes, we were talking about it.*
Che pensi **di quel film?**	*What do you think of that movie?*
Che **ne** pensi?	*What do you think of it?*

---

3. Ne also means *from there.*

Ritorna **dal mare?**	*Are you coming back from the beach?*
Sì, **ne** ritorno.	*Yes, I am coming back (from there).*

---

4. Ne has the same position as that of object pronouns.

Quante **camere** avevi?	*How many rooms did you have?*
Ne avevo cinque.	*I had five (of them).*
Vuoi comprare **delle arance?**	*Do you want to buy some oranges?*
Vuoi comprar**ne?**	*Do you want to buy some (of them)?*

---

5. When **ne** is used with the **passato prossimo,** the past participle agrees with the noun replaced by **ne** only when this noun is a direct object.

Quanti **annunci** hai letto?	*How many ads have you read?* (direct object)
Ne ho letti molti.	*I have read many (of them).*

But:

Abbiamo parlato **delle elezioni.**	*We talked about the elections.*
Ne abbiamo parlato.	*We talked about them.*

E S E R C I Z I

A. *Use ne to answer the following questions about your childhood.*

ESEMPIO: **Avevi degli amici?** *Sì, ne avevo.*

1. Mangiavi molto cioccolato? 2. Facevi delle passeggiate? 3. Avevi molti giocattoli (*toys*)?
4. Bevevi del latte? 5. Vedevi dei film di Walt Disney? 6. Avevi paura del buio (*darkness*)?
7. Leggevi delle favole di Grimm? 8. Dicevi delle bugie? 9. Quanti anni avevi quando hai incominciato le scuole elementari?

B. Quanti/Quante? *Ask a student how many of the following he or she has.*

> ESEMPIO: cugini   Quanti cugini hai?
>
> *Ne ho uno (due, molti, ecc.). o Non ne ho.*

1. fratelli   2. sorelle   3. figli   4. macchine   5. biciclette   6. case   7. stanze   8. bagni   9. soldi   10. valigie   11. vestiti   12. libri

C. *Answer in the affirmative or in the negative, replacing the noun with the pronoun ne.*

> ESEMPIO: **Abbiamo bisogno di carta per scrivere?**
>
> *Sì, ne abbiamo bisogno.*

1. Abbiamo bisogno del passaporto per andare in Messico? Abbiamo bisogno di mangiare per vivere? Abbiamo bisogno di soldi per essere felici? E tu, desideri avere molti soldi?
2. Parli qualche volta della tua famiglia? Parli di politica durante le elezioni? Parli dei tuoi problemi personali? Vuoi parlare dei tuoi problemi ora?
3. Ha paura Lei della bomba atomica? Ha paura del terremoto (*earthquake*)? Ha paura degli esami?

D. *Answer the following questions in the affirmative, replacing the nouns with ne or lo, la, li, le, accordingly.*

> ESEMPIO: **Ha comprato i libri?** *Sì, li ho comprati.*
>
> **Ha comprato (dei) libri?** *Sì, ne ho comprati.*

1. Ha veduto le fontane di Roma?   2. Ha veduto (delle) fontane a Roma?   3. Ha visitato (dei) musei?   4. Ha visitato i musei?   5. Ha bevuto il Frascati?   6. Ha bevuto (del) Frascati?   7. Ha preso dell'acqua minerale?   8. Ha preso l'acqua minerale?   9. Ha incontrato i turisti americani? 10. Ha incontrato (dei) turisti americani?

II. Ci

— *Quanti piani **ci** sono?*
— *Troppi!*

1. The adverb ci means *there* when it is used in the expressions **c'è** and **ci sono**.

Scusi, **c'è** una galleria d'arte?	*Excuse me, is there an art gallery?*
Ci sono due lampade in sala.	*There are two lamps in the living room.*

2. Ci is also used to replace an expression indicating location and introduced by **a**, **in**, **su**, or **da**.

Quando vieni **da me?**	*When are you coming to my house?*
Ci vengo stasera.	*I am coming (there) tonight.*
Sei stato **in Italia?**	*Have you been to Italy?*
No, non **ci** sono mai stato.	*No, I have never been there.*

3. Ci may also replace a prepositional phrase governed by **a** after verbs such as **credere** (*to believe in*) and **pensare** (*to think about*).

Credi **all'astrologia?**	*Do you believe in astrology?*
No, non **ci** credo.	*No, I don't believe in it.*
Devi pensare **al futuro?**	*Do you have to think about the future?*
Sì, devo pensar**ci.**	*Yes, I have to think about it.*

4. When ci is followed by a direct object pronoun or **ne**, it becomes **ce**.

Ci sono quadri in sala?	*Are there paintings in the living room?*
Sì, **ce** ne sono quattro.	*Yes, there are four.*
Hai la chiave in tasca?	*Do you have the key in your pocket?*
Sì, **ce** l'ho.	*Yes, I have it.*

━━━━━ E S E R C I Z I ━━━━━

A. *Ask a student if he or she has been to the following places this year.*

ESEMPIO: **a Los Angeles** *Sei stato(a) a Los Angeles quest'anno?*
Sì, ci sono stato(a). o No, non ci sono stato(a).

1. a Nuova York   2. a un museo   3. a un concerto   4. dal dentista   5. dal medico
6. dai tuoi parenti   7. a casa dei tuoi zii   8. alle Hawaii

B. *Ask a student if he or she ever thinks about the following things.*

> ESEMPIO: la polìtica   *Pensi mai alla polìtica?*
>   *Sì, ci penso.* o *No, non ci penso.*

1. il costo della vita   2. l'inflazione   3. il comunismo   4. il nostro governo   5. la morte (*death*)

C. *Substitute the italicized words with* **ci** *or* **ne,** *accordingly.*

> ESEMPIO: **Vado** *a Roma.* **Ci vado.**
>   **Ritorno** *dal mare.* **Ne ritorno.**

1. Ritorno *dall'ufficio* ora.   2. Vengo *da te.*   3. Il signor Bettini è ritornato *dall'Inghilterra.*
4. Anna è andata *a Torino* ieri.   5. Maria Caputo è partita *dal suo paese.*   6. Siamo saliti *sulla Torre di Pisa.*

D. *Answer the following questions using* **ne.**

> ESEMPIO: **C'è una lampada sul Suo comodino?**
>   **Sì, ce n'è una.** o **No, non ce n'è.**

1. Ci sono degli armadi a muro nella Sua camera?   2. C'è dell'acqua minerale nel Suo frigo?
3. Ci sono dei tavolini nel Suo soggiorno?   4. Ci sono molti armadietti nella Sua cucina?
5. Ci sono degli esempi diffìcili in questa lezione?

III. **Double object pronouns**

— *Mi leggi gli annunci pubblicitari?*
— *Sì,* **te li** *leggo subito.*

— *Ci mostra l'appartamento?*
— *Sì,* **ve lo** *mostro volentieri.*

1. When two object pronouns occur with the same verb, the word order is the following:

indirect object	+	*direct object*	+	*verb*
Me		**lo**		leggi?

(Mi leggi il giornale?)

Here are all the possible combinations:

mi		me lo, me la, me li, me le, me ne
ti		te lo, te la, te li, te le, te ne
ci	+ lo, la, li, le, ne =	ce lo, ce la, ce li, ce le, ce ne
vi		ve lo, ve la, ve li, ve le, ve ne
gli		
le (Le)	+ lo, la, li, le, ne =	glielo, gliela, glieli, gliele, gliene

NOTE: **Mi, ti, ci,** and **vi** change the ending **-i** to **-e** before **lo, la, li, le, ne** (for phonetic reasons).

Gli, le, and **Le** become **glie-** when they combine with direct object pronouns, **loro (Loro)** does *not* combine with direct object pronouns. (**Lo do loro** = *I give it to them.*)

Quando mi dà il libro?	*When will you give me the book?*
Quando me lo dà?	*When will you give it to me?*
Gli ho affittato la casa.	*I rented him the house.*
Gliela ho affittata.	*I rented it to him.*
Le offro centomila lire.	*I offer you one hundred thousand lire.*
Gliene offro centomila.	*I offer you one hundred thousand.*
Non ci ha letto l'annuncio.	*He did not read us the ad.*
Non ce l'ha letto.	*He did not read it to us.*
Non le abbiamo dato le chiavi?	*Didn't we give her the keys?*
Non gliele abbiamo date?	*Didn't we give them to her?*

---

2. With reflexive verbs the word order is *reflexive pronoun + direct object pronoun + verb:*

Mi metto		**Me lo metto.**
Ti metti		**Te lo metti.**
Si mette		**Se lo mette.**
Ci mettiamo	il vestito. =	**Ce lo mettiamo.**
Vi mettete		**Ve lo mettete.**
Si mettono		**Se lo mettono.**

NOTE: Reflexive pronouns change the ending **-i** to **-e** in front of direct object pronouns.

If the reflexive verb is in a compound tense, the past participle must agree with the *direct object pronoun* that precedes the verb.

Maria si è lavata le mani.	*Mary washed her hands.*
Maria se le è lavate.	*Mary washed them.*

3. When the verb is in the infinitive form, the double object pronouns are attached to the infinitive. When the infinitive is governed by **dovere**, **volere**, or **potere**, the double object pronouns can either be attached to the infinitive or precede the conjugated verb.

Spero di affittarLe l'appartamento.	*I hope to rent you the apartment.*
Spero di affitt$_a$rglielo.	*I hope to rent it to you.*
Voglio mostrarti gli annunci.	*I want to show you the ads.*
Voglio mostrar**teli** *or* Te li voglio mostrare.	*I want to show them to you.*

━━━━━━━━━━━ **E S E R C I Z I** ━━━━━━━━━━━

A. *Rewrite the following sentences, replacing each noun in parentheses with the object pronouns.*

> ESEMPIO: **I miei genitori mi comprano (dei regali).**
> *Me ne comprano.*

1. Il cameriere mi serve (gli antipasti; le lasagne; la frutta; delle paste).　**2.** Io ti chiudo (le finestre; il cassetto; gli armadi).　**3.** La signora ci mostra (la sala da pranzo; il lampadario; le camere da letto; i tappeti).　**4.** Vi presto sempre (dei soldi; la macchina; il giornale).　**5.** Le ragazze si lavano (la faccia; le mani; i capelli; il vestito).

B. *Answer in the affirmative or negative using* **glielo, gliela, glieli, gliele, gliene.**

1. Diamo la mancia a un commesso?　**2.** Offriamo la nostra poltrona a una vecchia signora? **3.** Facciamo dei regali a persone antipatiche?　**4.** Diciamo delle cattive parole a un bravo bambino? **5.** Parliamo del nostro lavoro a un amico?　**6.** Domandiamo a un ospite (*host*) il costo del suo divano?　**7.** Apriamo la porta ai nostri invitati?　**8.** Prestiamo i nostri libri a un compagno di classe?

C. *Answer in the negative using a double object pronoun.*

> ESEMPIO: **Mi hai dato il giornale?**
> *No, non te l'ho dato.*

1. Mi hai restituito (*returned*) il libro?　**2.** Hai pagato il conto al cameriere?　**3.** Avete mai scritto delle lettere al Presidente?　**4.** Vi ha mandato la risposta?　**5.** Mi hai comprato un regalo per il mio compleanno?　**6.** Le ha mandato dei soldi la Sua famiglia recentemente?

D. *Answer each question by using a double object pronoun.*

> ESEMPIO: **Puoi prestarmi la macchina?**
> *Sì, posso prestartela.*

1. Puoi dirmi la verità?　**2.** Vuoi darmi il tuo numero di telefono?　**3.** Devi dare i biglietti a Pietro? **4.** Puoi presentarmi i tuoi amici?　**5.** Puoi darci l'indirizzo (*address*) di tua madre?　**6.** Quanti regali pensi di fare a tua madre per il suo compleanno?

IV. Piacere (to like)

*— **Ti piace** quella casa?*

1. **Piacere** is an irregular verb. Its present tense forms are:

piaccio	piacciamo
piaci	piacete
piace	piacciono
Past participle: piaciuto	

2. **Piacere** is used mainly in the third person singular and plural (**piace, piacciono**). It has an indirect construction and corresponds to the English construction *to be pleasing to.*

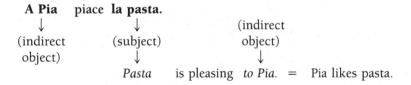

A Pia   piace **la pasta.**
↓   ↓   (indirect
(indirect   (subject)   object)
object)   ↓   ↓
     Pasta   is pleasing *to Pia.* = Pia likes pasta.

Le piace la pasta.	*She likes pasta (statement).*
A lei piace la pasta.	*She likes pasta (emphasis).*
A Marcello piaceva Firenze.	*Marcello liked Florence.*
Gli piaceva Firenze.	*He liked Florence.*
Vi piace l'appartamento?	*Do you like the apartment?*
Ti piace cucinare?	*Do you like to cook?*
No, non **mi** piace.	*No, I don't like it.* or *I dislike it.*
Le piacciono i vini italiani?	*Do you like Italian wines?*
Sì, **mi** piacciono.	*Yes, I like them.*

NOTE: The opposite of **piacere** is **non piacere**. **Dispiacere** has the same construction as **piacere**, but it translates as *to be sorry, to mind*.

Non sta bene? Mi dispiace.	*You are not well? I am sorry.*
Le dispiace se fumo?	*Do you mind if I smoke?*

---

3. The **passato prossimo** of **piacere** is conjugated with **essere**. Therefore, the past participle agrees in gender and number with the subject.

Ti è piaciuta la sala?	*Did you like the living room?*
Non mi sono piaciuti i mobili.	*I did not like the furniture.*

━━━━━ E S E R C I Z I ━━━━━

A. Le piace (Le piacciono)...? *Ask a student if he or she likes the following.*

1. la musica classica   2. cucinare   3. le mele   4. gli spinaci   5. lavorare la domenica
6. i quadri di Picasso   7. ricevere regali   8. viaggiare   9. i vini italiani   10. i tappeti orientali
11. il caminetto in sala

B. *Form a sentence stating whether you liked or disliked the following.*

1. il week-end scorso   2. l'ultimo programma che ha visto alla TV   3. l'ultimo libro che ha letto
4. i regali che ha ricevuto per il Suo compleanno   5. l'ultimo viaggio che ha fatto

C. Tutti i gusti sono gusti. *The following people have different tastes. State what each of them likes by using piacere.*

ESEMPIO: **Tu preferisci ballare.**   *A te piace ballare.*

1. Antonio preferisce insegnare.   2. Noi preferiamo divertirci.   3. I signori Betti preferiscono i tappeti orientali.   4. La signora Tortora ha preferito un salotto moderno.   5. Voi preferite i mobili della nonna.   6. Io preferivo una casa al mare.   7. Filippo e Gabriella hanno preferito un appartamento in città.

LETTURA

SI AFFITTA APPARTAMENTO AMMOBILIATO

Un mese fa Antonio ha incominciato a insegnare in una scuola media come ***supplente***. Il giovane è ora pieno di entusiasmo e di progetti. Eccolo che ne parla a Marcello.

— Sai, ho intenzione di cercarmi un appartamentino ammobiliato e di ***rendermi*** indipendente.

— Ehi! Super! Così possiamo dare ***un sacco*** di feste! Hai guardato gli annunci pubblicitari sul ***Corriere della Sera***?

— No, non ancora... eccoli!

— Non ce ne sono molti. Te ne leggo uno: Appartamento ***signorile*** 4 locali ***doppi servizi*** libero...

— Sei matto?! Io non sono milionario come te: ***mi basta*** una cucina-soggiorno con bagno.

— Eccone uno che sembra fatto ***apposta*** per te:... monolocale ***Lambrate***.

— Sì, mi piace. Quant'è l'affitto?

— Non lo dice. Perchè non ***fissiamo*** un appuntamento e ci andiamo? (Il monolocale si trova al terzo piano di un modesto edificio senza ascensore. Il ***portinaio***, svegliato dalla siesta, glielo mostra malvolentieri.)

Right margin glossary:

substitute

to become
a lot of
well-known Italian
newspaper
deluxe
two baths
for me it is enough

just / small town near
Milano

set up

concierge

— Scusi, ha una lettera di referenze?

— Certamente, *interviene* Marcello. Mio padre, l'ingegner Scotti della *ditta* Scotti e Figli, è pronto a scrivergliene una.

— Grazie, Marcello. Che ne pensi?

— Mah! Mi sembra un *buco*... con dei mọbili antidiluviani...

— Caro mio, io non ho la *grana* di tuo padre; per uno come me che ha *condiviso* fino ad oggi la stanza con due fratelli, quest'appartamento sembra un palazzo!

interrupts

firm

a hole

dough (slang)

shared

DOMANDE SULLA LETTURA

1. In che scuola ha incominciato a insegnare Antọnio? **2.** Da quanto tempo ci insegna? **3.** Che cosa pensa di fare ora? **4.** Desịdera trovare un appartamento vuoto o con mọbili? **5.** Perchè Marcello ne è entusiasta? **6.** Perchè il primo annụncio che Marcello legge non piace ad Antọnio? **7.** Di quante stanze ha bisogno Antọnio? **8.** Il costo dell'affitto è indicato nell'annụncio? **9.** Chi mostra l'appartamento ai due amici? **10.** Perchè è seccato (*annoyed*) il portinạio? **11.** Che cosa deve avere Antọnio per affittare l'appartamento? **12.** Piace a Marcello quell'appartamento? **13.** Che ne pensa Antọnio? Perchè?

DOMANDE PERSONALI

(Whenever possible, use object pronouns in your answers.)

1. Lei abita in una casa o in un appartamento? **2.** Quanti piani ha la Sua casa (*o* A che piano è il Suo appartamento)? **3.** Quante cạmere da letto ci sono? **4.** Quanti bagni ci sono? **5.** Dove riceve Lei i Suoi invitati? **6.** Che mọbili ci sono nel Suo soggiorno? **7.** Le piạcciono i mọbili antichi? **8.** Ci sono tappeti sui pavimenti? **9.** Ci sono tende alle finestre? Di che colore? **10.** Le piace invitare gli amici a casa Sua? **11.** Le dispiace mostrarmi la Sua casa?

ATTIVITÀ

La casa ideale. Descrivete la casa ideale. Ogni studente partẹcipa alla descrizione. Dov'è la casa (in campagna, in città, in riva al mare)? Quanti piani ci sono? Quali sono le stanze? Come sono i mọbili? ecc.

TRADUZIONE

1. Giụlia has been living in San Francisco with her friend Kathy for a month, and now she wants to rent an apartment. **2.** Today Kathy is helping her to find one, and she is reading her the newspaper ads. **3.** "I found one that I like: Studio, Golden Gate Park. Available immediately. $550." **4.** "How big is a studio? How many rooms are there?" **5.** "There is only one, with a bathroom." **6.** Now, here they are near Golden Gate Park to see the studio. **7.** The manager (*l'amministra-tore, m.*) shows it willingly to them. **8.** Giụlia likes the studio very much and asks Kathy what (*cosa*) she thinks about it. **9.** Her friend likes the big windows and the view (*vista*) of the park. **10.** Next Saturday Giụlia can move to her new apartment.

VOCABOLARIO

Nomi

l'affitto   *rent*
l'annuncio pubblicitario   *ad*
l'appuntamento   *appointment, date*
l'arancia   *orange*
l'ascensore (*m.*)   *elevator*
la chiave (*f.*)   *key*
il compagno, la compagna di classe
classmate
il costo   *cost*
la faccia   *face*

la fragola   *strawberry*
l'inflazione (*f.*)   *inflation*
l'invitato(a)   *guest*
la mela   *apple*
il monolocale   *studio apartment*
la pera   *pear*
la pesca   *peach*
il piano   *floor*
il quadro   *painting, picture*
l'uva (*f.*)   *grapes*

Aggettivi

ammobiliato   *furnished*
antico   *antique, ancient*
entusiasta (di)   *enthusiastic (about)*
libero   *free, available*

modesto   *modest*
pronto   *ready*
vuoto   *vacant*

Verbi

affittare   *to rent, to lease*
dispiacere   *to be sorry, to mind*
fumare   *to smoke*
piacere (*p.p.* piaciuto)   *to like*

prestare   *to lend*
sembrare   *to seem*
traslocare   *to move*

Altre espressioni

certamente   *certainly*
come   *as, like*
malvolentieri   *unwillingly*

recentemente   *recently*
volentieri   *willingly*

PAGINA CULTURALE

LE ABITAZIONI IN ITALIA

La casa degli antichi Romani era costruita in **mattoni** e **coperta di tegole**. Aveva una forma quadrangolare, e le varie stanze erano disposte intorno a un **cortile** centrale chiamato « atrium ».

bricks / covered with tiles

courtyard

Le ville rinascimentali hanno avuto come prototipo l'antica casa romana. Così anche i vecchi palazzi che formano il centro storico delle città italiane. Questi palazzi sono uniti l'uno all'altro. Al centro di ogni facciata un **portone ad arco dà** su un cortile interno. All'esterno, il **pianterreno** è occupato da negozi o da uffici, mentre il primo piano, che un tempo era chiamato « piano nobile » (cioè dove vivevano i nobili), e così anche gli altri piani, sono occupati da appartamenti. Gli artigiani e i commercianti abitano spesso nell'appartamento sopra il loro negozio. Questo vecchio **ambiente** urbano, dove convivono diverse classi sociali, contribuisce alla vitalità del centro cittadino.

arched front gate opens

ground floor

milieu

Da che cosa è occupato il pianterreno dei palazzi di città?

Ti piace un appartamento in città o preferisci un condominio sulla Riviera Ligure?

Fra gli anni cinquanta e settanta, l'emigrazione dalla campagna alla città e i *cambiamenti* economici e sociali hanno determinato un'espansione notevole dei centri urbani. Intorno alla vecchia città ne è nata una interamente moderna, fatta di *isole* di edifici a molti piani e di villette. Per correggere la grave crisi di abitazioni del dopoguerra, il governo ha preso molti *provvedimenti*. Ha finanziato le società private nella costruzione di nuovi condomini ed ha stabilito dei *mutui* per incoraggiare gli Italiani a diventare proprietari del loro appartamento. Ha favorito la costruzione di nuovi *quartieri* destinati alla classe lavoratrice, con abitazioni economiche e popolari. *Ha* inoltre *bloccato* tutti gli affitti e ne ha stabilito il controllo.

I provvedimenti del governo erano dettati da buone intenzioni, ma hanno creato delle ingiustizie e un conflitto permanente fra proprietari e *inquilini*. Molti inquilini hanno approfittato di affitti incredibilmente bassi e sono riusciti *a « farsi »* una casa o un condominio al mare, al lago o in montagna. *Siccome* non era più un *vantaggio* costruire appartamenti da affittare in città, molte *società edilizie* hanno abbandonato i centri urbani per costruire in *zone di villeggiatura*. Gli anni settanta hanno visto il boom di nuove città e villaggi in centri di villeggiatura.

Oggi l'abitazione nelle grandi città italiane è uno dei gravi problemi che il governo italiano deve risolvere.

changes

blocks

measures

mortgage loans
districts

It has frozen

tenants
in buying
since
advantage / construction
  companies / resort
  areas

14

LE VACANZE

La spiaggia di Santa Marinella gremita di bagnanti.

Due bagnini su una spiaggia dell'Adriatico si parlano.

Giovanni	Hai visto quanti turisti ci sono quest'anno?
Lorenzo	Sì, e ne arriveranno ancora molti.
Giovanni	Arrivano con le loro tende e i loro camper da tutta l'Europa.
Lorenzo	Il campeggio è un modo economico di fare le vacanze.
Giovanni	Molti non hanno la tenda, ma solo uno zaino e un sacco a pelo. Quando sono stanchi di stare sulla spiaggia, fanno l'autostop e vanno in montagna.
Lorenzo	E hai visto come sono *attrezzati*? Hanno *tutto l'occorrente* per passare l'estate in Italia.
Giovanni	Sì, e viaggiano con le loro carte geografiche. Molti conoscono l'Italia meglio di noi.
Lorenzo	Quest'estate saremo più occupati *del solito.* Non ho mai visto tanta gente!
Giovanni	*Guarda* come sono belle tutte quelle barche a vela nel mare blu.
Una voce	Bagnino, bagnino, *aiuto! Affogo!*
Lorenzo	Incominciamo bene!

Glosses (right margin):
equipped / all that they need
than usual
look
help! / I am drowning!

DOMANDE SUL DIALOGO

1. Da dove arrivano i turisti sulle spiagge italiane?   2. Perchè preferiscono il campeggio?   3. Dove dormono?   4. Cosa fanno quando sono stanchi di stare sulla spiaggia?   5. Si perdono facilmente? Perchè no?   6. Perchè quest'estate i bagnini saranno più occupati del solito?   7. Che spettacolo ammirano i due bagnini?

STUDIO DI PAROLE

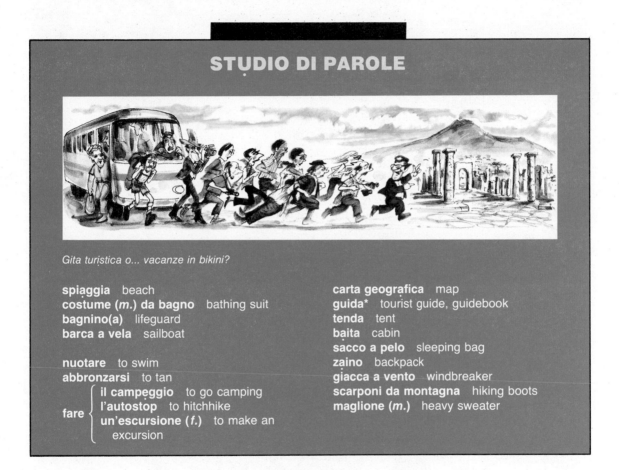

Gita turistica o... vacanze in bikini?

spiaggia beach	**carta geografica** map
costume (*m.*) **da bagno** bathing suit	**guida*** tourist guide, guidebook
bagnino(a) lifeguard	**tenda** tent
barca a vela sailboat	**baita** cabin
	sacco a pelo sleeping bag
nuotare to swim	**zaino** backpack
abbronzarsi to tan	**giacca a vento** windbreaker
fare { **il campeggio** to go camping	**scarponi da montagna** hiking boots
l'autostop to hitchhike	**maglione** (*m.*) heavy sweater
un'escursione (*f.*) to make an excursion	

ESERCIZIO SU STUDIO DI PAROLE

1. Perchè stiamo molte ore al sole?   2. Che cosa si mette Lei quando nuota?   3. Chi sorveglia le spiagge e aiuta le persone in pericolo?   4. Dove si dorme quando si fa il campeggio?   5. Che cosa portiamo sulle spalle quando andiamo in montagna?   6. Quando si mette gli scarponi Lei? 7. Lei è in montagna. Se le previsioni del tempo annunciano vento e pioggia, cosa si mette? 8. Lei e il Suo amico sono in gita turistica e si perdono. Di che cosa hanno bisogno per ritrovare la strada?

***La guida** *is always feminine.*

PUNTI GRAMMATICALI

I. The future (futuro)

·Lia **passerà** le ferie al mare.   Tina **si divertirà** in montagna.

1. Dove passerà le vacanze Lia?   **2.** Chi andrà in montagna?   **3.** Si annoierà o si divertirà Tina?

---

1. The **future** is a simple tense expressing an event that will take place in the future. It is formed by adding the endings of the future to the infinitive after dropping the final **-e.**

rispondere ⟶ risponderò = *I will answer*

The future is conjugated as follows:

parlare	rispondere	partire
parler**ò**	risponder**ò**	partir**ò**
parler**ai**	risponder**ai**	partir**ai**
parler**à**	risponder**à**	partir**à**
parler**emo**	risponder**emo**	partir**emo**
parler**ete**	risponder**ete**	partir**ete**
parler**anno**	risponder**anno**	partir**anno**

The endings are the same for all conjugations. Note that for the first conjugation the **-a** of the infinitive ending changes to **-e** before adding the future endings.

I turisti **prenderanno** il pullman.	*The tourists will take the tour bus.*
Noi **visiteremo** un castello.	*We will visit a castle.*
Che cosa mi **dirà?**	*What will he say to me?*
Domani non **lavorerò.**	*Tomorrow I will not work.*

2. The following groups of verbs have an irregular future:

a. Verbs that end in **-are** but that do not undergo a stem change.

dare: **darò, darai**, etc.
fare: **farò, farai**, etc.
stare: **starò, starai**, etc.

b. Verbs that end in **-care, -gare, -ciare,** and **-giare** and that undergo a spelling change for phonetic reasons.

dimenticare: **dimenticherò, dimenticherai**, etc.
pagare: **pagherò, pagherai**, etc.
cominciare: **comincerò, comincerai**, etc.
mangiare: **mangerò, mangerai**, etc.

— *Dove cadrà?*
— *Chi vivrà, vedrà!*

c. Verbs that drop a stem vowel.

andare: **andrò, andrai**, etc.
avere: **avrò, avrai**, etc.
cadere: **cadrò, cadrai**, etc.
dovere: **dovrò, dovrai**, etc.
potere: **potrò, potrai**, etc.
sapere: **saprò, saprai**, etc.
vedere: **vedrò, vedrai**, etc.
vivere: **vivrò, vivrai**, etc.

d. Verbs that have an irregular stem.

essere: **sarò, sarai**, etc.
bere: **berrò, berrai**, etc.
venire: **verrò, verrai**, etc.
volere: **vorrò, vorrai**, etc.

Saremo pronti alle otto.	*We will be ready by eight.*
Dovrà studiare se **vorrà** riuscire.	*He will have to study if he wants to succeed.*
Pagherai tu il conto?	*Will you pay the bill?*
A che ora **mangerete?**	*At what time will you eat?*
Prometto che non **berrò** più.	*I promise that I will not drink any more.*

---

3. When the main verb of a sentence is in the future, the verb of a subordinate clause introduced by **se**, **quando**, or **appena** (*as soon as*) is also in the future.

Andremo alla spiaggia se **farà** bello.	*We will go to the beach if the weather is nice.*
Ti **racconterò** tutto quando ti **vedrò.**	*I will tell you everything when I see you.*
Mi **scriverà** appena **arriverà** a Roma.	*He will write to me as soon as he arrives in Rome.*

NOTE: Colloquial Italian often uses the present tense to express the near future.

Quando **parti?**	*When are you leaving?*
Parto la settimana prossima.	*I am leaving next week.*

E S E R C I Z I

A. *Give the future of each verb according to the subject in parentheses.*

1. (io) visitare; scrivere; partire; imparare
2. (noi) immaginare; leggere; capire; camminare
3. (Lei) scherzare; arrivare; decidere; uscire
4. (voi) dormire; vincere; viaggiare; divertirsi
5. (tu) mettere; salire; incontrare; prepararsi
6. (loro) pagare; mangiare; incominciare; dimenticare
7. (lui) dire; dare; fare; dovere; potere; vedere
8. (io e tu) essere; volere; sapere; avere; andare

B. No, ma... *Ask a student if he or she has already done the following things. The student will then answer in the negative saying when he or she will do them.*

ESEMPIO: **mangiare** (fra poco)   *Hai già mangiato?*
No, ma mangerò fra poco.

1. riposare (stasera)   2. leggere i romanzi di Virginia Woolf (l'estate prossima)   3. incominciare la dieta (lunedì prossimo)   4. seguire un corso di fisica (l'anno prossimo)   5. fare del jogging (domani mattina)   6. vedere Londra (in giugno)   7. sentire suonare il violinista Isaac Stern (sabato sera)   8. pulire l'appartamento (la settimana prossima)   9. telefonare a Giulia (domani sera)

C. Quando... *Say what you and the following persons will do when you have these things.*

> ESEMPIO: le ferie / Lucia riposarsi
> *Quando avrà le ferie, Lucia si riposerà.*

1. tempo / finire (noi) quel lavoro   **2.** gli scarponi / Antonio e i fratelli andare in montagna
3. la macchina / fare (io) una gita turistica   **4.** i soldi / Pippo e Lella comprare la casa   **5.** la barca a vela / invitare (lui) la sua ragazza al lago   **6.** la laurea / divertirsi (noi)   **7.** un posto / dovere (io) lavorare

D. Se... *Ask a student if he or she will do the following things. The student will answer according to the elements given in parentheses.*

> ESEMPIO: **andare in ferie** (bel tempo)   *Andrai in ferie?*
> *Ci andrò se farà bel tempo.*

1. vedere le opere d'arte di Firenze (guida)   **2.** andare in piscina (anche tu)   **3.** finire il compito (voglia)   **4.** fare il campeggio (una pineta)   **5.** andare a sciare (nevicare)   **6.** nuotare nel mare (caldo)   **7.** visitare Taormina (in Sicilia)

II. The future perfect tense (futuro anteriore)

 — Aiuto!
— Verrò dopo che **avrò finito** la siesta.

The **future perfect tense** expresses a future action taking place before another future action. It is a compound tense formed with the *future* of the auxiliary **avere** or **essere** + the past participle of the conjugated verb, and is usually introduced by conjunctions such as **se**, **quando**, **appena**, and **dopo che**.

avrò finito = *I will have finished*

It is conjugated as follows:

parlare	rispondere	partire
avrò avrai avrà avremo avrete avranno } parlato	avrò avrai avrà avremo avrete avranno } risposto	sarò sarai sarà } partito(a) saremo sarete saranno } partiti(e)

Avrò finito alle cinque.	*I will have finished by five.*
Usciremo dopo che **avremo cenato.**	*We will go out after we have dinner.*
Visiterò la città appena **sarò arrivata.**	*I will visit the city as soon as I have arrived.*

E S E R C I Z I

A. *Complete the following sentences with the **future perfect tense**, according to the example.*

ESEMPIO: **Leggerò** (mangiare).   *Leggerò dopo che avrò mangiato.*

1. Guarderò la TV (studiare).   **2.** Luisa andrà a letto (telefonare).   **3.** I viaggiatori faranno la doccia (arrivare).   **4.** La signora preparerà il pranzo (il marito ritornare).   **5.** Le signorine ritorneranno dal mare (abbronzarsi).   **6.** Ci riposeremo (pescare).   **7.** Accenderete (*light*) il fuoco (Claudio portare il cibo).

B. Castelli in aria.* *Put all the verbs in parentheses in the correct form of the future or the future perfect tense.*

C'era una volta una giovane contadina che portava al mercato del villaggio un secchio pieno di latte. Mentre camminava col secchio sulla testa, pensava: « Lo (vendere, comprare) _____ e _____ dei pulcini (*chicks*). Appena i pulcini (diventare) _____ dei bei polli, li (vendere, prendere) _____ e _____ un vitellino (*calf*), che poi io (ingrassare) _____ bene. Quando il vitellino (essere) _____ grasso, lo (portare) _____ al mercato, lo (vendere) _____, e con il guadagno (comprarsi) _____ un bel vestito. Allora il figlio del re mi (vedere) _____ e (innamorarsi) _____ di me. Dopo che noi (sposarsi) _____, (andare) _____ dal re. Il mio principe (*prince*) mi (presentare) _____ a suo padre, ed io (fare) _____ un bell'inchino (*bow*), così... ». Mentre pensava, la ragazza ha fatto un bell'inchino, e il secchio di latte è caduto. La ragazza aveva fatto dei castelli in aria!

---

*Fare dei castelli in aria *means* to daydream.

III. *The future of probability*

— *Perchè corre tutti i giorni in bicicletta?*
— ***Si preparerà*** *per il Giro d'Italia.*

The **future** and **future perfect** may also be used to convey an idea of probability or conjecture. The **future tense** expresses probability in the present.

Dov'è la guida? **Sarà** al bar.	*Where is the tour guide? He is probably (he must be) in the bar.*
Che ore sono? **Saranno** le tre.	*What time is it? It is probably (it must be) three.*

The **future perfect tense** expresses probability in the past.

Che bella macchina ha Luigi! **Avrà ereditato** dallo zio d'America.	*What a beautiful car Luigi has! He must have inherited from his rich uncle.*
Com'è abbronzata! **Sarà stata** alla spiaggia.	*How tan she is! She must have been at the beach.*
Non è ancora arrivato? No, **si sarà fermato** con gli amici.	*Hasn't he arrived yet? No, he must have stopped with his friend.*

■ E S E R C I Z I ■

A. Dove...? *Marcello has invited many people to his party, but several have not come. He is trying to guess where they could be.*

ESEMPIO: Carlo / estero *Carlo sarà all'estero.*

1. mia cugina / Riccione 2. l'ingegner Rossi / fabbrica 3. Tina e Pinuccia / lago 4. le signorine Priori / concerto 5. la professoressa Rovati / conferenza

B. Perchè...? *A student will ask a question based on the first verb. Another student will answer using the future of probability.*

> ESEMPIO: **Lia cantare / ẹssere felice**
> *Perchè canta Lia?*
> *Sarà felice.*

1. Luigi bere / avere sete   2. Andrea mangiare / avere fame   3. i bambini dormire / avere sonno
4. Luisa non rispọndere / non avere l'indirizzo   5. il signor Bini non parlare / non averne vọglia
6. Nino non alzarsi / non stare bene

C. Chi...? *You are trying to guess who did the following things. A student will ask a question, using the* **passato prọssimo.** *Another student will answer, using the* **future perfect.**

> ESEMPIO: **mangiare la frutta / Nino**
> *Chi ha mangiato la frutta?*
> *L'avrà mangiata Nino.*

1. prendere la macchina / tuo fratello   2. comprare il giornale / il signor Bruno   3. portare lo zạino / Pạolo   4. fare il campẹggio / i ragazzi   5. bere l'ạcqua minerale / lui   6. partire in fẹrie / Marcello

IV. *Common suffixes with nouns and adjectives*

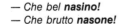

— *Che bel* **nasino!**
— *Che brutto* **nasone!**

In Italian, the meaning of a noun or an adjective can be altered by attaching a particular suffix to it. The suffix is added after the final vowel of the word is dropped. The most common suffixes are:

a. **-ino(a); -etto(a); -ello(a).** They give an idea of smallness or indicate endearment.

fratello	**fratellino** (*dear little brother*)
Luigi	**Luigino** (*dear little Louis*)
pịccolo	**piccolino** (*very small and cute*)
casa	**casetta** (*small, cute little house*)
vino	**vinello** (*light wine*)

b. **-one** (**-ona, -oni, -one**). It adds a meaning of largeness, weight, or importance. When a feminine noun takes this suffix, it often becomes masculine.

naso	**nasone** (*huge nose*)
dottore	**dottorone** (*well-known doctor*)
pigro	**pigrone** (*very lazy*)
una donna	**un donnone** (*a big woman*)

c. **-accio** (**-accia, -acci, -acce**). It gives the noun or the adjective a pejorative connotation.

parola	**parolaccia** (*dirty word*)
ragazzo	**ragazzaccio** (*bad boy*)
tempo	**tempaccio** (*very bad weather*)

NOTE: The choice of these suffixes is idiomatic and cannot be made at random. It is best that you limit their use to the examples read in reliable sources or heard from native speakers.

E S E R C I Z I

Add to each italicized noun the suffix that will convey the meaning of the phrase.

1. un *tempo* con molta pioggia   2. un *libro* di mille pagine   3. il *naso* di un bambino   4. un *ragazzo* grande e grosso   5. una *villa* piccola e carina   6. un *vestito* di poco valore (*value*)   7. due lunghe *giornate* faticose   8. il *giornale* dei piccoli (bambini)   9. un *ragazzo* cattivo   10. le grosse *scarpe* da montagna   11. un *professore* molto famoso   12. un *vino* con poco contenuto alcoolico   13. una brutta *parola*

LETTURA

PROGETTI DI VACANZE

Le vacanze estive sono vicine e Antonio, Marcello e Liliana ne parlano, seduti a un tavolino del caffè Sport.

Antonio   Allora, che farete quest'estate?
Liliana   Purtroppo io non potrò andare in vacanza quest'anno.
Al massimo passerò il *ferragosto* in campeggio, al lago
o in montagna. E tu, Marcello?

holiday that occurs on
August 15

Marcello	*Come al solito,* la famiglia e i parenti si riuniranno nella villa di Riccione, sull'Adriatico, e io dovrò andarci, almeno per qualche settimana. Con tutte quelle vecchione di zie e *prozie,* morirò di noia!	as usual great-aunts
Antonio	*Poveraccio!* E quando ti divertirai?	poor devil!
Marcello	Appena avrò salutato la famiglia, andrò a trovare degli amici sulla *Costa Azzurra* e ci resterò un mesetto. Quelle sì, saranno vacanze!	French Riviera
Liliana	E gli studi, Marcello? Quando ci penserai?	
Antonio	Quando *metterà giudizio.* Non è così, Marcellino?	he settles down
Marcello	Tonino, tu parli degli altri e non ci dici niente di te. Ora che guadagni un sacco di soldi, immagino che farai delle vacanze da milionario.	
Antonio	Scherzi? Quando avrò pagato l'affitto e le altre spese, *mi resterà poco.* Forse andrò in Sicilia a trovare i miei nonni che abitano vicino a Catania.	I will have little left
Marcello	Allora passerai le vacanze sulla spiaggia di Taormina e ritornerai con la *tintarella.*	tan
Antonio	No, non mi piace stare al sole. Salirò sull'Etna, e forse visiterò Siracusa, e la valle dei Templi, e la *tomba* di Pirandello...	grave
Liliana	*Insomma,* sarà un viaggio di ritorno alle origini.	in short
Marcello	E le ragazze siciliane? Sono *comprese* nei tuoi progetti?	included
Antonio	Vedremo.	

DOMANDE SULLA LETTURA

1. Che cosa farà Liliana quest'estate?   2. Con chi passerà la prima parte delle sue vacanze Marcello?
3. Si divertirà?   4. Dopo che avrà visto tutti i parenti, dove andrà? Perchè?   5. A che cosa non penserà Marcello durante l'estate?   6. Perchè Antonio non potrà passare delle vacanze da milionario?   7. Chi andrà a trovare in Sicilia?   8. Prenderà il sole sulla spiaggia o che cosa farà?
9. Ha intenzione di incontrare delle ragazze siciliane?

DOMANDE PERSONALI

1. Come passava le vacanze Lei quand'era bambino(a)?   2. Dove ha passato le vacanze l'anno scorso?   3. Che cosa farà l'estate prossima?   4. Preferisce passare una settimana a contatto con la natura o in un albergo elegante?   5. Ha mai fatto il campeggio Lei?   6. Di che cosa ha avuto bisogno?   7. Quali sono le Sue attività preferite al mare?   8. Se andrà in montagna in vacanza, che cosa farà?

ATTIVITA

Una gita collettiva. Gli studenti d'italiano hanno intenzione di passare le vacanze d'estate insieme e ora fanno progetti. (Dove andrete? Come viaggerete? Che cosa farete? Che cosa dovrete portare con voi? Perchè...?)

TRADUZIONE

1. It is August and Franca and Raffaella are beginning their vacation today.   2. They are traveling by car and will arrive tomorrow at the beautiful Dolomites (*Dolomiti, f.pl.*).   3. They will camp there for a week.   4. "We will stop near a lake, so we will have water to (*per*) wash and cook."   5. "Good idea! And we will be able to swim every day!"   6. "Since it is my first camping experience, you will put up (*montare*) the tent and I will help you."   7. "After we have put it up, we will take the backpack and go for a short hike (*escursione*)."   8. "How is the weather in the mountains?"   9. "It is probably beautiful. The weather forecast stated (*dire*) it will be beautiful until next Friday."   10. They arrived and camped, and it rained all week.

VOCABOLARIO

Nomi

la bellezza *beauty*	**l'origine (f.)** *origin*
il castello *castle*	**la pace** *peace*
le ferie *annual vacation*	**la parte** *part*
il fuoco *fire*	**il pericolo** *danger*
il lago *lake*	**il ritorno** *return*
la natura *nature*	**la sabbia** *sand*
la noia *boredom*	**la vacanza** *vacation*
l'opera d'arte *masterpiece*	**il villaggio** *village*

Aggettivi

attento *careful*	**prossimo** *next*
faticoso *tiring*	**siciliano** *Sicilian*
pericoloso *dangerous*	**vicino** *near*
pigro *lazy*	

Verbi

accendere (*p.p.* acceso) *to light*	**prepararsi** *to prepare oneself, to get ready*
andare a trovare *to visit (a person)*	**riunirsi (-isc-)** *to get together*
guadagnare *to earn*	**scherzare** *to joke*
immaginare *to imagine*	**sorvegliare** *to watch*
perdersi *to get lost*	**tirare** *to pull*
pescare *to fish*	

Altre espressioni

aiuto! *help!*	**fra** *in*
all'aperto *outdoors*	**purtroppo** *unfortunately*
allora *so*	**siccome** *since*
al massimo *at the most*	**un sacco di** *a lot of*
almeno *at least*	

PAGINA CULTURALE

LA SICILIA: TERRA DI CONTRASTI

I turisti che sono innamorati del sole, del mare e del passato possono trovare tutto questo in Sicilia.

La Sicilia è separata dal resto dell'Italia dallo Stretto di Messina (largo tre chilometri circa), ed è la più grande isola del Mediterraneo. La sua posizione strategica, nel mezzo di questo mare, è la ragione principale della sua storia complicata. Molti, infatti, sono i popoli che l'*hanno invasa* e *sfruttata*: fra essi i Greci, i Cartaginesi, i Romani, i Bizantini, gli Arabi, i Normanni, i Tedeschi, i Francesi e gli Spagnoli. Tutte queste dominazioni hanno lasciato l'isola tormentata e piena di contrasti. Le loro tracce *si possono riconoscere* nell'arte, nella linguae nel folclore dell'isola.   *invaded / exploited*   *may be recognized*

Si dice *giustamente* che la Sicilia è il museo archeologico d'Europa. Un viaggio in quest'isola significa anche un viaggio nel tempo, alla *scoperta* delle varie civiltà. La presenza di templi e di teatri greci ci ricorda che quasi tre mila anni fa, esistevano nell'isola delle colonie greche come per esempio Agrigento e Siracusa. Nel V secolo avanti Cristo quest'ultima città era così prospera da rappresentare una grave *minaccia* per la *potente* Atene. Ai Greci si deve l'antico   *rightly*   *discovery*   *menace / powerful*

Agrigento. La valle dei templi.

nome dell'isola, Trinacria, cioè triangolo, dalla sua forma. *Secondo* una leggenda, questo triangolo di terra era sostenuto sopra il mare da tre gambe; il simbolo dell'isola è, ancora adesso, la *testa* della Medusa *coronata* da tre gambe. Le leggende siciliane sono piene di mostri e di divinità della mitologia greca. Il dio greco del fuoco, Vulcano, per esempio, *aveva dimora* nell'interno del monte Etna, la *montagna ardente* (dal greco *aitho*). Secondo un'altra leggenda, era impossibile passare lo Stretto di Messina *a causa* dei mostri Scilla e Cariddi — eccetto per l'eroe greco Ulisse.

    Gli Arabi hanno lasciato dei templi che *si riconoscono* dalle loro *cupole* sferiche. Il prefisso di diversi nomi di città deriva dall'arabo *Kalat* che significa « castello » (Calatafimi, Caltanissetta, Caltagirone). Marsala, la città del vino marsala, significa « porto di Dio » (dall'arabo *Marsah el Allah*). I Normanni hanno saputo adattare al loro stile l'arte decorativa bizantina e araba. Sotto di loro Palermo era una capitale splendida, con cattedrali e palazzi ricchi di mosaici e di giardini esotici. Nella prima metà del XIII secolo la corte di Palermo era la più brillante d'Europa. La prima scuola di poesia italiana è nata precisamente in questa città, sotto l'imperatore Federico II. Nei secoli successivi gli Spagnoli hanno introdotto in Sicilia lo stile barocco del loro paese. Purtroppo la dominazione spagnola ha anche determinato la decadenza dell'isola.

    Nell'elemento umano si può notare un analogo contrasto. Vicino al tipo arabo, che si riflette nell'aspetto fisico *della maggior parte* dei Siciliani, è curioso ritrovare la coesistenza del tipo normanno in diversi isolani dagli occhi azzurri e dai capelli biondi.

Glosses (right margin):
according to
head
crowned
lived
burning mountain
because of
are recognizable
domes
of most

Palermo. Gli Arabi ci hanno lasciato i loro templi.

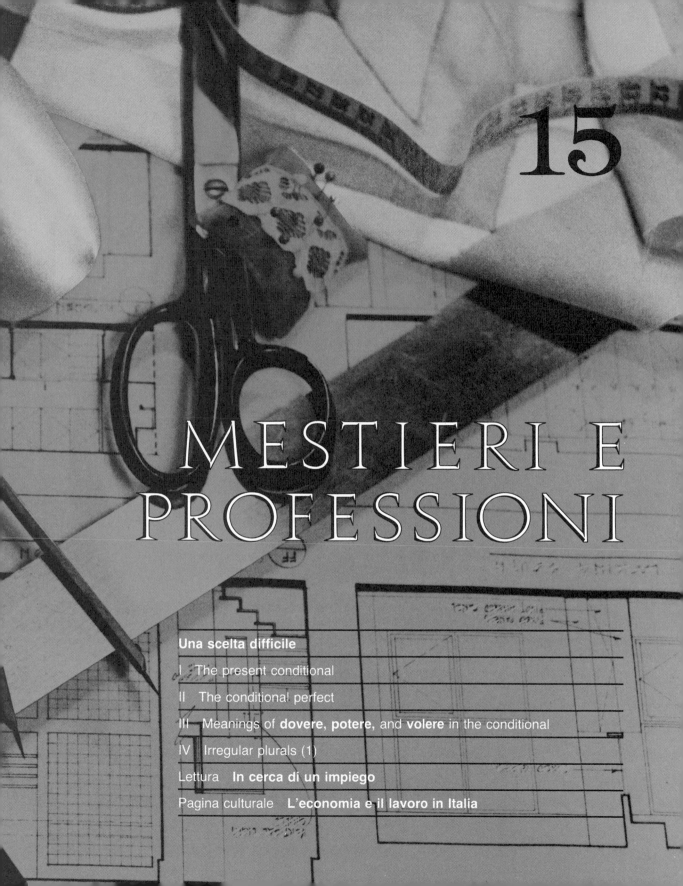

MESTIERI E PROFESSIONI

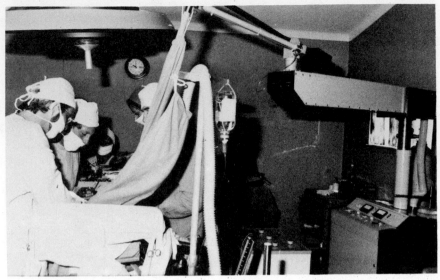

Chirurghi in sala operatoria.

UNA *SCELTA* DIFFICILE

choice

Laura è all'ultimo anno di liceo e pensa al suo futuro.

Laura	A che facoltà m'iscriverò, quando avrò finito il liceo?
La sua *coscienza*	Se non studi di più la matematica e le altre *materie* principali, non riuscirai mai agli esami di maturità.
Laura	*Mi piacerebbe* fare la professoressa: in estate *avrei* lunghe vacanze e mi divertirei. Ma... la professoressa di che cosa?
La sua coscienza	Le professoresse passano lunghe ore sui libri e sui fogli da correggere. E non ti piacerebbe ricevere il loro stipendio.
Laura	*Sarebbe* forse *meglio* fare medicina: i medici sono tutti ricchi. *Potrei* diventare specialista; per esempio, chirurgo o oculista.
La sua coscienza	Per fare medicina sono necessari sei anni. Poi ci sono gli anni della specializzazione. E si deve continuare a studiare per tutta la vita, *dato* il progresso della scienza.
Laura	E quando avrei il tempo di divertirmi? Meglio non pensarci per il momento.

conscience

subjects

I would like / I would have

it would be / better

I could

considering

DOMANDE SUL DIALOGO

1. Ha già incominciato gli studi universitari Laura? **2.** Che cosa dovrà fare per riuscire agli esami di maturità? **3.** Perchè le piacerebbe fare la professoressa? **4.** Che cosa le piacerebbe fare anche? **5.** A che cosa preferisce pensare per il momento?

STUDIO DI PAROLE

Mestieri trades	*Professioni*
elettricista (*m.*)	**dottore; dottoressa**
idraulico plumber	**chirurgo** surgeon
imbianchino (house) painter	**oculista (m. & f.)** eye doctor
operaio(a) worker	**il/la dentista**
meccanico	**professore; professoressa**
parrucchiere(a) hairdresser	**ingegnere**
calzolaio shoemaker	**avvocato; avvocatessa** lawyer
salumiere (*m.*) delicatessen man	**impiegato(a)** clerk
lavoro job	**fare il/la...** to be a (profession or trade)
stipendio salary	**andare in pensione** to retire
fare sciopero to strike	

ESERCIZIO SU STUDIO DI PAROLE

1. Quando i muri di una casa sono diventati grigi, chi chiamiamo? **2.** Chi chiama Lei se non ha corrente elettrica in casa? **3.** Se ha bisogno degli occhiali, da quale specialista va? **4.** Se ha bisogno di un consiglio, da quale professionista va? **5.** Se ha le scarpe rotte, dove le porta? **6.** Se vuole mangiare un bel panino con prosciutto, dove va a comprarlo? **7.** Se i Suoi capelli sono troppo lunghi, dove va a tagliarli (*to cut it*)? **8.** Quando un lavoratore arriva a sessantacinque anni e non vuole più lavorare, cosa fa? **9.** Se i lavoratori non sono soddisfatti delle loro condizioni di lavoro, che cosa fanno?

PUNTI GRAMMATICALI

I. The present conditional (condizionale presente)

Il muratore **preferirebbe** *riposarsi.*   *Al postino* **piacerebbe** *andare in macchina.*

1. Il muratore preferirebbe lavorare o riposarsi?   **2.** Che cosa piacerebbe fare al postino?

---

1. The present conditional expresses an intention, a preference, a wish, or a polite request; and it is the equivalent of the English *would* + verb. Like the future, it derives from the infinitive, and its stem is always the same as the future stem. Also, like the future, **-are** verbs change the **-a** to **-e**.

partire → **partirei** = *I would* leave*

It is conjugated as follows:

parlare	rispondere	partire
parler**ei**	risponder**ei**	partir**ei**
parler**esti**	risponder**esti**	partir**esti**
parler**ebbe**	risponder**ebbe**	partir**ebbe**
parler**emmo**	risponder**emmo**	partir**emmo**
parler**este**	risponder**este**	partir**este**
parler**ẹbbero**	risponder**ẹbbero**	partir**ẹbbero**

When "would" indicates a habitual action in the past, Italian uses the imperfect tense. When I was a child, I would (I used to) go to the beach every summer. = Da bambino, **andavo alla spiaggia tutte le estati.*

The endings of the present conditional are the same for all conjugations.

Mi **piacerebbe** ẹssere ricco.	*I would like to be rich.*
Preferirebbe non lavorare.	*She would prefer not to work.*
Ci **aiuteresti?**	*Would you help us?*

---

2. Verbs that are irregular in the future are also irregular in the conditional. Here is a comprehensive list. (Verbs ending in **-care**, **-gare**, **-ciare**, **-giare** follow the same rules as in the future. See Chapter 14, I)

dare: **darei, daresti**, etc.
fare: **farei, faresti**, etc.
stare: **starei, staresti**, etc.
andare: **andrei, andresti**, etc.
avere: **avrei, avresti**, etc.
cadere: **cadrei, cadresti**, etc.
dovere: **dovrei, dovresti**, etc.
potere: **potrei, potresti**, etc.
sapere: **saprei, sapresti**, etc.
vedere: **vedrei, vedresti**, etc.
vịvere: **vivrei, vivresti**, etc.
ẹssere: **sarei, saresti**, etc.
bere: **berrei, berresti**, etc.
venire: **verrei, verresti**, etc.
volere: **vorrei, vorresti**, etc.

— *Vorrebbe l'anestesia?*

Verresti al cịnema con me?	*Would you come with me to the movies?*
Mi **darebbe** un bạcio?	*Would you give me a kiss?*
Che cosa **vorrebbe** fare Pạolo?	*What would Paolo like to be?*
Vorrei fare l'architetto.	*I would like to be an architect.*

━━━━━━━━ **E S E R C I Z I** ━━━━━━━━

A. *Give the present conditional of each of the following verbs, according to the subject in parentheses.*

1. (io) cantare; mangiare; scrivere; guardare; rispondere
2. (noi) partire; prendere; aiutare; comprare; dare
3. (loro) preferire; fare; venire; dare; scrivere
4. (Lei) essere; dovere; andare; stare; venire
5. (voi) avere; piacere; scrivere; vivere; dire
6. (tu) fare; andare; essere; avere; dire; sapere
7. (i bambini) mangiare; vedere; essere; partire

B. *Ask a student if he or she would do the following things.*

> ESEMPIO: **fare un viaggio in Oriente**
> *Faresti un viaggio in Oriente?*
> *Sì, lo farei.* o *No, non lo farei.*

1. fare una passeggiata   2. darmi un passaggio in macchina   3. prestarmi centomila lire
4. offrire un aperitivo   5. dare una festa per il mio compleanno   6. cambiare lavoro   7. studiare
l'italiano di più (*more*)   8. venire al cinema con me   9. aiutare un amico in difficoltà
10. spiegarmi cos'è questo condizionale

C. *A student will ask another student if he or she would do the following things. The student will answer in the negative, saying what he or she would do instead.*

> ESEMPIO: **andare al mare**
> *Andresti al mare?*
> *No, ma andrei volentieri in montagna.*

1. bere un succo d'arancia   2. comprare una Fiat   3. mangiare in un ristorante cinese   4. giocare
al golf   5. andare alle Hawaii   6. fare il meccanico   7. ascoltare della musica sinfonica
8. vedere un film di Woody Allen   9. passare le vacanze in Francia   10. studiare il russo
11. leggere un libro di Hemingway

D. *Say what you would do in the following circumstances.*

1. È in ritardo a un appuntamento. (scusarsi)
2. La macchina non funziona. (portarla dal meccanico)
3. Un amico Le domanda un favore. (farglielo)
4. Il padrone di casa aumenta l'affitto dell'appartamento. (protestare)
5. Ha preso un brutto voto in italiano. (studiare di più)
6. Un collega d'ufficio riceve una promozione. (organizzare una festa, invitare tutti gli impiegati)
7. Non ha l'elettricità in casa. (chiamare un elettricista)
8. Il professore desidera parlarLe. (preoccuparsi)

II. *The conditional perfect* (condizionale passato)

Avrebbe voluto
diventare un grande pittore...
invece fa l'imbianchino.

1. The conditional perfect is the equivalent of the English *would have* + past participle. It is formed with the present conditional of **avere** or **essere** + the past participle of the main verb.

avrei finito = *I would have finished*

It is conjugated as follows:

parlare	rispondere	partire
avrei avresti avrebbe avremmo } parlato avreste avrębbero	avrei avresti avrebbe avremmo } risposto avreste avrębbero	sarei saresti } partito(a) sarebbe saremmo sareste } partiti(e) sarębbero

Avrei scritto, ma non avevo l'indirizzo.	*I would have written, but I did not have the address.*
Avresti accettato l'invito?	*Would you have accepted the invitation?*

2. Whereas English uses the present conditional after the past tense of verbs of saying, such as **dire**, **rispondere**, and **spiegare**, Italian uses the conditional perfect. Compare the following constructions:

Dice che andrà.	*He says he will go.*
Ha detto che sarebbe andato.	*He said he would go.*

━━━━━━━━ **E S E R C I Z I** ━━━━━━━━

A. Substitute the subject with each subject in parentheses, changing the verb form accordingly.

1. Avrei avuto paura. (noi; lui; i ragazzi; mia sorella)
2. Saremmo partiti ieri. (tu; lui e lei; voi; i cugini)
3. Saresti stato in Sicilia. (voi; io; la mamma; noi; gli amici)
4. Avreste fatto sciopero. (noi; Gino; io; Pia e Lia; tu)
5. Avrei detto ciao. (tu; voi; nostro cugino; mia sorella)
6. Avresti preso un assegno. (noi; loro; l'idraulico; il cliente)
7. Saremmo arrivati in anticipo. (la segretaria; il dottore; voi; io)
8. L'avvocato sarebbe andato in pensione. (noi; tuo zio; loro; l'impiegato)

B. Give the conditional perfect for the verbs in parentheses.

> ESEMPIO: **Lia (fare) un viaggio, ma non aveva soldi.**
> *Lia avrebbe fatto un viaggio, ma non aveva soldi.*

1. Io (prestare) la macchina a Gino, ma ne aveva bisogno mio padre.   2. Lui (cambiare) lavoro, ma era difficile trovarne un altro.   3. Noi (prendere) il treno, ma c'era lo sciopero.   4. Loro (telefonare) agli amici, ma avevano perduto il loro numero di telefono.   5. Io (fare) il dottore, ma gli studi erano troppo lunghi.   6. Io (domandare) un aumento, ma il momento non era opportuno. 7. Leone (andare) alla festa, ma non stava bene.   8. Noi (uscire) prima, ma abbiamo ricevuto una telefonata.   9. Voi (alzarvi) presto, ma eravate stanchi.   10. Franco ha detto che (venire), ma non ha potuto.

III. Meanings of **dovere, potere,** and **volere** in the conditional

— **Potrebbe** *darmi un aumento?*

1. The present conditional of **dovere**, **potere**, and **volere** is used instead of the present indicative to make a request sound more polite or a statement less forceful. It has the following meanings:

dovrei = *I should, I ought to*
potrei = *I could, I might*
vorrei = *I would want, I would like*

Compare:

Devi aiutare la gente.	*You must help people.*
Dovresti aiutare la gente.	*You should (you ought to) help people.*
Non voglio vivere qui.	*I don't want to live here.*
Non vorrei vivere qui.	*I would not want (I would not like) to live here.*
Può aiutarmi?	*Can you help me?*
Potrebbe aiutarmi?	*Could you help me?*

2. The constructions of **potere**, **volere**, and **dovere** in the conditional perfect correspond to the following English constructions:

avrei dovuto + infinitive = *I should have* + past participle
avrei potuto + infinitive = *I could have* + past participle
avrei voluto + infinitive = *I would have liked* + infinitive

Avrei dovuto parlare all'avvocato.	*I should have spoken to the lawyer.*
Avrebbe potuto sposare un riccone.	*She could have married a very rich man.*
Avrebbe voluto fare un viaggio.	*He would have liked to take a trip.*

E S E R C I Z I

A. *Make the following sentences less forceful by changing the verb form from the present indicative to the present conditional.*

1. Voglio comprare una barca a vela.   2. Devi finire il lavoro prima delle cinque.   3. Possiamo uscire dalla classe mezz'ora prima?   4. Può spiegarci ancora il condizionale?   5. Dovete pensare al vostro futuro.   6. Un buono studente vuole ricevere un buon voto.   7. I signori Turati vogliono traslocare.

B. *Say what the following people should, would, or could have done in these situations.*

> ESEMPIO: **Lei ha ricevuto un brutto voto all'esame. Che cosa avrebbe dovuto fare?** *Avrei dovuto studiare di più.*

1. Il signor Brambilla era stanco di lavorare. Che cosa avrebbe voluto fare?   2. Non avevate notizie di un vostro amico. Che cosa avreste potuto fare?   3. I turisti non mangiavano da dieci ore. Che cosa avrebbero voluto fare?   4. Avevi un appuntamento, ma non ci potevi andare. Che cosa avresti potuto fare?   5. Sei arrivato in ritardo a scuola. Che cosa avresti dovuto fare?

IV. *Irregular plurals (1)*

*Un cuoco, due cuo**chi**... diversi cuo**chi**.*

1. The plural of masculine nouns and adjectives ending in **-co** is formed in two ways, according to the stress on the syllable.

a. When the stress falls on the next-to-the-last-syllable, the plural ends in **-chi**: **pár-co** ⟶ par-**chi**.

cuóco	cuo**chi**	rícco	ric**chi**
fuóco	fuo**chi**	antíco	anti**chi**
dísco	dis**chi**	biánco	bian**chi**

Exceptions: amico, ami**ci**; greco, gre**ci**.

b. When the stress falls on the third-to-the-last-syllable, the plural ends in **-ci**: **mé-di-co** ⟶ me-di-**ci**.

mónaco	mona**ci**	simpático	simpati**ci**
pórtico	porti**ci**	clássico	classi**ci**

---

2. Masculine nouns and adjectives ending in **-go** form their plural in **-ghi**.

luogo	luo**ghi**	lungo	lun**ghi**
albergo	alber**ghi**	largo	lar**ghi**
chirurgo	chirur**ghi**	analogo	analo**ghi**

NOTE: Nouns ending in **-ologo**, referring to professions, form their plural in **-ologi**: radiologo, radiologi; psicologo, psicologi.

Feminine nouns and adjectives ending in **-ca** and **-ga** form their plural in **-che** and **-ghe**. (See Chapter 2, I, and Chapter 3, I.)

3. Nouns ending in **-ista** can be either masculine or feminine. When masculine, they take the masculine article and form their plural in **-i**. When feminine, they take the feminine article and form their plural in **-e**.

il pianista	i pianisti	la pianista	le pianiste
lo specialista	gli specialisti	la specialista	le specialiste

NOTE: Adjectives ending in **-ista** follow the same pattern: ottimista → ottimisti, ottimiste

4. Masculine nouns and adjectives ending in **-io** form their plural in:

a. **-ii** when the **i** of **-io** is *stressed*.

zío	zii	natío *(native)*	natii
addío	addii	pío *(pious)*	pii

b. **-i** when the **i** of **-io** is *unstressed*.

studio	studi	serio	seri
ufficio	uffici	vario	vari

5. Feminine nouns and adjectives ending in **-cia** and **-gia** form their plural as follows:

a. When **-cia** and **-gia** are preceded by a vowel, their plural is **-cie** and **-gie**.

valigia	valigie
camicia	camicie
grigia	grigie

b. When **-cia** and **-gia** are preceded by a consonant, their plural is **-ce** and **-ge**.

faccia *(face)*	facce
pioggia	piogge
marcia *(rotten)*	marce

c. When the **i** of **-cia** and **-gia** is stressed (whether **-cia** and **-gia** are preceded by a vowel or a consonant), the plural is **-cie** and **-gie**.

farmacía	farmacie
bugía	bugie
energía	energie

ESERCIZI

Change the following sentences from the singular to the plural.

1. Abbiamo un mobile antico.   2. È un medico molto ricco.   3. Il fuoco è acceso (*lit*) nel caminetto.
4. Questo chirurgo è un professionista serio.   5. Davanti alla casa c'è un portico lungo.   6. È uno psicologo simpatico.   7. Detesto un lungo addio.   8. Non mangio l'arancia perchè è marcia.
9. La stanza dell'albergo è abbastanza larga.   10. La farmacia è chiusa oggi.   11. Giovanni porta una camicia grigia.

LETTURA

IN CERCA DI UN IMPIEGO

in search of

Oggi Liliana si è presentata nello studio dell'avvocato Belli per un'intervista.

Belli	*Dunque,* signorina, quali sarebbero le Sue qualifiche?	so
Liliana	Lei vuol dire la mia esperienza?	
Belli	*Appunto.* Ha mai lavorato in un ufficio come questo?	exactly
Liliana	No, mai. Ma ho lavorato per alcuni mesi da un *notaio* due anni fa.	notary public
Belli	Allora Lei potrebbe scrivere a macchina, *stenografare...*	take shorthand
Liliana	Potrei scrivere a macchina, ma non troppo velocemente, trentadue o trentatrè parole al minuto, ma nelle altre attività pratiche d'ufficio, sarei inesperta.	
Belli	Viva la sincerità, signorina. Ma, francamente, perchè vorrebbe lavorare da noi?	
Liliana	Sono studentessa in legge e mi piacerebbe vedere come funziona uno studio legale.	
Belli	Ah! Lei desidererebbe fare l'avvocatessa! Brava! E quando finirebbe gli studi?	
Liliana	Se tutto va bene, li finirei *fra* due anni.	in
Belli	Ancora due anni, eh? In due anni una bella ragazza come Lei potrebbe incontrare un bel giovanotto, sposarsi e avere...	
Liliana	Avvocato, Lei mi offende! Se Lei insinua che non ho intenzioni serie, perchè sono una donna, Lei si sbaglia. Ho sempre avuto l'intenzione di diventare avvocatessa, e un giorno lo diventerò, anche se esistono certi pregiudizi.	

Belli	Signorina, La prego di non arrabbiarsi. *Scherzavo!* Ma avrebbe dovuto presentarsi qualche giorno fa. Adesso è troppo tardi. Abbiamo già assunto un'altra signorina, molto esperta in lavori d'ufficio. Vuole un consiglio? Dovrebbe prima finire i Suoi studi e poi ritornare, e allora, *chissà...* potremmo avere bisogno del Suo aiuto.	I was joking
		who knows

DOMANDE SULLA LETTURA

1. Perchè Liliana si è presentata ad uno studio legale? 2. Liliana ha mai lavorato in un ufficio? 3. Che cosa potrebbe fare Liliana? 4. È una dattilografa esperta? 5. Per quali ragioni vorrebbe fare la segretaria? 6. Ha già finito gli studi di legge? 7. Secondo l'avvocato, che cosa potrebbe succedere (*happen*) a Liliana prima di laurearsi (*before she graduates*)? 8. L'avvocato che cosa mostra di avere verso le donne? 9. Resta calma Liliana alle insinuazioni dell'avvocato? 10. Come si scusa l'avvocato? 11. Finisce bene quest'intervista? Perchè? 12. Qual è il consiglio dell'avvocato a Liliana?

DOMANDE PERSONALI

1. Si è mai presentato(a) Lei a un'agenzia di collocamento (*employment agency*)? 2. Se sì, com'è andata l'intervista? 3. Che domande Le hanno fatto? 4. Le piacerebbe fare l'impiegato(a)? Perchè? 5. Che cosa potrebbe fare in un ufficio? 6. Sa scrivere a macchina? 7. Quante parole al minuto potrebbe scrivere? 8. Se non ha ancora un lavoro definitivo, quale mestiere o professione vorrebbe fare? Perchè? 9. Se Lei ha già un impiego, è contento(a) del Suo stipendio? 10. Spende tutto l'assegno mensile o riesce a risparmiare (*to save*) un po' di soldi? 11. Ha mai fatto sciopero Lei? Se sì, perchè? 12. Se Lei non ha un impiego, è perchè è disoccupato, molto ricco, in pensione, o semplicemente perchè vorrebbe prima finire i Suoi studi? 13. Se studia per laurearsi, che cosa farà quando si sarà laureato(a)?

ATTIVITÀ

Cerchiamo lavoro. Immaginate di essere in un'agenzia di collocamento. Gli studenti si dividono in due gruppi: quelli che intervistano e quelli che cercano lavoro. Le interviste incominciano: Qual è il lavoro? Quali sono le condizioni: per esempio, l'orario, lo stipendio, l'esperienza, le referenze?

TRADUZIONE

1. Roberto S. is a young lawyer who (*che*) lost his job. 2. Since he would like to find a new one, today he is in an employment agency for an interview. 3. "Would you have a job for a person with my qualifications?" 4. "Well (*beh!*), C & C is building a wall (*muro*) around its property (*proprietà*) and will be hiring several people." 5. "I would prefer to work in an office: I can type. . . ." 6. "Well, maybe you should come back next month; we might have another job." 7. "I can't wait. I will take this job, though I would have preferred (*però*) a more (*più*) intellectual job." 8. "Who knows? Today you start as a simple worker, and tomorrow you might become the president of C & C."

VOCABOLARIO

Nomi

l'aiuto *help*
l'aumento *increase*
il consiglio *advice*
il dattilografo; la dattilografa *typist*
la disoccupazione *unemployment*
l'esperienza *experience*
la farmacia *pharmacy*
l'impiego *employment, job*
l'indirizzo *address*

l'intenzione (*f.*) *intention*
l'intervista *interview*
la laurea *university degree*
la legge *law*
il posto *position*
il/la professionista *professional*
la qualifica *qualification*
il segretario; la segretaria *secretary*
lo/la specialista *specialist*

Aggettivi

disoccupato *unemployed*
esperto *expert, experienced*
inesperto *inexperienced*
intellettuale *intellectual*
legale *legal*

ottimista (*m. & f.*) *optimistic*
pessimista (*m. & f.*) *pessimistic*
serio *serious*
soddisfatto *satisfied*

Verbi

assumere (*p.p.* assunto) *to hire*
funzionare *to work, to function*
laurearsi *to graduate (from a university or college)*
licenziare *to fire*
preoccuparsi *to worry*

presentarsi *to introduce oneself*
sbagliarsi *to make a mistake*
scrivere a macchina *to type*
voler(e) dire *to mean*

Altre espressioni

chissà! *who knows!*
intorno a *around*

secondo *according to*
verso *toward*

PAGINA CULTURALE

L'ECONOMIA E IL LAVORO IN ITALIA

Fino al 1931 più della **metà** dei lavoratori italiani erano occupati nell'agricoltura. Verso la seconda parte degli anni cinquanta, grazie al progresso tecnologico e alla sua adesione al Mercato Comune Europeo, l'Italia **ha raggiunto** un alto sviluppo industriale. Alla fine degli anni sessanta il numero dei lavoratori nell'industria superava largamente quello dei lavoratori nel settore agricolo.

half

reached

Un fattore che *ha approfondito ulteriormente* la crisi dell'agri- | deepened further
coltura è l'alta percentuale dei giovani che si iscrivono alle università. Purtroppo le possibilità di trovare un impiego alla fine degli
studi diventano sempre più incerte. Secondo previsioni elaborate da
un gruppo di ricerche, negli anni novanta solo il 60 per cento dei
laureati potrà trovare un impiego. Già nel maggio 1983 il *tasso* | rate
ufficiale di disoccupazione in Italia era *pari al* 9,8 per cento. L'au- | equal to
mento della disoccupazione *va di pari passo* con l'aumento | keeps up
dell'inflazione.

Secondo queste statistiche, l'Italia sarebbe *sull'orlo* della crisi. | on the verge
Infatti, in tutti questi anni i giornali, *sia* italiani *che* stranieri, hanno | whether . . . or
riportato notizie *deprimenti* sullo stato del paese e *hanno previsto* la | depressing / have foreseen
catastrofe imminente dell'economia italiana. In realtà, il turista che
visita l'Italia è molto sorpreso di *constatare* il benessere economico | to see
e l'alto *tenore di vita* dell'Italiano medio. Questo benessere è visibile | standard of living
nell'abbondanza e nella qualità dei prodotti *disponibili* nei negozi e | available
anche nella gente *che affolla* i ristoranti, i teatri e i *luoghi di villeg-* | who crowd / resort areas
giatura.

La ragione del contrasto fra le informazioni pessimistiche ri-
portate dai giornali e l'*attuale* benessere sta nell'esistenza di una | present
forma d'industria, a carattere familiare o artigianale, che *sfugge* alle | escapes
statistiche ufficiali, e che *perciò* è chiamata « *sommersa* ». | therefore / underground

Il lavoratore italiano, di norma, riceve lo stipendio tredici volte
all'anno, cioè riceve a dicembre una *busta-paga* che si chiama tre- | paycheck
dicesima. Le banche e alcune industrie pagano anche una quattor-
dicesima. Il *reddito* medio delle famiglie italiane nel 1981 era di | income
circa quattordici milioni di lire all'anno. Quando il lavoratore lascia
la ditta perchè va in pensione o perchè ha deciso di cambiare lavoro,
riceve dal *datore di lavoro* una somma di denaro, che si chiama | employer
liquidazione, e che è pari all'ultimo stipendio moltiplicato per il
numero di anni d'impiego quella ditta.

L'età fissata per la pensione è di sessanta anni per l'uomo e
cinquantacinque anni per la donna, ma si dice che le cose cambie-
ranno presto. Il governo garantisce a tutti il diritto alla pensione,
anche alle *casalinghe.* | housewives

Un corteo di lavoratori in sciopero.

16

PAESI E PAESAGGI

Ti piacerebbe fare un viaggio in pallone?

UN VIAGGIO IN PALLONE

Tina e due suoi compagni di classe hanno studiato tutto il pomeriggio la geografia. Ora si riposano e parlano dei loro *sogni*.   dreams

Marco	Sapete cosa mi piacerebbe fare? Mi piacerebbe fare un viaggio in *pallone*.

balloon

Pio	In pallone?
Marco	Sì, mi piacerebbe *sorvolare* l'oceano in pallone. Dovete ammettere che sarebbe più interessante di un viaggio in aereo, perchè in aereo non si può vedere molto.

fly over

Pio	Veramente sorvolare l'oceano, mi farebbe paura. Ma piacerebbe anche a me vedere *dall'alto* valli e pianure, colline, fiumi e laghi.

from above

Tina	Sì, è vero, un viaggio in pallone sarebbe un viaggio interessantissimo. Più interessante di *qualsiasi* altro viaggio.

any

Marco	Il libro di Giulio Verne *Il giro del mondo in ottanta giorni* mi ha sempre affascinato.
Tina	Chissà, forse un giorno potremo farlo anche noi. Mi piacerebbe moltissimo.
Pio	Ragazzi, per il momento dobbiamo finire di studiare la nostra geografia!

DOMANDE SUL DIALOGO

1. Che cosa studiano oggi Tina e i compagni?   2. Che cosa piacerebbe fare a Marco?   3. Perchè preferisce un viaggio in pallone a un viaggio in aereo?   4. Perchè a Pio non piace sorvolare l'oceano?   5. Che cosa ha sempre affascinato Marco?   6. Che cosa suggerisce di fare Pio?

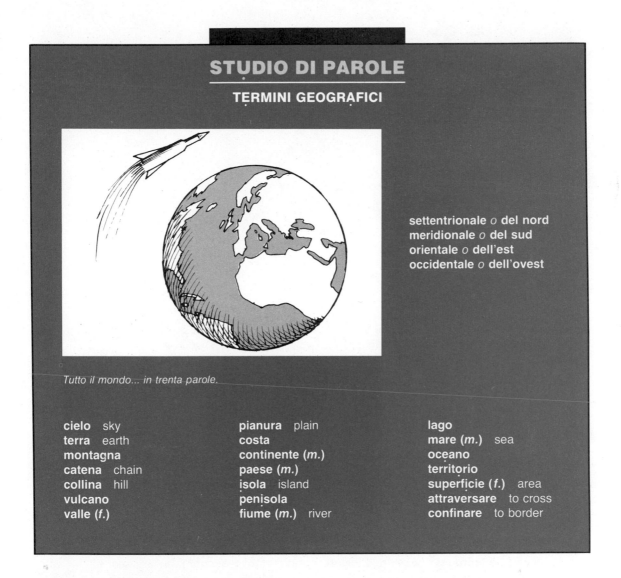

STUDIO DI PAROLE

TERMINI GEOGRAFICI

settentrionale *o* del nord
meridionale *o* del sud
orientale *o* dell'est
occidentale *o* dell'ovest

Tutto il mondo... in trenta parole.

cielo sky	**pianura** plain	**lago**
terra earth	**costa**	**mare** (*m.*) sea
montagna	**continente** (*m.*)	**oceano**
catena chain	**paese** (*m.*)	**territorio**
collina hill	**isola** island	**superficie** (*f.*) area
vulcano	**penisola**	**attraversare** to cross
valle (*f.*)	**fiume** (*m.*) river	**confinare** to border

ESERCIZIO SU STUDIO DI PAROLE

1. Che cos'è la Sardegna?   2. Da che cosa è circondata l'Italia?   3. Cos'è il Mississippi?   4. Che cosa attraversa Lei per andare dall'Austria all'Italia?   5. Qual è il lago più grande degli Stati Uniti?   6. Come si chiama l'oceano che si trova fra l'America del Sud e l'Africa?   7. È più grande la superficie dell'Inghilterra o quella del Giappone?   8. Qual è il contrario di orientale?

PUNTI GRAMMATICALI

I. The comparatives (comparativi)

La Sardegna è grande
quanto *la Sicilia.*
Il Po è **più** *lungo* **del** *Tevere.*
Gli Appennini sono **meno**
alti **delle** *Alpi.*

1. Il Tevere è più lungo o più corto del Po?   2. Le Alpi sono meno alte o più alte degli Appennini?
3. La Sardegna è più grande della Sicilia?

There are three types of comparisons: the comparison of equality, the comparison of superiority, and the comparison of inferiority.

---

1. The expressions for the comparison of equality are as follows:

(così)... come	*as . . . as*
(tanto)... quanto	*as . . . as, as much . . . as*

Both may be used either before an adjective or before an adverb. In these cases, **così** and **tanto** may be omitted. Before a noun, **tanto... quanto** must be used. In this case, **tanto** must agree with the noun it modifies and cannot be omitted.

Roma è (**tanto**) bella **quanto** Firenze.	*Rome is as beautiful as Florence.*
Studio (**così**) diligentemente **come** Giulia.	*I study as diligently as Giulia.*
Io ho **tanta** pazienza **quanto** Lei.	*I have as much patience as you.*
Ho **tanti** amici **quanto** Luigi.	*I have as many friends as Luigi.*

2. The expressions for the comparisons of superiority and inferiority are:

più... di, più... che	*more . . . than*
meno... di, meno... che	*less . . . than*

a. **Più... di** and **meno... di** are used when two persons or things are compared in terms of the same quality or performance.

La California è **più** grande **dell'**Italia.	*California is bigger than Italy.*
Una Fiat è **meno** cara **di** una Ferrari.	*A Fiat is less expensive than a Ferrari.*
Gli aerei viaggiano **più** rapidamente **dei** treni.	*Planes travel faster than trains.*
Tu hai **più** soldi **di** me.	*You have more money than I.*

NOTE: **Di** (*than*) combines with the article. Also, if the second term of comparison is a personal pronoun, a disjunctive pronoun must be used (**me, te,** etc.)

b. **Più... che** and **meno... che** are used when two adjectives, adverbs, infinitives, or nouns are directly compared, and are related to the same person or thing.

L'Italia è **più** lunga **che** larga.	*Italy is longer than it is wide.*
Studia **più** diligentemente **che** intelligentemente.	*He studies more diligently than intelligently.*
Mi piace **meno** studiare **che** divertirmi.	*I like studying less than having fun.*
Luigi ha **più** nemici **che** amici.	*Louis has more enemies than friends.*

3. Before a conjugated verb, *than* translates into **di quel(lo) che.**

L'Italia produce più vino **di quel che** consuma.	*Italy produces more wine than it consumes.*
Pietro guadagna meno **di quel che** pensavo.	*Pietro earns less than I thought.*

E S E R C I Z I

A. *Compare the following people, places, or things, using tanto... quanto or così... come.*

ESEMPIO: (alto) Teresa / Gina   *Teresa è tanto alta quanto Gina.*
o *Teresa è così alta come Gina.*

1. (bello) l'isola di Capri / l'isola d'Ischia   2. (grande) la tua camera / la mia camera   3. (elegante) le donne italiane / le donne americane   4. (diligente) questi studenti / quegli studenti   5. (artistico) i film di Fellini / quelli di Zeffirelli   6. (preoccupato) la mamma / papà

B. *A student will ask a question based on the given elements, using* **più... di** *and* **meno... di,** *and another will answer by choosing one of the two alternatives.*

> ESEMPIO: (popolato) l'Italia / la California
> *L'Italia è più popolata o meno popolata della California?*
> *L'Italia è più popolata della California.*

1. (riservato) gli Italiani / gli Inglesi   2. (difficile) un esame di algebra / un esame di spagnolo
3. (lungo) le notti d'inverno / le notti d'estate   4. (leggero) un vestito di lana / un vestito di seta
5. (rapido) l'aereo / il treno   6. (necessario) la salute / i soldi   7. (pericoloso) la bicicletta / la motocicletta   8. (vecchio) il nonno / il nipotino

C. *Answer by using* **più... di** *or* **meno... di.**

> ESEMPIO: **Chi ha più soldi? I Rockefeller o Lei?**
> *I Rockefeller hanno più soldi di me.* o *I Rockefeller hanno meno soldi di me.*

1. Chi ha più preoccupazioni? I genitori o i figli?
2. Chi ha più clienti? Gli avvocati o i dottori?
3. Chi mangia più dolci? I bambini o gli adulti?
4. Chi cucina più spaghetti? Gli Italiani o i Francesi?
5. Chi cambia la macchina più spesso? Gli Europei o gli Americani?
6. Chi ha ricevuto più voti nelle ultime elezioni? I repubblicani o i democratici?
7. Chi guadagna più soldi? Un professore o un idraulico?
8. Chi ha più tempo libero? Una donna di casa o un'impiegata?
9. Chi parla più correttamente l'italiano? Lei o il professore?
10. Chi va più volentieri al ristorante? La moglie o il marito?

D. *Answer by making a comparison between the two elements.*

> ESEMPIO: **Milano è industriale o artistica?**
> *Milano è più industriale che artistica.*

1. La Maserati è sportiva o pratica?   2. Il cielo è nuvoloso o sereno oggi?   3. L'Amaretto di Saronno è dolce o amaro?   4. Venezia ha strade o canali?   5. A un bambino piace studiare o giocare?   6. Lei mangia carne o verdura?   7. I Tedeschi bevono vino o birra?   8. Per Lei è interessante leggere o viaggiare?

E. *Complete each sentence using* **come, quanto, di** *(with or without article),* **che,** *or* **di quel che.**

1. La tua stanza è tanto grande _____ la mia.   2. Venezia è più romantica _____ credevamo.
3. La sua sorellina è più bella _____ lei.   4. È meno faticoso camminare in pianura _____ camminare in collina.   5. La moda di quest'anno è meno attraente _____ moda degli anni scorsi.
6. Non siamo mai stati così poveri _____ adesso.   7. Pescare è più riposante _____ nuotare.
8. I bambini sono più semplici _____ adulti.   9. L'italiano è più facile _____ cinese.   10. Il cinese è meno difficile _____ pensate.

II. *The superlatives* **(superlativi)**

*Venẹzia è **la** città **più** romạntica d'Itạlia.*

There are two types of superlatives: the relative superlative (**superlativo relativo**) and the absolute superlative (**superlativo assoluto**).

---

1. The relative superlative corresponds in English to *the most . . . , the least . . . , the (. . .)est.* It is formed by placing the definite article before the comparatives of superiority or inferiority.

Firenze è **la più** bella città d'Itạlia.	*Florence is the most beautiful city in Italy.*
Il Monte Bianco è **il più** alto d'Eurọpa.	*Mont Blanc is the highest mountain in Europe.*
Pierino è **il meno** studioso della classe.	*Pierino is the least studious in the class.*

Note that the English preposition *in* is rendered in Italian by **di** or **di** + definite article.

The position of the superlative in relation to the noun depends on the adjective. If the adjective follows the noun, the superlative also follows the noun. In this case, the article is placed *before* the noun.

Roma è **la più grande** città d'Itạlia. *or* Roma è **la** città **più grande** d'Itạlia.	*Rome is the largest city in Italy.*
Gẹnova e Nạpoli sono **i** porti **più importanti** del Mare Tirreno.	*Genoa and Naples are the most important ports in the Tyrrhenian Sea.*

---

2. The absolute superlative corresponds in English to *very* (or *extremely*) + adjective or adverb. It is formed in the following ways:

a. By placing **molto** before the adjective or the adverb.

Capri è un'ịsola **molto bella.**	*Capri is a very beautiful island.*
Lui impara le lịngue **molto facilmente.**	*He learns languages very easily.*

b. By dropping the final vowel of the adjective or of the adverb not ending in -**mente** and adding the suffix -**issimo** (-**issima**, -**issimi**, -**issime**) to the adjective and -**issimo** to the adverb.

È stata una **bellissima** serata.	*It was a very beautiful evening.*
Ho passato delle vacanze **interessantissime**.	*I spent a very interesting vacation.*
Siamo arrivati **tardissimo**.	*We arrived very late.*

NOTE: Adjectives ending in -**co** and -**go** add the suffix -**ssimo** (**a, i, e**) to their masculine plural form.

ricco	**ricchissimo** (a, i, e)
antico	**antichissimo** (a, i, e)
lunga	**lunghissima** (a, i, e)
simpatico	**simpaticissimo** (a, i, e)

E S E R C I Z I

A. Più o meno? *Following the example, form a question and then answer it by using the relative superlative.*

ESEMPIO: **I vestiti italiani / eleganti / mondo.**
I vestiti italiani sono i più eleganti o i meno eleganti del mondo?
Sono i più eleganti del mondo.

1. Lo stato di Rhode Island / grande / Stati Uniti.
2. Il baseball / popolare / sport americani.
3. Un chirurgo / caro / professionisti.
4. Febbraio / lungo / mesi.
5. Il 21 dicembre / breve / giorni dell'anno.
6. L'estate / calda / stagioni.
7. Il jogging / pericoloso / sport.

B. *One student will ask a question, and another will answer using the adjective in the absolute superlative, according to the example.*

ESEMPIO: **bravo / Maria** *È brava Maria?*
È bravissima.

1. bello / l'isola di Capri   2. paziente / il professore (la professoressa) d'italiano   3. veloce / la Maserati   4. stanco / gli studenti   5. ordinato / la tua stanza   6. lungo / quest'ora   7. alto / i grattacieli (*skyscrapers*)   8. difficile / questa lezione   9. antico / Roma   10. simpatico / gli Italiani

III. Irregular comparatives and superlatives

*È il **peggior** pianista della città.*

1. Some adjectives have irregular comparative and superlative forms in addition to regular forms (**più** + adjective; **il/la più** + adjective). The most common are:

Adjective	Comparative		Relative superlative	
buono	migliore	*better*	il migliore	*the best*
cattivo	peggiore	*worse*	il peggiore	*the worst*
grande	maggiore	*bigger, greater*	il maggiore	*the biggest, the greatest*
piccolo	minore	*smaller*	il minore	*the smallest*

These forms are often used figuratively, whereas the regular ones are often used literally (to express size, physical or moral qualities).

Franca è **la migliore** studentessa della classe, ma Claudia è **più buona** di Franca. Il Lago di Como è **più piccolo** del Lago di Garda.	*Franca is the best student in the class, but Claudia is better (a better girl) than Franca. Lake Como is smaller than Lake Garda.*
Le autostrade italiane sono tra **le migliori** d'Europa.	*Italian highways are among the best in Europe.*
Dante è **il maggior*** poeta italiano. La tua è **la peggiore** delle scuse.	*Dante is the greatest Italian poet. Yours is the worst of the excuses.*

---

*Migliore, peggiore, maggiore, *and* minore *may drop the final* -e *before a noun not beginning with* z *or with* s + *consonant.* ·

Maggiore (il maggiore) and minore (il minore) also translate as *older (the oldest)* and *younger (the youngest)* when speaking of age. In this case, they follow the noun they modify.

Il mio fratello **maggiore** è a Siena.	*My older brother is in Siena.*
Franca è **la minore** delle sorelle.	*Franca is the youngest of the sisters.*

The *absolute superlatives* of these adjectives are formed as follows:

buono ⟶ buonissimo, ottimo	*very good*
cattivo ⟶ cattivissimo, pessimo	*very bad*
grande ⟶ grandissimo, massimo	*very big, very great*
piccolo ⟶ piccolissimo, minimo	*very small*

Le tagliatelle alla bolognese sono **buonissime.**	*Tagliatelle alla bolognese (a type of pasta) are very good.*
Non ho la **minima** idea di cosa farò.	*I haven't the slightest idea what I will do.*
La tua è un'**ottima** soluzione.	*Yours is a very good solution.*
D'inverno il clima di Milano è **pessimo.**	*In winter the climate in Milan is very bad.*

2. The adverbs **bene, male, molto,** and **poco** have the following comparative and superlative forms:

Adverb	Comparative		Relative superlative	
bene	meglio	*better*	il meglio	*the best*
male	peggio	*worse*	il peggio	*the worst*
molto	più, di più*	*more*	il più	*the most*
poco	meno, di meno*	*less*	il meno	*the least*

Lei conosce gli Stati Uniti **meglio** di me.	*You know the United States better than I do.*
Viaggio **più** d'estate che d'inverno.	*I travel more in summer than in winter.*
Parlerò **il meno** possibile.	*I will speak the least possible.*
Guadagni come me? No, guadagno **di più.**	*Do you earn as much as I (do)? No, I earn more.*

The *absolute superlatives* of these adverbs are formed as follows:

bene ⟶ benissimo, ottimamente	*very well*
male ⟶ malissimo, pessimamente	*very badly*
molto ⟶ moltissimo	*very much*
poco ⟶ pochissimo	*very little*

Qui si mangia **benissimo.**	*Here one eats very well.*
Ho dormito **pochissimo.**	*I slept very little.*

*Di più *and* di meno *are used when the second term of comparison is not expressed.*

━━━━━━━━━ **E S E R C I Z I** ━━━━━━━━━

A. Secondo te... *In your opinion, which of the two is* **migliore?**

> ESEMPIO: **Il clima della California / il clima dell'Oregon**
> *Secondo te, è migliore il clima della California o il clima dell'Oregon?*
> *Il clima della California è migliore del clima dell'Oregon.*

1. i cibi piccanti / i cibi insipidi   2. le paste americane / le paste italiane   3. una vacanza al mare / una vacanza in montagna   4. un vestito di seta / un vestito di polyester   5. l'espresso / il capuccino

a. *Which of the two is* **peggiore?**

1. la noia / il troppo lavoro   2. un padre avaro / un padre severo   3. la pioggia / il vento   4. un chirurgo nervoso / un chirurgo lento   5. gli studenti pigri / gli studenti distratti

b. *Which of the two is* **maggiore?**

1. un ragazzo di diciassette anni / un ragazzo di tredici anni   2. la popolazione dello stato di New York / quella della California   3. il costo di un biglietto per le Hawaii / uno per l'Inghilterra 4. la percentuale di disoccupazione negli Stati Uniti / quella in Europa

c. *Which of the two is* **minore?**

1. la distanza Milano–Roma / quella Milano–Napoli   2. i problemi di uno studente / quelli di un padre di famiglia   3. il peso di una libbra / quello di un chilo

B. *Make a complete sentence, giving the comparative of the italicized adverbs.*

> ESEMPIO: **Maria canta** *bene* **/ Elvira.**
> *Maria canta meglio di Elvira.*

1. Un povero mangia *male* / un ricco.   2. Un avvocato guadagna *molto* / un impiegato.   3. Un barista va a letto *tardi* / un elettricista.   4. Un neonato (*newborn*) mangia *spesso* / un ragazzo. 5. Uno studente pigro studia *poco* / uno studente diligente.   6. Una dattilografa scrive a macchina *velocemente* / una professoressa.   7. Mia madre cucina *bene* / me.

C. *Answer each question with the absolute superlative of either the adjective or the adverb.*

1. Canta bene Pavarotti?   2. Le piace molto viaggiare?   3. Mangia poco quando è a dieta? 4. Sta male quando riceve una brutta notizia?   5. È cattivo l'olio di ricino (*castor oil*)?   6. È grande l'Oceano Pacifico?   7. È piccolo un atomo?   8. Sono buoni i dolci italiani?

D. Proverbi. *Find the English equivalents of the following Italian proverbs.*

Meglio tardi che mai.
È meglio un asino (*donkey*) vivo che un dottore morto.
È meglio un uovo oggi che una gallina (*hen*) domani.

IV. *Uses of the definite article*

La gente non è mai contenta.

1. We have already seen that the definite article is used with titles, days of the week, possessive adjectives, reflexive constructions, and dates and seasons.

2. The definite article is also required with:

a. Nouns used in a general or abstract sense, whereas in English it is often omitted.

I bambini amano **gli** animali.	*Children love animals.*
La gente ammira **il** coraggio.	*People admire courage.*
Il tempo è denaro.	*Time is money.*

b. Names of languages.

Ho incominciato a studiare l'italiano.	*I began to study Italian.*

c. Geographical names indicating continents, countries, states, regions, large islands, and mountains. Names ending in **-a** are generally feminine and take a feminine article; those ending in a different vowel or in a consonant are masculine and take a masculine article.

L'E̦verest è il monte più alto del mondo.	*Mount Everest is the highest mountain in the world.*
La capitale de**gli Stati Uniti** è Washington.	*The capital of the United States is Washington.*
L'Asia è più grande dell'**Europa**.	*Asia is larger than Europe.*
I miei genitori ve̦ngono da**lla Sici̦lia**.	*My parents come from Sicily.*
Il Texas è ricco di petro̦lio.	*Texas is rich in oil.*
Il Piemonte confina con **la Ligu̦ria**.	*Piedmont borders on Liguria.*

NOTE: When a feminine noun indicating a continent, country, region, or large island is preceded by the preposition **in** (*in, to*) the article is omitted unless the noun is modified.

Andrete in Italia questa estate?	*Will you go to Italy this summer?*
Sì, andremo **nell'Italia meridionale**.	*Yes, we will go to southern Italy.*

E S E R C I Z I

A. *Complete the following sentences using the definite article if necessary.*

1. Mi piace _____ vino rosso. 2. _____ neve è bianca. 3. _____ gente ama viaggiare. 4. _____ Capri è una piccola isola. 5. Impariamo due lingue: _____ spagnolo e _____ italiano. 6. Giulia si è tagliata _____ capelli. 7. Ci vedremo _____ venerdì. 8. Ti piace _____ inverno? 9. _____ domenica ci incontriamo sempre con _____ nostri amici.

B. *Supply the missing words.*

1. _____ Giappone è _____ Asia. 2. _____ Monte Etna è _____ Sicilia. 3. _____ Stati Uniti sono _____ America del Nord. 4. _____ Massachussets confina con _____ New Jersey. 5. _____ Algeria è _____ Africa del Nord. 6. _____ Russia si trova _____ Europa orientale. 7. _____ Calabria è _____ Italia meridionale.

LETTURA

UNA LEZIONE DI GEOGRAFIA

Liliana ha potuto trovare diverse lezioni private. Fra i suoi *allievi* c'è Tim, un ragazzino californiano. Il padre di Tim è impiegato in una società multinazionale *con sede* a Milano e si trova in Italia da più di un anno, con la famiglia.

    Oggi si parla di geografia.

— Timmy, che cosa sono queste?

— Due mappe, una dell'Italia, l'altra degli Stati Uniti.

— Attento: si dice « due carte geografiche ». Se paragoni l'Italia agli Stati Uniti, che cosa vedi?

— Vedo che l'Italia è piccolissima, molto più piccola degli Stati Uniti. Vedo anche che ha una forma strana e che è molto più lunga che larga.

pupils

located

— Bravissimo! Infatti ha la forma di uno stivale. Ora, se guardi il tuo stato, la California, che cosa mi puoi dire?

— L'Italia è quasi grande quanto la California.

— Benissimo. La superficie dell'Italia è più di due terzi quella della California. Ti posso dire di più: Milano dista da Roma quanto San Francisco dista da Los Angeles.

— Però quando si va in macchina da Milano a Roma, non sembra così lontano.

— Perchè dici così?

— Perchè si vedono tante città. Anche l'Autostrada del Sole sembra più piccola, comparata con le autostrade americane.

— Non si dice « comparata », ma « paragonata » a quelle americane. E Milano, come ti sembra, se la paragoni a San Francisco?

— Meno bella, naturalmente. Più vecchia di San Francisco, e con le case più grigie. E d'inverno fa più freddo a Milano che a San Francisco, mentre d'estate fa più caldo.

— Insomma, cosa ti piace di questa città?

— Mi piace la cucina. Da quando siamo qui, mangiamo molto meglio: ogni giorno un piatto di pastasciutta diverso. E le torte sono migliori qui che negli Stati Uniti.

— *Meno male* che ti piace qualche cosa. Ma... parlavamo della superficie dell'Italia, che è quasi uguale a quella della California*. Lo sai quanti abitanti ci sono in California?   it's a good thing

— Mio padre dice che ci sono più di venti milioni di Californiani e che sono troppi.

— Sì, ho letto che la California è lo stato più popolato degli Stati Uniti. Ma lo sai, Tim, che in Italia ci sono quasi sessanta milioni di abitanti? Che cosa direbbe tuo padre di così tanta gente?

— Direbbe che ci sono almeno quaranta milioni di Italiani più che il necessario.

— Timmy, vuoi dire « più *del* necessario »!

DOMANDE SULLA LETTURA

1. A chi ha incominciato a dare lezioni private Liliana?   **2.** Che cosa fa il padre di Tim?   **3.** Di quali paesi parlano?   **4.** Che cosa guardano per paragonare i due paesi?   **5.** È meno grande la California dell'Italia?   **6.** La distanza fra Milano e Roma è maggiore o minore di quella fra San Francisco e Los Angeles?   **7.** Com'è il clima di Milano paragonato a quello di San Francisco?   **8.** Secondo il ragazzino, com'è la cucina italiana paragonata a quella americana?   **9.** Ci sono più o meno di 50 milioni di abitanti in Italia?   **10.** L'Italia è più popolata o meno popolata della California?

**L'Italia misura più di 116.000 miglia quadrate e ha una popolazione di più di 57.000 abitanti.*

DOMANDE PERSONALI

1. Lei ha dei fratelli minori?   2. Nella Sua città ci sono più di 250.000 abitanti?   3. Lei si trova in questa università da più di un anno?   4. Lei ha tanto tempo libero quanto desidera?   5. Lei trova la grammatica italiana così semplice come credeva?   6. Conosce l'italiano così bene come l'inglese?   7. È più facile per Lei studiare quando c'è molta gente nella stanza?   8. Che cosa Le piacerebbe di più: fare il dottore (dottoressa) o il professore (professoressa)?   9. È vero che Lei studia pochissimo?   10. Lei è tanto bravo(a) in matematica quanto Einstein?   11. Lei è più ricco(a) dei Rockefeller?

ATTIVITÀ

In quale stato preferisci vivere? Spiegate perchè vi piace vivere in uno stato più che in un altro. Fate molti confronti (*comparisons*): considerate la geografia, le bellezze naturali, il clima, le possibilità di lavoro, ecc.

TRADUZIONE

1. Dino Campana and Gennaro De Filippo are two mechanics who (*che*) work at the Fiat plant (*fabbrica*) in Torino.   2. Gennaro often speaks about his region, Campania, and his city, Napoli, to his friend Dino.   3. "Napoli is the most beautiful city in the world, with its fantastic gulf, Capri, Ischia . . ."   4. "Yes, Gennarino, but you must admit (*ammettere*) that Torino is more industrial and richer than Napoli."   5. "But the climate is not as good as that of Napoli. In winter it is much colder and in summer it is more humid."   6. "You are right. Life is more pleasant in Napoli than in Torino for people who are very rich."   7. "If one wants to earn more money, it is better to live in Torino. There are better jobs, and salaries are higher."   8. "In fact, my younger brother, who is an engineer, has been working only three years, and he earns more than I."   9. "I will work in Torino until it is time to retire, and then I will return to my very beautiful city."   10. "So, Gennarino, it is true what they say: *Vedi Napoli, e poi muori.*"

VOCABOLARIO

Nomi

l'adulto; l'adulta *adult*
il canale *channel*
la capitale *capital*
il chilometro *kilometer*
il clima *climate*
il contrario *contrary*
il denaro *money*
la dieta *diet*
la distanza *distance*
la forma *form, shape*

il golfo *gulf*
la libbra *pound*
il miglio (*pl.* le miglia) *mile*
il mondo *world*
il peso *weight*
il porto *port*
la regione *region*
la scusa *excuse*
la società *society*
le tagliatelle *pasta (cut in thin strips)*

Aggettivi

affollato	*crowded*	**piacevole**	*pleasant*
artistico	*artistic*	**popolato**	*populated*
breve	*short*	**pratico**	*practical*
centrale	*central*	**privato**	*private*
diligente	*diligent*	**riservato**	*reserved*
geografico	*geographic*	**romantico**	*romantic*
industriale	*industrial*	**uguale**	*equal*
ottimo	*excellent*	**umido**	*humid*
paziente	*patient*		

Verbi

ammirare	*to admire*	**paragonare**	*to compare*
circondare	*to surround*	**trovarsi**	*to be, to be situated, to find one-self*
distare	*to be distant, to be (far) from*		

Altre espressioni

infatti	*in fact*	**naturalmente**	*naturally, of course*
il meno possibile	*the least possible*		

PAGINA CULTURALE

L'ITALIA: UN MOSAICO DI *PAESAGGI*   *landscapes*

L'Italia è un piccolo paese con **confini** naturali ben definiti. Al nord la catena **maestosa** delle Alpi la separa dal resto dell'Europa. All'ovest, al sud e all'est, invece, la **circondano** il Mare Ligure, il Mare Tirreno, il Mare Ionio e il Mare Adriatico. *(boundaries, majestic, surround)*

Dentro questi confini sta un mosaico di paesaggi che permette al viaggiatore di ammirare panorami continuamente diversi.

Il paesaggio della regione alpina è ricco di valli coperte di foreste di pini, di laghetti, di alte **cime** e **ghiacciai**. Nelle Alpi occidentali si alza il monte più elevato d'Europa, il Monte Bianco (4.810 metri). La zona subalpina è la zona dei grandi laghi. I più importanti sono il Lago Maggiore, il Lago di Como e il Lago di Garda, che **attirano** i turisti in ogni stagione. Infatti, la presenza dei laghi mitiga il clima e permette l'esistenza di una vegetazione che sarebbe più naturale trovare lungo le coste del mare: ulivi, aranci, limoni e palme. *(peaks / glaciers, attract)*

Dalle Alpi occidentali nasce il Po, il fiume più lungo d'Italia. Il Po attraversa la Pianura Padana (del Po) ed entra nell'Adriatico. La Valle

Padana è la pianura più grande d'Italia. L'abbondanza dell'acqua fa di questa pianura la zona più ricca d'Italia. La campagna vi è fertilissima e l'agricoltura *vi raggiunge* un alto livello di *sviluppo*.

reaches (here) / development

I Monti Appennini limitano la Pianura Padana al sud. La loro catena parte dalle Alpi occidentali e attraversa tutta la penisola. Da questa catena nascono i due fiumi Arno e Tevere che attraversano rispettivamente Firenze e Roma, prima di finire nel Tirreno. I laghi che si trovano fra queste montagne sono di origine vulcanica, così come la catena degli Appennini. Zona particolarmente instabile è quella compresa fra il Vesuvio, vicino a Napoli, e l'Etna, nella Sicilia orientale. Questi due vulcani hanno una lunga storia di distruzione. Il Vesuvio *ha sepolto* nel 79 dopo Cristo le città romane di Pompei e Ercolano, che lo *strato* di lava ha preservate. L'Etna ha distrutto diverse volte la città di Catania, e le sue eruzioni hanno aperto più di duecento crateri. Nelle regioni settentrionali il paesaggio appenninico è *dolcemente ondulato* ed ha un aspetto molto civilizzato, mentre *acquista* una bellezza severa e selvaggia più si procede verso il sud.

buried

layer

gently rolling

acquires

Anche le coste italiane differiscono nel loro aspetto fisico. Quelle occidentali sono in genere alte e *rocciose*. Particolarmente pittoresche sono la Riviera Ligure, che continua la Riviera Francese; la Costa Amalfitana, al sud di Napoli, e le coste settentrionale e orientale della Sicilia. Le coste dell'Adriatico sono in prevalenza più basse, con ampie spiagge *sabbiose* che attirano d'estate *folle di bagnanti*.

rocky

sandy / crowds of sunbathers

Oltre alla Sicilia, fanno parte dell'Italia l'isola di Sardegna e molte altre isole minori. Vicino alla Toscana si trova l'isola d'Elba. Nel golfo di Napoli ci sono le isole di Capri e Ischia, due delle più belle isole del Mediterraneo.

Il fiume Arno passa per Firenze.   *Il Monte Etna si trova nell'Italia settentrionale?*

17

GLI SPORT

Giovani sportivi allo Stadio dei Marmi a Roma.

GIOVANI SPORTIVI

Marisa ha incontrato Alberto, un ragazzo *con cui* suo fratello faceva dello sport alcuni anni fa.

Marisa	Come va, Alberto? Sempre appassionato di pallacanestro?
Alberto	Più che mai! Ho appena finito di giocare contro la squadra torinese.
Marisa	E chi ha vinto la partita?
Alberto	La mia squadra, naturalmente! Il nostro gioco è stato migliore. E poi, siamo più alti; cosa che aiuta, *non ti pare?*
Marisa	Eh, direi!
Alberto	E voi, *niente di* nuovo?
Marisa	No, *nessuna novità,* almeno per me. Ma mio fratello ha ricevuto una lettera, *in cui* gli offrono un posto come istruttore sportivo per l'estate prossima.
Alberto	E dove lavorerà?
Marisa	In uno dei villaggi turistici della Calabria.
Alberto	Magnifico! Là potrà praticare tutti gli sport che piacciono a lui, *compresi* lo sci acquatico e il surfing.

Side glosses:

with whom

don't you think so?

anything
nothing new
in which

including

Marisa	Eh, sì. Il surfing è uno degli sport di maggior successo oggi.	
Alberto	Ma tu, con un fratello così attivo negli sport, non ne pratichi *qualcuno*?	any
Marisa	Certo, ma sono gli sport per poveri. Faccio del footing e molto ciclismo. Chissà, un giorno forse parteciperò al Giro d'Italia per donne.	

DOMANDE SUL DIALOGO

1. In quale squadra gioca Alberto?   2. Perchè la sua squadra ha vinto?   3. Che lavoro farà l'estate prossima il fratello di Marisa?   4. Quali sport potrà praticare al mare?   5. Fa dello sport Marisa? Quali?

STUDIO DI PAROLE

Qualunque sport è meglio di niente... o no?

pallacanestro (f.) basketball
tennis
calcio soccer
football
pugilato boxing
nuoto swimming
sci ski
sci acquatico
ciclismo bicycling
equitazione (f.) riding

pattinaggio skating
canottaggio rowing

stadio stadium
palestra gym(nasium)
giocatore; giocatrice player
atleta (m. & f.)
squadra team
partita match, game
gioco game

allenatore; allenatrice coach
arbitro referee
spettatore; spettatrice
tifoso(a) fan

fare dello sport
praticare uno sport
giocare a
allenare to coach

ESERCIZIO SU STUDIO DI PAROLE

1. Nominate alcuni degli sport americani più popolari.   2. C'è qualche sport che, secondo Lei, dovrebbe essere abolito?   3. Quale genere di sci si fa al mare?   4. A che cosa giocano i *globe-trotter*?   5. Dove si pratica il canottaggio?   6. Quali sono gli sport che si fanno sulla neve o sul ghiaccio?   7. Come si chiamano gli appassionati di uno sport?   8. Chi allena i giocatori nella loro preparazione sportiva?

PUNTI GRAMMATICALI

I. Relative pronouns (pronomi relativi)

*I giocatori **che** hanno vinto sono gli Azzurri.*

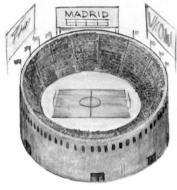

*Ecco lo stadio **in cui** hanno giocato.*

1. Chi sono gli Azzurri?   2. Dov'è lo stadio in cui hanno giocato?

---

1. The relative pronouns are **che, cui, il quale, quello che (ciò che),** and **chi.** They are used to link two clauses:

Questa è la squadra italiana. Ha giocato a Madrid.
Questa è la squadra italiana **che** ha giocato a Madrid.

---

2. **Che** is the equivalent of English *who, whom, that, which,* and is used either as a subject or as a direct object. It is invariable, cannot be omitted, and must *never* be used after a preposition.

Il ragazzo che gioca è brasiliano.	*The boy who is playing is Brazilian.*
La macchina che ho comprato è usata.	*The car (that) I bought is used.*
Le signore che ho visto sono le zie di Pino.	*The ladies (whom) I saw are Pino's aunts.*

3. **Cui** is the equivalent of English *whom* and *which* as objects of prepositions. It is invariable and must be *preceded* by a preposition.

Ecco i signori **con cui** abbiamo viaggiato.	*Here are the gentlemen we traveled with (with whom we traveled).*
Il pugile **di cui** ti ho parlato è il migliore.	*The boxer I spoke to you about (about whom I spoke to you) is the best.*
L'amico **a cui** ho scritto si chiama Gianfranco.	*The friend I wrote to (to whom I wrote) is Gianfranco.*

NOTE: **In cui** translates as *when* in expressions of time and as *where* in expressions of place. In the latter case, it may be replaced by **dove**. **Per cui** translates as *why* in the expression *the reason why* (*that*).

Il giorno **in cui** sono nato...	*The day (when) I was born . . .*
La casa **in cui** (**dove**) sono nato...	*The house in which (where) I was born . . .*
Ecco la ragione **per cui** ti ho scritto.	*Here is the reason (why) I wrote to you.*

When **cui** is preceded by a definite article, it translates as *whose*. The article must agree with the noun that follows.

Ecco Bianchi, **il cui** fratello è un allenatore.	*Here is Bianchi, whose brother is a coach.*
Ti presento Gino, **i cui** genitori sono in America.	*I would like you to meet Gino, whose parents are in America.*

4. **Il quale** (**la quale, i quali, le quali**) is used to replace **cui** after a preposition. It may also be used instead of **che** to avoid ambiguity.

La ragazza **con cui** (**con la quale**) esco è tedesca.	*The girl with whom I go out is German.*
Dov'è la casa **in cui** (**nella quale**) abitavate?	*Where is the house in which you used to live?*
Ecco i giocatori **a cui** (**ai quali**) ho parlato.	*There are the players I spoke to (to whom I spoke).*
Jim è l'amico di Teresa **che** (**il quale**) studia a Perugia.	*Jim is Teresa's friend who is studying in Perugia.*

5. **Quello che** (**quel che**) or **ciò che** translate as *what* with the meaning of *that which*. They are invariable.

Quello che (**ciò che**) dici è vero.	*What you are saying is true.*
Non so **quello che** (**ciò che**) farò.	*I don't know what I will do.*

6. Chi translates as *the one(s) who, he who,* and *those who.* It is invariable.

Chi studierà avrà un bel voto.	*He who will study will receive a good grade.*
Chi arriverà ultimo avrà un premio di consolazione.	*He who will arrive last, will receive a consolation prize.*

E S E R C I Z I

A. *Link the two sentences using* **che** *and following the example that precedes each group of sentences.*

ESEMPIO: **Ho conosciuto un atleta. Parteciperà alle Olimpiadi.**
Ho conosciuto un atleta che parteciperà alle Olimpiadi.

1. Abbiamo visitato la Toscana. È una bellissima regione.
2. Ho visto i giocatori. Si allenavano allo stadio.
3. Aspetto il treno. Va a Venezia.
4. Conosco una signora. È professoressa di geografia.

ESEMPIO: **La squadra ha vinto. È italiana.**
La squadra che ha vinto è italiana.

1. Gli atleti sono arrivati. Sono russi.
2. La gente va al mare. Fa dello sci acquatico.
3. I ragazzi sono forti. Fanno molto sport.
4. Il giocatore ha perduto. Non parteciperà ai giochi olimpici.

ESEMPIO: **Il libro è interessante. L'ho letto.**
Il libro che ho letto è interessante.

1. La conferenza era noiosa. L'abbiamo ascoltata.
2. L'arbitro è mio zio. L'hanno fischiato (*booed*).
3. Il film è di Lina Wertmüller. L'abbiamo visto.
4. Gli stivali sono di pelle nera. Li ho comprati.

B. *Following the example, express your preference for the following things.*

ESEMPIO: **(sport) il nuoto / il canottaggio**
Ti piace il nuoto?
No, lo sport che mi piace è il canottaggio.

1. (colore) il giallo / il blu   2. (frutta) le mele / l'uva   3. (vino) il Chianti / il Valpolicella
4. (fiori) le margherite / le viole   5. (automobile) la Volvo / la Mercedes

C. *Say whether you often or never talk about the following topics.*

> ESEMPIO: la politica   *La politica è un argomento di cui non parlo mai con i miei amici.*

1. le partite di football   2. la crisi economica   3. le previsioni del tempo   4. l'oroscopo   5. le vacanze   6. gli esami   7. i divertimenti   8. il matrimonio   9. la moda   10. i miei problemi personali

D. *Complete the following sentences with cui preceded by the appropriate preposition.*

> ESEMPIO: **Sono gli amici _____ ho fatto una passeggiata.**
> *Sono gli amici con cui ho fatto una passeggiata.*

1. La scrivania _____ scrivo è molto vecchia.
2. Questo è il negozio _____ ho comprato il mio vestito.
3. Le ragioni _____ voglio cambiare lavoro sono molte.
4. La ragazza _____ ho dato l'indirizzo, l'ha perduto.
5. L'aereo _____ abbiamo viaggiato era un 747.
6. Ecco gli studenti _____ ho insegnato l'italiano.
7. Ho un fratello _____ piace molto scherzare.
8. Sono andato a vedere il musical _____ tutti parlano.
9. Ecco il museo _____ si sono incontrati.
10. Non mi piace la gente _____ tu vai.

E. *Link the two sentences by replacing the italicized word with the appropriate preposition + cui.*

> ESEMPIO: **Il ragazzo si chiama Franco. Sono uscita con *lui*.**
> *Il ragazzo con cui sono uscita si chiama Franco.*

1. La signora è dattilografa. Ho bisogno di *lei*.
2. Lo stadio è piccolo. Hanno giocato nello *stadio*.
3. La ragazza è francese. Ho telefonato alla *ragazza*.
4. L'amico è partito. Sono andato in vacanza con *lui*.
5. Gli amici abitano in Florida. Ho scritto *loro*.
6. Ho venduto la casa. Abitavo in *questa casa*.
7. L'argomento è interessante. Il professore *ne* ha parlato.

F. *Substitute cui with il quale, la quale, i quali, or le quali.*

> ESEMPIO: **C'è una persona a cui penso spesso.**
> *C'è una persona alla quale penso spesso.*

1. Ricordi l'amico di cui ti ho parlato?   2. Ho visitato la palestra in cui gli atleti si allenano.
3. Ecco il monumento vicino a cui si sono incontrati.   4. La città da cui veniamo è Bari.
5. Mio padre mi parla sempre degli anni in cui c'era la depressione.   6. Ti porto a vedere le montagne su cui salivo da bambino.   7. Nell'Italia del nord ci sono tanti fiumi in cui si può pescare.
8. Ricordo molto bene l'esame in cui ho preso una F.   9. Questo è l'albero su cui abbiamo scritto i nostri due nomi.   10. Quella è la scala da cui sono caduta.

G. *Answer the following questions in the negative by using* **quello che** *(ciò che).*

> ESEMPIO: **Che cosa ha spiegato il professore?**
> *Non so quello che ha spiegato il professore.*

1. Che cosa ha fatto Roberto ieri sera?   2. Che cosa ha detto il presidente nel suo discorso?
3. Che cosa faremo per il compleanno della mamma?   4. Che cosa dovrai pagare per riparare la macchina?   5. Che cosa faranno i tifosi se la loro squadra perderà?   6. Che cosa farà Lei quando sarà milionario?   7. Che cosa farai quando nascerai per la seconda volta?

H. *Complete the sentences by using one of the following relative pronouns:* **che, cui** *(preceded by a preposition),* **quello che.**

1. Lo sport _____ preferisco è il tennis.   2. L'anno _____ sono nato era bisestile (*leap year*).
3. Puoi darmi i soldi _____ ti ho prestato?   4. Non capisco _____ dici.   5. La festa _____ hai dato è stata un successo.   6. Il libro _____ ti ho parlato è in biblioteca.   7. La signorina _____ abbiamo incontrato è americana.   8. La signorina _____ abbiamo parlato è canadese.
9. Il pranzo _____ mi hanno invitato era al Waldorf Astoria.   10. È proprio il vestito _____ ho bisogno.   11. Non ho ascoltato _____ il professore ha spiegato.   12. Il compagno di camera _____ abito è giapponese.

I. Proverbi. *Find the English equivalent of the following Italian proverbs.*

Chi non lavora, non mangia.
Chi troppo vuole, niente ha.
Chi dorme, non prende pesci.

II. *Indefinite pronouns* (pronomi indefiniti)

— C'è **qualcuno** in casa?

In Chapter 5 you studied the indefinite adjectives **qualche**, **alcuni(e)** (*some*); **tutti(e)** (*all*), and **ogni** (*every*). Here are some common indefinite pronouns:

alcuni(e)	*some*	**chiunque***	*anyone*
qualcuno	*someone,*	**ognuno**	*everyone, each one*
	anyone (in a question)	**tutti(e)**	*everybody, all*
qualcosa	*something,*	**tutto**	*everything*
	anything (in a question)		

Alcuni sono rimasti, altri sono partiti.	*Some stayed, others left.*
Conosco **qualcuno** a Roma.	*I know someone in Rome.*
Hai bisogno di **qualcosa**?	*Do you need anything?*
Chiunque può fare questo lavoro.	*Anyone can do this work.*
Ognuno ha fatto una domanda.	*Each one asked a question.*
C'erano **tutti**.	*Everybody was there.*
Ho visto **tutto**.	*I saw everything.*

NOTE: **Qualcosa** takes **di** before an adjective and **da** before an infinitive.

Ho qualcosa **di** interessante **da** dirti.	*I have something interesting to tell you.*

E S E R C I Z I

A. *Complete by choosing among* qualche, alcuni, alcune, qualcuno, qualcosa.

1. Mi piacciono tutte le attività sportive, ma ho solamente _____ domeniche libere e pratico solamente _____ sport leggero.   2. Ieri sono andato allo stadio e ho visto _____ di interessante. C'erano degli atleti che si allenavano per le Olimpiadi del 1988: _____ erano spettacolari. 3. _____ mi ha detto che la nostra squadra di calcio ha una buona possibilità di vincere e che abbiamo anche _____ atlete bravissime.

B. *Form a question and then answer it according to the corresponding examples.*

> ESEMPIO: **un allenatore / allena gli atleti**
> *Che cos'è un allenatore?*
> *È qualcuno che allena gli atleti.*

1. un giornalista / scrive articoli   2. un ciclista / corre in bicicletta   3. un ottimista / pensa positivamente   4. un architetto / fa progetti di edifici   5. un dattilografo / scrive a macchina   6. un disoccupato / non ha lavoro   7. una persona elegante / ha buon gusto   8. un pigrone / non vuole fare niente

---

*The corresponding adjective for **chiunque** is **qualunque** (any, whatsoever), which is invariable: Lui riuscirà a **qualunque** costo (He will succeed at any cost).

ESEMPIO: **una palla / si gioca**
Che cos'è una palla?
È qualcosa con cui si gioca.

1. una pentola / si cucina   2. un paio (*pair*) di scarponi / si va in montagna   3. una penna / si scrive   4. i pattini / si fa del pattinaggio   5. una valigia / si viaggia   6. l'ascensore / si sale all'ultimo piano   7. un bicchiere / si beve

C. *React to the following questions using* **chiunque** *or* **qualunque.**

1. Chi desidera diventare ricco?   2. Chi vorrebbe fare una lunga vacanza in Italia?   3. Quali città italiane vorrebbe visitare Lei?   4. Quali musei italiani vorrebbe vedere?   5. Chi potrebbe rispondere a queste domande?

D. *Complete the following sentences by using* **chiunque, qualunque, ogni, ognuno, tutto,** *or* **tutti.**

1. Puoi venire a _____ ora.   2. Ho mangiato _____.   3. _____ può fare questo lavoro.
4. _____ sono venuti.   5. _____ volta che la vedevo, mi sorrideva.   6. _____ erano presenti e _____ ha potuto esprimere la sua opinione.   7. I tifosi applaudivano _____ gol della squadra.
8. Ho fatto _____ quello che dovevo fare.   9. _____ gli hanno augurato (*wished*) buon viaggio.
10. _____ giorno vado in bicicletta.

III. Negatives

— **Non** c'è **mai niente**
da mangiare in questa casa!

1. You have already studied (Chapter 8) some negative expressions: **non... più**, **non... mai**, **non... ancora**. The following are other common expressions that take a *double negative* construction:

nessuno	*nobody, no one, not . . . anyone*
niente (nulla)	*nothing, not . . . anything*
neanche (neppure, nemmeno)	*not even*
nè... nè	*neither . . . nor*

Non è venuto **nessuno**.	*Nobody came.*
Non abbiamo visto **nessuno**.	*We did not see anyone.*
Non ho mangiato **niente**.	*I did not eat anything.*
Non c'era **neanche** Pietro.	*Not even Pietro was there.*
Non voglio **nè** carne **nè** pesce.	*I want neither meat nor fish.*

2. The expressions **nessuno**, **niente**, **nè... nè**, may precede the verb. When they do, **non** is omitted.

Nessuno vuole parlare.	*Nobody wants to talk.*
Niente è pronto.	*Nothing is ready.*
Nè Giovanni **nè** Maria vogliono venire.	*Neither Giovanni nor Maria wants to come.*

Note that with **nè... nè**, Italian uses a plural form of the verb (**vogliono**), whereas English uses a singular form (*wants*).

3. When **nessuno** is used as an adjective, it has the same endings as the indefinite article **un**. The noun that follows is in the singular.

Non ho **nessun** amico.	*I have no friends.*
Non vedo **nessuna** sedia.	*I don't see any chairs.*

4. **Niente** takes **di** before an adjective and **da** before an infinitive.

Non ho niente **di** buono **da** darti.	*I have nothing good to offer you.*

E S E R C I Z I

A. *Complete the following sentences by choosing among* **nessuno, niente, neanche,** *or* **nè... nè.**

1. Non ho invitato _____ per il mio compleanno; non ho invitato _____ il mio ragazzo.
2. Non c'è mai _____ d'interessante da vedere alla TV.   3. Siamo andati all'appuntamento, ma non c'era _____.   4. Non ho visto _____ tuo cugino _____ tuo fratello.

B. *You are in a negative mood. Answer each question by using* **non** *and another negative expression.*

1. C'è qualcosa di buono in casa?   2. Hai comprato qualcosa da mangiare?   3. Vuoi qualcosa da bere?   4. Desideri leggere il giornale o riposare?   5. Hai incontrato qualcuno in piscina?   6. Ti ha parlato qualcuno?   7. Farai della pallacanestro o del nuoto questo week-end?   8. Hai mai fatto del ciclismo?   9. Farai mai del pugilato?

C. *One student will ask a question, and another will answer using a negative expression according to the example.*

> ESEMPIO: **partecipare a una gara di nuoto**
> *Hai partecipato a una gara di nuoto?*
> *Non ho mai partecipato a una gara di nuoto.*

1. allenarsi allo stadio o in palestra   2. capire tutto   3. conoscere qualcuno a Firenze   4. vedere Londra   5. vincere un trofeo   6. telefonare a qualcuno ieri sera   7. andare al cinema o alla partita

LETTURA

GLI AZZURRI* HANNO VINTO

Alcune settimane fa Filippo ha trovato Marcello al bar del Caffè Sport, e i due si sono messi a parlare. L'argomento era lo stesso di cui ognuno parlava in quei giorni: la vittoria che la squadra nazionale italiana **aveva riportato** al campionato mondiale di calcio a Madrid.   *had obtained*

— Che fai qui a Milano, Marcello? Tutti ti credevano sulla *Costa Azzurra*.   *French Riviera*

— Caro mio, puoi immaginare benissimo la ragione per cui ne sono partito. Ho dovuto fare il tifo a Madrid per la nostra squadra, il giorno in cui i nostri giocavano in finale. E sono ritornato in Italia per partecipare all'entusiasmo generale.

— È vero! Tutti sembravano **impazziti**. Le strade erano piene di macchine che continuavano a **suonare il clacson**. Nessuno ha potuto dormire tutta la notte. Hai visto alla *Tivù* quel che facevano a Roma? *Si buttavano* nelle fontane per la gioia!   *crazy / to honk their horns / TV / were throwing themselves*

*Name given to the Italian national soccer team because of the color of their blue T-shirts.

— Avresti dovuto vedere ciò che è successo nello stadio di Madrid, quando Rossi *ha segnato* il gol decisivo. Niente di più spettacolare. Perfino il nostro vecchio Presidente della Repubblica sembrava impazzito! Era felice come un ragazzino!

scored

— L'ho visto anch'io. Eravamo tutti davanti alla Tivù, e abbiamo visto anche l'espressione imbarazzata del re di Spagna, Juan Carlos, seduto tra il Presidente d'Italia e il Cancelliere tedesco, che aveva una *faccia*...

face

— Aveva ragione di avere quella faccia. Chi avrebbe mai creduto in noi Italiani, dopo che tutti avevano predetto la vittoria della squadra tedesca? Si diceva che non c'era niente da fare, che il *portiere* degli Azzurri era troppo vecchio, che il campione Rossi ritornava dopo due anni *fiacchi,* e altre cose. Non pensavano che noi Italiani abbiamo delle riserve *inesauribili,* direi qualcosa di speciale, anche nei momenti più difficili. Mio zio Alfredo, appassionato di calcio, mi raccontava della coppa mondiale vinta dai nostri nel 1938 e della partita in cui il leggendario Meazza segnava il gol decisivo, mentre si *teneva su i calzoncini,* dei quali si era rotto l'elastico...

goalkeeper
bad
inexhaustible

was holding his shorts up

È un Azzurro che segna un gol!

DOMANDE SULLA LETTURA

1. Qual è l'argomento di cui parlavano Filippo e Marcello?   2. Perchè Marcello non si trovava sulla Costa Azzurra?   3. Che cosa ha vinto la squadra degli Azzurri? In quale paese?   4. Come dimostravano il loro entusiasmo gli Italiani?   5. Per quali ragioni i giornali italiani non avevano predetto la vittoria degli Azzurri?   6. Perchè la squadra nazionale italiana di calcio si chiama « gli Azzurri? »   7. Che cosa pensa Marcello degli Italiani?   8. Quand'era stata l'ultima volta in cui la squadra italiana aveva vinto i campionati mondiali?   9. Che cosa era successo durante questa partita?

DOMANDE PERSONALI

1. Pratica qualche sport Lei? Quale (quali)?   2. Potrebbe diventare un ottimo (un'ottima) atleta Lei?   3. Ha mai giocato in qualche squadra sportiva?   4. Di solito preferisce participare a un'attività o essere spettatore (spettatrice)?   5. Farebbe il tifo Lei per il pugilato? Perchè?   6. Ha mai fatto dello sci? E dello sci acquatico?   7. Che cosa occorre (*is necessary*) per fare del ciclismo?   8. Quando una squadra o un giocatore della Sua città vince un campionato mondiale, qual è la Sua reazione?

ATTIVITÀ

Quale sport?   Ogni studente sceglie (*chooses*) uno sport (ma non dice quale) e lo descrive: dove si pratica, con cosa, in quale stagione, se è uno sport individuale o uno sport di squadra.   Gli altri studenti devono indovinare di quale sport parla.

TRADUZIONE

1. Paul is a student at the University of . . . , which is one of the best universities on the West Coast.
2. He is also a football player who plays on (*in*) the school team.   3. Today he is sitting (*è seduto*) in the cafeteria (*mensa*).   4. Jeff, the friend with whom he is speaking, is a basketball player.
5. Someone said that he is so good that one day he will certainly take part in the Olympic team.
6. The reason (for which) he needs to talk to Paul is that (*perchè*) he wants the notes for yesterday's class.   7. But Paul didn't go to class.   8. "Jeff, did you do anything interesting yesterday?"
9. "No, I didn't do anything interesting. I practiced for a few hours in the gym. And you?"   10. "I was supposed to meet my coach and some other players at the stadium, but no one was there."
11. "Will you come tomorrow to see the game?"   12. "I don't know yet what I will do. I hope to be able to come. Anyhow (*comunque*), good luck!"

VOCABOLARIO

Nomi

l'argomento   *subject, topic (for a discussion)*
il campionato   *championship*
il campione, la campionessa   *champion*
il genere   *kind*
il ghiaccio   *ice*

la gioia   *joy*
il premio   *prize*
il pugile   *boxer*
la ragione   *reason*
la vittoria   *victory*

Aggettivi

appassionato (di) *fond (of)*	**olimpico** *Olympic*
canadese *Canadian*	**qualunque** *any, whatever*
generale *general*	**spettacolare** *spectacular*
mondiale *worldwide*	**sportivo** *sports, sporty*
nazionale *national*	**usato** *used, secondhand*

Verbi

allenare *to coach*	**ricordare** *to remember*
allenarsi *to practice, to train*	**saltare** *to jump, to skip*
fare il tifo *to be a fan*	**segnare** *to score*
mettersi a *to start*	**succedere** (*p.p.* **successo**) *to happen*
partecipare (a) *to take part (in)*	

Altre espressioni

chiunque *anyone*	**ognuno** *everybody*
neanche, nemmeno *not even*	**perfino** *even*
nessuno *nobody, no one*	**proprio** *exactly, really, indeed*
niente *nothing*	**qualcuno** *someone*

PAGINA CULTURALE

GLI ITALIANI: TIFOSI E SPORTIVI

Si dice che gli Italiani *siano* più tifosi di sport che *sportivi*. Lo sport per cui fanno maggiormente il tifo è il calcio, che è chiamato anche gioco del pallone. È uno sport che *vanta* una tradizione di molti secoli, e che rivive ogni estate a Firenze nella sua antica forma, con la famosa partita di calcio « in livrea », che si gioca nei costumi *variopinti* del Rinascimento fra le due squadre rappresentanti i *rioni* fiorentini. Nella sua versione moderna, il gioco del pallone si pratica in tutte le città italiane, ognuna delle quali ha una sua squadra formata da calciatori dilettanti o professionali. Il calcio è lo sport della domenica ed ha una lunga stagione, che va da settembre a giugno. È uno sport che appassiona la gente anche perchè offre la

are / athletic

boasts

multicolored / districts

possibilità di vincere somme considerevoli a chi *riempie* la schedina del totocalcio* ed ha la fortuna di *indovinare* il risultato delle partite di quella domenica. « *Fare tredici* » è il sogno dei moltissimi che giocano al totocalcio.

fills in
to guess
to score 13

      Questi ultimi anni hanno visto nuovi sport di squadra, come la pallacanestro, il rugby, il baseball, che hanno attirato l'interesse del giovane pubblico. Il primo *ha acquistato* una grande popolarità grazie anche all'importazione di qualche campione di pallacanestro dagli Stati Uniti. La squadra italiana di pallacanestro ha vinto nel 1983 il campionato europeo ed i suoi giocatori sono diventati gli eroi del momento.

has attained

Una partita di calcio in costume in Piazza delle Signoria, a Firenze.

This is a very popular Italian lottery related to the soccer games that take place every Sunday of the soccer season. Those who correctly guess the scores of each of the thirteen soccer games listed on the printed form called **schedina** *win large amounts of money.*

8.000 ciclisti hanno partecipato alla manifestazione cicloturistica « Stramilano ».

Una nuova coscienza sembra avere trasformato le nuove generazioni italiane da spettatori a partecipanti. Un maggior benessere e l'opera degli igienisti hanno incoraggiato lo sviluppo delle attività sportive sia maschili che femminili. L'aiuto finanziario di molte ditte commerciali e industriali ha permesso l'apertura di nuove palestre e piscine. L'atletica leggera, il tennis e il nuoto *godono di* una notevole popolarità. Il ciclismo è ritornato ad essere popolare dopo gli anni di trionfo della macchina, anche se il tifo per la corsa « Il Giro d'Italia », che ha luogo ogni primavera, non è più così appassionante come un tempo. Gli Italiani *hanno rivalutato* la bicicletta come mezzo di trasporto facile, economico e *salutare*.

D'inverno famiglie intere partono verso i numerosi centri alpini o appenninici per fare dello sci. La *cosiddetta* « settimana bianca », passata sui campi di neve, è entrata anche nel calendario di attività di molte scuole italiane. Fra i centri invernali più affollati, ed anche più *attrezzati* ed eleganti, è Cortina d'Ampezzo, che nel 1956 fu la *sede* delle Olimpiadi invernali.

enjoy

have reconsidered
healthy

so-called

equipped
place

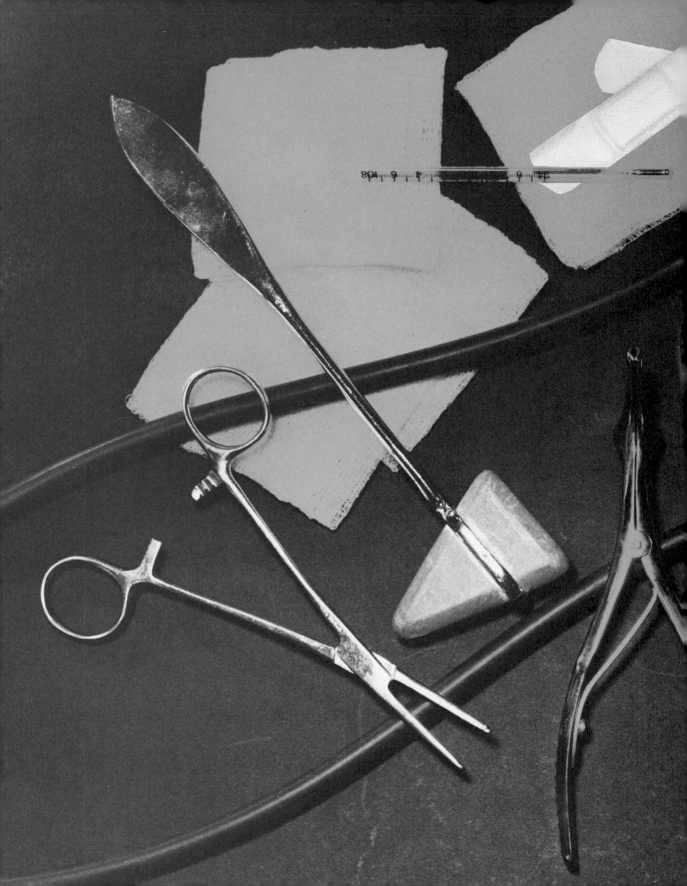

18

MEDICI E PAZIENTI

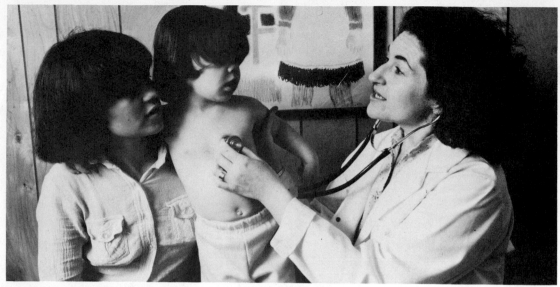

—*È soltanto un raffreddore!*

DALLA DOTTORESSA

Signor Pini	Buon giorno, dottoressa.	
La dottoressa	Buon giorno, signor Pini, come andiamo oggi?	
Signor Pini	Eh, non molto bene, purtroppo. Ho mal di testa, un terribile *raffreddore* e la *tosse*.	cold / cough
La dottoressa	Ha anche la *febbre*?	temperature
Signor Pini	Sì, ho misurato la febbre: ho trentanove.	
La dottoressa	Sì, vedo che Lei ha una bella influenza. Lei ha ancora gli antibiotici che Le *diedi* qualche mese fa?	I gave
Signor Pini	No, li ho finiti.	
La dottoressa	Allora Le scrivo una *ricetta* per alcune *iniezioni*. Sono le stesse che Le diedi l'altra volta.	prescription / injections
Signor Pini	E per la tosse? La notte non posso dormire *per via* della tosse.	because of
La dottoressa	Per la tosse prenderà questa medicina.	
Signor Pini	*Mi fanno male* anche le spalle, le braccia e le gambe.	my . . . ache
La dottoressa	È l'effetto dell'influenza. Vedrà che in due o tre giorni starà meglio.	
Signor Pini	Se non morirò prima...	
La dottoressa	Che *fifone*! Lei è *sano come un pesce*!	chicken / as healthy as a horse

DOMANDE SUL DIALOGO

1. Perchè il signor Pini va dalla dottoressa?   2. Qual è la diagnosi della dottoressa?   3. Che medicina ordina la dottoressa?   4. Perchè il signor Pini non può dormire la notte? Che altri dolori ha?   5. Perchè la dottoressa lo prende in giro (*does . . . tease him*)?

STUDIO DI PAROLE

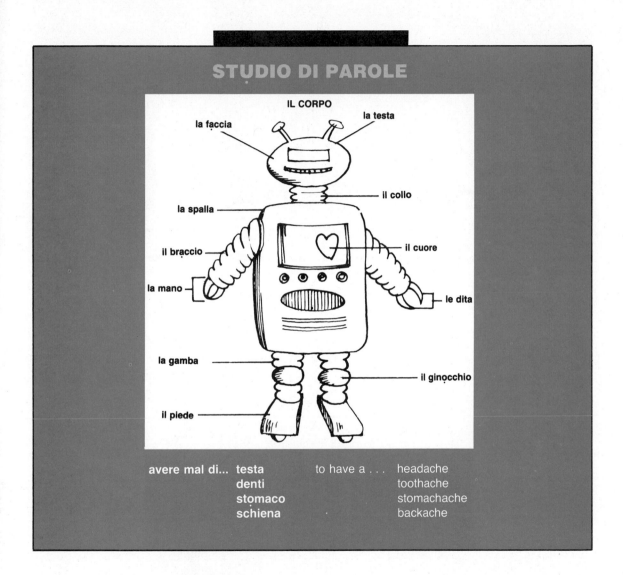

IL CORPO

la faccia — la testa
il collo
la spalla
il braccio — il cuore
la mano — le dita
la gamba
il ginocchio
il piede

avere mal di...	testa	to have a . . .	headache
	denti		toothache
	stomaco		stomachache
	schiena		backache

ESERCIZIO SU STUDIO DI PAROLE

1. Quando andiamo dal dentista?   2. Se Lei va a sciare, e cade, che cosa può rompersi?   3. Se mangiamo troppo, che cosa succede?   4. Se qualcuno lavora tutto il giorno in giardino, come si sente la sera?   5. Se qualcuno festeggia un'occasione speciale e beve molti bicchieri di vino, che cos'ha il giorno dopo?   6. Quando portiamo un paio di scarpe strette, dove sentiamo dolore?
7. Che cosa incidono (*carve*) sugli alberi gli innamorati romantici?

PUNTI GRAMMATICALI

I. The passato remoto (past absolute)

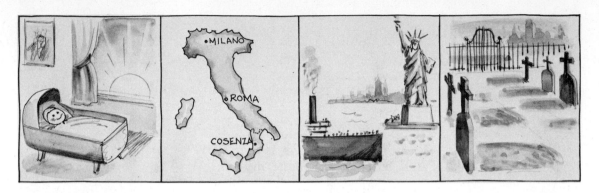

Il nonno di Lucia **nacque** *a Cosenza nel 1910.*	**Visse** *in Calabria fino al 1933.*	*A ventitrè anni* **emigrò** *in America.*	**Morì** *a Brooklyn nel 1975.*

1. Dove nacque il nonno di Lucia?   **2.** Quando partì dalla sua città?   **3.** In quale paese emigrò?
4. In che anno morì?

---

1. The **passato remoto** is a past tense that corresponds to the English past absolute. It is formed by adding the appropriate endings to the infinitive stem.

parlare ⟶ **parlai** = *I spoke, I did speak*

It is conjugated as follows:

parlare	ricevere	partire
parlai	ricevei (ricevetti)	partii
parlasti	ricevesti	partisti
parlò	ricevè (ricevette)	partì
parlammo	ricevemmo	partimmo
parlaste	riceveste	partiste
parlarono	riceverono (ricevettero)	partirono

Many regular **-ere** verbs have an alternate ending for the first person singular and for the third person singular and plural.

---

2. Both the **passato remoto** and the **passato prossimo** express an action that was completed in the past. However, the use of the **passato remoto** indicates that the action is perceived as completely detached from the present. The **passato remoto** is frequently found in literary Italian and when relating historical events. Southern Italians also use it in speaking and writing, whereas northern Italians use mainly the **passato prossimo**.

Dante **morì** nel 1321.	*Dante died in 1321.*
Il dottore **entrò** e **visitò** il malato.	*The doctor came in and examined the patient.*
Roma **diventò** la capitale d'Italia nel 1870.	*Rome became the capital of Italy in 1870.*

---

3. **Essere** and the following verbs are irregular in all their forms in the **passato remoto**:

essere: **fui, fosti, fu, fummo, foste, furono**
bere: **bevvi, bevesti, bevve, bevemmo, beveste, bevvero**
dare: **diedi, desti, diede, demmo, deste, diedero**
dire: **dissi, dicesti, disse, dicemmo, diceste, dissero**
fare: **feci, facesti, fece, facemmo, faceste, fecero**
stare: **stetti, stesti, stette, stemmo, steste, stettero**

---

4. **Avere** and the following verbs are irregular only in the **io**, **lei**, and **loro** forms. To conjugate these forms, add the endings **-i**, **-e**, and **-ero** to the irregular stem.

avere: **ebbi**, avesti, **ebbe**, avemmo, aveste, **ebbero**
cadere: **caddi**, cadesti, **cadde**, cademmo, cadeste, **caddero**

chiedere	**chiese**	rispondere	**risposi**
chiudere	**chiusi**	rompere	**ruppi**
conoscere	**conobbi**	sapere	**seppi**
decidere	**decisi**	scrivere	**scrissi**
leggere	**lessi**	vedere	**vidi**
mettere	**misi**	venire	**venni**
nascere	**nacqui**	vivere	**vissi**
prendere	**presi**	volere	**volli**

---

5. The **passato remoto** (as well as the **passato prossimo**) may be used in combination with the imperfect tense to express an action that was completed while another action or situation was occurring.

Gli **diedi** un bacio mentre uscivo.	*I gave him a kiss while I was going out.*
Scrissero al padre perchè non avevano più soldi.	*They wrote to their father because they didn't have any more money.*

═══════════ **E S E R C I Z I** ═══════════

A. *Using the subjects in parentheses, form sentences in the* **passato remoto.**

1. lavorare tutto il giorno (noi due; lui; voi; anch'io)   **2.** ripetere la domanda (il professore; loro; noi; voi)   **3.** finire di mangiare (io; noi; gli operai; la guida)

B. *Use the* **passato remoto** *to describe how Pietro was and what he did last year. Then change the subject to* **noi.**

1. stare molto male   **2.** essere malato per due settimane   **3.** avere una brutta influenza   **4.** bere solo tè   **5.** stare a riposo   **6.** non vivere in famiglia   **7.** leggere un romanzo di Calvino **8.** decidere d'imparare a sciare   **9.** prendere la patente (*driver's license*)   **10.** non fare nient'altro

C. **L'anno scorso.** *One student will ask another if he or she did the following. Use the* **passato remoto** *and object pronouns.*

> ESEMPIO: **andare in Italia**   *Andò in Italia Lei l'anno scorso?*
> *Sì, ci andai.* o *No, non ci andai.*

1. vedere il film *Casablanca*   **2.** visitare dei musei   **3.** mangiare in un ristorante greco   **4.** leggere la *Divina Commedia*   **5.** conoscere persone importanti   **6.** viaggiare in treno   **7.** scrivere delle cartoline agli amici   **8.** essere ammalato   **9.** affittare un appartamento   **10.** comprare una macchina   **11.** fare un viaggio   **12.** prendere qualche multa (*fine*)

D. *Complete by putting the verbs in parenthesis in the* **passato remoto.**

C'era una volta una bambina che si chiamava Cappuccetto Rosso. Un giorno la mamma (preparare) un cestino (*basket*) di cose buone per la nonna che era ammalata. Cappuccetto Rosso (partire), (entrare) nel bosco, e (fermarsi) a raccogliere (*to pick*) dei fiori. Ad un tratto un grosso lupo (*wolf*) (uscire) da dietro un albero, e le (domandare) dove andava. Quando (sapere) che andava dalla nonna, la (salutare) e (andare) via. Cappuccetto Rosso (arrivare) dalla nonna, (entrare) e (trovare) la nonna a letto.
— Nonna, nonna, che orecchie lunghe hai...
— Per sentirti meglio!
— Nonna, nonna, che bocca grande hai...
— Per mangiarti meglio!
E il lupo (saltare) dal letto e la (divorare).

E. *Put the italicized verbs of this* **storiella** *in either the* **passato remoto** *or the* **imperfetto,** *according to the meaning.*

In una piccola città di provincia un contadino *festeggia* il suo centesimo compleanno. Un giornalista *va* a casa sua per intervistarlo. *Vuole* conoscere il segreto della sua longevità.
— Qual è il segreto di una lunga vita? — gli *domanda* il giornalista.
Il contadino, che si *sente* importante, *pensa* un po', e poi *risponde*:
— È molto semplice: non fumo, vado a letto presto la sera e, soprattutto, non bevo vino. Non ho mai bevuto una goccia (*drop*) di vino in tutta la mia vita: ecco il segreto.
Mentre i due uomini *parlano, sentono* un gran rumore che *viene* dalle scale.
— Che cosa succede? — *chiede* il giornalista.
— Oh, non è niente, — *dice* il contadino, — è mio padre che ritorna a casa ubriaco tutte le sere.

F. Alcuni Italiani famosi. *Match the statements below with the names of the following Italian scientists and explorers.*

Marco Polo (1254–1324)
Leonardo da Vinci (1452–1519)
Amerigo Vespucci (1454–1512)
Galileo Galilei (1564–1642)
Evangelista Torricelli (1608–42)

Luigi Galvani (1737–98)
Alessandro Volta (1745–1827)
Guglielmo Marconi (1874–1937)
Umberto Nobile (1885–1978)
Enrico Fermi (1901–54)

1. Cinque secoli fa disegnò molte macchine moderne, fra cui l'elicottero, l'aereo e il carro armato (*tank*).
2. Con l'aiuto del telescopio confermò la teoria che la terra gira intorno al sole. La Chiesa lo condannò come eretico.
3. Nel 1938 ricevè il premio Nobel per le sue ricerche nel campo (*field*) dell'energia nucleare.
4. Fece esperimenti sugli animali, e stabilì le basi dell'elettrofisiologia.
5. Esplorò le coste del « Nuovo Mondo » e diede il suo nome al nuovo continente.
6. Nel 1926 sorvolò (*passed over*) il Polo Nord a bordo del dirigibile (*airship*) « Norge ».
7. Inventò il telegrafo senza fili (*wireless*), e nel 1909 ottenne il premio Nobel per la fisica.
8. Inventò il barometro.
9. Visitò l'Asia e descrisse il suo viaggio nel famoso libro « Il Milione ».
10. Fu l'inventore della pila (*battery*) elettrica.

II. *The* **trapassato remoto** *(past perfect)*

Dopo che **ẹbbero litigato,** *si abbracciarono.*

1. The **trapassato remoto** is a compound tense. It is formed with the **passato remoto** of the auxiliary verb **ẹssere** or **avere** + the past participle of the main verb.

ebbi parlato = *I had spoken*
fui partito = *I had left*

parlare	**partire**
ebbi avesti ebbe avemmo } parlato aveste ebbero	fui fosti } partito(a) fu fummo foste } partiti(e) furono

2. The **trapassato remoto** is used in combination with the **passato remoto** and after conjunctions of time such as **quando**, **dopo che**, and **appena** (*as soon as*) to express an action prior to another past action. It is a tense found mainly in literary language.

Quando **ebbe finito**, salutò i colleghi e uscì.	*When he (had) finished, he said good-bye to his colleagues and left.*
Appena **fu uscito**, tutti cominciarono a ridere.	*As soon as he (had) left, they all began to laugh.*

NOTE: When the subject of the two clauses is the same, the **trapassato remoto** is often replaced by **dopo (di)** + the past infinitive.

Dopo che ebbe mangiato, uscì. *or* **Dopo (di) aver(e) mangiato**, uscì.

E S E R C I Z I

A. *Complete with the trapassato remoto.*

1. Uscì dopo che (telefonare) _____ . 2. Andarono a letto quando (finire) _____ i compiti.
3. Dopo che Luisella (prendere) _____ un bel voto, la mamma le fece un regalo. 4. Quando il medico (visitare) _____ la nonna, le disse di stare a dieta. 5. Potè dormire solo quando (prendere) _____ un calmante. 6. Pagai il conto del medico appena lo (ricevere) _____ .
7. Quando l'oratore (finire) _____ di parlare, tutti lo applaudirono.

B. *Replace the past infinitive form with the trapassato remoto.*

1. Dopo di aver ricevuto un aumento di stipendio, comprò una casa nuova. 2. Dopo aver imparato l'italiano, studiò un'altra lingua. 3. Dopo di essere arrivati in montagna, fecero il campeggio.
4. Dopo di aver visitato il museo, comprò delle cartoline. 5. Dopo aver fatto la spesa, preparò il pranzo. 6. Dopo di aver finito i corsi, partirono per le vacanze. 7. Dopo essere uscito dall'ospedale, andò in Riviera per due settimane. 8. Dopo aver mangiato una bistecca, ordinò un gelato.

III. Irregular plurals (2)

— *Dottore, ho tutte le **ossa** rotte.*

1. A few masculine nouns ending in **-o** become feminine in the plural and end in **-a**. (Several of them refer to parts of the body.) The most common are:

il braccio *(arm)*	le braccia
il dito *(finger)*	le dita
il ginocchio *(knee)*	le ginocchia
il labbro *(lip)*	le labbra
l'osso *(bone)*	le ossa
l'uovo *(egg)*	le uova
il paio *(pair)*	le paia
il miglio *(mile)*	le miglia

Ho le ossa rotte.	*I am aching all over (literally, I have broken bones).*
Gina ha due paia di scarpe nere.	*Gina has two pairs of black shoes.*

2. Some masculine nouns ending in **-a** form their plural in **-i**. They derive mainly from Greek. The most common are:

il clima	i climi	il tema	i temi
il diploma	i diplomi	il programma	i programmi
il poema	i poemi	il telegramma	i telegrammi
il problema	i problemi	il poeta	i poeti
il sistema	i sistemi	il papa	i papi

Il clima della Valle Padana è umido.	*The climate of the Po Valley is humid.*
Non mi piace questo programma televisivo.	*I don't like this TV program.*
I tuoi problemi non sono molto importanti.	*Your problems aren't very important.*

3. Other nouns are invariable. They include the following:

a. Nouns ending with a consonant (**sport**, **film**, **weekend**, etc.); nouns ending in accented vowels (**città**, **venerdì**, **caffè**, etc.); and monosyllabic nouns (**re**, **sci**) (see Chapter 2).

b. Abbreviated nouns.

il cinema	**i** cinema
l'auto	**le** auto
la radio	**le** radio
la foto	**le** foto

c. Nouns ending in -i.

la crisi	**le** crisi
l'analisi	**le** analisi
la tesi	**le** tesi
l'ipotesi	**le** ipotesi

d. Nouns ending in -ie.

la specie	**le** specie
la serie	**le** serie

Exceptions: **la** moglie, **le** mogli; **la** superficie, **le** superfici

---

4. The following nouns have completely irregular plurals:

l'uomo	**gli uomini**
la mano	**le mani**

E S E R C I Z I

Give the plural of the following words.

1. il braccio stanco   2. il ginocchio rotto   3. il dito della mano   4. l'uovo di Pasqua (*Easter*) 5. il diploma universitario   6. il sistema politico   7. il teorema di Pitagora   8. il programma televisivo   9. il poeta del Novecento   10. il paio di scarpe   11. la foto dell'amico   12. la crisi economica   13. l'analisi medica   14. il re d'Italia   15. l'uomo sportivo

LETTURA

LA NONNA È AMMALATA

Antonio è andato in Sicilia a trovare nonna Caterina che è ammalata.

Antonio	Come vi* sentite, nonna?
Nonna	Eh, figlio mio bello! Non troppo bene. Ho sempre mal di schiena, mal di testa, e le gambe sono molto deboli.
Antonio	Ma non siete andata dal medico?
Nonna	Ma sì, figlio mio, ci andai la settimana scorsa.
Antonio	E che cosa ha detto?
Nonna	Mi disse che ho l'artrite, e mi trovò anche *la pressione alta.*
Antonio	E che cosa vi ha ordinato?
Nonna	Mi ordinò delle *iniezioni.* Mi diede anche delle pillole per controllare la pressione e mi disse di stare a dieta.
Antonio	Avete già cominciato la cura?
Nonna	Sì, dopo che mi ebbero fatto due o tre iniezioni, mi sentii meglio. Ma, che vuoi, Tonino, gli anni sono tanti...
Nonno	Tua nonna parla sempre di anni e ascolta troppo i medici. Dovrebbe ascoltare me e bere questo vinello rosso dell'Etna. È una medicina che cura tutte le malattie. *L'hai assaggiato?*
Antonio	Sì, lo trovo eccellente. È della vostra vigna, nonno?
Nonno	No, facemmo poca uva l'anno scorso. Questo, lo comprai da un mio *compare.* Che ne dici, Tonino, non c'è dentro il fuoco dell'Etna?
Antonio	Avete ragione, nonno. Incomincio già a avere caldo.
Nonno	È quello che dico sempre a tua nonna: due bicchieri di vino al giorno, *ti levi il medico d'intorno.* Ma lei ha la testa dura e preferisce ascoltare i dottori.

Margin glosses:
high blood pressure
injections
did you taste it?
friend
you get rid of the doctor

---

*In certain regions, especially in the south, the **voi** form is used instead of the polite **Lei** form. It is also used instead of the **tu** form when addressing an elder, to show respect.

DOMANDE SULLA LETTURA

1. Perchè Antonio andò a trovare i nonni in Sicilia?   2. Come stava la nonna?   3. Che cosa le disse il medico, quando la visitò?   4. Che medicine le ordinò?   5. Come si sentì la nonna dopo che ebbe incominciato la cura?   6. Secondo il nonno di Antonio, che cosa avrebbe dovuto fare per guarire?   7. Di dov'era il vino che beveva il nonno?   8. Chi glielo aveva dato?   9. Come si sentì Antonio, dopo che lo ebbe bevuto?   10. Quale proverbio ripeteva sempre il nonno?

DOMANDE PERSONALI

1. Com'è la Sua salute?   2. Che medicine prende Lei quando ha mal di testa o di denti?   3. Le hanno mai fatto un'iniezione?   4. Può mangiare Lei tutto quello che vuole o deve stare a dieta? 5. Se Lei non mangia niente per tre giorni, che cosa succede?   6. Appena Lei ha un piccolo dolore, si preoccupa e corre dal medico, o aspetta alcuni giorni?   7. È coraggioso(a) Lei o si lamenta con tutti quando è malato(a)?   8. Che cosa fa Lei quando ha l'influenza?   9. Crede Lei al proverbio del nonno di Antonio?

ATTIVITÀ

Come si sente? Immaginate di essere in Italia e di sentirvi male. Andate dal medico che vi fa diverse domande. Gli descrivete i sintomi della vostra malattia. (Dialogo in gruppi di due o tre studenti.)

TRADUZIONE

1. Here is a question that the Sphinx (*la Sfinge*) asked a great hero: "Which is the animal who in the morning walks on four legs, at noon on two, and in the evening on three?" The hero knew how to answer. Do you? (*E Lei?*)   2. One day an old peasant told the doctor who had treated him for a serious (*grave*) earache, "I feel completely cured. How much do I owe you?" The doctor answered, "One hundred thousand lire." The old man put his hand close to (*vicino a*) his ear and asked, "What did you say? Two hundred thousand lire?" So, the doctor shouted (*gridare*): "No, three hundred thousand lire!"   3. Massimo d'Azeglio was a nineteenth-century Italian writer (*scrittore*). In one of his books he wrote that he could stand (*sopportare*) pain. One day, when he was a child (*da bambino*), he broke his arm. In order not to worry his mother who had not noticed anything, he did not show any pain, and his mother believed him (to be) only tired. Many years later (*dopo*) he said to his children, who were always complaining of pain, "It's only after he has broken his legs and arms that a good Italian may say that he is not well."

VOCABOLARIO

Nomi

l'**analisi** *analysis*
il **calmante** *sedative*
la **cartolina** *postcard*
il **contadino; la contadina** *peasant, farmer*
la **crisi** *crisis*
la **cura** *treatment*
il **dolore** *pain, ache*
l'**esperimento** *experiment*
l'**infermiere(a)** *nurse*
l'**inventore (m.)** *inventor*
il **labbro (pl. le labbra)** *lip*

la **malattia** *disease, illness*
la **medicina** *medicine*
il **medico** *doctor, physician*
l'**orecchio (pl. le orecchie)** *ear*
l'**osso (pl. le ossa)** *bone*
il/la **paziente** *patient*
la **pillola** *pill*
la **ricerca** *research*
il **rumore** *noise*
la **salute** *health*
il **segreto** *secret*
il **sistema** *system*

Aggettivi

(am)malato *ill*
coraggioso *courageous*
debole *weak*
duro *hard*

grosso *huge*
medico *medical*
nucleare *nuclear*

Verbi

controllare *to check*
curare *to treat*
descrivere *to describe*
dimagrire (-isc-) *to lose weight*
festeggiare *to celebrate*
guarire (-isc-) *to cure, to be cured*
inventare *to invent*

lamentarsi (di) *to complain (about, of)*
ordinare *to prescribe*
preoccuparsi (di) *to worry (about)*
rompere (p.p. rotto) *to break*
stare a dieta *to be on a diet*
visitare *to examine*

Altre espressioni

ad un tratto *all of a sudden*
intorno a *around*

via *away*

ASSOCIAZIONE
MEDICI
DENTISTI
ITALIANI

4° MESE PREVENZIONE DENTALE
Per legge possono esercitare l'odontoiatria esclusivamente i laureati in medicina e chirurgia regolarmente abilitati.

PAGINA CULTURALE

L'ASSISTENZA MEDICA PER TUTTI

Il *diritto* all'assistenza medica per tutti i *cittadini* è uno degli obiettivi indicati dalla Costituzione della Repubblica Italiana: « ...la *tutela* della salute *perseguita* come fondamentale diritto dell'individuo ed interesse della collettività ». L'assistenza sanitaria è *dunque* assicurata per tutti gli Italiani. I contributi sono pagati dal *datore di lavoro,* per le persone che hanno un lavoro. Tutti gli altri pagano un contributo *attraverso* le tasse; i meno *abbienti* ricevono l'assistenza medica gratuita.

Ogni cittadino è in possesso di un libretto sanitario sul quale sono registrate le visite mediche e tutti gli altri servizi sanitari. Il libretto è un documento molto importante, *sia ai fini* terapeutici del paziente, *sia* ai fini informativi di interesse collettivo. Ognuno è libero *di scegliere* il medico che preferisce; di solito questo è un

right / citizens

protection / pursued
therefore
employer

through / well-off

both for . . .
purposes . . . and

to choose

La dottoressa Rita Levi Montalcini, vincitrice di un premio internazionale per le scienze mediche.

Un gruppo di anziani che partecipa alla prima Festa nazionale dello sport per la terza età.

medico generico ed assiste tutta la famiglia. La continuità del *rapporto* di assistenza stabilisce *legami* di rispettosa amicizia, per cui il medico diventa di nome e di fatto « il medico di famiglia ». Quando una persona è ammalata, il medico viene a casa per la visita e, se necessario, ritorna nei giorni successivi.

> relation
>
> ties

Purtroppo, la medicina socializzata ha lo svantaggio di imporre al governo un enorme *peso* economico, che si riflette nella difficoltà di creare strutture ospedaliere adeguate alle esigenze della popolazione.

> burden

Grande importanza è data alla prevenzione delle malattie. Un'istituzione che fu creata durante l'epoca fascista e che è ancora molto popolare in Italia è quella delle *colonie* estive per i giovanissimi. *Enti* governativi, privati e religiosi organizzano per i bambini vacanze economiche o anche gratuite in località marine o montane.

> camps
>
> agencies

Le migliorate condizioni di vita, unite ad un'assistenza sanitaria costante, hanno allungato la vita media, che è oggi di circa settantacinque anni. Si parla così della « terza età », cioè, di quel periodo della vita che comincia dai cinquantacinque ai sessant'anni, in cui uomini e donne, liberi da rapporti di lavoro e da preoccupazioni economiche, possono *dedicarsi* a nuove attività. In questi ultimi anni molte università hanno aperto le loro porte a questa nuova categoria di studenti.

> devote themselves

19

LA MACCHINA

—*Hai già fatto il pieno?*

DAL MECCANICO

Sig.na Meucci	Paolo, ha già controllato la mia macchina?
Paolo	Ma sicuro, signorina. È pronta da un'ora.
Sig.na Meucci	Spero che tutto *sia a posto*. Devo partire per Roma e non vorrei avere *noie* sull'autostrada.
Paolo	*Stia tranquilla*, signorina. Ho verificato tutto, anche i *freni* e le gomme.
Sig.na Meucci	E il motore?
Paolo	Aveva bisogno di una revisione, ma ora va come un orologio. Lo metta in moto e sentirà.
Sig.na Meucci	Bravo Paolo!
Paolo	*Non dimentichi* di fare il pieno. Non credo che *ci sia* più di un litro di benzina nel *serbatoio*.
Sig.na Meucci	Lo farò al primo distributore. Quanto Le devo?
Paolo	Vediamo... Centotrentamila lire in tutto.
Sig.na Meucci	Ecco a Lei.
Paolo	Grazie. Buon viaggio, signorina... e *mi saluti* San Pietro!

Marginal glosses:
- is in order
- trouble
- relax
- brakes
- don't forget / there is / tank
- say "hello" for me to

DOMANDE SUL DIALOGO

1. Che mestiere fa Paolo?   2. Perchè la signorina Meucci spera che la sua automobile sia a posto? 3. Quale parte della macchina aveva bisogno di una revisione?   4. Perchè Paolo ricorda alla signorina di fare il pieno?   5. Quanti soldi deve la signorina Meucci al meccanico?

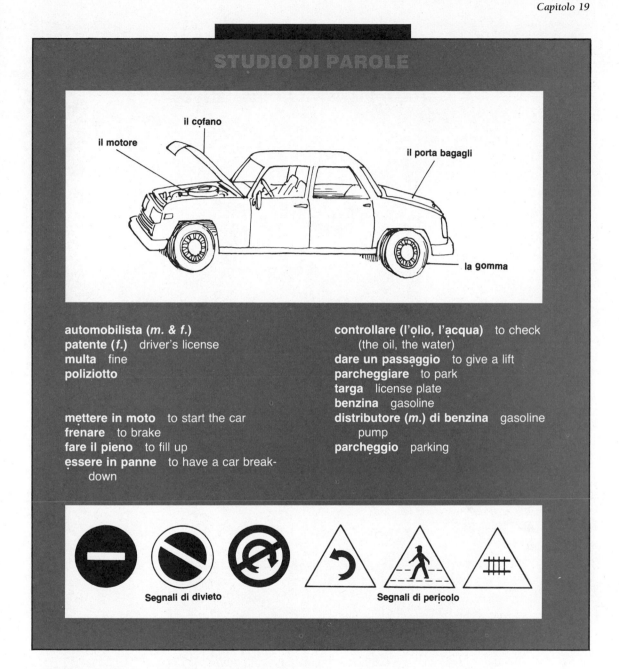

STUDIO DI PAROLE

il cofano

il motore

il porta bagagli

la gomma

automobilista (*m. & f.*)
patente (*f.*)   driver's license
multa   fine
poliziotto

mettere in moto   to start the car
frenare   to brake
fare il pieno   to fill up
essere in panne   to have a car breakdown

controllare (l'olio, l'acqua)   to check
   (the oil, the water)
dare un passaggio   to give a lift
parcheggiare   to park
targa   license plate
benzina   gasoline
distributore (*m.*) **di benzina**   gasoline
   pump
parcheggio   parking

Segnali di divieto

Segnali di pericolo

ESERCIZIO SU STUDIO DI PAROLE

1. Qual è il documento indispensabile per guidare la macchina?   2. Quali parti della macchina
domandiamo al meccanico di controllare?   3. Che cosa facciamo quando andiamo ad un distributore
di benzina?   4. Che cosa ci dà un poliziotto se parcheggiamo dove c'è un divieto di sosta (*no
parking*)?   5. Dove mettiamo le valigie quando facciamo un viaggio in auto?   6. Se Lei vede
qualcuno che fa l'autostop, che cosa fa?

PUNTI GRAMMATICALI

I. The imperative (imperativo)

— **Guarda** *dove vai!*
Frena! Sta' *attento!*

1. Cosa dice l'istruttore?   **2.** Perchè?

---

1. The *imperative* mood is used not only to express a command, but also to express an invitation, an exhortation, or an advice.

Guarda! = *Look!*

Its forms are:

	ascoltare	prendere	partire
(tu)	ascolt**a**	prend**i**	part**i**
(Lei)	ascolt**i**	prend**a**	part**a**
(noi)	ascolt**iamo**	prend**iamo**	part**iamo**
(voi)	ascolt**ate**	prend**ete**	part**ite**
(Loro)	ascolt**ino**	prend**ano**	part**ano**

The pattern of the imperative for **-isc-** verbs is as follows: finis**ci**, finis**ca**, fin**iamo**, fin**ite**, finis**cano**.

NOTE: a. Subject pronouns are not expressed in imperative forms. b. The imperative **noi** and **voi** forms for the three conjugations are identical to the present indicative forms; the **tu** forms for the second and third conjugations are also identical to the present indicative forms. c. The imperative **noi** form corresponds to English *"Let's . . . "* (**Guardiamo!** = *Let's look!*).

Mangiate!	*Eat!*
Gino, **prendi** la macchina!	*Gino, take the car!*
Portiamo un regalo a Lia!	*Let's bring Lia a present!*
Entrino, signorine!	*Come in, young ladies!*
Signore, **legga** il regolamento!	*Sir, read the regulations!*
Pierino, **ubbidisci!**	*Pierino, obey!*

2. The negative imperative for the **tu** form is the infinitive preceded by **non**. For all the other persons of the imperative, **non** is placed before the affirmative form.

Dormi, Gino!	*Sleep, Gino!*
Non dormire, Gino!	*Don't sleep, Gino!*
Mangia la minestra!	*Eat the soup!*
Non mangiare la minestra!	*Don't eat the soup!*
Partiamo oggi!	*Let's leave today!*
Non partiamo oggi!	*Let's not leave today!*
Aspettate!	*Wait!*
Non aspettate!	*Don't wait!*
Viaggi in treno, signora!	*Travel by train, madam!*
Non viaggi in treno, signora!	*Don't travel by train, madam!*

3. The following verbs have irregular imperative forms:

essere:	sii, sia, siamo, siate, siano
avere:	abbi, abbia, abbiamo, abbiate, abbiano
andare:	va' (vai), vada, andiamo, andate, vadano
dare:	da' (dai), dia, diamo, date, diano
dire:	di', dica, diciamo, dite, dicano
fare:	fa' (fai), faccia, facciamo, fate, facciano
sedersi:	siediti, si sieda, sediamoci, sedetevi, si siedano
stare:	sta' (stai), stia, stiamo, state, stiano
venire:	vieni, venga, veniamo, venite, vengano

Abbi pazienza!	*Have patience!*
Sii buono!	*Be good!*
Vada a destra!	*Go right!*
Di' la verità!	*Tell the truth!*
Venite a casa mia!	*Come to my house!*
Non fare rumore!	*Don't make noise!*

E S E R C I Z I

A. *Pietro suggests that he and his friends do the following things. Complete his statements by using the noi form.*

> ESEMPIO: **comprare una pizza** *Compriamo una pizza!*

1. fermare la macchina davanti al caffè   2. telefonare a Mimmo   3. andare a vedere un film
4. fare una corsa in macchina   5. giocare al calcio   6. ascoltare i dischi di Michael Jackson
7. prendere un aperitivo

B. Decalogo dell'automobilista. *The following are suggestions given by a driving instructor to his students. Complete them by using the voi form of the imperative.*

1. guardare se arrivano macchine prima di partire   2. non accelerare se la strada non è libera
3. non superare mai il limite di velocità   4. fare attenzione al semaforo   5. stare sempre attenti
al traffico   6. segnalare quando girate a destra o a sinistra   7. frenare dolcemente   8. non
sorpassare quando c'è il divieto di sorpasso   9. non essere distratti   10. specialmente non bere
bevande alcooliche quando dovete guidare

C. *The following is some advice from a mother to one of her children. Use the tu form of the imperative.*

> ESEMPIO: **studiare** *Studia!*

1. finire i compiti   2. fare il letto   3. riordinare la stanza   4. andare a scuola senza protestare
5. ascoltare attentamente i professori   6. frequentare bravi compagni   7. spendere poco nei divertimenti   8. venire a casa presto   9. stare a casa la sera   10. dare un po' d'aiuto in casa

D. I dieci comandamenti dell'impiegato(a) perfetto(a). *The following are rules written by a supervisor and attached to her secretary's desk. Complete them by using the Lei form of the imperative.*

1. arrivare in ufficio prima delle otto   2. preparare il caffè   3. sedersi alla scrivania alle otto
precise   4. scrivere a macchina velocemente   5. non fare errori   6. non perdere più di un'ora
per lo spuntino (*snack*) del mezzogiorno   7. essere sempre gentile   8. dire sempre di sì   9. non
stare mai a casa (nei giorni di lavoro)   10. lasciare la scrivania in ordine prima di partire

E. *Tell a student not to do the following things.*

a. *First use the tu form.*

1. usare la macchina   2. mettere la giacca   3. stare a letto fino a mezzogiorno   4. essere im-
paziente   5. uscire stasera   6. fare troppe domande   7. leggere le lettere degli altri

b. *Now use the Lei form.*

1. dimenticare di telefonare   2. venire in ritardo   3. fare rumore   4. girare a sinistra   5. avere
paura   6. prendere calmanti   7. fermarsi bruscamente (*abruptly*)

II. The imperative with pronouns

— Papà, **prestami**
la tua auto stasera;
se no, avrò un complesso
di inferiorità.

1. Object pronouns, reflexive pronouns, and **ci** are attached to the end of the **tu**, **noi**, and **voi** imperative forms. They always *precede* the **Lei** and **Loro** forms.

(tu) **Scrivimi** una lettera! ⎫ (Lei) **Mi scriva** una lettera! ⎭	*Write me a letter!*
(voi) **Fateci** un favore! ⎫ (Loro) **Ci** facciano un favore! ⎭	*Do us a favor!*
(voi) **Prestateci** la macchina!	*Lend us the car!*
(noi) **Parliamogli.**	*Let's speak to him!*
(noi) **Alziamoci!**	*Let's get up!*
(voi) **Divertitevi!**	*Have fun!*
(voi) **Ditecelo!**	*Tell it to us!*
(tu) **Parlamene!**	*Speak to me about it!*
(Lei) **Ci** vada!	*Go there!*

2. Object and reflexive pronouns may precede *or* follow the verb in the negative imperative of the **tu** and **voi** forms.

Non alzarti! ⎫ **Non ti alzare!** ⎭	*Don't get up!*
Non farlo! ⎫ **Non lo fare!** ⎭	*Don't do it!*
Non diteglielo! ⎫ **Non glielo dite!** ⎭	*Don't tell it to him!*

But:

Non ci vada!	*Don't go there!*
Non glielo dica!	*Don't tell it to him!*

3. When the pronouns are attached to the monosyllabic imperatives **da'**, **va'**, **di'**, **fa'**, **sta'**, the initial consonant of the pronouns is doubled except for **gli**.

Dammi la macchina!	*Give me the car!*
Dicci una cosa!	*Tell us one thing!*
Vacci tu!	*Go there yourself!*
Dimmelo!	*Tell it to me!*
Faccelo vedere!	*Let us see it!*

But:

Diglielo!	*Tell it to him (her)!*

E S E R C I Z I

A. *Change the imperative from the **Lei** form to the **tu** form and make all the necessary changes.*

1. Mi telefoni prima di venire!   2. Si fermi qui!   3. Ne prenda dieci!   4. Mi dica quanto costa!
5. Ci faccia questo piacere!   6. Le dica tutto!   7. Lo dia all'automobilista!   8. Ci vada Lei!
9. Non si preoccupi!   10. Non glielo dica!

B. *Answer the following questions with an imperative.*

ESEMPIO: **Ci vediamo stasera?**   *Sì, vediamoci!*

1. Ti telefono domani sera?   2. Ci incontriamo al bar?   3. Vi porto a casa?   4. Vi offro un tè o un caffè?   5. Ti insegno a guidare?   6. Ti regalo un libro o un disco?

C. *Answer the following questions with the **tu** form of the imperative, replacing the italicized words with the correct pronouns.*

ESEMPIO: **Posso offrirti** *un espresso?* *Sì, offrimelo!*

1. Posso sedermi?   2. Posso andare *al cinema?*   3. Posso darti *il mio numero di telefono?*
4. Posso portare *un amico alla festa?*   5. Posso andare *a vedere la partita?*   6. Posso farti *un regalo?*
7. Posso guidare *la tua macchina?*   8. Posso fare *una passeggiata?*   9. Posso parlarti *del mio problema?*

D. *Answer the following questions with the **Lei** form of the imperative + pronoun.*

ESEMPIO: **Signorina, posso portarLe la valigia?**
   Me la porti pure (by all means)!

1. Signora, posso venire a casa Sua?   2. Devo aspettarLa qui?   3. Devo prenotarLe un posto di prima classe?   4. Signore, Le preparo il conto?   5. Signora, posso aprire la finestra?

III. *The present subjunctive* (congiuntivo presente)

Pierino, l'ottimista:
— Papà, spero che tu mi
***compri** una Ferrari per*
il mio compleanno.

1. The *subjunctive* mood, unlike the indicative mood (which expresses certainty and reality), expresses personal, subjective feelings and points of view, volition, uncertainty, possibility, and doubt. It is used mainly in subordinate clauses introduced by **che**. Contrary to English, the subjunctive is widely used in Italian in both speaking and writing.

(vuole) che io **parli** = *(he wants) me to speak, that I (may) speak*

Its forms are:

	ascoltare	prendere	partire
che io	ascolti	prenda	parta
che tu	ascolti	prenda	parta
che lui/lei	ascolti	prenda	parta
che noi	ascoltiamo	prendiamo	partiamo
che voi	ascoltiate	prendiate	partiate
che loro	ascoltino	prendano	partano

Note that the first, second, and third persons singular are identical. To avoid ambiguity, the subject pronouns are usually expressed.

The present subjunctive of the **-isc-** verbs follows this pattern: **fini*sca*, fini*sca*, fini*sca*, finiamo, finiate, fini*scano*.**

Note in the following chart the similarities between the present subjunctive and the imperative:

Imperative	Subjunctive
	che io parta
(Lei) parta!	che tu parta
	che lui parta
(noi) partiamo!	che noi partiamo
(Loro) partano!	che loro partano

2. The following verbs and expressions usually govern the subjunctive in a dependent clause:

   a. Verbs of volition, such as **volere, desiderare,** and **preferire.**

   b. Verbs of command, such as **ordinare, domandare,** and **dire.**

   c. Verbs of emotion, such as **essere contento, dispiacere,** and **avere paura.**

   d. Verbs expressing opinion, hope, doubt, or uncertainty: **pensare (credere), sperare,** and **dubitare.**

Voglio che tu impari a guidare.	*I want you to learn how to drive.*
Desideriamo che tu ci scriva più spesso.	*We would like you to write to us more often.*
Sono contento che i miei genitori arrivino.	*I am glad my parents are arriving.*
Digli che parta subito.	*Tell him to leave immediately.*

NOTE: With some verbs—such as **pensare, credere,** and **sperare**—the future may replace the present subjunctive when the action of the subordinate clause takes place in the future.

> **Credo** che Lia **arrivi** domani.
> **Credo** che Lia **arriverà** domani. } *I believe Lia will arrive tomorrow.*

3. Verbs ending in **-care** and **-gare** insert an **h** between the stem and the endings: dimentichi, dimentichiamo, dimentichiate, dimentichino; paghi, paghiamo, paghiate, paghino.

4. Verbs ending in **-iare** drop the **i** of the stem: **cominci, cominciamo, cominciate, comincino.**

5. The following verbs have an irregular present subjunctive:

essere: **sia, siamo, siate, siano**
avere: **abbia, abbiamo, abbiate, abbiano**
andare: **vada, andiamo, andiate, vadano**
bere: **beva, beviamo, beviate, bevano**
dare: **dia, diamo, diate, diano**
stare: **stia, stiamo, stiate, stiano**
dire: **dica, diciamo, diciate, dicano**
fare: **faccia, facciamo, facciate, facciano**
dovere: **deva, dobbiamo, dobbiate, devano**
potere: **possa, possiamo, possiate, possano**
sapere: **sappia, sappiamo, sappiate, sappiano**
sedersi: **sieda, sediamo, sediate, siedano**
uscire: **esca, usciamo, usciate, escano**
venire: **venga, veniamo, veniate, vengano**
volere: **voglia, vogliamo, vogliate, vogliano**

Spero che Lei **abbia** la patente.	*I hope you have a driver's license.*
Desidero che tu **stia** attento al semaforo.	*I would like you to pay attention to the traffic light.*
La mamma non vuole che **beviate** vino.	*Mother does not want you to drink wine.*
Dubita che **sappiamo** guidare bene.	*He doubts that we know how to drive well.*
Non crede che **dicano** la verità.	*He does not believe (that) they are telling the truth.*

6. Compare the following sets of sentences:

Certainty	Opinion, Doubt, Emotion
So che ⎫	Credo che ⎫
Sono certo che ⎬ Lia **è** malata.	Dubito che ⎬ Lia **sia** malata.
È vero che ⎭	Mi dispiace che ⎭

— *Credo che il nostro professore **abbia** la testa fra le nuvole.*

E S E R C I Z I

A. *Change the verb form of the subjunctive clause according to each subject in parentheses.*

1. Desidero che Nino lavori di più. (tu; i ragazzi; voi due)   **2.** Preferisce che tu venda la vecchia macchina. (suo marito; loro; noi; voi)   **3.** Dubita che io finisca il lavoro per domani. (la sua segretaria; gli studenti; voi; tu)   **4.** La mamma è contenta che noi partiamo. (io; tutti; voi; Rosa) **5.** Lui spera che tu non dimentichi i regolamenti. (tu e lui; gli automobilisti; la signorina; io) **6.** Desidero che loro siano felici. (tu; la signora; tu e lei)   **7.** Dubito che lui voglia partire con questa pioggia. (noi; lui e lei; tu)

B. *Replace the italicized expressions with those given in parentheses.*

1. Anna è contenta che io *giochi a tennis.* (andare a teatro; divertirsi; uscire stasera; dare un passaggio al pedone; fare un viaggio a Madrid; essere in ottima salute)
2. Ho paura che voi *non studiate abbastanza.* (non avere molta pazienza; stare male in macchina; non dire la verità; arrivare in ritardo; prendere una multa; non fare attenzione al traffico)
3. Mi dispiace che Gianpaolo *non venga alla festa.* (non sapere guidare; non volere imparare; non conoscere nessuna lingua straniera; essere al verde; non avere la bicicletta; preferire andare a piedi)

C. *Using* **credo che** *or* **non credo che,** *give your opinion about the following statements.*

1. È difficile guidare in Italia.   2. Gli Italiani bevono molto latte.   3. Il governo vuole aumentare le tasse (*taxes*).   4. L'inflazione può aumentare ancora.   5. Le donne hanno gli stessi diritti (*rights*) degli uomini.   6. Gli Americani sanno vivere.   7. I giovani devono studiare di più le lingue straniere.   8. Molti Europei vengono a passare le loro vacanze negli Stati Uniti.   9. Le macchine giapponesi consumano tanta benzina quanto quelle americane.   10. Gli studenti vogliono meno compiti.

D. *Complete the following sentences, choosing between the present indicative and the present subjunctive.*

1. Sappiamo che gli Italiani (guidare) _____ pericolosamente.   2. Dubito che la monarchia (ritornare) _____ in Italia.   3. Spero che il governo (potere) _____ controllare l'inflazione e che tutti (riuscire) _____ a trovare lavoro.   4. Sono sicuro che le macchine italiane (essere) _____ tra le più belle del mondo.   5. Ho paura che gli stranieri (avere) _____ dei problemi quando (guidare) _____ in Italia.   6. Mi dispiace che un viaggio in Italia (costare) _____ così tanto.   7. Ho sentito alla televisione che il nuovo governo (essere) _____ in crisi.   8. Tutti desiderano che non (esserci) _____ guerre e che il mondo (stare) _____ in pace.

E. **Il testamento del vecchio conte di Altavilla.** *Complete the following story with the correct forms of the subjunctive.*

Cara moglie,
queste sono le mie ultime volontà. Spero che tu (seguire) _____ tutte le mie istruzioni. Desidero che tu (dare) _____ il tappeto del mio studio alla cameriera perchè mi ha sempre servito bene. Voglio che tu (regalare) _____ la mia collezione di francobolli (*stamps*) al mio maggiordomo (*butler*) per la sua fedeltà, e che tu (pagare) _____ al giardiniere la somma di un milione di lire.

Preferisco che il cugino Cosimo (avere) _____ il mio orologio d'oro e che le zie Rosa e Linda (ricevere) _____ tutte le bottiglie di vino della mia cantina. Spero che così loro (consolarsi) _____ della mia morte. Desidero che il mio castello, i miei mobili, le mie cinque macchine, e tutte le mie proprietà (andare) _____ al mio autista che mi è stato amico fedele per quarant'anni. A te, cara moglie, che hai protestato per quarant'anni, lascio i miei occhiali e la mia dentiera (*denture*). Spero che tu ne (essere) _____ contenta.

Tuo Alfredo

LETTURA

UNA LEZIONE DI GUIDA

Marcello vuole che Antonio impari a guidare. Ora i due amici si trovano lungo una strada di molto traffico, e il povero Antonio non sa come fare.

— Insomma, Tonino, guarda davanti a te! Frena, per piacere! Non hai visto che il semaforo è rosso e che i pedoni attraversano la strada?

— Hai ragione, mi dispiace.

— Va' adesso! Non vedi che il semaforo è diventato verde? Aspetta! Non girare a destra! Non vedi che quel cartello dice « *Senso vietato* »? Fammi un piacere: sta' attento!   wrong way

— Ma cosa vuoi che faccia!? Se desideri che io impari a guidare, non devi continuare a criticarmi. Ho già il mal di testa. E poi... incomincio a dubitare che tu sia un buon istruttore...

— Sta' zitto, *somaro*. E non dimenticare di segnalare, quando devi   dumbbell
sorpassare. Ma che cosa hai fatto? Hai accelerato e non hai visto che c'era il segnale di limite di velocità! Spero almeno che non ci sia nessun poliziotto.

(Troppo tardi. I due sentono già la sirena: la macchina della polizia è dietro di loro).

— Marcello, cosa faccio?

— Eh! Che cosa vuoi fare? *Rallenta* e fermati vicino al *marciapiede*.   slow down / sidewalk
L'agente si avvicina alla macchina e dice ad Antonio:

— Mi dia la patente, prego.

— Mi permetta di spiegarLe... (È Marcello che parla).

— Preferisco che Lei stia zitto. *Quanto a* Lei, come si chiama?   as for

— Antonio Catalano.

Le cose si complicano e il povero Antonio deve rinunciare a guidare per il momento.

DOMANDE SULLA LETTURA

1. Chi vuole che Antonio impari a guidare la macchina?   2. Com'è la strada dove Antonio guida?
3. A che cosa deve fare attenzione Antonio?   4. Perchè non può girare a destra?   5. Perchè si lamenta Antonio?   6. Che errore ha fatto?   7. Perchè ha dovuto fermarsi vicino ad un marciapiede?   8. Che cosa vuole il poliziotto che gli dia?   9. Che cosa credete che succederà?

DOMANDE PERSONALI

1. Da quanto tempo ha la patente Lei?   2. Si considera Lei bravo(a) come automobilista?   3. Ha mai ricevuto Lei una multa? Perchè?   4. Qual è il limite di velocità negli Stati Uniti? Lo supera spesso Lei?   5. Fa sempre attenzione Lei al semaforo e agli altri segnali stradali?   6. Immagini di arrivare ad un incrocio (*intersection*) e che il semaforo diventi giallo. Che cosa farebbe Lei? Passerebbe o si fermerebbe?   7. Lei è mai successo di essere in panne?   8. Che cosa fa Lei quando vede qualcuno che fa l'autostop?   9. Ha mai avuto un incidente stradale Lei?

ATTIVITÀ

Due studenti (gli automobilisti) vanno alla lavagna e disegnano (*draw*) un incrocio stradale (*intersection*) con due macchine: macchina A e macchina B.   Gli altri studenti danno ordini (*instructions*) ai due automobilisti.

TRADUZIONE

1. Mr. and Mrs. Smith arrived in Rome yesterday and rented a Fiat.   2. Mr. Smith's wife is afraid that he may have an accident and continuously tells him: "Go slowly! Pay attention!"   3. "If you must complain so much (*così tanto*), next time I prefer that you stay home."   4. "Look, Jim, those beautiful fountains! That is Piazza Navona. Let's stop!"   5. "With this traffic? Let's first look for a parking lot."   6. So, Mr. and Mrs. Smith drove for one hour, and finally, they were able to park their car.   7. "Where are we now? I doubt it is possible to walk to Piazza Navona. It is too far!"   8. "Listen, Liz, since you have studied Italian, go into that coffee shop and ask for directions."   9. Mrs. Smith went in and asked the barman.   10. "Tell me, please, how to find Piazza Navona."   11. "I am afraid you have to take the bus. Go straight for one hundred meters, and then turn to the left. You will see the bus stop (*la fermata dell'autobus*) at the street corner."

VOCABOLARIO

Nomi

la bevanda *drink*	**il passaggio** *lift*
il cartello *sign*	**il pedone** *pedestrian*
la corsa *run, race*	**il regolamento** *regulations*
il documento *document*	**il rumore** *noise*
la guida *driving*	**il segnale** *signal*
l'incidente (*m.*) *accident*	**il semaforo** *traffic light*
l'istruttore; l'istruttrice *instructor*	**la velocità** *speed*
l'istruzione (*f.*) *instruction*	**la volontà** *will*
il limite *limit*	

Aggettivi

fedele *faithful*	**infelice** *unhappy*
felice *happy*	**preciso** *precise*
gentile *kind*	**sicuro** *sure*
impaziente *impatient*	

Verbi

accelerare *to accelerate*	**girare** *to turn*
attraversare *to cross*	**guidare** *to drive*
aumentare *to increase*	**permettere** (*p.p.* **permesso**) *to allow*
avvicinarsi *to get near*	**rinunciare** *to renounce*
consumare *to consume, to use up*	**segnalare** *to signal*
criticare *to criticize*	**sorpassare** *to pass (a car)*
dubitare *to doubt*	**superare** *to exceed*

Altre espressioni

a destra *to the right*	**finalmente** *finally*
a sinistra *to the left*	**insomma** *for heaven's sake, in short*
diritto *straight ahead*	**prego** *please*
dolcemente *gradually*	**specialmente** *especially*

Da 1200 a 2000 cc una gamma completa di prezzi e prestazioni
Presso tutti i Concessionari, anche con convenienti rateazioni CO FI

VENDESI Fiat campagnola modello lungo anno 81 km 14.500 super accessoriata tel. 0522/698030 ore ufficio.

VENDO Giulietta 1300 anno 74 L. 700.000 tel. 059/350661 ore 14.

SAMBA PEUGEOT LS cc 1.000 da privati come nuovi km 2.500 mesi 6 L. 6.500.000 tel. 241512.

VENDO Alfa Sud 1200 motore 35.000 km in buono stato L. 1.200.000 tel. 375187.

FIAT UNO 45 S 5ª marcia accessoriata km 2000 dipendente vende accetta permuta auto Fiat o R4 dal 75 al 78 piccola o media cilindrata tel. 311279.

VENDO Beta coupè 1300 con impianto gas fine 1980 ottime condizioni color champagne L. 6.500.000 tel. 333007.

PAGINA CULTURALE

I MEZZI DI TRASPORTO

Per l'Italia, la cui configurazione geografica allungata ostacola i rapporti tra le varie regioni, è vitale avere un sistema efficiente di strade. Le strade hanno una tradizione antichissima. Infatti, i Romani furono grandi costruttori, e *dotarono* la penisola italiana di un'estesa *rete* stradale che irradiava da Roma e correva in tutte le direzioni. Dopo più di duemila anni, il *tracciato* delle antiche vie romane è ancora visibile, e costituisce l'elemento fondamentale del ricco sistema autostradale moderno.

Poichè l'Italia è un paese prevalentemente montuoso, fu necessario scavare numerose gallerie, sia per la costruzione di nuove strade che di *linee ferroviarie*. La principale arteria automobilistica, l'Autostrada del Sole, è una delle più belle d'Europa, e si estende fra Milano e la Calabria, in una corsa continua di ponti e gallerie.

supplied
network
layout

railroads

A che cosa serve questa « trasformabile » della Fiat?

Il traffico diventa impossibile quando tutti lasciano la città per il week-end.

Il trasporto italiano è efficiente, veloce ed economico. È effettuato per mezzo di un traffico sostenuto di treni locali e di accelerati, che si fermano a tutte le stazioni, e di diretti, direttissimi e rapidi. Questi ultimi, come la Freccia del Sud e il Settebello, sono velocissimi e *collegano* in poche ore le città più importanti della penisola. | link

Le Ferrovie dello Stato controllano più di *tre quarti* della rete ferroviaria del paese. | three fourths

Ogni città *dispone* di una rete di trasporti pubblici, che comprende autobus, tram e filobus. La maggior parte degli Italiani preferisce *recarsi* al lavoro con uno di questi mezzi, considerando la difficoltà di trovare un parcheggio e l'alto costo della benzina. Infatti, un gallone di benzina costa tre volte di più di quel che costa negli Stati Uniti. Ciò nonostante, oggi quasi tutti gli Italiani hanno la macchina, che serve specialmente per le vacanze e per le gite turistiche di fine settimana. La lunga *fila* di macchine che procede *a passo d'uomo* all'entrata delle autostrade, è infatti uno spettacolo *consueto* per chi abita nelle grandi città. Ma appena lasciata la città, le macchine *filano veloci* sulle autostrade verso i laghi, le montagne o le spiagge. Per servirsi delle autostrade è necessario pagare un *pedaggio* che è elevato e che dipende dalla cilindrata del motore. | has / to go / line / at a snail's pace / customary / speed / toll

La macchina rappresenta per l'Italiano qualche cosa di più di un mezzo di trasporto. È un simbolo di benessere e, *a detta di* molti, ha il potere di cambiare la personalità dell'individuo che guida: l'uomo e la donna più timidi diventano *audaci* e aggressivi quando sono al *volante*. | according to / bold / steering wheel

Le macchine italiane, come la Fiat, la Lamborghini, la Ferrari, l'Alfa Romeo, hanno conquistato i mercati mondiali, e testimoniano del genio e del buon gusto degli Italiani.

CINEMA E TIVÙ

TUTTI I PROGRAMMI TV DAL 18 AL 24 LUGLIO

SABATO 18

RETE 1

13.00 **Un concerto per domani:** musiche di Franz Schubert e Cécile Chaminade.
17.00 **Spazio 1999: «Attenti ai terrestri»,** telefilm.
17.50 **Shirab, il ragazzo di Bagdad,** dis. an.
18.10 **Estrazioni del lotto.**
18.15 **Le ragioni della speranza.**
18.25 **Speciale Parlamento.**
18.50 **Festa chi te lo fa fare?,** di Folco Quilici e Luca Verdone.
19.20 **Mazinga 2: «Una prova di coraggio»,** disegni animati.
20.40 **Le avventure di Pinocchio** (5ª e ultima puntata), replica.
21.55 **Viva Pinocchio,** interviste e divagazioni sul tema tra esperti e no.
22.45 **Talkin Heads in concerto.**
23.20 **Telegiornale - Che tempo fa.**

RETE 2

13.15 **Billy il bugiardo: «Billy ospite pagante»,** telefilm.
15.45 **Automobilismo: Gran Premio di Formula 1 di Gran Bretagna.**
17.50 **Le avventure di Balanel** disegni animati.
18.00 **Il guanto rosso: «Timori per Darsie»,** sceneggiato.
18.25 **Estrazioni del lotto.**
20.40 **Nicola Nickleby,** sceneggiato, 5ª puntata.

DOMENICA 19

RETE 1

11.00 **Santa messa.**
12.15 **Linea verde.**
13.00 **Jazz concerto:** italiani al Capolinea.
17.00 **Avventure, il fascino del rischio, il fascino del nuovo. Gli incas: i figli del sole.**
17.50 **Quel rissoso, irascibile, carissimo Braccio di Ferro: «Il piccolo marinaio».**
18.00 **Un'estate, un inverno,** 4ª puntata.
19.00 **I rivali di Sherlock Holmes: «Il cavallo invisibile».**
20.40 **Le avventure di Caleb Williams,** 3ª p.
21.45 **Hit parade,** i successi della settimana.
22.15 **La Domenica sportiva.**
23.05 **Telegiornale - Che tempo fa.**

RETE 2

11.00 **Omaggio a Mauro Giuliani.**
12.00 **Mondo che scompare:** Birmania.
13.15 **Mork e Mindy: «Mork s'innamora».**
16.45 **Tg2 Diretta sport. Pallanuoto:** Recco-Mameli. **Automobilismo:** F.3 da Misano. **Ciclismo:** G.P. Industria e Commercio. **Ippica.**
18.55 **Il pianeta delle scimmie: «L'umano volante»,** telefilm.
20.00 **Tg2 Domenica Sprint.**
20.40 **Tutto compreso,** varietà.
21.50 **Cuore e batticuore: «Jonathan Hart jr.».**
22.40 **Dietro l'obiettivo,** 4ª puntata.
23.10 **Tg2 Stanotte.**

LUNEDÌ 20

RETE 1

13.00 **Un concerto per domani:** musiche di J. S. Bach, E. Ysaye e N. Paganini.
13.45 **Speciale Parlamento.**
14.10 **I sentieri della ragione,** filosofia e scienze umane nella società del Novecento, 6ª p.
17.00 **Fresco fresco. Le isole perdute: «Lo straniero»** (17.05) **- La frontiera del drago: «Vendetta al circo»** (18.00). **Lilli put put - Dick Barton, agente speciale** (19.00) **- Mazinga Z,** disegni animati (19.20).
20.40 **Robert Aldrich, l'occhio caldo del cinema: «I quattro del Texas»,** film con Frank Sinatra, Dean Martin, Anita Ekberg.
22.35 **Speciale da Chianciano.**
23.50 **Telegiornale - Che tempo fa.**

RETE 2

13.15 **Mixer speciale: i Rolling Stones,** 2ª p.
17.00 **I giorni della speranza. 1924: Un miracolo,** film di Ken Loach per la Tv, 1ª p.
17.40 **La luna nuova,** disegni animati.
17.50 **I luoghi dove vissero:** Maria Antonietta a Versailles.
18.50 **S.W.A.T., squadra speciale anticrimine. «Centrale Olimpic»,** telefilm.
20.40 **Stagione di opere e balletti: «Cenerentola»,** musica di Sergei Prokofiev.
22.30 **Il brivido dell'imprevisto: «Il tranquillo mondo di Mr. Affleby».**

Quali sono i programmi di stasera alla tivù?

CHE PROGRAMMI CI SONO STASERA?

Pietro e sua moglie Lia fanno dei progetti per la serata.

Lia   Pietro, andiamo al cinema stasera?

Pietro   Non mi sembra che ci siano dei film interessanti. E poi io preferirei stare a casa, se non ti dispiace.

Lia   No, non mi dispiace. Guarda sul giornale quali sono i programmi di stasera alla tivù.

Pietro   Ti interessa un documentario sull'alpinismo? Pare che questo *abbia ricevuto* molti *premi*. Il regista Borelli ha portato la macchina da presa fino sulle *pendici* dell'Himalaya per filmare una *scalata* sul K2.

Lia   Sì, mi piacerebbe verderlo, *purchè* non sia troppo lungo, perchè domani devo alzarmi presto. A che ora comincia?

Pietro   Alle otto e mezzo, dopo il telegiornale, sul canale due.

Lia   Benissimo. Allora aiutami a preparare la tavola, così ceniamo prima delle otto.

received / prizes
slopes
climbing
provided that

DOMANDE SUL DIALOGO

1. Perchè Pietro non vuole andare al cinema?   2. Lia che cosa vuole che Pietro cerchi?   3. Che programma interessa a Pietro?   4. Perchè Lia spera che il documentario non sia troppo lungo? 5. Quale programma precede il documentario? Su che canale?   6. Perchè Lia vuole che Pietro la aiuti a preparare la tavola?

STUDIO DI PAROLE

Oggi si gira... « Via col vento! »

attore; attrice
regista (*m. & f.*) director
produttore (*m.*) producer
film (*m.*)
le didascalie subtitles
documentario
cartone animato

girare un film to make a movie
macchina da presa movie camera

telecamera TV camera
televisore (*m.*) TV set
canale (*m.*) channel
telegiornale (*m.*) TV news
le notizie (*pl.*) news
pubblicità advertising
programma (*m.*)
spettacolo show

ESERCIZIO SU STUDIO DI PAROLE

1. Chi sono Federico Fellini e Francis Ford Coppola?   2. Che film famosi hanno girato?   3. Se andiamo a vedere un film in lingua straniera, che cosa ci aiuta a capirne il dialogo?   4. In che genere (*type*) di produzione cinematografica si è specializzato Walt Disney?   5. Che cosa presenta il telegiornale?   6. Un regista usa la macchina fotografica o la macchina da presa?   7. Chi sono Carlo Ponti e Dino De Laurentiis?   8. Per quale ragione molte compagnie commerciali finanziano programmi televisivi?

PUNTI GRAMMATICALI

I. *The present perfect subjunctive* **(congiuntivo passato)**

— *Credo che la mamma
ci* **abbia detto** *di non guardare
i film « western » perchè sono
troppo violenti.*

1. Che cosa credono i bambini?   **2.** Perchè?

---

1. The present perfect subjunctive is a compound tense formed with the present
subjunctive of the auxiliary verb **avere** or **essere** + the past participle of the
main verb.

ascoltare	partire
che io abbia che tu abbia che lui/lei abbia che noi abbiamo } ascoltato che voi abbiate che loro abbiano	che io sia che tu sia } partito(a) che lui sia che noi siamo che voi siate } partiti(e) che loro siano

Spero che **abbiate ascoltato** il telegiornale.	*I hope you listened to the TV news.*
Dubito che le **sia piaciuto** il film.	*I doubt that she liked the movie.*
Sono contenta che **abbiano dato** l'Oscar alla mia attrice preferita.	*I am glad they gave the Oscar to my favorite actress.*
Non credo che i miei genitori **siano arrivati.**	*I don't believe that my parents have arrived.*

---

2. When the verb of the main clause is in the present tense, the verb of the subordinate clause can be in:

   a. The *present perfect subjunctive* if it expresses an action or state that is *prior* to the action of the main clause.

Mi dispiace che zia Teresa non **sia venuta** con noi ieri.	*I'm sorry Aunt Teresa didn't come with us yesterday.*
Siamo contenti che vi **sia piaciuto** il nostro regalo.	*We are glad you liked our gift.*

   b. The *present subjunctive* if it expresses an action or state that is contemporary or subsequent to the action of the main clause.

Mi dispiace che voi non **veniate** con noi ora.	*I'm sorry you are not coming with us now.*
Ho paura che non vi **piaccia** quel film.	*I'm afraid you will not like that movie.*

E S E R C I Z I

A. *Replace the subordinate clause of each sentence with the correct form of the present perfect subjunctive according to the subjects in parentheses.*

1. Spero che tu abbia studiato ieri sera. (lui; gli studenti; voi)   2. Siamo contenti che loro siano arrivati. (tu; le vostre amiche; Lei; tu e Lia)   3. Dubito che lui abbia capito il film. (gli spettatori; voi; la tua amica)   4. Mi dispiace che tu non sia venuto al cinema con me. (i miei genitori; mia sorella; tu e Franca)

B. *Rewrite the following sentences by using the present perfect subjunctive.*

   ESEMPIO: **Sono contento che tu venga con me. (ieri sera)**
      Sono contento che tu sia venuto con me ieri sera.

1. Credi che piova? (la notte scorsa)   2. Dubito che lei parta. (domenica scorsa)   3. Penso che questo film abbia successo. (negli anni trenta)   4. La mamma è contenta che i bambini non guardino la televisione. (ieri sera)   5. Mi dispiace che tu fumi un pacchetto di sigarette. (ieri)   6. Non credo che nevichi in montagna. (i giorni scorsi)   7. Abbiamo paura che la nonna si ammali. (tre giorni fa)   8. Spero che Giovanni trovi un buon posto. (il mese scorso)

C. *Combine the following pairs of sentences according to the examples. Choose between the indicative and the subjunctive.*

   ESEMPIO: **Pia è arrivata ieri. Lo spero.**
      Spero che Pia sia arrivata ieri.

1. Richard Burton è morto. Ci dispiace.   2. Il film *Gandhi* ha vinto un Oscar. L'ho sentito alla radio.   3. Avete capito il congiuntivo? Ne siamo contenti.   4. Antonio ha preso lezioni di guida. Me l'hanno detto.   5. Mio cugino è diventato dottore. Lo sai?   6. Sophia Loren è tornata dall'America. L'ho letto.   7. Il Partito Socialista ha vinto. Credo.

II. *Impersonal verbs and expressions + subjunctive*

— *Il mio amico non capisce l'italiano.*
— ***Peccato che*** *non ci* **siano** *le didascalie.*

Many impersonal verbs and expressions require the subjunctive in the dependent clause. They indicate:

a. Necessity, such as **è necessario che, bisogna che** (*it is necessary that*).
b. Opinion, such as **pare che, sembra che, si dice che, è strano che.**
c. Possibility, such as **è probabile che, è possibile (impossibile) che, può darsi che** (*it may be that*).
d. Advice, such as **è bene che, è meglio che, è utile che, è importante che, è ora che.**
e. Emotions, such as **(è) peccato che** (*too bad that*).

Peccato che il televisore non funzioni.	*(It's) too bad that the television set is not working.*
È probabile che domani piova.	*It is probable that tomorrow it will rain.*
Sembra che i tuoi siano arrivati.	*It seems that your friends have arrived.*
Bisogna che studiate di più.	*It is necessary that you study more.*
Può darsi che abbiano affittato l'appartamento.	*It may be that they have rented the apartment.*

E S E R C I Z I

A. *Following the example, combine the elements to create new sentences.*

ESEMPIO: **Piove. Peccato...** *Peccato che piova.*

1. Le linee aeree sono in sciopero. Pare...   2. Giulia si prepara per gli esami. È necessario...
3. Faccio molti sacrifici per laurearmi. Bisogna...   4. Voi imparate a cucinare. È utile...
5. I miei cugini si divertono al mare. È probabile...   6. Il cugino di Filippo desidera emigrare. Sembra...   7. Antonio ha avuto un incidente di macchina. Si dice che...   8. Liliana incomincia a guadagnare. È ora...   9. Quell'impiegato è stato ammalato. Peccato...   10. Questa sera non esco. È meglio...

B. **È necessario...** *Say whether or not it is necessary that the following people do the things suggested in parentheses.*

> ESEMPIO: **Liliana vuole diventare avvocatessa.** (seguire un corso di chimica)
> *Non è necessario che segua un corso di chimica.*

1. Lucia ama Mimmo, ma lui l'ha lasciata. (telefonargli; piangere tutto il giorno; uscire; divertirsi)
2. I signori Rizzi hanno invitato una coppia di amici al cinema, ma all'ora dell'appuntamento gli amici non sono arrivati. (aspettarli; comprare quattro biglietti; vedere il film da soli)   3. Voi desiderate passare le vostre vacanze in Italia. (studiare l'italiano; decidere quali città visitare; preparare le valigie un mese prima; essere puntuali all'aeroporto il giorno della partenza)   4. Sono una bella studentessa. Un regista ha visitato la mia università, mi ha vista e mi ha offerto di fare la comparsa (*extra*) nel suo nuovo film. (accettare l'offerta; finire i miei studi; chiedere consiglio a qualcuno)

C. **Secondo me...** *State whether or not you think the United States should do the following things. Use the expressions* **secondo me...**, **è bene (utile, importante) che...**, *in each sentence.*

> ESEMPIO: **Aiutare l'Europa.**   *Secondo me, è bene (non è bene) che gli Stati Uniti aiutino l'Europa.*

1. essere in buoni rapporti con la Russia   2. avere il primato (*supremacy*) negli armamenti nucleari   3. creare migliori possibilità di lavoro   4. incrementare lo studio delle lingue straniere   5. finanziare l'industria cinematografica di Hollywood   6. intervenire nella politica interna degli altri paesi   7. vendere armi alle altre nazioni   8. limitare l'importazione di automobili giapponesi   9. eliminare la previdenza sociale (*Social Security*)   10. controllare l'inflazione   11. proibire la preghiera nelle scuole statali

---

III. Conjunctions + subjunctive

— *Ti do i soldi del cinema,* **purchè** *tu* **lavi** *la macchina.*

The following conjunctions *must* be followed by the subjunctive.

affinchè, perchè	*so that*
benchè, per quanto, sebbene	*although*
a meno che... non	*unless*
prima che	*before*
purchè	*provided that*
senza che	*without that*

Ritorniamo a casa **prima che piova.**	*Let's go home before it rains.*
Benchè mio zio **sia** ricco, è molto avaro.	*Although my uncle is rich, he is very stingy.*
Compra i biglietti, **a meno che** Paolo **non li abbia** già **comprati.**	*Buy the tickets unless Paolo has already bought them.*
Scrivimi una nota, **affinchè** me ne **ricordi.**	*Write me a note so that I will remember it.*

═══ E S E R C I Z I ═══

A. *Use the conjunctions in parentheses to combine the following pairs of sentences.*

> ESEMPIO: **Paolo esce stasera. È malato. (benchè)**
> *Paolo esce stasera benchè sia malato.*

1. Ti presto diecimila lire. Me le restituisci. (purchè)   2. Devo studiare. È troppo tardi. (prima che)   3. Luigino aiuta in casa. La mamma glielo chiede. (senza che)   4. Il padre lavora. I figli possono andare all'università. (perchè)   5. Leggo ancora. È già mezzanotte. (sebbene)   6. Ti aiuterò. Ho poco tempo. (per quanto)   7. Sono andato a vedere *Casablanca*. L'ho già visto due volte. (benchè)   8. Il professore parla ad alta voce. Tutti lo capiscono. (affinchè)   9. Lo incontreremo al caffè. È già partito. (a meno che... non)

B. Povero Beppe! *Rewrite the following paragraph replacing* **anche se** + *indicative with* **benchè** *(per quanto, sebbene)* + *subjunctive.*

Questa mattina Beppe deve andare al lavoro anche se la macchina non funziona. Decide di andare a piedi anche se l'ufficio è lontano. Arriva in ritardo e il suo capoufficio lo rimprovera anche se lui ha dato una buona giustificazione. Deve scrivere molte lettere a macchina anche se non sa scrivere a macchina velocemente. Deve portare molti pacchi (*parcels*) alla posta anche se non si sente bene. Deve fare molte telefonate anche se ha mal di testa. La sera deve portare i bambini al cinema anche se ha lavorato tutto il giorno ed è stanco.

C. *Rewrite the following paragraph replacing* **se** + *indicative with* **purchè** + *subjunctive.*

Il regista Pellini vuol girare un film se riesce a trovare un produttore. Desidera offrire la parte principale all'attrice Sonia Sorel se non deve pagarla troppo. Per la parte maschile vuole invitare l'attore americano Neal Puman se è libero. Tutto va bene e si gira il film, ma un bel giorno i due attori principali litigano. Il povero regista finirà il film se i due attori faranno la pace.

IV. *Subjunctive versus infinitive*

—*Desidero che Lei mi dia
la parte di Rodolfo Valentino.*
— *Preferisco darLe quella
di Sancio Pancia.*

1. The infinitive is used instead of the subjunctive (a) when the subject of both the main verb and the subordinate verb is the same; (b) after impersonal expressions, when the subject of the subordinate verb is not expressed.

Voglio che **tu parta.**	*I want you to leave.*
Voglio **partire.**	*I want to leave.*
Sono contenti che **io vada** all'università.	*They are happy that I am going to the university.*
Sono contenti di **andare** all'università.	*They are happy to go to the university.*
Bisogna che **io studi.**	*It is necessary for me to study.*
Bisogna **studiare.**	*It is necessary to study.*

Note that with verbs of *command* (**ordinare, dire,** etc.), either of the two constructions (the subjunctive or the infinitive) is possible.

Digli che **esca** subito.	*Tell him to go out immediately.*
Digli di uscire subito.	

2. The infinitive is also used after the conjunctions **prima di** and **senza** when the subject of the main verb and that of the subordinate verb is the same.

Esce **senza** che io lo **saluti.**	*He goes out without my saying good-bye to him.*
Esce **senza salutarmi.**	*He goes out without saying goodbye to me.*
Luisa mi telefonerà **prima** che io **ceni.**	*Luisa will call me before I have dinner.*
Luisa mi telefonerà **prima di cenare.**	*Luisa will call me before having dinner.*

━━━━━ E S E R C I Z I ━━━━━

A. Disaccordo di generazioni *(generation gap). Marcello refuses to do what his father tells him to. Two students will play the two roles according to the example.*

> ESEMPIO: fare l'ingegnere
> Padre: *Voglio che tu faccia l'ingegnere.*
> Marcello: *Non voglio fare l'ingegnere.*

1. vendere le due macchine   2. stare a casa la sera   3. divertirsi di meno   4. fidanzarsi con una ragazza ricca   5. lavorare nella ditta Scotti e figli   6. andare meno spesso al caffè

B. Contenti o tristi? *Express the feelings of the following people by combining each pair of sentences with **che** + subjunctive or **di** + infinitive.*

> ESEMPIO: Paolo è contento. Lui è ricco.   *Paolo è contento d'essere ricco.*
> Paolo è contento. Suo padre è ricco.   *Paolo è contento che suo padre sia ricco.*

1. Lucia è triste. Non vede più Milano.   2. Lucia è furiosa. Mimmo l'ha lasciata.   3. Ho paura. Non capisco il congiuntivo.   4. Ho paura. Il congiuntivo è difficile.   5. Filippo e Gabriella sono felici. Fanno un viaggio a Cortina d'Ampezzo.   6. Gabriella è felice. Suo marito ha vinto due milioni di lire al totocalcio.

LETTURA

PREFERISCO UN FILM DIVERTENTE

Lucia ha appena avuto una ***delusione amorosa.*** Mimmo, il ragazzo con cui usciva da qualche mese, l'ha lasciata e Liliana cerca di consolarla.

— Senti, Lucia, se vuoi che ti dica la verità, il tuo bel Mimmo non mi è mai piaciuto. Aveva un'aria troppo arrogante. È meglio che sia andata *così;* con un tipo simile, avresti certamente sofferto più tardi.

— Dimmi, Liliana, ma ce l'hai tu il cuore? Sembra che tu non sia mai stata innamorata.

— Mia cara, lo so che la vita non è divertente, ma è inutile piangere per gli uomini. È ora che tu esca e che ti diverta. A meno che tu non voglia entrare in convento, come succedeva in certi film romantici... *A proposito,* perché non andiamo al cinema? All'Odeon danno *I tre fratelli* di Francesco Rosi ed io vorrei tanto rivederlo.

	love disappointment
	this way
	By the way

— Ci vengo, purchè sia divertente.

— *Ma come,* non l'hai ancora visto? Non sapevi che è stato uno dei successi cinematografici recenti? — how come

— No, credo di avere letto qualcosa molto tempo fa, ma non ricordo esattamente. *Di che cosa si tratta?* — what is it about?

— La *trama* è molto sęmplice. Si tratta del ritorno di tre fratelli alla loro *casa paterna* per la morte della mamma. I tre ęrano emigrati dal loro villaggio del Sud, credo delle Pųglie, quand'ęrano ancora giovani. Il maggiore è diventato un *giųdice* importante a Roma. Degli altri due, uno è operaio a Torino, l'altro è *assistente sociale* e insegna a dei delinquenti *minorenni.* L'incontro con il padre, un vęcchio contadino sęmplice, è veramente l'incontro di quattro solitųdini, e anche lo *scontro* di ideologie e di mondi diversi. Per quanto ognuno dei tre fratelli ritrovi le emozioni del passato, nessuno riesce più a comunicare. Ognuno resta *prigioniero* del suo dolore e dei suoi conflitti personali. Le fotografie sono stupende e *certi primi piani indimenticạbili.* E poi è interessante ricostruire la vita privata di ognuno dei *personaggi,* per mezzo della tęcnica del flashback...

(margin glosses: plot · family home · judge · social worker · juvenile · clash · prisoner · some close-ups, unforgettable · characters)

— Del flashback? E che cos'è?

— *Santo cielo,* Lucia, come si può ęssere così ignoranti? Ad ogni modo, capirai quando lo vedrai. Allora, andiamo sì o no? — good heavens

— Da quello che mi hai detto, non mi pare che sia un film molto allegro. Se vuoi portarmi al cinema, trovamene un altro, *del genere di Pane e cioccolata*... se desideri davvero che io dimentichi i miei problemi. — like

Cinema

DOMANDE SULLA LETTURA

1. Perchè è necessario che Liliana consoli Lucia?   2. Che tipo (*kind of person*) era Mimmo?
3. Liliana pensa che sia utile piangere per una delusione amorosa?   4. Quali consigli dà all'amica?   5. Che cosa vuole che l'amica veda? Perchè?   6. Dov'erano nati i tre fratelli del film?
7. Cosa facevano nelle loro rispettive (*own*) città?   8. Perchè sono ritornati alla casa del padre?
9. Che cosa non sapevano più fare?   10. Le sembra che il film *I tre fratelli* sia allegro?   11. Che cosa vorrebbe vedere Lucia invece?   12. Le pare che Liliana capisca i problemi dell'amica? Come Le pare che sia?

DOMANDE PERSONALI

1. Ha mai dovuto consolare un amico(a) Lei? Che cos'ha fatto per consolarlo(a)?   2. Le piacciono le persone che hanno un'aria sicura di sè? Che aria dovrebbero avere i Suoi amici?   3. Che cosa pensa Lei della vita?   4. Quando Lei ha dei problemi, che cosa fa per dimenticarli?   5. Le è mai successo di rivedere persone care dopo molti anni? Ha avuto difficoltà a comunicare con loro?
6. Che genere di film Le piace di più? Un film comico, sentimentale, di fantascienza (*science-fiction*) o... ?   7. Qual è stato il successo cinematografico di quest'anno?   8. È mai andato(a) a vedere un film italiano? Quale?

ATTIVITÀ

Che cosa non va?   Non siete contenti della vostra vita e spiegate i vostri problemi.   I compagni (le compagne) di classe a cui parlate vi rispondono con le loro reazioni e i loro consigli. Le reazioni e i consigli cominceranno con verbi come **mi dispiace che...**, **bisogna che...**, **è bene che...**, **può darsi che...**, ecc.

TRADUZIONE

1. Jim is in love with Joanne and is sorry that they quarreled.   2. Although he does not have much money, he intends to take her to the best movie theater in town.   3. First, however, it is necessary for him to ask his father for a loan (*prestito*) and for his car.   4. His father gives him twenty dollars and the car keys, provided that he drive carefully and that he come home before midnight.   5. Jim wants his girlfriend to see *A Passage to India*. It's too bad that she has already seen it.   6. It seems that the Italian movie *Pane e cioccolata* is as good as *A Passage to India*.   7. So, the couple went to the movies. The movie was entertaining (*divertente*), and Jim is glad they spent a pleasant evening together.

VOCABOLARIO

Nomi

la coppia	*couple*	**l'offerta**	*offer*
il dialogo	*dialogue*	**il rapporto**	*relationship*
il dolore	*sorrow; pain*	**la solitudine**	*loneliness*
l'incontro	*encounter*	**il tipo**	*the guy; type, kind*
la morte	*death*		

Aggettivi

allegro	*cheerful*	**inutile**	*useless*
contento	*happy*	**puntuale**	*punctual*
divertente	*amusing*	**simile**	*similar*
impossibile	*impossible*	**stupendo**	*magnificent*

Verbi

bisognare	*to be necessary*	**piangere (*p.p.* pianto)**	*to cry, to weep*
cercare di	*to try to*	**proibire (-isc-)**	*to prohibit, to forbid*
comunicare	*to communicate*	**restituire (-isc-)**	*to return (something), to give back*
fare la pace	*to make up*		
finanziare	*to finance*	**rimproverare**	*to scold, to reproach*
litigare	*to argue, to quarrel*	**soffrire (*p.p.* sofferto)**	*to suffer*
parere (*p.p.* parso)	*to seem*		

Altre espressioni

ad ogni modo	*anyway*	**perchè**	*so that*
affinchè	*so that*	**per mezzo di**	*by means of*
avere un'aria	*to look*	**per quanto**	*although*
benchè	*although*	**prima che**	*before*
davvero	*really, indeed*	**può darsi che**	*it may be that*
è bene che	*it is a good thing that*	**sebbene**	*although*
è ora che	*it is time that*	**senza che**	*without*
peccato	*too bad*		

Drammatici

Segreti Segreti ★★★
di Giuseppe Bertolucci
Una brigatista, sua madre, la sua vecchia tata, un'amica, la madre e la sorella di un brigatista ucciso, una donna magistrato. Sette donne diverse per temperamento e generazione. Un puzzle aggrovigliato e toccante di situazioni personali, ovvero - finalmente - l'altra faccia dei nostri anni di piombo.
(Fiamma-B)

Cineguida

I nostri giudizi sui film:
★★★★ **ECCEZIONALE**
★★★ **OTTIMO**
★★ **BUONO**
★ **DISCRETO**

Brillanti

La rosa purpurea del Cairo ★★★
di Woody Allen
Il seducente personaggio di un film scende dallo schermo per consolare una dimessa sognatrice. Ovvero: la fantasia come rimedio ai guai di una vita reale. E il risultato è uno dei più limpidi e gustosi del geniale Woody, che non vi compare di persona ma lascia campo libero alla finissima Mia Farrow.
(Rivoli, King)

PAGINA CULTURALE

MEZZI DI DIFFUSIONE

mass media

La *stampa,* la radio, la televisione e il cinema sono i fattori che hanno maggiormente influenzato, dopo la scuola, il processo di unificazione della lingua italiana.

press

I *quotidiani* e i *settimanali* entrano sempre più spesso nelle case e nelle scuole. Sebbene quasi ogni città abbia il suo giornale locale, il quotidiano più letto del paese rimane il *Corriere della Sera.* Anche i partiti politici hanno il loro giornale: i comunisti, per esempio, sono fedeli lettori dell' *Unità. Quanto ai* tifosi dello sport, leggono la *Gazzetta dello Sport.* Una caratteristica comune alla maggior parte dei quotidiani italiani è la « terza pagina », la quale tratta di argomenti culturali e letterari. Per la gente che preferisce una maggior varietà di articoli esiste un'ampia *scelta* di riviste (settimanali illustrati). Fra le più popolari sono *Oggi, Tempo, Epoca, L'Espresso, La Famiglia Cristiana* e *Grazia.*

daily newspapers /
weeklies

as for the

choice

La sera è il telegiornale che entra in tutte le famiglie italiane e che *riassume* per i più pigri i fatti del giorno. In questi ultimi anni la radio-televisione di stato (RAI-TV) ha visto il suo monopolio distrutto dalla nascita di molte stazioni teleradio private. Dopo diversi anni di monopolio dello stato, è nata ufficialmente in Italia anche la televisione commerciale, alla maniera americana. La differenza fra i due paesi è che gli

summarizes

Un'edicola di giornali.

I fratelli Taviani durante la pausa della lavorazione di un film con Isabella Rossellini.

utenti italiani sono *tassati* annualmente dallo stato per un servizio pubblico che non è più esclusivamente dello stato. I telespettatori italiani hanno oggi a loro disposizione un'ampia scelta di film, spettacoli e programmi d'informazione che sono offerti, *oltre che* dalle *reti* dello stato, da canali privati, nazionali o locali, e da canali esteri (Montecarlo, Svizzera, Capodistria). consumers / taxed

A causa della popolarità della TV, l'industria cinematografica è in crisi. I grandi maestri del neorealismo del *dopoguerra,* De Sica, Rossellini e Visconti, sono morti. Due *giganti* dominano ancora la scena cinematografica italiana: Antonioni e Fellini, sempre pronti a sperimentare nuovi *temi* e nuove forme. Antonioni è uno dei registi più metafisici d'Europa. Ha girato film come *L'Eclisse, Blow-Up, Zabriskie Point.* Fellini è un regista che *ha ritratto* l'Italia e gli Italiani con l'occhio del visionario. Diversi titoli dei suoi film sono diventati parte del linguaggio comune: *vitellone, bidonista, la dolce vita, amarcord.* Una nuova generazione di registi sembra continuare le tendenze del neorealismo e *si serve* della macchina da presa per documentare una certa realtà sociale e come strumento di *lotta* politica. Fra questi registi sono Francesco Rosi, Elio Petri, i fratelli Taviani e anche due donne, Lina Wertmüller e Liliana Cavani. Spesso però il regista deve fare concessioni al pubblico, il quale va al cinema per divertirsi: è così che è nato il « neorealismo rosa ». Questa tendenza si può vedere negli aspetti comici di film come *La classe operaia va in Paradiso* di Petri (1971), che illustra lo *sfruttamento* e l'alienazione dell'operaio in fabbrica, e *Pane e cioccolata* di Brusati (1973), che tratta della solitudine dell'emigrante.

Glosses (right margin):

- *consumers / taxed*
- *besides / networks*
- *postwar*
- *giants*
- *themes*
- *has portrayed*
- *lazy good-for-nothing / swindler / I remember*
- *uses*
- *struggle*
- *working*
- *exploitation*

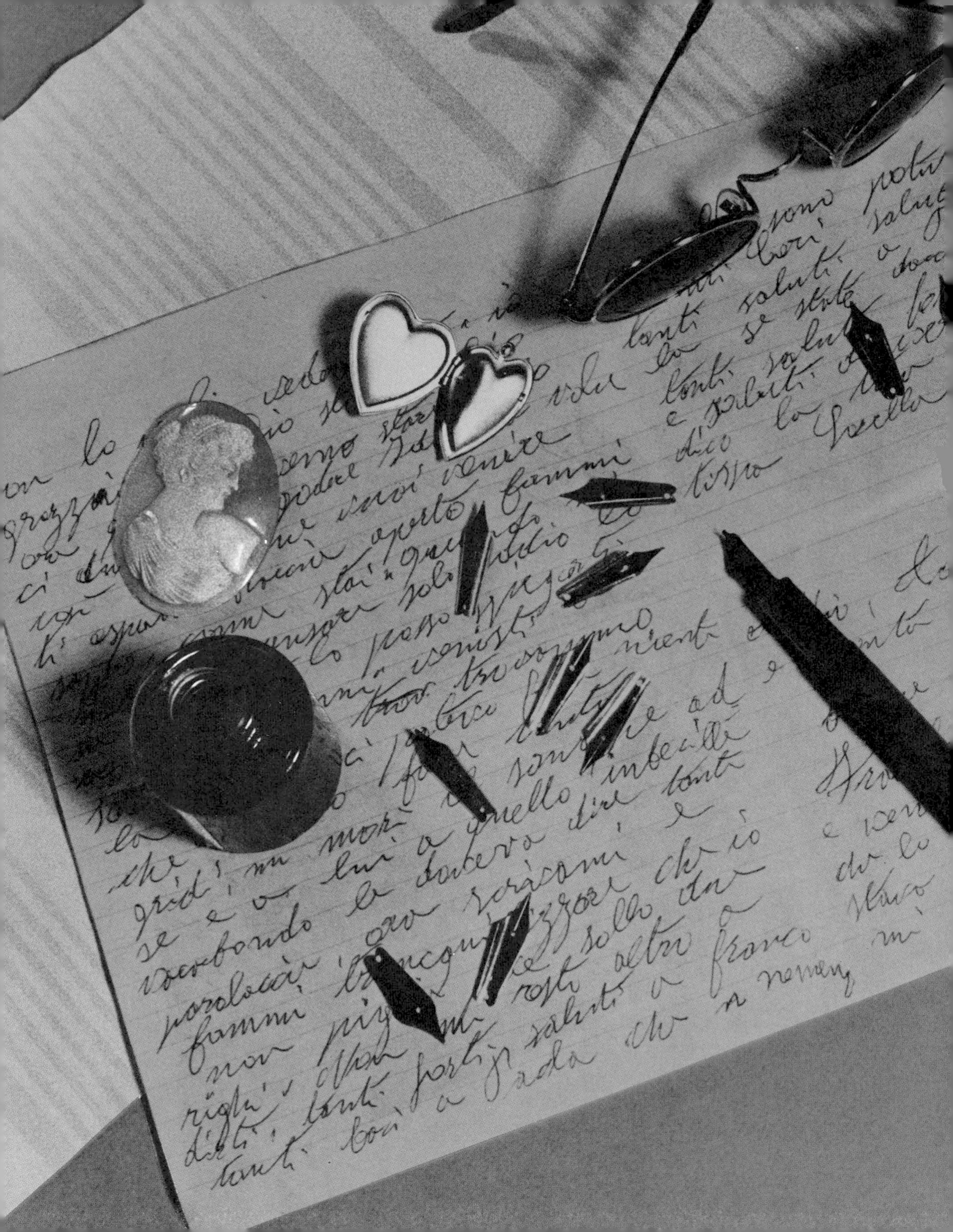

21

PROSA
E POESIA

Ecco una « bancarella » di libri a Venezia.

UN GIALLO *AVVINCENTE*

captivating

È una giornata molto calda e Beatrice è andata al parco. Qui ha incontrato un suo compagno di studi, seduto su una panchina e *immerso* nella lettura.

absorbed

Beatrice	Ma guarda *chi si vede!* Dimmi, Dante, che cosa leggi di bello?
Dante	Un romanzo giallo.
Beatrice	Tu? Credevo che *tu fossi* appassionato di poesia.
Dante	*Non ti sbagliavi.* Quando sono *in vena,* scrivo versi. Ma con questo caldo è difficile sentirsi ispirati.
Beatrice	E chi è l'autore di questo giallo?
Dante	Agatha Christie.
Beatrice	E quanti *personaggi* sono già morti?
Dante	Finora, nessuno. Sono appena al primo capitolo, ma la trama promette di essere avvincente.
Beatrice	Quando ti ho visto, pensavo che *tu ti preparassi* per l'esame di letteratura italiana di martedì prossimo.
Dante	Eh, lo so benissimo che bisogna studiare, ma è inutile *che mi ci metta* con questo caldo!

who's here!

you were

you were not wrong / in the mood

characters

you were preparing

that I start

DOMANDE SUL DIALOGO

1. Che cosa faceva Dante quando Beatrice l'ha visto al parco?   2. Che cosa scrive Dante quando è in vena?   3. Come trova la trama del romanzo di Agatha Christie?   4. Beatrice, che cosa pensava che lui leggesse?   5. Per quale ragione Dante non poteva pensare nè alla poesia nè all'esame di letteratura italiana?

STUDIO DI PAROLE

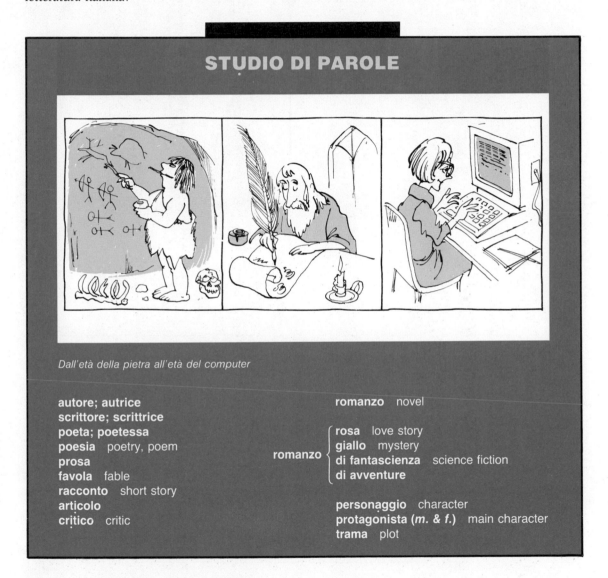

Dall'età della pietra all'età del computer

autore; autrice
scrittore; scrittrice
poeta; poetessa
poesia   poetry, poem
prosa
favola   fable
racconto   short story
articolo
critico   critic

romanzo   novel

romanzo {
rosa   love story
giallo   mystery
di fantascienza   science fiction
di avventure
}

personaggio   character
protagonista (*m. & f.*)   main character
trama   plot

ESERCIZIO SU STUDIO DI PAROLE

1. Chi è Steinbeck?   2. Conosce Lei il nome di un poeta italiano?   3. Che cosa scrissero i fratelli Grimm?   4. Sa dire il nome di un autore o di un'autrice di romanzi gialli?   5. Che cosa scrive un giornalista?   6. Come si chiama il personaggio principale di un romanzo?   7. Chi esprime un giudizio (*judgment*) favorevole o sfavorevole su uno scrittore?   8. Che cos'è un sonetto?

PUNTI GRAMMATICALI

I. *The imperfect subjunctive* (congiuntivo imperfetto)

*Lei pensava che suo marito **lavorasse**.*

1. Che cosa pensava la moglie?

*Lui credeva che sua moglie **fosse** a casa.*

2. Che cosa pensava il marito?

1. The imperfect subjunctive is formed by adding the endings **-ssi, -ssi, -sse, -ssimo, -ste, -ssero** to the infinitive after dropping **-re**.

che io **parlassi** = *that I spoke, might speak, would speak*

	parlare	**leggere**	**dormire**
che io	parla**ssi**	legge**ssi**	dormi**ssi**
che tu	parla**ssi**	legge**ssi**	dormi**ssi**
che lui/lei	parla**sse**	legge**sse**	dormi**sse**
che noi	parla**ssimo**	legge**ssimo**	dormi**ssimo**
che voi	parla**ste**	legge**ste**	dormi**ste**
che loro	parla**ssero**	legge**ssero**	dormi**ssero**

2. The imperfect subjunctive is governed by the same verbs and conjunctions that govern the present and present perfect subjunctive. It expresses an action that is simultaneous or subsequent to that of the main clause and is used mainly when the verb of the main clause is in a past tense or in the conditional.

Pia desiderava che il suo ragazzo le **scrivesse.**	*Pia wanted her boyfriend to write to her.*
Le due autrici speravano che molti **comprassero** il loro libro.	*The two authors were hoping that many would buy their book.*
È uscito benchè **piovesse.**	*He went out although it was raining.*
Fece dei sacrifici perchè suo figlio **andasse** all'università.	*He made sacrifices so that his son might go to the university.*
Vorrei che tu mi **ascoltassi.**	*I would like you to listen to me.*

The following verbs are irregular in the imperfect subjunctive:

essere: fossi, fossi, fosse, fossimo, foste, fossero
dare: dessi, dessi, desse, dessimo, deste, dessero
stare: stessi, stessi, stesse, stessimo, steste, stessero
fare: facessi, facessi, facesse, facessimo, faceste, facessero
dire: dicessi, dicessi, dicesse, dicessimo, diceste, dicessero
bere: bevessi, bevessi, bevesse, bevessimo, beveste, bevessero

Mi piacerebbe che tu **stessi** a casa più spesso.	*I would like (for) you to stay home more often.*
Sarebbe bene che lui **bevesse** meno.	*It would be good if he drank less.*
Lesse il racconto sebbene **fosse** mezzanotte.	*He read the short story although it was midnight.*

E S E R C I Z I

A. *Replace the subject of the dependent clause with each subject in parentheses, changing the verb form accordingly.*

1. Preferirei che tu non me ne parlassi. (Luisa; tu e lui; i lettori)   2. Aveva paura che io non sapessi guidare. (la figlia; tu e Franco; noi; loro)   3. Voleva che noi partissimo il giorno dopo. (io; sua moglie; gli ospiti; tu)   4. L'editore sperava che il libro avesse successo. (i suoi libri; tu; Lei; noi)
5. Bisognava che gli studenti facessero delle domande. (il lettore; io; i presenti; voi)   6. Era meglio che io dicessi la verità. (i bambini; l'autore; tu e io)   7. Peccato che lui fosse al verde! (io; lui e lei; noi; voi)

B. *Change the verbs of the following sentences from the present to the past.*

ESEMPIO: **Ho paura che lui sia malato.**
Avevo paura che lui fosse malato.

1. Peccato che il computer non funzioni.   2. Ho paura che la farmacia sia chiusa.   3. È una bella giornata, benchè faccia freddo.   4. È possibile che voi abbiate successo.   5. È necessario che tu vada in biblioteca.   6. Devo comprare una macchina da scrivere sebbene costi molto.   7. È bene che noi non beviamo troppo.   8. Credo che lui non stia bene.   9. Vi telefono perchè voi mi diate un consiglio.   10. Il padre si sacrifica perchè i figli si istruiscano.

C. *Begin each sentence with Luisa sperava che..., and make all the necessary changes.*

> ESEMPIO: **qualcuno invitarla ad un recital di poesie**
> *Luisa sperava che qualcuno l'invitasse ad un recital di poesie.*

1. il suo professore prestarle un romanzo classico   2. la trama essere interessante   3. l'eroe (l'eroina) non morire   4. sua madre non avere bisogno di lei in casa   5. la sua amica dare una festa   6. il vestito rosso andarle bene   7. qualcuno dirle « sei bella! »   8. il professor Bini correggerle la monografia sul romanzo di Silone.

D. *What are some of the things you were hoping for last weekend? Begin each sentence with* **Speravo che...**

E. *Say which things Piero would like to be different.*

> ESEMPIO: **il weekend durare tre giorni**
> *Piero vorrebbe che il weekend durasse tre giorni.*

1. la vita essere meno complicata   2. i professori dare meno compiti   3. suo padre capirlo di più   4. gli amici dire cose più divertenti   5. sua sorella non leggere le sue lettere   6. i corsi finire più presto   7. il registratore funzionare meglio   8. essere più facile scrivere a macchina

F. *State at least two things that you would like to be different. Begin each sentence with* **Vorrei che...**

II. *The past perfect subjunctive* (congiuntivo trapassato)

Si diceva che l'autore del romanzo Lui e Lei *si **fosse ispirato** alla sua vita.*

The past perfect subjunctive is a compound tense. It is formed with the imperfect subjunctive of **avere** or **essere** + the past participle of the main verb.

	leggere		partire	
che io	avessi		fossi	
che tu	avessi		fossi	partito(a)
che lui/lei	avesse	letto	fosse	
che noi	avessimo		fossimo	
che voi	aveste		foste	partiti(e)
che loro	avessero		fossero	

The past perfect subjunctive, as well as the imperfect subjunctive, is used when the verb of the main clause is in a *past tense* or in the *conditional*. However, the past perfect subjunctive expresses an action that occurred *prior to* the action of the main clause.

Non sapevo che Marco Polo **avesse scritto** *Il Milione* in prigione.	*I did not know Marco Polo had written* Il Milione *in prison.*
Benchè i Fiorentini l'**avessero mandato** in esilio, Dante continuò ad amare Firenze.	*Although the Florentines had sent him in exile, Dante continued to love Florence.*
Sebbene mio zio **fosse stato** in America dieci anni, ritornò povero.	*Although my uncle had been in America for ten years, he came back poor.*

■ E S E R C I Z I ■

A. *Replace the past perfect subjunctive in the following sentences with the correct form of each verb in parentheses.*

1. Non era stanco sebbene avesse lavorato. (insegnare; viaggiare; camminare; leggere; correre)
2. Peccato che tu non avessi sentito! (volere; ritornare; traslocare; uscire)   3. Era ora che loro avessero finito. (scrivere; studiare; prepararsi)   4. Speravo che voi aveste già mangiato. (cucinare; rispondere; abituarsi; divertirsi; arrivare)

B. *Change the verb of the dependent clause from the imperfect subjunctive to the past perfect subjunctive.*

> ESEMPIO: **Credeva** che noi comprassimo il libro.
> *Credeva che noi avessimo comprato il libro.*

1. Sperava che voi faceste la pace.   2. Pensava che loro partissero.   3. Poteva darsi che lei mi chiamasse.   4. Credeva che l'editore gli scrivesse o gli telefonasse.   5. Era strano che i suoi genitori non dicessero niente.   6. Avevo paura che il pubblico si annoiasse.   7. Bisognava che tu finissi di leggere queste novelle.   8. Gli dava i soldi purchè fosse bravo a scuola.

III. *The subjunctive: sequence of tenses*

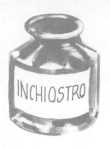

*Oggi **siamo** felici che **esista** la macchina da scrivere e che **abbiano inventato** il registratore.*

*Una volta eravamo contenti che **esistesse** l'inchiostro e che qualcuno **avesse inventato** la stilografica.*

The following chart summarizes the relationship of tenses between the main clause and the dependent clause in the subjunctive.

Main clause	Subordinate clause
present, future imperative	present subjunctive (*simultaneous or future action*)
	present perfect subjunctive (*prior action*)
all past tenses, conditional	imperfect subjunctive (*simultaneous or future action*)
	past perfect subjunctive (*prior action*)

Now look at the following examples:

Sono contento che Lei **venga** stasera.	*I am happy you are coming tonight.*
Sono contento che Lei **sia venuto** ieri sera.	*I am happy you came last night.*
Aspetterò che tu **arrivi**.	*I will wait until you arrive.*
Aspetterò che tu **sia arrivato** prima di uscire.	*I will wait until you have arrived before going out.*
Controlla che **legga** il racconto di Moravia.	*Make sure that he reads Moravia's short story.*
Controlla che **abbia letto** il racconto di Moravia.	*Make sure that he has read Moravia's short story.*
Era meglio che **studiasse** l'italiano.	*It was better for him to study Italian.*
Era meglio che **avesse studiato** l'italiano.	*It was better for him to have studied Italian.*

Ha avuto paura che lo **licenziassero**.	*He was afraid they might fire him.*
Ha avuto paura che lo **avessero licenziato**.	*He was afraid they had fired him.*
In quel momento pensai che il treno **fosse** in ritardo.	*At that moment I thought the train was late.*
In quel momento pensai che il treno **fosse** già **arrivato**.	*At that moment I thought the train had already arrived.*
Vorrei che tu **seguissi** i miei consigli.	*I would like you to follow my advice.*
Vorrei che tu **avessi seguito** i miei consigli.	*I wish you had followed my advice.*

E S E R C I Z I

A. *Change the infinitive to the present or imperfect subjunctive, accordingly.*

1. Uscirò benchè (fare) _____ brutto tempo.   2. Preferiamo che tu (partire) _____ domani.
3. È necessario che lui (guadagnare) _____ di più.   4. Lucia sperava che Mimmo (telefonarle) _____.   5. Non era possibile che gli studenti (leggere) _____ tre capitoli in un'ora.   6. È meglio che tu (comprare) _____ un vestito leggero.   7. Voleva che io (affittare) _____ un appartamento.   8. Gli zii hanno domandato che io gli (mostrare) _____ la mia biblioteca.
9. Vuoi che io (darti) _____ il mio indirizzo?   10. Ti telefonerò prima che tu (partire) _____.
11. Ti presto i soldi purchè tu (restituirmeli) _____.   12. La mamma preferirebbe che noi (partire) _____ domani.   13. La signora uscì prima che il marito (telefonarle) _____.

B. *Change the infinitive to the present perfect or past perfect subjunctive, accordingly.*

1. Dubito che Paolo (finire) _____ gli studi l'anno scorso.
2. Pensavo che Marco (andare) _____ alla libreria ieri.
3. Ho paura che il treno (partire) _____ dieci minuti fa.
4. È un peccato che il mio amico non (venire) _____ in vacanza con me l'estate scorsa.
5. Aveva ancora fame benchè (mangiare) _____ due ore prima.
6. Credo che Mirella (laurearsi) _____ l'estate scorsa.
7. Sarebbe stato meglio che tu (fare) _____ lo scrittore.

C. Il robot I.C.P. *Change the tenses of the following story from the present to the past.*

Lo scrittore Carlo Speranza manda all'editore il suo primo romanzo intitolato *Il robot I.C.P.* perchè glielo pubblichi. Si tratta di una storia di fantascienza. I due personaggi principali (e gli unici) sono uno scienziato, il Dottor Ivan Inventovich, e il suo assistente. Il professore vuole che il suo assistente lo aiuti a perfezionare il modello di un robot: il cameriere perfetto. È importante che l'esperimento riesca perchè il professore spera che tutto il mondo riconosca finalmente il suo genio. I.C.P. è un cameriere esemplare. La mattina prepara il caffè prima che i due uomini si alzino. A mezzogiorno cucina senza che glielo domandino. La sera non va a letto a meno che non abbia lavato i piatti. Tutto va bene finchè un giorno un transistor di I.C.P. non funziona. Quel giorno I.C.P. deve fare la frittata (*omelette*), ma invece di rompere due uova, rompe la testa al professore e al suo assistente.

LETTURA

SOLDI E AMORE

Ieri Liliana ha ricevuto la visita di Gabriella, che non vedeva da molto tempo, e le ha domandato se era felice.

— Sì, Filippo è un *tesoro,* e ci vogliamo molto bene. Certo che la vita oggi è molto cara ed i soldi non bastano mai.

— *Come mai?* Credevo che anche tu lavorassi e che ci fossero due stipendi in famiglia.

— Sì, è vero. Sono riuscita a trovare un lavoro come psicologa presso la ditta O. È un lavoro che mi permetterà di continuare i miei studi in psicologia e nello stesso tempo di farmi un'esperienza pratica.

— Sono molto contenta che tu abbia trovato un'occupazione soddisfacente. Ma è difficile pensare che con due stipendi voi abbiate dei problemi economici.

— Il fatto è che Filippo ed io desideriamo risparmiare perchè vorremmo comprare un appartamento in città. Purtroppo non andiamo d'accordo *per quanto riguarda* il risparmio. Da quando ci siamo sposati, io sono diventata più economa, e lui mi sembra che sia diventato più spendaccione. Devo sempre raccomandargli di stare attento a spendere.

— Credo che molte coppie litighino a causa dei soldi. È un problema così comune che si trova spesso anche nella letteratura. Ho appena letto un racconto di Moravia *il cui* titolo è *appunto* « Sciupone ». In questa storia il marito era economo e la moglie pensava invece che fosse avaro. Siccome lui l'amava molto, bastava che lei gli dicesse che era avaro perchè lui pagasse senza protestare. Sperava che un giorno sua moglie capisse che lui era, invece, generoso.

— E come è finito il racconto?

— È successo che lui è andato in rovina e, *colmo dell'ironia,* la moglie *l'ha piantato dicendo* a tutti che lui era uno spendaccione.

— *Poverino!* È una storia molto triste. Per fortuna, il nostro caso è differente.

---

sweetheart

how come?

as far as . . . is concerned

whose / precisely
spendthrift

utmost irony
left him telling
Poor thing!

DOMANDE SULLA LETTURA

1. Si vẹdono spesso Liliana e Gabriella?   2. Perchè, secondo Liliana, è difficile pensare che Gabriella ạbbia dei problemi econọmici?   3. Che cosa si è messa a fare Gabriella? Perché?   4. Che cosa desidererẹbbero i due sposi?   5. Vanno perfettamente d'accordo o c'è un punto su cui hanno delle discussioni?   6. C'è stato un cambiamento in Filippo e Gabriella dopo il loro matrimọnio? 7. Che cosa vorrebbe che suo marito facesse, Gabriella?   8. Quale scrittore tratta il problema dei soldi? In quale racconto?   9. Era avaro o spendaccione il protagonista del racconto? Perchè pagava senza protestare?   10. È finito bene il racconto? Perchè?   11. Qual è il commento di Gabriella alla stọria di Liliana?

DOMANDE PERSONALI

1. È una persona che si preọccupa dei soldi Lei, o è uno (una) spendaccione(a)?   2. È contento(a) Lei di quello che ha, o c'è qualcosa che vorrebbe?   3. Quand'era bambino(a), Suo padre Le dava molti soldi? Che cosa raccomandava che Lei facesse quando glieli dava?   4. Come passa la sera Lei? La passa a lẹggere o a fare qualcosa d'altro?   5. È un lettore (una lettrice) veloce Lei? In quanto tempo potrebbe lẹggere un romanzo come *Guerra e Pace* di Tolstoi?   6. Un amico vuole regalarLe un libro. Quale libro Lei vorrebbe che Le regalasse? Perchè?   7. Crede che il computer possa sostituire (*replace*) i professori un giorno?   8. Secondo Lei, è più fạcile studiare ora o nel passato? Perchè?

ATTIVITÀ

Oggi tutti gli studenti sono degli autori e, insieme, crẹano un « romanzo » con dei personaggi, un ambiente (*milieu*), una stọria.   Ogni studente contribuisce con la sua immaginazione.

TRADUZIONE

(Here is a letter from Verọnica to her friend Lina.)

Dear Lina,

How are you? Since I saw you, a terrible thing happened. I am very worried because Pio has quit school. Although he is a good student and has always received good grades, he decided to (*di*) work because he needed money. Pio is a spendthrift and was afraid that his father would not lend him money because he is stingy. Pio's best friend Jim, who is a representative (*rappresentante*) for (*di*) a publisher, wanted Pio to work for his company. According to Jim, it is a field (*campo*) in which Pio could earn a lot of money. It is possible that his friend is right, but I think it is better for Pio to go back to school. I would like him to understand that without a good education it is difficult for anyone to get (*ottenere*) a good job. I hope that you give me some advice and answer me as soon as possible.

Love (*con affetto*),
Verọnica

VOCABOLARIO

Nomi

l'autobiografia *autobiography*	**la novella** *novella, tale*
il dovere *duty*	**il pensiero** *thought*
l'editore; l'editrice *publisher*	**il racconto** *story, tale*
l'eroe *hero*	**il registratore** *tape recorder*
l'eroina *heroine*	**lo scienziato; la scienziata** *scientist*
il genio *genius*	**lo spendaccione; la spendacionna**
l'inchiostro *ink*	*spendthrift*
l'istruzione (f.) *education*	**la penna stilografica** *fountain pen*
il lettore; la lettrice *reader*	**la storia** *story*
la libreria *bookstore*	**il titolo** *title*
il manoscritto *manuscript*	

Aggettivi

economo *thrifty*	**intitolato** *entitled*
esemplare *exemplary*	**raro** *rare*
favorevole *favorable*	**soddisfacente** *satisfying*

Verbi

bastare *to suffice, to be enough*	**pubblicare** *to publish*
correggere (*p.p.* corretto) *to correct*	**raccomandare** *to warn*
ispirarsi *to be inspired*	**risparmiare** *to save*
istruire *to educate*	**sacrificarsi** *to sacrifice oneself*

Altre espressioni

a causa di *because of*	**invece** *instead*
andare d'accordo *to get along*	**per fortuna** *luckily*
il più presto possibile *as soon as possible*	**purtroppo** *unfortunately*
	volersi bene *to love each other*

PAGINA CULTURALE

I NARRATORI ITALIANI E LA REALTÀ

La narrativa italiana vanta una tradizione antichissima. Già nel Trecento essa offriva un modello classico di prosa alle letterature europee occidentali con il *Decamerone* di Giovanni Boccaccio. Come Dante aveva scritto la *Divina Commedia,* così Boccaccio, nelle sue cento novelle, volle descrivere la commedia umana. I suoi racconti si ispirano alla vita contemporanea e descrivono personaggi di ogni classe sociale, i quali *agiscono* secondo le loro passioni e secondo una morale moderna. | act

Per ragioni storiche e linguistiche, il romanzo italiano *nacque* solamente nella prima *metà* dell'Ottocento, con *I promessi sposi* di Alessandro Manzoni. Questo romanzo storico *ci riporta* al XVII secolo e racconta l'amore sfortunato di due giovani contadini lombardi, Renzo e Lucia, in un'epoca in cui il territorio milanese era tormentato dalla fame, dalla *peste* e dall'arroganza dei ricchi e dei dominatori. Sebbene la virtù e l'innocenza dei due protagonisti trionfino nelle ultime pagine, il Manzoni mostra *di possedere* una visione molto realistica della vita e di essere un osservatore acuto della psicologia umana. | was born / half / take us back / plague / to have

In genere, i *romanzieri* che hanno seguito il Manzoni *hanno ereditato* da lui il gusto della realtà e un linguaggio che *si avvicina* alla lingua parlata. Hanno descritto i luoghi di miseria in cui vivevano molti protagonisti dei loro romanzi, che sono dei diseredati o dei corrotti. Verso la fine del secolo scorso, Giovanni Verga ha esaltato l'ideale del lavoro e della casa nell'*ambiente* umile dei *pescatori* e dei contadini siciliani (*I malavoglia, Mastro don Gesualdo*). *All'inizio* del nostro secolo, la scrittrice Grazia Deledda ha dipinto la Sardegna primitiva e superstiziosa, in cui agiscono personaggi alla Dostojevskij (*Elias Portolu, La madre*). Nel 1926 quest'autrice *sarda* ricevette il premio Nobel per la letteratura. | novelists / inherited / is close / milieu / fishermen / at the beginning / Sardinian

Il grande poeta Eugenio Montale.

Diversi scrittori soffrirono sotto il regime fascista perchè *impegnati* nella ricerca della verità. Autori come Ignazio Silone e Carlo Levi dovettero andare in esilio. Il primo in *Fontamara* e il secondo in *Cristo si è fermato a Eboli* hanno presentato la storia collettiva di due villaggi del Sud (degli Abruzzi e della Lucania), vittime della negligenza dei *padroni* e del governo.

Fra gli autori oggi più impegnati a trasformare *in accusa* l'osservazione della realtà è lo scrittore siciliano Leonardo Sciascia. I suoi romanzi sono di solito delle parabole con cui l'autore intende denunciare la mafia siciliana e la diffusione dei suoi metodi (*Il giorno della civetta, A ciascuno il suo, Todo modo*).

È impossibile parlare del romanzo italiano contemporaneo senza menzionare Alberto Moravia, il più prolifico e forse il *più noto* dei narratori italiani *viventi*. Il soggetto preferito dei suoi romanzi è la Roma borghese dominata dal denaro, ma specialmente dal *sesso*. I suoi romanzi introspettivi, come *Gli indifferenti* e *La noia*, rivelano il *vuoto* interiore dell'uomo moderno.

engaged

landlords
into indictment

best known
living
sex

emptiness

*Ignazio Silone, autore del romanzo **Fontamara**.*

ALCUNI POEMI

SOLDATI

Si sta come
d'autunno
sugli alberi
le foglie

Giuseppe Ungaretti (1888–1970)
(Arnoldo Mondadori Editore)

FINE DEL '68

Ho contemplato dalla *luna,* o quasi,
il modesto pianeta che contiene
filosofia, teologia, politica,
pornografia, letteratura, scienze
palesi o *arcane.* Dentro c'è anche l'uomo,
ed io tra questi. E tutto è molto strano.

Tra poche ore sarà notte e l'anno
finirà tra esplosioni di spumanti
e di *petardi.* Forse di bombe o peggio
ma non qui dove sto. Se uno muore
non importa a nessuno purchè sia
sconosciuto e lontano.

Eugenio Montale (1896–1981; premio Nobel, 1975)
(Arnoldo Mondadori Editore)

moon

manifest / occult

firecrackers

it does not matter

ALLA NUOVA LUNA

In principio Dio creò il cielo
e la terra, poi nel suo giorno
esatto mise *i luminari* in cielo
e al settimo giorno si riposò.

Dopo miliardi di anni l'uomo,
fatto a sua immagine e *somiglianza,*
senza mai riposare, con la sua
intelligenza laica,
senza *timore,* nel cielo sereno
d'una notte d'ottobre
mise altri luminari *uguali*
a quelli che giravano
dalla creazione del mondo. Amen.

Salvatore Quasimodo (1901–68; premio Nobel, 1959)
(Arnoldo Mondadori Editore)

in the beginning

the stars

likeness

fear

similar

since

22

LE BELLE ARTI

Roma. I « madonnari », pittori specializzati nel dipingere soggetti sacri sui marciapiedi.

SE TU FOSSI PITTORE...

if you were

Luisa cerca un soggetto da dipingere per il suo corso d'arte e chiede consiglio al fratello maggiore.

Luisa	Pino, se tu fossi pittore, che cosa dipingeresti?
Pina	Dipingerei un paesaggio o una natura morta. Perchè me lo domandi?
Luisa	Perchè è il compito che devo fare per il mio corso d'arte.
Pino	Va' ai giardini e cerca un *angolo* che ti piaccia.
Luisa	È troppo difficile! Tu non potresti farlo per me?
Pino	*Nemmeno per sogno!* Sei tu che devi imparare.
Luisa	Ma io non sono pittrice. Non hai un'altra idea?
Pino	Se vuoi, puoi farmi il ritratto.
Luisa	Ma fare un ritratto è più difficile che dipingere un paesaggio!
Pino	Allora sai cosa devi fare? Prendi due mele, tre pere e una banana, e dipingi una natura morta!

corner

I wouldn't dream of it!

DOMANDE SUL DIALOGO

1. Che cosa deve fare Luisa per il suo corso d'arte?   2. È pittore il fratello di Luisa?   3. Dove dovrebbe andare Luisa per dipingere un paesaggio?   4. È più facile dipingere un ritratto o un paesaggio?   5. Alla fine, qual è il consiglio di Pino a sua sorella?

STUDIO DI PAROLE

La realtà e l'interpretazione artistica

pittura painting
pittore/pittrice
scultura
scultore/scultrice
architettura
architetto
quadro painting, picture
ritratto portrait
paesaggio landscape
natura morta still life

affresco fresco
statua
dipingere (*p.p.* dipinto) to paint
scolpire to sculpt
disegnare to draw
stile... classico
        gotico
        barocco
        moderno

ESERCIZIO SU STUDIO DI PAROLE

1. Chi era Michelangelo? E Raffaello? **2.** Che cos'è la *Pietà*? **3.** Di che stile è il Duomo di Milano? E il Pantheon? **4.** Di che stile sono gli edifici disegnati da Frank Lloyd Wright? **5.** Come si definisce un quadro che rappresenta della frutta? **6.** Che cosa hanno dipinto principalmente gli Impressionisti? **7.** Che tipo di quadro è la *Gioconda* di Leonardo da Vinci?

PUNTI GRAMMATICALI

I. The *if clauses*

— Giotto, **se studierai,** diventerai un gran
pittore.

— **Se** non **avesse** i baffi, assomiglierebbe a
mia zia Clotilde.

1. Che cosa dice Cimabue a Giotto?   **2.** In quale caso l'uomo del quadro assomiglierebbe alla zia
del turista?

---

1. In a real or possible situation, the *if* clause is *always* in the indicative. The
result clause is also in the indicative.

If Clause	Result Clause
present indicative Se studiamo, ⟶	*present indicative* impariamo.
future Se studieremo, ⟶	*future* impareremo.

Se **andremo** a Roma, **visiteremo** i Musei Vaticani.	*If we go to Rome, we will visit the Vatican Museums.*
Se **mangi** troppo, **ingrassi.**	*If you eat too much, you become fat.*

---

2. In a hypothetical situation (one that is unlikely to occur) the *if* clause is in
the subjunctive and the *result* clause is in the conditional.

If Clause	Result Clause
imperfect subjunctive ⟶	*present conditional*
Se studiassi,	imparerei.
past perfect subjunctive ⟶	*past conditional*
Se avessi studiato,	avrei imparato.

Se **avessi** tempo, **seguirei** un corso di pittura.
Se **fossi** milionario, **farei** il giro del mondo.

Se **avesse avuto** più talento, **sarebbe diventata** una grande scultrice.

If I had the time, I would take a course in painting.
If I were a millionaire, I would take a trip around the world.
If she had had more talent, she would have become a great sculptress.

E S E R C I Z I

A. *Complete the following sentences by replacing the infinitive in the if clause with the present or future indicative.*

1. Se Maria (avere) un mese di vacanza, andrà in Italia. 2. Se Franco (ricevere) un aumento di stipendio, comprerà una macchina nuova. 3. Se tu (volere), ti accompagno alla galleria d'arte. 4. Se non ti (piacere) questo orologio, puoi darlo a me. 5. Se voi (andare) all'opera, vi divertirete. 6. Se tu (avere) ventun anni, puoi votare. 7. Se voi (andare) a Roma, vedrete molti stili architettonici.

B. *Answer the following questions in complete sentences.*

1. Se Lei avesse un milione, che cosa farebbe? 2. Se Lei avesse uno yacht, dove andrebbe? 3. Se Lei potesse scegliere, dove vorrebbe vivere? 4. Se Lei ricevesse in eredità un quadro di De Chirico, che cosa ne farebbe? 5. Se Lei si trovasse su un'isola deserta, che cosa farebbe? 6. Se fosse pittore, che cosa dipingerebbe? 7. Se Lei potesse rivivere un anno della Sua vita, quale sceglierebbe? 8. Se avesse il tempo di seguire dei corsi d'arte, quali seguirebbe?

C. *Make the following sentences conditional by using an if clause according to the example.*

> ESEMPIO: **Carlo lavora. (viaggiare)**
> *Se Carlo non lavorasse, viaggerebbe.*

1. Il ragazzo studia. (giocare) 2. Siamo molto occupati. (guardare la TV) 3. Devo scrivere una lettera. (uscire) 4. La signora Bini è stanca. (fare una passeggiata) 5. So nuotare. (imparare) 6. Ci piace abitare in questa città. (traslocare) 7. Studio ingegneria. (studiare architettura) 8. Si divertono alla festa. (tornare a casa)

D. Complete the following sentences, according to the example.

ESEMPIO: **Se fossi stato a Firenze, (vedere) il Davide.**
Se fossi stato a Firenze, avrei visto il Davide.

1. Se avessimo avuto tempo, (leggere) un romanzo.   2. Se tu mi avessi aspettato, (noi uscire) insieme.   3. Se io fossi arrivato in orario alla stazione, non (perdere) il treno.   4. Se lui avesse studiato il Rinascimento, (imparare) molto sulla pittura italiana.   5. Se tu avessi cercato attentamente, (trovare) il libro perduto.   6. Se io non avessi dimenticato il tuo indirizzo, ti (scrivere) una cartolina.   7. Se Gabriella non fosse stata ammalata, (andare) in ufficio.

E. Answer the following questions.

1. Se stasera Lei avrà qualche ora libera, che cosa farà?   2. Se non dovesse lavorare (o studiare), come passerebbe la giornata domani?   3. Se dovesse fare un regalo ad un amico, che cosa gli regalerebbe?   4. Se non volesse andare a scuola (o al lavoro), che scusa troverebbe?   5. Se avesse vinto alla lotteria, come avrebbe speso i soldi?   6. Se Lei trovasse per la strada un portafoglio con molti soldi, che cosa ne farebbe?   7. Se Lei passa con il semaforo rosso e un poliziotto La vede, che cosa succede?

II. *The subjunctive with indefinite expressions*

— *Da* **qualunque** *parte lo* **guardi,**
vedo quattro punti!

The subjunctive is used in a subordinate clause introduced by indefinite words and expressions such as **chiunque** (*whoever*), **qualunque** (*whatever,* adj.), **qualunque cosa** (*whatever,* pron.), **comunque** (*however*), and **dovunque** (*wherever*).

Chiunque venga sarà il benvenuto.	*Whoever comes will be welcome.*
I critici d'arte ammiravano **qualunque** quadro lui **dipingesse.**	*Art critics admired whatever picture he painted.*

Qualunque cosa io **faccia,** tu non sei mai contento.	*No matter what I do, you are never happy.*
Lui era sempre di buon umore, **comunque andassero** le cose.	*He was always in a good mood, however things were going.*
Dovunque vada, gli domandano l'autografo.	*Wherever he goes, they ask him for his autograph.*

E S E R C I Z I

A. Complete each sentence with the subjunctive.

1. Chiunque lo (conoscere), parlava bene di lui.   2. Dovunque tu (andare), verrò con te.
3. Accetteremo qualunque decisione voi (prendere).   4. Qualunque cosa lui (dire), lo ascolta-
vano.   5. Chiunque (telefonare), devi dire che non sono in casa.   6. Comunque lei (vestirsi), era
sempre elegante.   7. Qualunque giorno tu (volere) puoi venire a trovarmi.

B. Complete the following paragraph with the correct form of the subjunctive.

Il pittore Decorico era un pittore fortunato. Qualunque quadro lui (dipingere), tutti volevano comprarlo. Dovunque (andare), trovava un soggetto ideale per i suoi quadri. La gente pagava qualunque
prezzo lui (domandare). Qualunque cosa i critici (dire), le gallerie erano felici di esporre (*to show*)
i suoi quadri. Chiunque li (vedere), li ammirava. Ma un brutto giorno, mentre dipingeva un affresco
nella sala di un palazzo, cadde da una scala. Qualunque cosa (fare) i dottori per salvarlo, fu inutile.
    (MORALE: Il troppo stroppia. *You can have too much of a good thing.*)

III. The subjunctive with relative clauses

— *Non c'è* **nessuno**
che capisca *questa scultura.*

The subjunctive is also used in relative clauses preceded by:

1. Indefinite expressions such as **qualcuno, qualcosa, un (una), qualche** (+ person *or* thing that may or may not exist).

Cerco **un** libro **che abbia** delle stampe giapponesi.	*I am looking for a book that has Japanese prints.*
Conosci **un** pittore **che possa** farti un bel ritratto?	*Do you know a painter who can paint a good portrait of you?*
Cerco **qualcuno che conosca** il russo.	*I am looking for someone who knows Russian.*
Desidero trovare **qualcosa che** ti **piaccia.**	*I want to find something that you like.*

2. Negative expressions such as **nessuno** and **niente.**

Non c'è **nessuno che** lo **capisca.**	*There is no one who understands him.*
Non ho visto **niente che** mi **piacesse.**	*I haven't seen anything that I liked.*

3. A relative superlative.

È **la più bella** scultura **che io abbia** mai **visto.**	*It is the most beautiful sculpture I have ever seen.*
Era **il** romanzo **più interessante che avesse** letto.	*It was the most interesting novel he had read.*

E S E R C I Z I

A. *Complete the following sentences with the correct form of the subjunctive.*

1. Non c'è nessuno che (capirmi).   2. È la ragazza più simpatica che io (conoscere).   3. C'è qualcuno che (potere) aiutarmi?   4. Cerco un libro che (spiegarmi) meglio il congiuntivo.   5. Conosci qualcuno che (sapere) il tedesco?   6. Ho bisogno di qualche rivista che (avere) degli articoli sulla scultura italiana.   7. Secondo me, la *Ginevra de' Benci* è il quadro più bello che Leonardo (dipingere).   8. Dimmi qualcosa che (essere) più interessante.   9. Non c'è niente che (funzionare) in questa casa!

B. *One student will ask a question and another will answer according to the example.*

ESEMPIO: **una bella ragazza / io, vedere**
È veramente una bella ragazza?
Sì, è la più bella ragazza che io abbia visto.

1. un buon vino / noi, bere   2. un quadro astratto / lui, dipingere   3. un grande edificio / loro, costruire   4. una statua famosa / lui, scolpire   5. un ragazzo intelligente / io, incontrare   6. un cattivo artista / esistere   7. un uomo ricco / noi, conoscere   8. una storia divertente / io, sentire   9. un buono scrittore / io, leggere   10. un articolo interessante / lui, scrivere

LETTURA

UNA VISITA ALLA *PINACOTECA* DI BRERA

art museum

A Cosimo, fratello minore di Antonio, piace molto dipingere e tutti gli dicono che se questa sua passione continuerà, un giorno — chissà — diventerà un pittore conosciuto. Anche Antonio lo incoraggia a coltivare la pittura e oggi lo ha portato a visitare la Pinacoteca di Brera, insieme al fratellino Gennarino.

     Eccoli nella sala che contiene la famosa *pala* di Raffaello, *Lo Sposalizio della Vergine.*

altarpiece

— Dimmi, *Mimmo,* se tu fossi stato Raffaello, avresti dipinto così la scena dello sposalizio della Madonna?

diminutive of Cosimo

Ecco **Il Pergolato** *di Silvestro Lega.*

— Credo che a quei tempi lo avrei dipinto così. Ma oggi chiunque lo guardi lo trova artificiale, ne sono sicuro. Se dovessi dipingere io questa scena, presenterei delle facce comuni, *magari* brutte, ma prese dal popolo.

maybe

— Bravo Mimmo. E tu, Gennarino, che ne dici?

— A me piace molto la Madonna. Assomiglia a una bambina che è nella mia classe. La bambina si chiama Graziella, e anche lei ha i capelli biondi, lunghi così, e un bel nasino così.

— Davvero? Non credo che ci sia nessuno che abbia lodato in questo modo la bellezza della Vergine di Raffaello. Gennarino, saresti innamorato per caso di questa Graziella?

— Che cosa vuol dire « innamorato »?

— Niente, niente. Sei troppo piccolo, Gennarino. Finiamo il nostro giro, prima che chiudano.

Mezz'ora dopo i tre fratelli sono davanti a un quadro che rappresenta una scena all'aperto, intitolato *Il Pergolato*. Alcune donne e una bambina sono sotto un pergolato. Sono tutte brune, in costumi dell'*Ottocento*. La luce è intensa e gioca sulle foglie.

arbor

nineteenth century

— Antonio, chi era Silvestro Lega? Questo quadro sembra una copia di un famoso quadro di cui non ricordo l'autore.

— Hai ragione. Assomiglia molto al quadro *Donne in giardino* del Monet, ma non è una copia. Silvestro Lega, uno dei Macchiaioli, lo ha dipinto alcuni anni prima, credo intorno al 1865.

— Chi erano questi Macchiaioli? Non ne ho mai sentito parlare.

— È stato certamente il più importante gruppo artistico che l'Italia abbia avuto nell'Ottocento. Ha preceduto di circa dieci anni l'Impressionismo francese e gli è molto vicino per i temi, l'importanza che ha dato alla luce e la tecnica nuova della « *macchia* ».

splash (painting technique)

— Ma perchè sono rimasti quasi sconosciuti?

— I Macchiaioli erano quasi tutti dei toscani, gente modesta, che non partecipava a mostre.

— Tonino, io sono stanco di vedere quadri. Quand'è che andiamo a mangiare il gelato? Me l'avevi promesso.

— Ma come, Gennarino, non ti piace la bambina del quadro?

— No, non mi piacciono le bambine coi capelli neri.

DOMANDE SULLA LETTURA

1. Quale attività artistica piace a Cosimo?   2. Che cosa hanno visitato oggi i tre fratelli? 3. Davanti a quale quadro si sono fermati a lungo? Di chi è il quadro?   4. Perchè Cosimo lo trova artificiale? 5. Secondo Gennarino, a chi assomiglia la Madonna di Raffaello?   6. Che cosa rappresenta il quadro intitolato *Il Pergolato*?   7. Chi erano i Macchiaioli?   8. In quale secolo sono vissuti?   9. Quale quadro ricorda a Cosimo *Il Pergolato*?   10. Che cosa avevano in comune i Macchiaioli e gli Impressionisti?

DOMANDE PERSONALI

1. Si è mai interessato(a) alla pittura Lei?   2. Lei pensa di avere talento artistico?   3. Ha mai dipinto un quadro o scolpito una scultura?   4. Che genere di pittura preferisce?   5. Che stile preferisce Lei e perchè?   6. Ha mai visitato Lei una mostra di quadri? Dove?   7. Ha qualche quadro di valore o copia di un quadro famoso a casa Sua? Quale? Che cosa rappresenta?   8. Se Lei dovesse visitare Roma in un giorno, quale opera artistica preferirebbe vedere? Perchè?

ATTIVITÀ

Se... Ognuno di voi ha desiderato, almeno una volta, di essere ricco(a) o di essere un personaggio famoso.   Se vi fosse possibile scegliere, chi vorreste essere?   Che cosa vi piacerebbe fare?   Come sarebbe la vostra vita, se... ?

TRADUZIONE

1. One day a friend told Michelangelo, "Too bad you did not marry. If you had married, you would have had children and you would have left them your masterpieces." The great sculptor answered, "I have the most beautiful wife that exists, art. My children are the works of art I will leave; if they are great, I will live for a long time."   2. While Michelangelo was painting *The Last Judgment* (*Il Giudizio Universale*), a cardinal (*cardinale*) bothered him every day. Michelangelo got angry at (*con*) the cardinal and, since he was painting hell, decided to put him there. The cardinal went to the Pope to complain, but the Pope answered him: "If you were in purgatory (*purgatorio*), I could do something for you, but there is no one who can free (*liberare*) you from hell." Whoever looks at the *Last Judgment* can see the portrait of the cardinal in the left corner (*nell'angolo di sinistra*).

VOCABOLARIO

Nomi

i baffi	*mustache*	**il luogo**	*place*
il capolavoro	*masterpiece*	**il modo**	*way, manner*
la copia	*copy*	**la mostra**	*exhibition*
la decisione	*decision*	**l'opera d'arte**	*work of art*
l'eredità	*inheritance*	**la passione**	*passion*
la foglia	*leaf*	**la scala**	*ladder, staircase*
la galleria	*art gallery*	**la scusa**	*excuse*
il giro	*tour*	**la stampa**	*print*
l'inferno	*hell*	**il talento**	*talent*
la luce	*light*	**la tecnica**	*technique*

Aggettivi

architettonico	*architectural*	**fortunato**	*lucky*
artistico	*artistic*	**ideale**	*ideal*
astratto	*abstract*	**sconosciuto**	*unknown*
deserto	*deserted*		

Verbi

accettare *to accept*	**lodare** *to praise*
assomigliare (a) *to look like*	**promettere** (*p.p.* **promesso**) *to promise*
disturbare *to bother*	**rimanere** (*p.p.* **rimasto**) *to remain*
definire *to define*	**salvare** *to save*
incoraggiare *to encourage*	**scegliere** (*p.p.* **scelto**) *to choose*

Altre espressioni

a lungo *for a long time*	**dovunque** *wherever*
chiunque *whoever*	**per caso** *by chance*
comunque *however*	

PAGINA CULTURALE

ROMA

Non c'è nessun'altra città, forse, che *abbia attirato* in tutti i tempi così tanti turisti come Roma. Arrivano da tutte le parti del mondo per visitare quella che fu una volta « caput mundi » (*capo del mondo*) e che è ancora, per centinaia di milioni di persone, la *sede* del loro capo spirituale, il Papa. Quando l'Impero Romano cadde, nel quinto secolo dopo Cristo, la Chiesa cattolica *ereditò* la lingua e la civiltà di Roma. I Papi dominarono questa città e parte delle regioni vicine fino al 1870. Nel 1870 Roma divenne la capitale del nuovo Regno d'Italia e il Papa dovette ritirarsi nel Vaticano, da dove continua ad esercitare il suo potere spirituale.

Le due supremazie, quella romana e quella papale, hanno conferito all'architettura di Roma caratteristiche *inconfondibili*. Chi cammina per le vie della capitale non può non sentirsi preso dal senso della storia. Quando *percorriamo*, per esempio, la *maestosa* via dei Fori Imperiali, è come se ci trovassimo improvvisamente nel cuore dell'antica vita romana.

Il primo villaggio romano fu fondato nell'ottavo secolo avanti Cristo sul *colle* Palatino. Da *lì* i Romani si estesero ai colli vicini. La valle fra i colli diventò il loro luogo d'incontro, il Foro, che significa « fuori », all'aperto. A poco a poco i Romani vi costruirono la casa per il Senato, le basiliche per l'amministrazione degli *affari* e della giustizia, e i templi per il culto religioso. Quando Roma passò dall'età repubblicana all'età imperiale, ogni imperatore volle lasciare monu-

Marginal glosses:
- has attracted
- head
- seat (see)
- inherited
- unique
- walk along / majestic
- hill / there
- business

menti che *testimoniassero* lo splendore del suo governo. Il Foro si ingrandì e la città *si arricchì di* templi, archi trionfali, mausolei, teatri, *terme* e ville.

Benchè i Romani si ispirassero all'arte greca, preferirono la curva alle *linee rette*. L'arco e la *cupola* divennero strutture caratteristiche della loro architettura. Alcuni esempi ne sono: il Colosseo, la cui monumentalità è *alleggerita* dalla serie di archi, e il Pantheon, la cui struttura circolare termina in una cupola.

Sotto i Papi continuò l'espansione urbanistica di Roma. Le basiliche romane offrirono il modello per le basiliche cristiane. Roma *si riempì di* chiese: oggi ce ne sono più di trecento. Il monumento più *imponente* della cristianità è la Basilica di San Pietro, costruita sullo stesso luogo dove morì San Pietro. Alla sua forma *attuale* contribuirono i più grandi artisti del Rinascimento, fra cui il Bramante, Raffaello e Michelangelo. La cupola è una creazione di Michelangelo, il quale volle realizzare in proporzioni *grandiose* la lezione classica del Pantheon. Un secolo più tardi il Bernini esaltò la curva romana nell'*ellisse* del colonnato che abbraccia piazza San Pietro.

Il Bernini fu il creatore dello stile barocco. Sono sue molte delle fontane che trasformano le piazze di Roma in una fantasia scenografica di forme.

would testify to
grew rich in
thermal baths

straight lines / dome

lightened

filled with
imposing
present

grand

ellipse

Piazza del Pantheon trasformata in salotto notturno.

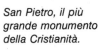

San Pietro, il più grande monumento della Cristianità.

23

IL MONDO DELLA MUSICA

Manifestazioni musicali a Mestre (Venezia).

MUSICA OPERISTICA
O MUSICA ELETTRONICA?

Paco Punk suona la chitarra con un gruppo rock. Prima di partire in *tournée,* è ritornato nella piccola città in cui abitano i genitori, per salutarli. Eccolo in soggiorno, che discute con sua madre. — tour

Madre   Che bisogno avevi di cambiare nome? Giuseppe Piccoli non ti andava bene?

Paco   Mi dici come uno potrebbe riuscire con un nome simile?

Madre   È da trent'anni che tuo padre suona il violino nell'orchestra della città, e con successo. Non ho mai sentito parlare male nè del suo nome, nè della sua arte.

Paco   Basta suonare uno strumento in questa città, e tutti sono in ammirazione.

Madre   Ti prego di non insultare tuo padre. Ad ogni modo, quello che tu e i tuoi amici fate è *fracasso,* non musica. — noise

Paco   È inutile discutere con voi. *Siete rimasti a* Giuseppe Verdi e al secolo scorso. — you've stopped at

Padre   *(entrando)* Come? Si parla male di Verdi qui? Del più grande musicista italiano? — walking in

Paco   Papà, lascialo riposare in pace. Questo è il secolo della musica elettronica, non dell'opera.

DOMANDE SUL DIALOGO

1. Paco Punk è un nome vero o un nome d'arte?   2. Suonano lo stesso strumento e la stessa musica padre e figlio?   3. Con chi suona il signor Piccoli?   4. Come considera la musica rock la madre di Paco?   5. Che opinione hanno della musica di Verdi, padre e figlio?

STUDIO DI PAROLE

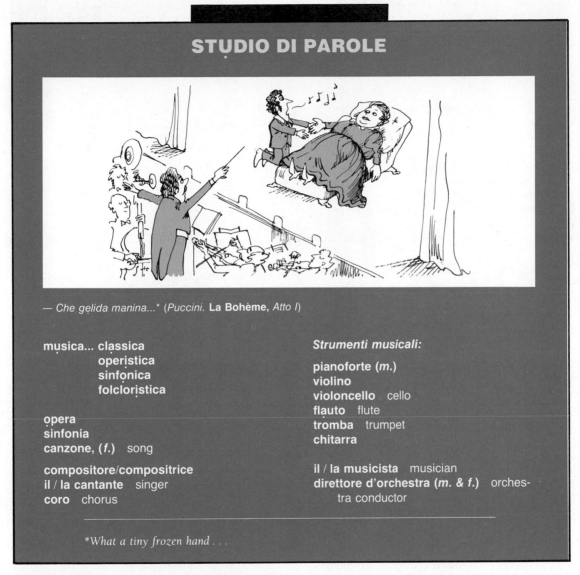

— *Che gelida manina...** (Puccini. **La Bohème,** *Atto I*)

musica... classica
        operistica
        sinfonica
        folcloristica

opera
sinfonia
canzone, (f.)   song

compositore/compositrice
il / la cantante   singer
coro   chorus

Strumenti musicali:

pianoforte (m.)
violino
violoncello   cello
flauto   flute
tromba   trumpet
chitarra

il / la musicista   musician
direttore d'orchestra (m. & f.)   orchestra conductor

*What a tiny frozen hand . . .

ESERCIZIO SU STUDIO DI PAROLE

1. Chi era Giuseppe Verdi?   2. Che cosa scrisse Beethoven?   3. Paganini era un famoso musicista dell'Ottocento. Quale strumento suonava alla perfezione?   4. Chi è Pavarotti?   5. Come si chiama un gruppo di persone che cantano?   6. Per quale strumento compose la sua musica Chopin? 7. Quale strumento accompagna di solito la musica folcloristica spagnola?   8. Chi era Arthur Fiedler?

PUNTI GRAMMATICALI

I. Verbs and verbal expressions + infinitive

*Mentre Beethoven **continuava a** soffrire in silenzio, il padre **incominciava a** perdere la pazienza.*

1. Perchè Beethoven continuava a soffrire?   **2.** Che cosa incominciava a perdere il padre?

We saw in Chapter 10 that some verbs are followed by an infinitive with or without a preposition. The following is a more comprehensive list.

---

1. Verbs and verbal expressions that require the preposition **di** + *infinitive.*

a. **essere** + *adjective:* **contento, felice, spiacente, orgoglioso, stanco.**
b. **avere** + *noun:* **voglia, desiderio, paura, bisogno, intenzione, fretta.**
c. Verbs of *saying:* **dire, domandare, chiedere, consigliare, ordinare, pregare, permettere, promettere, rispondere.**
d. Verbs of *thinking:* **credere, pensare, ricordare, sperare, decidere.**
e. Other verbs: **dimenticare, dispiacere, accettare, cercare, finire, smettere.**

Sono contento di vederLa.	*I am glad to see you.*
Mi dispiace di sentire questa brutta notizia.	*I am sorry to hear this bad news.*
Ho voglia di andare a un concerto.	*I feel like going to a concert.*
Sperava di diventare un grande musicista.	*He was hoping to become a great musician.*
Le **ha promesso di** portarla all'opera.	*He promised her to take her to the opera.*
Il mio ragazzo **ha smesso di** fumare.	*My boyfriend stopped smoking.*

---

2. Verbs that require the preposition **a** + *infinitive.*

aiutare	invitare	fermarsi
(in)cominciare	riuscire	passare (*to pass by*)
continuare	abituarsi	mẹttersi
imparare	andare	
insegnare	venire	

Non **riesco a** capire.	*I cannot understand.*
Abbiamo continuato a camminare.	*We continued walking.*
Ha imparato a suonare il violino.	*He learned to play the violin.*
Mi **ha insegnato a** lẹggere la mụsica.	*He taught me how to read music.*
Mi sono fermato a salutarlo.	*I stopped to say hello to him.*
Vorrei **venire a** trovarti.	*I would like to come visit you.*

3. Verbs and verbal expressions that do not require any preposition.

a. Semi-auxiliary verbs: **dovere, potere, volere, sapere.**
b. Verbs of *liking:* **amare, piacere, desiderare, preferire, detestare.**
c. Verbs of *perception:* **ascoltare, sentire, vedere.**
d. **Fare** and **lasciare** (*to let*).
e. Impersonal verbal expressions and verbs: **è bene (male), è giusto (in-giusto), è fạcile (difficile), è possịbile (impossibile), bisogna, basta, sembra, pare.**

Potresti aiutarmi?	*Could you help me?*
Sai suonare la tromba?	*Do you know how to play the trumpet?*
Preferisco ascoltare la mụsica sinfọnica.	*I prefer to listen to symphonic music.*
Non **ho sentito** suonare il telẹfono.	*I didn't hear the phone ringing.*
È difficile suonare il flạuto?	*Is it difficult to play the flute?*
Per imparare **basta** studiare.	*To learn, it is enough to study.*
Lạsciami lavorare in pace.	*Let me work in peace.*

─── E S E R C I Z I ───

A. *Repeat the following sentences, replacing the italicized verbs or verbal expressions with the verbs in parentheses and using the correct preposition when necessary.*

1. *Imparo* a suonare. (so; sono stanco; desịdero; contịnuo)   **2.** *Decidiamo* di andare ad un concerto. (vogliamo; pensiamo; abbiamo intenzione; ci piace)   **3.** Maria *comịncia* a lẹggere un racconto. (deve; promette; preferisce; ha vọglia)   **4.** *Hanno promesso* di passare le vacanze con noi. (hanno deciso; hanno vọluto; hanno potuto; sono riusciti)   **5.** *Eravamo felici* di vederli. (andavamo; pensavamo; avevamo bisogno; volevamo)

B. *Change the following sentences according to the example and use the correct prepositions when necessary.*

> ESEMPIO: Vado all'opera. (decido)
> *Decido di andare all'opera.*

1. Suono il piano. (ho imparato)   2. Beviamo un cappuccino. (avremmo voglia)   3. Te ne vai? (sei contento)   4. Ascoltavamo i cantanti. (eravamo stanchi)   5. Ho comprato dei biglietti per il teatro. (ho cercato)   6. L'orchestra suona. (incomincia)   7. Lucia guarda le vetrine. (si è fermata) 8. Il musicista si lamentava di tutto. (continuava)   9. Ti accompagno a casa? (posso)   10. Lei leggeva dei romanzi. (le piaceva)   11. Faccio del nuoto. (è bene)   12. Lavoriamo per vivere. (bisogna)

C. Consigli a un amico (un'amica). *Your friend does the opposite of what he (she) should do. Give your friend some good advice, according to the example.*

> ESEMPIO: (mangia troppo) smettere
> *Smetti di mangiare!*

1. (non guida) imparare   2. (non è paziente) cercare   3. (studia poco) promettere   4. (non fa attenzione) dovere   5. (scherza troppo) smettere   6. (non chiude mai la porta) ricordarsi 7. (non è mai in orario) abituarsi   8. (non cerca lavoro) incominciare   9. (non fa i compiti) mettersi   10. (non accetta i consigli) dovere

D. *One student will ask a question and another will answer according to the example.*

> ESEMPIO: studiare la lezione (cercare)   *Studi la lezione?*
> *Cerco di studiarla.*

1. comprare i biglietti (promettere)   2. scrivere la cartolina (pensare)   3. fare il compito (finire) 4. andare a teatro (sperare)   5. vedere i film gialli (avere paura)   6. praticare gli sport (avere intenzione)   7. andare in vacanza (avere voglia)   8. scherzare spesso (piacermi)   9. andare alla biblioteca (avere bisogno)   10. svegliarti alle sei (dovere)   11. ascoltare la musica classica (piacermi)

II. **Fare** + *infinitive*

La volpe pensava:
*— Devo **farlo cantare**
per **fargli cadere**
il formaggio.*

1. The construction **fare** + *infinitive* is used to express the idea of having something done or having someone do something.

Faccio cantare una canzone.	*I have a song sung.*
Faccio cantare una canzone ai bambini.	*I have (make) the children sing a song.*

When the construction has only one object, the object is direct.

Fa suonare **un disco.**	*He has a record played.*
Fa suonare **Pietro.**	*He has (makes) Pietro play.*

When this construction has two objects, one is direct (the thing that is the object of the infinitive), the other is indirect (the person who performs the action).

Fa suonare **un disco a Pietro.**	*He has (makes) Pietro play a record.*

NOTE: The preposition **da** replaces **a** to avoid ambiguity when **a** could mean *by* or *to*.

Ho fatto scrivere una lettera **all'avvocato.**	*I had a letter written to the lawyer.*
Ho fatto scrivere una lettera **dal mio avvocato.**	*I had my lawyer write a letter.*

---

2. When the objects are nouns, as seen above, they *always* follow the infinitive. When the objects are pronouns, they precede the verb **fare** unless **fare** is in the *imperative* (**tu, noi, voi** forms), or in the *infinitive*. In this case, they follow **fare** and are attached to it.

Farò riparare **il piano.**	*I will have the piano repaired.*
Lo farò riparare.	*I will have it repaired.*
Farò riparare **il piano a Pietro.**	*I will have Pietro repair the piano.*
Glielo farò riparare.	*I will have him repair it.*
Ho fatto venire **i miei amici.**	*I had my friends come.*
Li ho fatti venire.	*I had them come.*
Fa cantare **i bambini!**	*Have the children sing!*
Falli cantare!	*Have them sing!*
Mi piacerebbe fare dipingere **la casa.**	*I would like to have the house painted.*
Mi piacerebbe far**la** dipingere.	*I would like to have it painted.*

---

3. The verb **fare** is used in a reflexive form when the action is done on behalf of the subject. The person performing the action is preceded by **da.**

Luigi mi aiuterà.	Luigi will help me.
Mi farò aiutare da Luigi.	I will have Luigi help me (I shall have myself helped by Luigi).
La mamma lava la faccia al bambino.	The mother is washing the child's face.
Il bambino **si fa** lavare la faccia dalla mamma.	The child is having his face washed by his mother.
Il bambino **se la fa** lavare dalla mamma.	The child is having it washed by his mother.

E S E R C I Z I

A. *One student will ask a question and another will answer according to the example.*

> ESEMPIO: comprare il giornale   *Compri tu il giornale?*
> *No, lo faccio comprare.*

1. riparare il televisore   2. pulire la casa   3. controllare il motore   4. lavare la macchina
5. comprare le medicine   6. tagliare l'erba   7. chiamare il medico   8. mandare un telegramma   9. invitare gli amici   10. preparare il pranzo

B. *Change each sentence indicating that the person or thing in parentheses is responsible for the action.*

> ESEMPIO: **Gli studenti leggono.** (il professore)
> *Il professore fa leggere gli studenti.*

1. Gli spettatori ridono. (il film)   2. La mamma aspetta. (il bambino)   3. I tuoi cugini sono venuti. (tu)   4. Il coro canterà. (il direttore d'orchestra)   5. Loro stanno male. (lo smog)
6. Io ho pianto. (il romanzo)   7. Lui tremava. (la paura)

C. *Restate each sentence by adding the words in parentheses and making all necessary changes.*

> ESEMPIO: **Ho fatto scrivere una lettera.** (i nonni)
> *Ho fatto scrivere una lettera ai nonni.*
> **Lo faccio suonare.** (il pianoforte)
> *Gli faccio suonare il pianoforte.*

1. Farò preparare la tavola. (Maria)   2. Fece suonare la sinfonia. (orchestra)   3. La fa mangiare. (gli spinaci)   4. Hai fatto ascoltare questo disco? (il tuo amico)   5. Faceva leggere *Pinocchio*. (i bambini)   6. Lo ha fatto cantare. (un'aria di Verdi)

D. *One student will ask a question using* fare + *infinitive, and another will answer substituting the pronouns for the nouns.*

> ESEMPIO: scrivere la lettera a Franco
> *Farai scrivere la lettera a Franco?*
> *Sì, gliela farò scrivere.*

1. leggere il giornale al nonno   2. pagare il conto alla tua amica   3. mandare un telegramma ai tuoi genitori   4. prendere la medicina a Pierina   5. comprare i biglietti dell'opera a Luisa
6. fare le lasagne alla mamma

E. *Rewrite the sentences according to the example.*

> ESEMPIO: **Mia sorella mi taglia i capelli.**
>
> *Mi faccio tagliare i capelli da mia sorella.*

1. Il professore mi scrive una lettera di raccomandazioni.   2. La mamma compra il gelato al bambino.   3. I nostri amici ci aspettano.   4. Mio padre mi comprerà una Fiat.   5. La centralinista mi darà il numero di telefono.

F. *One student will ask, another will answer, according to the example.*

> ESEMPIO: **fare la permanente**   *Ti farai fare la permanente?*
>
> *Sì, me la farò fare.*

1. fare prestare dei soldi   2. fare svegliare alle cinque   3. fare aiutare dagli amici   4. fare comprare la moto   5. fare raccontare le notizie

III. Lasciare *and verbs of perception* + *infinitive*

— *Lasciatemi vivere in pace.*
(*Dall'opera* Il Solitario *di C. Degari, Atto III*)

1. **Lasciare** (to let, to allow) and verbs of perception such as **ascoltare, sentire, guardare,** and **vedere,** have a construction similar to that of **fare** + *infinitive.* With verbs of perception, the infinitive corresponds to the English present participle (*-ing* ending) and renders a progressive action.

Perchè non **lasci cantare** i bambini?	*Why don't you let the children sing?*
Sento suonare le campane.	*I hear the bells ringing.*
Ho visto arrivare i musicisti.	*I saw the musicians arriving.*

2. The position of the object pronouns with these verbs follows the same rules as with **fare.**

Li lasciamo cantare.	*We let them sing.*
Le sento suonare.	*I hear them ringing.*
Li ho visti arrivare.	*I saw them coming.*
Lasciạ**moli** entrare!	*Let's let them in.*
Voglio veder**lo** partire.	*I want to see him leaving.*

NOTE: a. The infinitive following **lasciare** may be replaced by **che** + *subjunctive*:

I genitori lạsciano **partire** i figli. *or* I genitori lạsciano **che** i figli **partano.**

b. The infinitive following a verb of perception may be replaced by **che** + *indicative*:

Ho sentito **cantare** il tenore. *or* Ho sentito il tenore **che cantava.**

═══════ E S E R C I Z I ═══════

A. *One student will give an order, and another will answer using* **lasciare** + *infinitive and the correct object pronoun.*

> ESEMPIO: **suonare** *Non suonare il piano!*
> *Lạsciamelo suonare!*

1. piạngere   2. mangiare la mia torta   3. lẹggere le mie lẹttere   4. bere vino   5. spẹndere tutti i soldi   6. venire con me   7. prẹndere la mạcchina   8. mẹttere le mie scarpe   9. guardare la televisione

B. *Replace* **lasciare** + *subjunctive with* **lasciare** + *infinitive.*

> ESEMPIO: **Lạscio che tu dorma.**
> **Ti lạscio dormire.**

1. Lạscio che vi divertiate.   2. Ho lasciato che lui prendesse la moto.   3. Lascerò che tu vada in America.   4. Lasciạvano che io lavorassi in pace.   5. Lạscio che lei canti.   6. Lasciạvano che lui pagasse.

C. *Answer the following questions in the affirmative.*

> ESEMPIO: **Non sente Gino che canta?**
> *Sì, lo sento cantare.*

1. Non vede il treno che arriva?   2. Non ascolta il presidente che parla?   3. Non guarda i ragazzi che giọcano?   4. Non sente l'orchestra che suona?   5. Non vede le automọbili che pạrtono?
6. Non ascolta il professore che legge?

IV. *Prepositions followed by the infinitive*

— *Invece di imparare*
a suonare il violino,
suo figlio dovrebbe
giocare a tennis.

1. In addition to the prepositions **a** and **di**, other prepositions may be followed by an infinitive.

invece di, prima di, senza + *infinitive* = *instead of, before, without* + *present participle* (*-ing* ending).

Invece di studiare, si diverte.	*Instead of studying, he is having fun.*
Prima di uscire, metti in ordine la tua camera.	*Before going out, put your room in order.*
Vuole vivere bene **senza lavorare.**	*He wants to live well without working.*

2. The preposition **dopo (di)** (*after*) requires the past infinitive (**avere** or **essere** + *past participle*).

Dopo (di) avere ascoltato le notizie, si è addormentato.	*After listening to the news, he fell asleep.*
Dopo (di) essersi riposato, è uscito.	*After he had rested, he went out.*

═══ E S E R C I Z I ═══

A. *Peppino is doing many things that he shouldn't. Say what he ought to be doing instead.*

ESEMPIO: **Peppino va al cinema / studiare**
Peppino dovrebbe studiare invece di andare al cinema.

1. mangia dolci / mangiare frutta   2. bere Coca-Cola / bere succo di frutta   3. spende troppi soldi / risparmiare   4. legge romanzi gialli / studiare   5. esce di sera / riposare   6. si alza tardi / alzarsi presto

B. Prima o dopo? *Peter asks Paul when he is going to do certain activities. Paul answers using* **prima di** *or* **dopo di**, *according to the example.*

> ESEMPIO: **andare al concerto / studiare**
> *Quando vai al concerto?*
> *Vado al concerto prima di studiare.* or *Vado al concerto dopo aver studiato.*

1. guardare la televisione / pranzare   2. andare a nuotare / giocare a tennis   3. vestirsi / fare la doccia   4. bere il caffè / mangiare   5. lavorare / cenare   6. comprare i biglietti / andare a teatro

LETTURA

DUE AMICI ALL'OPERA

Antonio, appassionato di musica operistica, ha invitato Marcello alla Scala per la rappresentazione della *Bohème* di Puccini. Marcello non aveva intenzione di andarci, ma ha deciso di accettare l'invito per passare una serata con l'amico.

La sera della rappresentazione il teatro era affollato di spettatori eleganti, felici di assistere ad uno spettacolo operistico che prometteva di essere uno dei più brillanti della stagione.

Durante la rappresentazione, mentre Antonio, *estasiato,* ascolta cantare gli artisti, Marcello incomincia ad annoiarsi e si mette a *stuzzicare* l'amico.

— Ehi, Tonino? Potresti spiegarmi perchè hanno fatto cantare la parte di Mimì a quella grassona?

— Sst! Lasciami ascoltare! Non capisci niente. È la voce che conta.

— Invece di scegliere quella soprano, avrebbero dovuto dare la parte a una soprano giovane e bella.

— Sst! Mi fai perdere la pazienza!

— Ma non ti sembra difficile immaginare una Mimì come questa, malata di « *mal sottile* »? Prima che questa donna *muoia* di consunzione deve perdere almeno duecento chili.

— Sst! Basta! Silenzio! (*Sono alcuni spettatori che protestano contro Marcello e che vogliono farlo stare zitto.*)

All'intermezzo i due amici escono nel foyer, dove Antonio rimprovera l'amico:

— Se tu ascoltassi senza *fare lo spiritoso,* riusciresti almeno ad apprezzare la musica.

Glossa (margine destro):
enraptured

to pester

tuberculosis / dies

clowning around

Siamo alla fine dell'opera. Il pubblico è assorbito dall'intensità drammatica dell'ultima scena. Mimì *muore* su un lettino, mentre Rodolfo, vicino a lei, grida con *angoscia*: « Mimì, Mimì! ». | dies

anguish

Il sipario *cala* sulle ultime note della musica di Puccini, tra gli applausi del pubblico. Marcello lo guarda calare con un *sospiro di sollievo*. | falls

sigh of relief

DOMANDE SULLA LETTURA

1. Che cosa desiderava vedere Antonio?   2. Perchè, secondo Lei, Marcello non aveva intenzione di accettare l'invito di Antonio?   3. Se ha deciso di accettarlo, era perchè gli piaceva *La Bohème*? 4. Com'era il teatro la sera dello spettacolo?   5. Che cosa faceva Marcello invece di ascoltare la musica?   6. Perchè Marcello criticava la soprano che faceva la parte di Mimì?   7. Erano contenti Antonio e gli spettatori che Marcello continuasse a parlare? Che cosa volevano?   8. Che cosa pensa Antonio del suo amico?   9. Com'è l'ultima scena dell'opera?   10. Cos'ha fatto il pubblico alla fine dell'ultimo atto?

DOMANDE PERSONALI

1. È appassionato(a) di musica Lei? Di quale?   2. Ha molti dischi di musica Lei? Li fa ascoltare ai Suoi amici quando vengono a trovarLa?   3. Le piace ascoltare qualche cantante? Quale?   4. Lei ha mai invitato qualcuno a passare una serata a teatro? In quale circostanza?   5. Ha mai assistito Lei alla rappresentazione di un'opera o di un altro spettacolo musicale? A quale?   6. A quale spettacolo si annoierebbe Lei?   7. Se uno spettatore La disturbasse, come reagirebbe Lei?

ATTIVITÀ

Che musica preferisci?   Ogni studente parla del tipo di musica che preferisce (classica, operistica, jazz, popolare) e spiega quando l'ascolta, dove, se va all'opera o ai concerti.   Se uno studente suona uno strumento musicale, dice quale, spiega da quanto tempo lo suona, se fa parte di una banda, se ha una collezione di dischi, chi è il suo (la sua) cantante preferito(a).

TRADUZIONE

1. Licio Vaporotti, a very famous Italian opera singer, agreed to (*accettare di*) come to Milano to sing in the opera *Aïda* at La Scala.   2. He was very happy to return to one of the most renowned theaters in the world.   3. The day before the performance, Vaporotti had to practice (*fare le prove*) with the orchestra.   4. When he started singing, he did not have any voice, and he was afraid of not being able to sing the next day.   5. The orchestra conductor advised him to call his doctor immediately.   6. After the doctor examined (*visitare*) him, he told him to go home and stay in bed for a week.   7. The impresario, who was very sorry to let him go, immediately sent for (*fare venire*) a young tenor, Nico Calmi, to replace (*sostituire*) the great singer.   8. Instead of being a fiasco, the evening was a great success.   9. After performing (*cantare*), Nico Calmi went to a restaurant to celebrate with several musicians from (*di*) the orchestra.

VOCABOLARIO

Nomi

l'applauso	*applause*	**la serata**	*evening*
la campana	*bell*	**il silenzio**	*silence*
la fine	*end*	**il sipario**	*curtain*
l'intermezzo	*intermission*	**il/la soprano**	*soprano*
la nota	*note*	**lo spettacolo**	*show*
la perfezione	*perfection*	**il tenore**	*tenor*
la rappresentazione	*performance*		

Aggettivi

brillante	*brilliant*	**orgoglioso**	*proud*
drammatico	*dramatic*	**spiacente**	*sorry*
giusto	*just, right*		

Verbi

abituarsi (a)	*to get used (to)*	**lasciare**	*to let, to allow*
applaudire	*to applaud*	**reagire (-isc-)**	*to react*
apprezzare	*to appreciate*	**rimproverare**	*to reproach*
assistere	*to attend, to assist*	**smettere**	*to stop*
gridare	*to shout*	**tagliare**	*to cut*

Altre espressioni

avere fretta	*to be in a hurry*	**invece (di)**	*instead (of)*

PAGINA CULTURALE

LE ORIGINI DELL'OPERA ITALIANA

Nell'anno 1500 il veneziano Petrucci *stampò* le prime note musicali. La stampa ebbe un'influenza decisiva sulla diffusione ed evoluzione della musica che, durante questo stesso secolo, si trasformò profondamente. Mentre a Roma la musica polifonica arrivava *al suo vertice* con Palestrina — maestro della Cappella Sistina —, una nuova musica incominciava a trionfare nei palazzi e nelle case borghesi, espressione di una nuova concezione della vita.

L'opera nacque in Italia alla fine del Cinquecento, da questa *rinnovata* gioia di vivere e dal desiderio di fare rinascere la tragedia

printed

at its peak

renewed

greca. Per questa nuova forma musicale fu necessaria la collaborazione fra il compositore e il poeta, autore del libretto, cioè delle parole scritte. Il primo grande maestro del melodramma fu Claudio Monteverdi, che fu anche organista di San Marco e compositore di musica sacra. La prima delle sue opere fu *L'Orfeo* che fu rappresentato nel 1606, alla corte dei Duchi Gonzaga di Mantova.

Il melodramma *finì di* essere uno spettacolo esclusivo di circoli privati nel 1637, con l'apertura del primo teatro pubblico a Venezia. Prima della fine del secolo, questa città *contava* già una ventina di teatri. Il melodramma dovette adattarsi presto al gusto del nuovo pubblico che domandava spettacoli divertenti: nacque così l'opera comica o buffa. Per *accontentare* il pubblico, i cantanti diventarono dei virtuosi del canto. È a Napoli, città dal temperamento esuberante, che l'opera diventò quella che il mondo *definisce* oggi « opera italiana ». Napoli si identificò con il « bel canto », la melodia cantata. Fra i grandi maestri napoletani del Seicento e del Settecento furono Stradella, Scarlatti e Pergolesi.

Dall'Italia l'opera italiana partì alla conquista del mondo. I musicisti italiani *acquistarono* una posizione dominante nella vita artistica dei paesi europei ed influenzarono geni come Mozart, che scrisse opere italiane di stile e di libretto.

Il periodo del bel canto continuò *a fiorire* nell'Ottocento con Rossini, Bellini e Donizetti. Questo secolo fu dominato *tuttavia* dal genio drammatico di Giuseppe Verdi. Le prime opere di Verdi si ispirarono a temi nazionali che lo fecero apparire come l'interprete del sogno politico degli Italiani. I patrioti italiani diedero alle lettere del suo nome la seguente interpretazione: *V*(ittorio) *E*(manuele) *R*(e) *D*(i) *I*(talia), e il suo nome diventò il loro *grido di battaglia*. Il grande musicista fu insuperabile nella creazione di arie e di cori che accompagnano grandi scene drammatiche. Basti ricordare di lui alcune opere come *Rigoletto, Il Trovatore, La Traviata, Aïda* e *Otello*.

Alla fine del secolo l'opera *si fece* più realista e Giacomo Puccini, autore della *Bohème,* ne fu l'interprete più popolare. Da allora altri compositori hanno scritto opere, ma nessuno si è avvicinato al successo di Verdi e di Puccini.

stopped

numbered

to please

defines as

won

to flourish
still

battle cry

became

24

LA COMMEDIA
È FINITA

ATTORI *IN ERBA*

budding

Quest'anno gli studenti del corso d'arte drammatica hanno deciso di *mettere in scena Giulietta e Romeo* di Shakespeare. Le parti *sono state assegnate* dal professore.

to put on / have been assigned

Il professore	La scelta è stata molto difficile perchè tutti voi avete talento. La parte di Giulietta è stata assegnata a Maria Rosa, e quella di Romeo, a Tino.
Gli studenti	(*In coro.*) Congratulazioni! Che fortunati! *In bocca al lupo!*

good luck!

(Più tardi.)

Maria Rosa	Tino, come sono felice. Ho sempre desiderato essere un'attrice, e recitare in una tragedia di Shakespeare è il *sogno* della mia vita.

dream

Tino	Sarebbe fantastico se un giorno potessimo recitare in una grande città per un pubblico appassionato di teatro.
Maria Rosa	*Perseverando,* si arriva a tutto, Tino.

in persevering

Tino	Ma tu, quando sei sul palcoscenico, non hai paura?
Maria Rosa	Sempre! Però anche gli attori e le attrici più famosi sono sempre un po' emozionati quando si presentano davanti al pubblico.
Tino	Allora la paura è un buon segno, no? Ci vediamo domani per *le prove, Giulietta?*

rehearsal

Maria Rosa	Oh! Romeo, mio Romeo! O.K. domani, alle quattro. Ciao!

DOMANDE SUL DIALOGO

1. Che lavoro teatrale metteranno in scena gli studenti d'arte drammatica?   2. A chi sono state assegnate le parti dei due personaggi principali?   3. Perchè Maria Rosa dice d'essere felice? 4. Che cosa vorrebbe fare Tino un giorno?   5. Perchè hanno paura i due giovani sul palcoscenico? 6. Perchè Tino dice che la paura è un buon segno?

STUDIO DI PAROLE

Le Maschere italiane: 1. Pulcinella   2. Pantalone   3. Colombina   4. Arlecchino   5. Il Dottore.

il dramma
commedia comedy, play
tragedia
atto
scena
personaggio character
attore/attrice

comparsa bit player

palcoscenico stage
platea orchestra section
galleria balcony
poltrona orchestra seat

commediografo(a) playwright

ESERCIZIO SU STUDIO DI PAROLE

1. Chi erano Arlecchino e Pulcinella?   2. Che cosa scrisse Shakespeare?   3. In quale parte del teatro recitano gli attori?   4. Quali sono i posti migliori a teatro?   5. Dove si siede a teatro uno studente povero?   6. Chi era George Bernard Shaw?   7. In quali parti si divide una commedia? 8. Come si chiama un attore che recita una parte insignificante?

PUNTI GRAMMATICALI

I. The gerund (gerụndio)

— *Che cosa fa Pulcinella?*
— *Sta **dando** una lezione a Arlecchino.*

1. The gerund is formed by adding **-ando** to the stem of first conjugation (**-are**) verbs and **-endo** to the stem of second and third conjugation (**-ere** and **-ire**) verbs. It is invariable and corresponds to the English *-ing* form. It has a compound tense, the *past gerund,* which is composed of the gerund of **avere** or **essere** + the past participle of the verb.

Gerund		Past gerund	
parl**ando**	*speaking*	**avendo** parlato	*having spoken*
ripet**endo**	*repeating*	**avendo** ripetuto	*having repeated*
usc**endo**	*going out*	**essendo** uscito (a,i,e)	*having gone out*

2. Verbs with an irregular stem in the imperfect also have an irregular stem in the gerund.

bere: **bevendo**
dire: **dicendo**
fare: **facendo**

3. The gerund combined with the verb **stare** expresses an action in progress.

Gli attori **stanno riposando** (ripọsano).
Stavo leggendo (leggevo) una commẹdia.
Domani a quest'ora **staremo dormendo** (dormiremo).
Stava leggendo (leggeva) quando sono entrato.

4. The gerund may be used alone in a subordinate clause to express the conditions (time, cause, means, manner) that govern the main action. It corresponds to the English gerund, which is usually preceded by the prepositions *while, upon, on, in,* and *by.* Note that the subject of the gerund and the subject of the main verb are the same.

Camminando per la strada, ho visto un incidente d'auto.	*While walking on the street, I saw a car accident.*
Studiando, s'impara.	*By studying, one learns.*
Leggendo attentamente, capirete meglio.	*By reading carefully, you will understand better.*
Avendo lavorato per quarant'anni, ha guadagnato molti soldi.	*Having worked for forty years, he has earned a lot of money.*

5. Object and reflexive pronouns follow the gerund and are attached to it (except for **loro**). In the case of **stare** + gerund, the pronouns may precede **stare** or follow the gerund.

Ascoltandola, piangeva.	*While listening to her, he cried.*
Stava guardandoli. *o* **Li stava guardando.**	*He was looking at them.*
Le ringraziò, alzandosi.	*He thanked them while getting up.*

E S E R C I Z I

A. *One student will invite another to do something. He or she will answer in the negative, using the progressive form, according to the example.*

> ESEMPIO: uscire con me / studiare   *Esci con me?*
> *No, perchè sto studiando.*

1. ascoltare il telegiornale / lavorare   2. venire a ballare / fare i compiti   3. desiderare della Coca-Cola / bere un caffè   4. fare una passeggiata con me / andare in biblioteca   5. venire alla piscina / finire una composizione

B. *Answer the following questions with the construction* **stare** + *gerund, using the verbs or verbal phrases in parentheses.*

1. Che cosa facevano gli attori quando Lei è arrivato(a) a teatro? (recitare)   2. Che cosa farà Lei domani a quest'ora? (fare la siesta)   3. Che cosa faceva Lei questa mattina alle sette? (lavarmi)   4. Che cosa spiegava la professoressa quando Lei è entrato(a) in classe oggi? (spiegare il gerundio)   5. Che classi segue Lei in questa università? (seguire corsi di...)

C. *Replace the subordinate clause with the gerund form of the verb.*

ESEMPIO: **Mentre camminava, ha trovato un portafoglio.**
Camminando, ha trovato un portafoglio.

1. Siccome era ammalata, non è andata a lavorare.   2. Gli è venuta un'idea mentre leggeva un romanzo.   3. L'attore è caduto quando entrava sul palcoscenico.   4. Si è scusato perchè era in ritardo.   5. Quando ha telefonato a sua madre, le ha espresso tutto il suo affetto.

D. *Answer the following questions by replacing the italicized words with pronouns.*

1. Sta ascoltando *la radio*?   2. Sta spendendo *molti soldi* Lei in questi giorni?   3. State imparando *il francese* in questa classe?   4. State guardando *l'orologio*?   5. State aspettando con ansia *le vacanze*?   6. State lamentandovi *degli esami*?

II. The gerund versus the infinitive

Lavorare *stanca, ma* **lavorando** *si guadagna.*

Contrary to English, Italian uses an infinite instead of a gerund as a noun (subject or direct object of another verb).

Fumare (il fumo) è pericoloso.	*Smoking is dangerous.*
Nuotare (il nuoto) fa bene alla salute.	*Swimming is good for your health.*
Preferisco **leggere** (la lettura).	*I prefer reading.*

E S E R C I Z I

A. *Replace the italicized words with an infinitive having the same meaning.*

ESEMPIO: *La lettura* è interessante.
Leggere è interessante.

1. Mi piace *una passeggiata* in campagna.   2. *Lo sci* è divertente.   3. *Il nuoto* fa bene alla salute.
4. *La recitazione* di poesie italiane è utile nello studio della lingua.   5. *Il riso* (*laughter*) fa buon
sangue.   6. *Il fumo* fa male alla salute.   7. I bambini preferiscono *il gioco*.   8. Alcuni studenti
non amano *lo studio*.

B. *Complete the sentences by choosing between the gerund and the infinitive.*

1. (*walking*) _____ per la strada, ho incontrato Maria.   2. (*hearing*) _____ quella canzone, ho
avuto nostalgia del mio paese.   3. Mi piace (*swimming*) _____ .   4. (*skiing*) _____ è molto
costoso.   5. (*walking*) _____ tutti i giorni è un buon esercizio.   6. Pietro è andato a scuola
(*running*) _____ .   7. (*being tired*) _____ , siamo restati a casa.   8. (*living*) _____ in questo
condominio costa troppo.   9. (*having*) _____ molti soldi non significa essere felici.   10. (*having*)
_____ molti soldi, è partito per le Hawaii.   11. (*performing*) _____ in pubblico è sempre stato
facile per quell'attore.

III. *The passive form* (forma passiva)

La tragedia Amleto
è stata scritta *da Shakespeare.*

The passive form is possible only with transitive verbs (verbs that take a direct
object). In the passive form, the direct object (the receiver of the action) becomes
the subject. The passive form consists of **essere** (in the required tense) + the
past participle of the main verb. Note that the agent is introduced by the preposition **da**.

Active form	Passive form
Nino recita la poesia.	La poesia **è recitata** da Nino.
Nino ha recitato la poesia.	La poesia **è stata recitata** da Nino.

La Commedia dell'arte **era rappresentata** in tutta l'Europa.	*The* Commedia dell'arte *was played in all of Europe.*
Quelle ville **sono state costruite** dall'architetto Nervi.	*Those villas were built by the architect Nervi.*
Questo libro **sarà pubblicato** da un editore di New York.	*This book will be published by a publisher in New York.*

━━━━━━━━ **E S E R C I Z I** ━━━━━━━━

A. *Restate the following sentences by using the passive construction.*

> ESEMPIO: **Scrivo la lettera.**
> *La lettera è scritta da me.*

1. Tutti ammirano il teatro di Pirandello. 2. Raffaello ha dipinto molte Madonne. 3. Machiavelli scrisse *Il Principe.* 4. I Medici governarono Firenze. 5. Il Congresso vota le leggi. 6. Gli Americani leggono molti giornali. 7. Zeffirelli ha girato un film su San Francesco. 8. I turisti avevano prenotato le camere. 9. Gli operai organizzeranno uno sciopero.

B. *Answer by using the passive construction.*

> ESEMPIO: **Chi ha dipinto *La Gioconda?***
> *La Gioconda è stata dipinta da Leonardo.*

1. Chi ha scolpito *La Pietà?* 2. Chi ha composto l'*Aïda?* 3. Chi ha scoperto l'America? 4. Chi ha inventato la teoria della relatività? 5. Chi ha avanzato la teoria dell'evoluzione dell'uomo? 6. Chi governava l'Egitto ai tempi di Cesare? 7. Quale eroina del Medioevo salvò la Francia dagli Inglesi? 8. Chi scrisse la tragedia *Giulietta e Romeo?*

IV. **The impersonal si** *replacing the passive form*

*Si **puniranno** le due colpevoli.*

The passive form is less common in Italian than it is in English. It may be replaced by the impersonal **si** when the agent is not expressed. With the impersonal **si**, the verb is in the third person singular if the noun that follows the verb is singular; the verb is in the third person plural if the noun that follows the verb is plural. In compound tenses the auxiliary verb is **essere**.

All'Ọdeon **si dà** una conferenza sul teatro.	*A lecture on the theater is being given at the Odeon.*
Si fanno molti regali per Natale.	*Many presents are given for Christmas.*
Si sono rappresentate molte commẹdie del Goldoni quest'inverno.	*Many plays by Goldoni have been staged this winter.*

━━━━ E S E R C I Z I ━━━━

Answer the following questions by using the impersonal si.

> ESEMPIO: **Quali opere di Verdi sono rappresentate quest'anno?**
> **(l'Aïda, l'Otello).** *Quest'anno si rappresentano l'Aïda e l'Otello.*

1. A che ora è servita la cena? (alle otto)   2. Quale commẹdia di Pirandello è data al Teatro Nuovo? (*Enrico IV*)   3. Quanti romanzi sono stati pubblicati l'anno scorso? (molti)   4. Che gẹnere di teatro era ammirato nel Seicento? (la commẹdia dell'arte)   5. I biglietti dell'aẹreo sono comprati alla stazione? (no, all'aeroporto)   6. Quali poesie sono lette in classe oggi? (quelle di Quasịmodo)

LETTURA

ARRIVEDERCI

Liliana ha ricevuto una borsa di stụdio che le permetterà di studiare per un anno negli Stati Uniti. Oggi gli amici stanno festeggiando la sua partenza. Infatti hanno organizzato una serata in suo onore: l'hanno invitata all'Ọdeon dove si rappresenta una commẹdia di Pirandello, perchè sanno che le piace andare a teatro. Dopo la rappresentazione ci sarà una cenetta elegante al ristorante Biffi.

Uscendo dal teatro gli amici discụtono la commẹdia che hanno visto, *Sei personaggi in cerca d'autore.*

Lucia   Mi è piaciuta molto l'idea di far uscire i sei personaggi dal pụbblico e di farli salire ad uno ad uno sul palcoscẹnico.

Marcello	Già, ma perchè dovevano venire dalla platea?
Antonio	Perchè il pubblico rappresenta una massa anonima e questi personaggi non esistevano ancora nella loro individualità.
Liliana	Be', non è così semplice. Bisognerebbe parlare della filosofia di Pirandello.
Filippo	La storia che ognuno dei sei personaggi ha raccontato era molto deprimente. Chissà perchè è stata chiamata commedia. Questa è una vera tragedia familiare.
Gabriella	Ehi, anche noi siamo sei personaggi, ognuno con una sua storia!
Antonio	In cerca d'autore?
Gabriella	A proposito, Liliana, quando arriverai in California, va' a salutare le due signore che sono state gentili con noi.
Antonio	Be', veramente, con me non sono state tanto gentili. Sono stato descritto brutto e con il naso storto.

(*Coro di proteste.*)

— E io che sono stata confinata quasi sempre in cucina?

— E io che sono stato presentato come un bel ragazzo, ma superficiale?

— E io? Sembra che non abbia un cuore!

Gabriella	Ma insomma, perchè ci lamentiamo? L'hanno fatto scherzando, ma con affetto.

Dopo la cenetta al Biffi gli amici si salutano calorosamente.

— Buon viaggio, Liliana!

— Arrivederci all'anno prossimo.

— Ciao!

— Ciao!

*Una scena dalla tragedia **Enrico IV** di Pirandello.*

DOMANDE SULLA LETTURA

1. Dove andrà Liliana? Perchè?   2. Che cosa hanno deciso di fare i suoi amici?   3. In che modo passeranno la sera?   4. Che cosa fanno mentre stanno uscendo dal teatro?   5. Da quale parte del teatro sono saliti sul palcoscenico i personaggi della commedia?   6. È divertente questa commedia di Pirandello?   7. Che paragone fa Gabriella fra gli amici e i personaggi della commedia?   8. Chi dovrebbe andare a salutare in America Liliana?   9. Riconoscete il nome di chi protesta dalle descrizioni che sono state fatte?   10. Chi sono, secondo voi, le due signore?

DOMANDE PERSONALI

1. Ha mai recitato Lei in una commedia? Quale? Che parte ha fatto?   2. Se Lei fosse un attore (un'attrice), preferirebbe recitare una parte drammatica, comica o sentimentale?   3. Ha letto Lei qualche tragedia di Shakespeare? Quale(i)?   4. Conosce Lei qualche famoso attore (attrice) di teatro? Chi?   5. Se Lei fosse un impresario teatrale, quale attore americano sceglierebbe per la parte di Amleto? Perchè?   6. È mai stato(a) Lei a vedere una commedia a Broadway (o nella Sua città)? Quale?   7. Immagini di essere un impresario e di scritturare (to cast) fra i Suoi compagni di classe gli attori e le attrici per la commedia di Tennessee Williams *Un tram che si chiama desiderio*. Chi sceglierebbe?

ATTIVITÀ

Oggi si recita!   Improvvisatevi commediografi e, in collaborazione con altri compagni (compagne), scrivete una breve scena che poi reciterete davanti alla classe.

TRADUZIONE

This is a review (*recensione, f.*) written by Miss R., a theater critic: "Last night was opening night (*la prima*) at the Nuovo Theater, where Mario Feo's play *Due di troppo* is being presented (*rappresentare*). It is a love story with a tragic end; the two leading characters are killed in the last scene of the third act. After seeing their performance(s), I would have preferred to see them killed (*uccisi*) sooner. The prompter could be heard during the entire play. While the main actor was reciting a long monologue, someone from the balcony shouted, 'Enough is enough! (*basta*)' The performance given by the young actress, Miss T., was the only one appreciated by the public. In conclusion (*insomma*), it was, indeed, a depressing evening, a real fiasco!"

VOCABOLARIO

Nomi

l'affetto *affection*	il monologo *monologue*
l'ansia *anxiety*	l'onore (*m.*) *honor*
la borsa di studio *grant, scholarship*	la protesta *protest, complaint*
il/la colpevole *guilty person*	il riso *laughter*
la conclusione *conclusion*	la scelta *choice*
l'individualità *individuality*	il suggeritore; la suggeritrice *prompter*

Aggettivi

anonimo	*anonymous*	**insignificante**	*insignificant*
deprimente	*depressing*	**principale**	*main, leading*
familiare	*familiar, family*	**superficiale**	*superficial*

Verbi

comporre (*p.p.* composto)	*to compose*	**rappresentare**	*to stage, to put on*
discutere (*p.p.* discusso)	*to discuss*	**recitare**	*to recite, to act, to perform*
dividere (*p.p.* diviso)	*to divide*	**stancare**	*to tire*
esprimere (*p.p.* espresso)	*to express*	**uccidere (*p.p.* ucciso)**	*to kill*
punire	*to punish*		

Altre espressioni

ad uno ad uno	*one by one*	**fare la siesta**	*to take a nap*
a proposito	*by the way*	**fare male a**	*to be bad for*
calorosamente	*warmly*	**già**	*yes, sure*
Ehi!	*Hey!*	**in cerca di**	*in search of*

PAGINA CULTURALE

LA COMMEDIA DELL'ARTE

La commedia dell'arte, detta anche commedia delle maschere, *si sviluppò* in Italia nella seconda metà del Cinquecento. Essa nacque dall'arte, cioè dalla professione degli attori. Infatti, in questo periodo si organizzarono le prime compagnie di attori professionali e si cominciò a dare grande importanza alla tecnica teatrale. Gli attori professionisti amavano improvvisare le scene di una commedia, seguendo una trama prestabilita (lo scenario) e *lasciandosi guidare*, per il resto, dalla tecnica e dalla disposizione naturale. I più *abili*, specializzandosi nell'interpretazione di una parte, crearono un *tipo* e lo fissarono in *gesti* e in espressioni particolari. Nacquero così le maschere che si presentavano al pubblico vestendo il costume e la maschera che le distinguevano. [developed] [letting themselves be led / clever] [stock character] [gestures]

Tutta l'Italia è rappresentata nel teatro delle maschere. Venezia ha dato Pantalone, il tipo del vecchio mercante geloso, e anche del padre avaro e tiranno. Di origine veneta è probabilmente anche *la più nota* delle maschere femminili, Colombina, *servetta* piena di brio e di *astuzia*. Da Bologna, la città universitaria, viene il Dottore, cioè il pedante a cui piace mostrare la sua erudizione. La maschera napoletana più famosa è Pulcinella, brutto e *amante* delle donne e del [the best known / young maid / cleverness] [fond] vino. Stenterello, la maschera fiorentina, è pigro, *goloso* e facilmente innamorato. Milano ha dato Meneghino, il contadino *semplicione* e distratto. Da un'altra città lombarda, Bergamo, è venuta una maschera famosa, Arlecchino, servitore simpatico *nonostante* i suoi molti *difetti*. Arlecchino è la maschera più facile da riconoscersi per il suo costume *variopinto*.

    La commedia italiana dominò il teatro per più di due secoli. I suoi comici, che *oltre a* saper recitare si distinguevano come acrobati, ballerini e musicisti, ebbero successo in tutta l'Europa. In Francia le loro fantasie e invenzioni ispirarono il grande Molière. Nel Settecento la letteratura italiana ebbe il suo primo grande commediografo nel veneziano Carlo Goldoni. Goldoni riformò la commedia dell'arte, che era diventata troppo libera, eliminando gli scenari. Le sue commedie si rappresentano ancora oggi e *hanno conservato* il movimento e la comicità della commedia dell'arte.

    Le antiche maschere italiane continuano a vivere per il divertimento dei bambini nel teatro delle marionette. *Inoltre,* i loro costumi ritornano, ogni anno, durante le feste del carnevale.

Glosses: gluttonous · simpleton · in spite of · faults · many-colored · besides · retained · furthermore

Al Piccolo Teatro di Milano si recita **Arlecchino servitore di due padroni.**

VERB CONJUGATIONS

Auxiliary Verbs: avere, ẹssere

	SIMPLE TENSES			
Infinitive	**avere**		**ẹssere**	
Present indicative	ho	abbiamo	sono	siamo
	hai	avete	sei	siete
	ha	hanno	è	sono
Imperfect indicative	avevo	avevamo	ero	eravamo
	avevi	avevate	eri	eravate
	aveva	avẹvano	era	ẹrano
Past absolute	ebbi	avemmo	fui	fummo
	avesti	aveste	fosti	foste
	ebbe	ẹbbero	fu	fürono
Future	avrò	avremo	sarò	saremo
	avrai	avrete	sarai	sarete
	avrà	avranno	sarà	saranno
Present conditional	avrei	avremmo	sarei	saremmo
	avresti	avreste	saresti	sareste
	avrebbe	avrẹbbero	sarebbe	sarẹbbero
Imperative	—	abbiamo	—	siamo
	abbi	abbiate	sii	siate
	abbia	ạbbiano	sia	sịano
Present subjunctive	ạbbia	abbiamo	sia	siamo
	ạbbia	abbiate	sia	siate
	ạbbia	ạbbiano	sia	sịano

SIMPLE TENSES

Imperfect subjunctive	avessi	avessimo	fossi	fossimo
	avessi	aveste	fossi	foste
	avesse	avessero	fosse	fossero
Gerund	avendo		essendo	

COMPOUND TENSES

Past participle	avuto	stato (a, i, e)
Past infinitive	avere avuto	essere stato (a, i, e)

Present perfect indicative

ho		sono	
hai		sei	stato (a)
ha	avuto	è	
abbiamo			
avete		siamo	
hanno		siete	stati (e)
		sono	

Past perfect indicative (1st)

avevo		ero	
avevi		eri	stato (a)
aveva	avuto	era	
avevamo			
avevate		eravamo	
avevano		eravate	stati (e)
		erano	

Past perfect indicative (2nd)

ebbi		fui	
avesti		fosti	stato (a)
ebbe	avuto	fu	
avemmo			
aveste		fummo	
ebbero		foste	stati (e)
		furono	

COMPOUND TENSES

Future perfect	avrò avrai avrà } avuto avremo avrete avranno	sarò sarai } stato (a) sarà saremo sarete } stati (e) saranno
Conditional perfect	avrei avresti avrebbe } avuto avremmo avreste avrebbero	sarei saresti } stato (a) sarebbe saremmo sareste } stati (e) sarebbero
Present perfect subjunctive	abbia abbia abbia } avuto abbiamo abbiate abbiano	sia sia } stato (a) sia siamo siate } stati (e) siano
Past perfect subjunctive	avessi avessi avesse } avuto avessimo aveste avessero	fossi fossi } stato (a) fosse fossimo foste } stati (e) fossero
Past gerund	avendo avuto	essendo stato (a, i, e)

Regular Verbs

Infinitive	SIMPLE TENSES			
	-are cantare	-ere ripetere	-ire partire	-ire (-isc-) finire
Present indicative	cant o cant i cant a cant iamo cant ate cant ano	ripet o ripet i ripet e ripet iamo ripet ete ripet ono	part o part i part e part iamo part ite part ono	fin isc o fin isc i fin isc e fin iamo fin ite fin isc ono
Imperfect indicative	canta vo canta vi canta va canta vamo canta vate canta vano	ripete vo ripete vi ripete va ripete vamo ripete vate ripete vano	parti vo parti vi parti va parti vamo parti vate parti vano	fini vo fini vi fini va fini vamo fini vate fini vano
Past absolute	cant ai cant asti cant ò cant ammo cant aste cant arono	ripet ei ripet esti ripet è ripet emmo ripet este ripet erono	part ii part isti part ì part immo part iste part irono	fin ii fin isti fin ì fin immo fin iste fin irono
Future	canter ò canter ai canter à canter emo canter ete canter anno	ripeter ò ripeter ai ripeter à ripeter emo ripeter ete ripeter anno	partir ò partir ai partir à partir emo partir ete partir anno	finir ò finir ai finir à finir emo finir ete finir anno
Present conditional	canter ei canter esti canter ebbe canter emmo canter este canter ebbero	ripeter ei ripeter esti ripeter ebbe ripeter emmo ripeter este ripeter ebbero	partir ei partir esti partir ebbe partir emmo partir este partir ebbero	finir ei finir esti finir ebbe finir emmo finir este finir ebbero

SIMPLE TENSES

Imperative	—	—	—	—
	cant **a**	ripet **i**	part **i**	fin **isc i**
	cant **i**	ripet **a**	part **a**	fin **isc a**
	cant **iamo**	ripet **iamo**	part **iamo**	fin **iamo**
	cant **ate**	ripet **ete**	part **ite**	fin **ite**
	cant **ino**	ripet **ano**	part **ano**	fin **isc ano**
Present subjunctive	cant **i**	ripet **a**	part **a**	fin **isc a**
	cant **i**	ripet **a**	part **a**	fin **isc a**
	cant **i**	ripet **a**	part **a**	fin **isc a**
	cant **iamo**	ripet **iamo**	part **iamo**	fin **iamo**
	cant **iate**	ripet **iate**	part **iate**	fin **iate**
	cant **ino**	ripet **ano**	part **ano**	fin **isc ano**
Imperfect subjunctive	cant **assi**	ripet **essi**	part **issi**	fin **issi**
	cant **assi**	ripet **essi**	part **issi**	fin **issi**
	cant **asse**	ripet **esse**	part **isse**	fin **isse**
	cant **assimo**	ripet **essimo**	part **issimo**	fin **issimo**
	cant **aste**	ripet **este**	part **iste**	fin **iste**
	cant **assero**	ripet **essero**	part **issero**	fin **issero**
Gerund	cant **ando**	ripet **endo**	part **endo**	fin **endo**

COMPOUND TENSES

Past participle	cant **ato**	ripet **uto**	part **ito**	fin **ito**
Past infinitive	avere cantato	avere ripetuto	essere partito (a, i, e)	avere finito
Present perfect indicative	ho hai ha abbiamo — cantato avete hanno	ho hai ha abbiamo — ripetuto avete hanno	sono sei — partito(a) è siamo siete — partiti(e) sono	ho hai ha abbiamo — finito avete hanno

COMPOUND TENSES

Past perfect indicative (1st)	avevo avevi aveva avevamo avevate avevano	cantato	avevo avevi aveva avevamo avevate avevano	ripetuto

Past perfect indicative (1st)

avevo avevi aveva avevamo avevate avevano — cantato

avevo avevi aveva avevamo avevate avevano — ripetuto

ero eri era — partito(a)
eravamo eravate erano — partiti(e)

avevo avevi aveva avevamo avevate avevano — finito

Past perfect indicative (2nd)

ebbi avesti ebbe avemmo aveste ebbero — cantato

ebbi avesti ebbe avemmo aveste ebbero — ripetuto

fui fosti fu — partito(a)
fummo foste furono — partiti(e)

ebbi avesti ebbe avemmo aveste ebbero — finito

Future perfect

avrò avrai avrà avremo avrete avranno — cantato

avrò avrai avrà avremo avrete avranno — ripetuto

sarò sarai sarà — partito(a)
saremo sarete saranno — partiti(e)

avrò avrai avrà avremo avrete avranno — finito

Conditional perfect

avrei avresti avrebbe avremmo avreste avrebbero — cantato

avrei avresti avrebbe avremmo avreste avrebbero — ripetuto

sarei saresti sarebbe — partito(a)
saremmo sareste sarebbero — partiti(e)

avrei avresti avrebbe avremmo avreste avrebbero — finito

Present perfect subjunctive

abbia abbia abbia abbiamo abbiate abbiano — cantato

abbia abbia abbia abbiamo abbiate abbiano — ripetuto

sia sia sia — partito(a)
siamo siate siano — partiti(e)

abbia abbia abbia abbiamo abbiate abbiano — finito

COMPOUND TENSES

Past perfect subjunctive	avessi avessi avesse avessimo aveste avessero } cantato	avessi avessi avesse avessimo aveste avessero } ripetuto	fossi fossi fosse } partito(a) fossimo foste fossero } partiti(e)	avessi avessi avesse avessimo aveste avessero } finito
Past gerund	avendo cantato	avendo ripetuto	essendo partito (a, i, e)	avendo finito

Irregular Verbs

Only the irregular forms are given.

andare *to go*
Present indicative: vado, vai, va, andiamo, andate, vanno.
Future: andrò, andrai, andrà, andremo, andrete, andranno.
Conditional: andrei, andresti, andrebbe, andremmo, andreste, andrẹbbero.
Imperative: va' (vai), vada, andiamo, andate, vạdano.
Present subjunctive: vada, vada, vada, andiamo, andiate, vạdano.

---

aprire *to open*
Past participle: aperto.

---

assụmere *to hire*
Past absolute: assunsi, assumesti, assunse, assumemmo, assumeste, assụnsero.
Past participle: assunto.

---

bere *to drink*
Present indicative: bevo, bevi, beve, beviamo, bevete, bẹvono.
Imperfect indicative: bevevo, bevevi, beveva, bevevamo, bevevate, bevẹvano.
Past absolute: bevvi, beveste, bevve, bevemmo, beveste, bẹvvero.
Future: berrò, berrai, berrà, berremo, berrete, berranno.
Conditional: berrei, berresti, berrebbe, berremmo, berreste, berrẹbbero.
Imperative: bevi, beva, beviamo, bevete, bẹvano.
Present subjunctive: beva, beva, beva, beviamo, beviate, bẹvano.
Imperfect subjunctive: bevessi, bevessi, bevesse, bevẹssimo, beveste, bevẹssero.
Past participle: bevendo
Gerund: bevuto

---

cadere *to fall*
Past absolute: caddi, cadesti, cadde, cademmo, cadeste, cạddero.
Future: cadrò, cadrai, cadrà, cadremo, cadrete, cadranno.
Conditional: cadrei, cadresti, cadrebbe, cadremmo, cadreste, cadrẹbbero.

---

chiẹdere *to ask*
Past absolute: chiesi, chiedesti, chiese, chiedemmo, chiedeste, chiẹsero.
Past participle: chiesto.

---

chiudere *to close*

Past absolute: chiusi, chiudesti, chiuse, chiudemmo, chiudeste, chiusero.
Past participle: chiuso.

conoscere *to know*

Past absolute: conobbi, conoscesti, conobbe, conoscemmo, conosceste, conobbero.
Past participle: conosciuto.

correre *to run*

Past absolute: corsi, corresti, corse, corremmo, correste, corsero.
Past participle: corso.

dare *to give*

Present indicative: do, dai, dà, diamo, date, danno.
Past absolute: diedi, desti, diede, demmo, deste, diedero.
Future: darò, darai, darà, daremo, darete, daranno.
Conditional: darei, daresti, darebbe, daremmo, dareste, darebbero.
Imperative: da' (dai), dia, diamo, date, diano.
Present subjunctive: dia, dia, dia, diamo, diate, diano.
Imperfect subjunctive: dessi, dessi, desse, dessimo, deste, dessero.

decidere *to decide*

Past absolute: decisi, decidesti, decise, decidemmo, decideste, decisero.
Past participle: deciso.

dipingere *to paint*

Past absolute: dipinsi, dipingesti, dipinse, dipingemmo, dipingeste, dipinsero.
Past participle: dipinto.

dire *to say*

Present indicative: dico, dici, dice, diciamo, dite, dicono.
Imperfect indicative: dicevo, dicevi, diceva, dicevamo, dicevate, dicevano.
Past absolute: dissi, dicesti, disse, dicemmo, diceste, dissero.
Imperative: di', dica, diciamo, dite, dicano.
Present subjunctive: dica, dica, dica, diciamo, diciate, dicano.
Imperfect subjunctive: dicessi, dicessi, dicesse, dicessimo, diceste, dicessero.
Past participle: detto.
Gerund: dicendo.

discutere   *to discuss*
Past absolute: discussi, discutesti, discusse, discutemmo, discuteste, discussero.
Past participle: discusso.

---

dovere   *must, to have to*
Present indicative: devo, devi, deve, dobbiamo, dovete, devono.
Future: dovrò, dovrai, dovrà, dovremo, dovrete, dovranno.
Conditional: dovrei, dovresti, dovrebbe, dovremmo, dovreste, dovrebbero.
Present subjunctive: debba, debba, debba, dobbiamo, dobbiate, debbano.

---

fare   *to do, to make*
Present indicative: faccio, fai, fa, facciamo, fate, fanno.
Imperfect indicative: facevo, facevi, faceva, facevamo, facevate, facevano.
Past absolute: feci, facesti, fece, facemmo, faceste, fecero.
Future: farò, farai, farà, faremo, farete, faranno.
Conditional: farei, faresti, farebbe, faremmo, fareste, farebbero.
Imperative: fa' (fai), faccia, facciamo, fate, facciano.
Present subjunctive: faccia, faccia, faccia, facciamo, facciate, facciano.
Imperfect subjunctive: facessi, facessi, facesse, facessimo, faceste, facessero.
Past participle: fatto
Gerund: facendo.

---

leggere   *to read*
Past absolute: lessi, leggesti, lesse, leggemmo, leggeste, lessero.
Past participle: letto.

---

mettere   *to put*
Past absolute: misi, mettesti, mise, mettemmo, metteste, misero.
Past participle: messo.

---

morire   *to die*
Present indicative: muoio, muori, muore, moriamo, morite, muoiono.
Imperative: muori, muoia, moriamo, morite, muoiano.
Present subjunctive: muoia, muoia, muoia, moriamo, moriate, muoiano.
Past participle: morto.

---

nascere   *to be born*
Past absolute: nacqui, nascesti, nacque, nascemmo, nasceste, nacquero.
Past participle: nato.

offendere *to offend*
Past absolute: offesi, offendesti, offese, offendemmo, offendeste, offesero.
Past participle: offeso.

---

offrire *to offer*
Past participle: offerto.

---

piacere *to be pleasing*
Present indicative: piaccio, piaci, piace, piacciamo, piacete, piacciono.
Past absolute: piacqui, piacesti, piacque, piacemmo, piaceste, piacquero.
Imperative: piaci, piaccia, piacciamo, piacete, piacciano.
Present subjunctive: piaccia, piaccia, piaccia, piacciamo, piacciate, piacciano.
Past participle: piaciuto.

---

potere *to be able to*
Present indicative: posso, puoi, può, possiamo, potete, possono.
Future: potrò, potrai, potrà, potremo, potrete, potranno.
Conditional: potrei, potresti, potrebbe, potremmo, potreste, potrebbero.
Present subjunctive: possa, possa, possa, possiamo, possiate, possano.

---

prendere *to take*
Past absolute: presi, prendesti, prese, prendemmo, prendeste, presero.
Past participle: preso.

---

ridere *to laugh*
Past absolute: risi, ridesti, rise, ridemmo, rideste, risero.
Past participle: riso.

---

rimanere *to remain*
Present indicative: rimango, rimani, rimane, rimaniamo, rimanete, rimangono.
Past absolute: rimasi, rimanesti, rimase, rimanemmo, rimaneste, rimasero.
Future: rimarrò, rimarrai, rimarrà, rimarremo, rimarrete, rimarranno.
Conditional: rimarrei, rimarresti, rimarrebbe, rimarremmo, rimarreste, rimarrebbero.
Imperative: rimani, rimanga, rimaniamo, rimanete, rimangano.
Present subjunctive: rimanga, rimanga, rimanga, rimaniamo, rimaniate, rimangano.
Past participle: rimasto.

---

rispondere *to answer*
Past absolute: risposi, rispondesti, rispose, rispondemmo, rispondeste, risposero.
Past participle: risposto.

rompere *to break*
Past absolute: ruppi, rompesti, ruppe, rompemmo, rompeste, ruppero.
Past participle: rotto.

---

salire *to go up*
Present indicative: salgo, sali, sale, saliamo, salite, salgono.
Imperative: sali, salga, saliamo, salite, salgano.
Present subjunctive: salga, salga, salga, saliamo, saliate, salgano.

---

sapere *to know*
Present indicative: so, sai, sa, sappiamo, sapete, sanno.
Past absolute: seppi, sapesti, seppe, sapemmo, sapeste, seppero.
Future: saprò, saprai, saprà, sapremo, saprete, sapranno.
Conditional: saprei, sapresti, saprebbe, sapremmo, sapreste, saprebbero.
Imperative: sappi, sappia, sappiamo, sappiate, sappiano.
Present subjunctive: sappia, sappia, sappia, sappiamo, sappiate, sappiano.

---

scegliere *to choose*
Present indicative: scelgo, scegli, sceglie, scegliamo, scegliete, scelgono.
Past absolute: scelsi, scegliesti, scelse, scegliemmo, sceglieste, scelsero.
Imperative: scegli, scelga, scegliamo, scegliete, scelgano.
Present subjunctive: scelga, scelga, scelga, scegliamo, scegliate, scelgano.
Past participle: scelto.

---

scendere *to descend*
Past absolute: scesi, scendesti, scese, scendemmo, scendeste, scesero.
Past participle: sceso.

---

scoprire *to discover*
Past participle: scoperto.

---

scrivere *to write*
Past absolute: scrissi, scrivesti, scrisse, scrivemmo, scriveste, scrissero.
Past participle: scritto.

---

sedere *to sit down*
Present indicative: siedo, siedi, siede, sediamo, sedete, siedono.
Imperative: siedi, sieda, sediamo, sedete, siedano.
Present subjunctive: sieda, sieda, sieda, sediamo, sediate, siedano.

spẹndere *to spend*
Past absolute: spesi, spendesti, spese, spendemmo, spendeste, spẹsero.
Past participle: speso.

---

stare *to stay*
Present indicative: sto, stai, sta, stiamo, state, stanno.
Past absolute: stetti, stesti, stette, stemmo, steste, stẹttero.
Future: starò, starai, starà, staremo, starete, staranno.
Conditional: starei, staresti, starebbe, staremmo, stareste, starẹbbero.
Imperative: sta' (stai), stia, stiamo, state, stịano.
Present subjunctive: stia, stia, stia, stiamo, stiate, stịano.
Imperfect subjunctive: stessi, stessi, stesse, stẹssimo, steste, stẹssero.

---

succẹdere *to happen*
Past absolute: successi, succedesti, successe, succedemmo, succedeste, succẹssero.
Past participle: successo.

---

tenere *to hold*
Present indicative: tengo, tieni, tiene, teniamo, tenete, tẹngono.
Past absolute: tenni, tenesti, tenne, tenemmo, teneste, tẹnnero.
Future: terrò, terrai, terrà, terremo, terrete, terranno.
Conditional: terrei, terresti, terrebbe, terremmo, terreste, terrẹbbero.
Imperative: tieni, tenga, teniamo, tenete, tẹngano.
Present subjunctive: tenga, tenga, tenga, teniamo, teniate, tẹngano.

---

uccịdere *to kill*
Past absolute: uccisi, uccidesti, uccise, uccidemmo, uccideste, uccịsero.
Past participle: ucciso.

---

uscire *to go out*
Present indicative: esco, esci, esce, usciamo, uscite, ẹscono.
Imperative: esci, esca, usciamo, uscite, ẹscano.
Present subjunctive: esca, esca, esca, usciamo, usciate, ẹscano.

---

vedere *to see*
Past absolute: vidi, vedesti, vide, vedemmo, vedeste, vịdero.
Future: vedrò, vedrai, vedrà, vedremo, vedrete, vedranno.
Conditional: vedrei, vedresti, vedrebbe, vedremmo, vedreste, vedrẹbbero.
Past participle: visto (veduto).

venire   *to come*
Present indicative: vengo, vieni, viene, veniamo, venite, vengono.
Past absolute: venni, venisti, venne, venimmo, veniste, vennero.
Future: verrò, verrai, verrà, verremo, verrete, verranno.
Conditional: verrei, verresti, verrebbe, verremmo, verreste, verrebbero.
Imperative: vieni, venga, veniamo, venite, vengano.
Present subjunctive: venga, venga, venga, veniamo, veniate, vengano.
Past participle: venuto.

---

vincere   *to win*
Past absolute: vinsi, vincesti, vinse, vincemmo, vinceste, vinsero.
Past participle: vinto.

---

vivere   *to live*
Past absoute: vissi, vivesti, visse, vivemmo, viveste, vissero.
Future: vivrò, vivrai, vivrà, vivremo, vivrete, vivranno.
Conditional: vivrei, vivresti, vivrebbe, vivremmo, vivreste, vivrebbero.
Past participle: vissuto.

---

volere   *to want*
Present indicative: voglio, vuoi, vuole, vogliamo, volete, vogliono.
Past absolute: volli, volesti, volle, volemmo, voleste, vollero.
Future: vorrò, vorrai, vorrà, vorremo, vorrete, vorranno.
Conditional: vorrei, vorresti, vorrebbe, vorremmo, vorreste, vorrebbero.
Present subjunctive: voglia, voglia, voglia, vogliamo, vogliate, vogliano.

ITALIAN-ENGLISH VOCABULARY

The Italian-English vocabulary contains most of the basic words and expressions used in each chapter. Stress is indicated by a dot under the stressed vowel. An asterisk* before an infinitive indicates that that verb is conjugated with **essere** in compound tenses. The -isc- after an -ire verb means that the verb requires **-isc-** in the present indicative and present subjunctive conjugations, and in the imperative.

The following abbreviations are used:

adj.	adjective	*inf.*	infinitive
adv.	adverb	*inv.*	invariable
colloq.	colloquial	*m.*	masculine
def. art.	definite article	*p.p.*	past participle
f.	feminine	*pl.*	plural
fam.	familiar	*prep.*	preposition
form.	formal	*conj.*	conjunction

A

a in, at, to
abbastanza enough, sufficiently
l'abbigliamento clothing, apparel
abbondante abundant
abbracciare to embrace
***abbronzarsi** to tan
l'abitante (*m.*) inhabitant
abitare to live
l'abito dress, suit
***abituarsi** to get used to
abituato accustomed
accelerare to accelerate
accendere (*p.p.* **acceso**) to light, to turn on
accettare to accept
accidenti! darn it!
accompagnare to accompany
l'accordo agreement; **andare d'accordo** to get along; **d'accordo** o.k.
l'aceto vinegar
l'acqua water; **l'acqua minerale** mineral water

acquistare to acquire
adesso now
***addormentarsi** to fall asleep; **addormentato** asleep
l'adulto, l'adulta adult
l'aereo; l'aeroplano airplane
l'aeroporto airport
l'afa sultriness
l'affare (*m.*) business
affascinante fascinating
l'affetto affection
affinchè so that, in order that
affittare to rent
l'affitto rent, rental
affollato crowded
l'affresco fresco
l'agenzia di viaggi travel agency
l'aggettivo adjective
aggiungere (*p.p.* **aggiunto**) to add
l'aglio garlic
agosto August
aiutare to help
l'aiuto help
l'albergo hotel
l'albero tree
alcuni (alcune) some; a few

allegro cheerful
allenare to coach
***allenarsi** to practice, to train, to make oneself fit
l'allenatore; l'allenatrice coach
allora then, well then, so **da allora** since then
allungare to prolong
almeno at least
le Alpi Alps
alpino alpine
alto tall
altro other
l'alunno; l'alunna pupil
***alzarsi** to get up
l'amaca hammock
amare to love
l'ambiente environment
americano American
l'amicizia friendship
l'amico; l'amica friend
ammalato ill
ammirare to admire
ammobiliato furnished
l'amore (*m.*) love
l'analisi (*f.*) analysis
analogo similar

anche also; too; **anche se** even if

ancora still, more, again; **non ancora** not yet

*****andare** to go; **andare a trovare** to visit a person; **andare in cerca di** to go in search of; **andare bene** to fit

l'angolo corner

l'animale (*m.*) animal

l'anno year; **avere . . . anni** to be . . . years old

*****annoiarsi** to get bored

annunciare to announce

l'annuncio pubblicitario ad

anonimo anonymous

l'ansia anxiety

l'antenato ancestor

l'anticipo advance; **in anticipo** ahead of time, in advance

antico (*pl.* **antichi**) ancient, antique

antidiluviano antediluvian

l'antipasto hors-d'oeuvre

antipatico unpleasant

anziano elderly

l'aperitivo aperitif

aperto open; **all'aperto** outdoors

apparecchiare to set the table

apparire to appear

l'appartamento apartment

appartenere to belong

appassionato (*di*) fond of

appena as soon as; only

gli Appennini Apennine Mountains

appenninico of the Apennines

l'appetito appetite

applaudire to applaud

l'applauso applause

apprezzare to appreciate

approfittare to take advantage

l'appuntamento appointment, date

gli appunti notes

aprile (*m.*) April

aprire to open

arabo Arabic

l'arancia orange

l'arbitro referee

l'architetto architect

architettonico architectural

l'architettura architecture

l'argomento subject

l'aria air, appearance; **avere un'aria** to look

l'armadio wardrobe; **armadio a muro** closet

*****arrabbiarsi** to get angry

*****arrivare** to arrive

arrivederci! (*fam.*); **ArrivederLa!** (*form.*) Good-bye!

arrogante arrogant

l'arrosto roast; **l'arrosto di vitello** roast veal

l'arte (*f.*) art; **opera d'arte** work of art; **Le Belle Arti** Fine Arts

l'articolo article

l'artigianato handicraft

l'artigiano artisan

artistico artistic

l'ascensore (*m.*) elevator

ascoltare to listen to

aspettare to wait for

assaggiare to taste

l'assegno check

assistere to attend, to assist

assomigliare (a) to look like

assorbire to absorb

assumere (*p.p.* **assunto**) to hire

astratto abstract

l'astrologia astrology

l'atleta (*m. or f.*) athlete

attento careful; **stare attento** to pay attention

l'attenzione (*f.*) attention; **fare attenzione** to be careful

attirare to attract

l'attività activity

l'atto act

l'attore; l'attrice actor; actress

attraente attractive

attraversare to cross

attraverso through

l'attrazione (*f.*) attraction

attrezzato equipped

augurare to wish

l'augurio wish

aumentare to increase

l'aumento increase

l'autobiografia autobiography

l'autobus (*m.*) (*pl.* **gli autobus**) bus

l'automobile (*f.*) car

l'automobilista (*m. or f.*) motorist

l'autore; l'autrice author

l'autostop hitch-hiking; **fare l'autostop** to hitch-hike

l'autostrada freeway

autunno autumn, fall

Avanti! Come in!

l'avarizia avarice

avaro stingy

avere to have; **avere . . . anni** to be . . . years old; **avere bisogno, (*di*)** to need; **avere caldo** to be hot; **avere fame** to be hungry; **avere mal di (denti, schiena, stomaco, testa, ecc.)** to have a (toothache, backache, stomache, headache, etc.); **avere paura di** to be afraid of; **avere ragione** to be right; **avere sete** to be thirsty; **avere sonno** to be sleepy; **avere torto** to be wrong

l'avventura adventure

*****avvicinarsi** (a) to get near, to approach

l'avvocato; l'avvocatessa lawyer

B

baciare to kiss

il bacio kiss

i baffi moustache

i bagagli baggage, luggage; **fare i bagagli** to pack; **disfare i bagagli** to unpack

il bagnino; la bagnina lifeguard

il bagno bath; bathroom

la baita cabin

il balcone balcony

ballare to dance

il **bambino**; la **bambina** child; little boy; little girl; **da bambino** as a child

la **banca** bank; **bancarella** stand; booth

il **bar** bar; **bar con tavola calda** snack bar

la **barba** beard

la **barca** boat; la **barca a vela** sail boat

barocco baroque

basso short; low

*bastare to suffice; to be enough

be' (bene) well

la **bellezza** beauty

bello beautiful, handsome

benchè although

bene well, fine; **va bene** O.K., very well

il **benessere** well-being

la **benzina** gasoline; **distributore di benzina** gasoline pump

bere (*p.p.* bevuto) to drink

la **bevanda** drink; **bevanda alcoolica** alcoholic beverage

la **biancheria** linen; **biancheria intima** underwear

bianco (*pl.* bianchi) white

la **biblioteca** library

il **bicchiere** glass

la **bicicletta** bicycle

il **biglietto** ticket; **biglietto di andata e ritorno** round trip ticket

il **binario** track

la **biologia** biology

biondo blond

la **birra** beer

bisognare to be necessary

il **bisogno** need; **avere bisogno di** to need

la **bistecca** steak

blu (*inv.*) blue

la **bocca** mouth

la **bomba** bomb

la **borghesia** middle class

la **borsa** bag; **borsa di studio** grant

la **borsetta** hand bag

il **bosco** wood, forest

la **bottiglia** bottle

il **braccio** arm

bravo good

breve short

brillante brilliant

il **brodo** broth

bruno dark-haired

brutto ugly

la **bugia** lie

buio dark

il **buio** darkness

buono good

il **burattino** puppet

il **burro** butter

C

*cadere to fall

il **caffè** coffee, café, coffee shop

il **calcio** soccer

la **calcolatrice** calculator

caldo hot; **avere caldo** to be hot

il **calendario** calendar

il **calmante** sedative

calmo calm

calorosamente warmly

il **calzolaio** shoemaker

il **cambiamento** change

cambiare to change; to exchange

il **cambio** change; exchange

la **camera** room; **camera da letto** bedroom

il **cameriere**; la **cameriera** waiter; waitress, maid

la **camicetta** blouse

la **camicia** shirt

il **caminetto** fireplace

camminare to walk

la **campagna** country, countryside; **campagna elettorale** election campaign

la **campana** bell

il **campanile** bell-tower

il **campeggio** camping; **fare il campeggio** to go camping

il **campionato** championship

il **campione**; la **campionessa** champion

il **campo** field

canadese Canadian

il **canale** channel

il **cane** dog

il **canottaggio** boating, rowing

il/la **cantante** singer

cantare to sing

la **cantina** cellar

il **canto** singing

la **canzone** song

capire (-isc-) to understand

la **capitale** capital

il **capitolo** chapter

il **capo** head

il **Capodanno** New Year's day

il **capolavoro** masterpiece

la **cappella** chapel

il **cappotto** winter coat

il **cappuccino** coffee with steamed milk

il **capoufficio** boss

carino pretty, cute

la **carne** meat

caro dear, expensive

la **carota** carrot

la **carta** paper; **carta geografica** map

la **cartella** briefcase

il **cartello** sign

la **cartolina** postcard

il **cartone animato** animated cartoon

la **casa** house, home; **a casa, in casa** at home; **a casa di** at the house of; **a casa sua** at his/her house; **fatto in casa** home-made

la **casalinga** housewife

il **caso** case; **per caso** by any chance

la **cassa** case; cashier's desk

il **cassetto** drawer

castano brown

il **castello** castle

la **categoria** category

la **catena** chain

cattivo bad, mean

la **causa** cause; **a causa di** because of

causare to cause
il cavallo horse
celibe (*m.*) unmarried, single
la cena dinner
cenare to have supper
centinaio (*f. pl.* centinaia) hundred
centrale central
il/la centralinista telephone operator
il centro downtown, center; in centro downtown
la ceramica ceramics
cercare to look for; cercare di + *inf.* to try
certamente certainly
certo certain
il cestino basket
che?; che cosa?; cosa? what?
chi? who?, whom?
chiamare to call; chiamarsi to be called
la chiave key
chiedere to ask
la chiesa church
il chilogrammo kilogram
il chilometro kilometer
la chimica chemistry
il chirurgo surgeon
chissà! who knows
la chitarra guitar
chiudere (*p.p.* chiuso) to close
chiunque anyone, whoever
ciao hello, hi, good-bye
il cibo food
il ciclismo bicycling
il cielo sky
il cinematografo movie theater
cinese Chinese
il cioccolato chocolate
il cioccolatino chocolate candy
cioè that is
ciò nonostante nevertheless
la cipolla onion
circa about, approximately
il circolo club
circondare to surround
la circostanza occasion
la città city, town
il cittadino citizen
la civiltà civilization

la classe class
classico classic
il/la cliente customer
il clima climate
il cofano hood
il cognato; la cognata brother-in-law; sister-in-law
il cognome last name
la colazione breakfast
collaborare to collaborate
il/la collega colleague
la collina hill
il collo neck
il colore color
il/la colpevole guilty person
colpire (-isc-) to hit
il coltello knife
come as, like; Come? How?; Come sta? (*form. s.*), Come stai? (*fam. s.*), Come va? How are you?
la commedia comedy, play
il commediografo playwright
il commento comment
il commesso; la commessa clerk, salesperson
il comodino night stand
comodo comfortable
la comodità comfort
il compagno; la compagna companion; compagno(a) di classe classmate; compagno(a) di stanza roommate
la comparsa bit player
il compito homework, task
il compleanno birthday
completamente fully, completely
il completo suit
complicato complicated
comporre (*p.p.* composto) to compose
il compositore; la compositrice composer
comprare to buy
compreso included
comune common
comunicare to communicate
il/la comunista communist
comunque however

con with
il concerto concert
la condizione condition
la conferenza lecture
confinare to border, to confine
il conflitto conflict
la confusione confusion
la conoscenza knowledge
conoscere (*p.p.* conosciuto) to know, to meet, to be acquainted with
considerevole considerable
consigliare to advise
il consiglio advice
consolare to console
la consonante consonant
consultare to consult
consumare to consume
il contadino; la contadina pleasant
contare to count
contenere to contain
contento happy, glad
il continente continent
il conto check, bill
il contrario opposite
contro against
controllare to check
il controllore conductor
la conversazione conversation
coperto covered
la copia copy
la coppia couple, pair
il coraggio courage
coraggioso courageous
il coro chorus
il corpo body
correggere (*p.p.* corretto) to correct
correre (*p.p.* corso) to run
il corridoio corridor
la corsa run, race
il corso course
il cortile courtyard
corto short
la cosa thing
così so
la costa coast; Costa Azzurra French Riviera
costare to cost
il costo cost

costoso expensive

costruire (-isc-) to build

il costume da bagno bathing suit

la cravatta tie

credere to believe

*crescere to grow; to grow up

la crisi crisis

la cristianità Christianity

la critica criticism; critique

criticare to criticize

il critico critic

il cucchiaio spoon

la cucina kitchen; cooking

cucinare to cook

il cugino; la cugina cousin

cuocere (*p.p.* cotto) to cook

il cuoco, la cuoca cook

il cuoio leather

il cuore hearth

la cupola dome

la cura treatment

curare to treat

la curva curve

D

da from, by

dapprima at first

dare to give; dare fastidio to bother

la data date

il dattilografo; la dattilografa typist

davanti (a) in front of, before

davvero really, indeed

debole weak

la decapotabile convertible

decidere (*p.p.* deciso) to decide

la decisione decision

definire (-isc-) to define

definitivo definitive, final

delizioso delicious

la democrazia democracy

democristiano Christian Democrat

il denaro money

il dente tooth; al dente firm, not overcook

il/la dentista dentist

dentro in, inside

depositare to deposit; depositare un assegno to deposit a check

il deposito deposit; deposito bagagli baggage room

deprimente depressing

il deputato congressman

descrivere (*p.p.* descritto) to describe

la descrizione description

desiderare to wish

il desiderio wish, desire

la destra right; a destra to the right

detestare to hate

di of, from; di + *def. art.* some, any

il dialetto dialect

il dialogo dialogue

il diario diary

dicembre (*m.*) December

dichiarare to declare

le didascalie (*f. pl.*) (movie) subtitles

la dieta diet; stare a dieta to be on a diet

dietro behind

la differenza difference; a differenza di unlike

difficile difficult

la difficoltà difficulty

diligente diligent

dimagrire (-isc-) to lose weight

dimenticare to forget

dimostrare to show, to express

dipingere (*p.p.* dipinto) to paint; to portray

dire (*p.p.* detto) to say, to tell

direttamente directly

il direttore; la direttrice director; direttore d'orchestra orchestra conductor

diritto, dritto (*adj.*) straight (*adv.*) straight ahead

il diritto right

la disavventura misadventure

*discendere (*p.p.* disceso) to descend, to go down

il disco record

il discorso speech

la discussione discussion

discutere (*p.p.* discusso) to discuss

disegnare to draw

il disegno drawing; pattern; plan

disoccupato unemployed

la disoccupazione unemployment

disordinato messy

*dispiacere (*p.p.* dispiaciuto) to mind, to be sorry

la distanza distance

distare to be distant; to be far from

distratto absent-minded

il dito (*pl.* le dita) finger; dito del piede toe

la ditta firm

il divano sofa

*diventare to become

diverso different; diversi giorni several days

divertente amusing

divertimento amusement

divertire to amuse; *divertirsi to have fun; to enjoy oneself

dividere (*p.p.* diviso) to share, to divide

il divieto prohibition; divieto di fumare no smoking; divieto di parcheggio no parking

divorziato (a) divorced

il dizionario dictionary

la doccia shower

il documentario documentary

il documento document; documento d'identità I.D.

la dogana customs

dolce sweet

il dolce dessert, candy

dolcemente gradually

il dolore pain, ache

la domanda question

domandare to ask

domani tomorrow

la domenica Sunday

la donna woman

dopo   after; afterwards
il dopoguerra   postwar
dormire   to sleep
la dose   amount
dotato   gifted
il dottore; la dottoressa
   doctor; university graduate
dove?   where?
il dovere   duty
dovere   to have to, must, to
   owe
dovunque   wherever
il dramma   drama, play
drammatico   dramatic
il dubbio   doubt
dubitare   to doubt
il duomo   cathedral
durante   during
durare   to last
duro   hard

E

e   and
eccellente   excellent
eccetto   except
l'eccezione (f.)   exception
ecco!   here is!
l'economia   economy
economico   economic(al), cheap
economo   thrifty
l'edificio   building
l'editore; l'editrice   publisher
l'Egitto   Egypt
ehi!   hey!
elegante   elegant
elementare   elementary
l'elenco telefonico   phone book
l'elettricista   electrician
l'elettricità   electricity
l'elezione (f.)   election
emigrare   to emigrate
l'emozione (f.)   emotion
entrare   to enter
l'entusiasmo   enthusiasm
entusiasta   enthusiastic
l'epoca   period
l'equitazione (f.)   riding
l'erba   grass
l'eredità   inheritance

ereditare   to inherit
l'eroe; l'eroina   hero; heroine
l'errore (m.)   error
l'esame (m.)   exam; **dare un**
   esame   to take an exam
l'escursione (f.)   excursion
l'esempio   example; **ad**
   esempio, per esempio   for
   example
esercitare   to exercise
l'esilio   exile
esistere   to exist
esotico   exotic
l'esperienza   experience
l'esperimento   experiment
esperto   experienced
esplorare   to explore
l'espressione   expression;
   espressione di cortesia
   greetings
l'espresso   expresso coffee
esprimere (p.p. espresso)   to
   express
*essere (p.p. stato)   to be;
   essere al verde   to be
   broke; **essere in anticipo**   to
   be early; **essere in orario**
   to be on time; **essere in**
   ritardo   to be late; **essere in**
   panne   to have a car
   breakdown; **essere promosso**
   to be promoted
l'est   east
l'estate (f.)   summer
esterno   exterior
estero   foreign; **commercio**
   estero   foreign trade;
   all'estero   abroad
estivo   summer
l'età   age; **l'età della pietra**
   stone age
l'Europa   Europe

F

fa   ago
la fabbrica   factory
il facchino   porter
la faccia   face
la facciata   facade

facile   easy
i fagiolini   green beans
la fame   hunger; **avere fame**
   to be hungry
la famiglia   family
familiare   familiar
la fantasia   fantasy
fare (p.p. fatto)   to do, to make;
   fare l'autostop   to
   hitchhike; **fare il bagno**   to
   take a bath; **fare il**
   campeggio   to go camping;
   fare colazione   to have
   breakfast; **fare la doccia**   to
   take a shower; **fare una**
   domanda   to ask a question;
   fare la fila   stand in line;
   fare una foto   to take a
   picture; **fare una passeggiata**
   to take a walk; **fare la spesa**
   to buy grocery; **fare le spese**
   to go shopping; **fare il tifo**
   to be a fan; **fare un'escursione**
   to make an excursion; **fare**
   un viaggio   to take a trip.
la farina   flour
la farmacia   pharmacy
il fascismo   fascism
il fastidio   annoyance, vexation,
   trouble; **dare fastidio**   to
   bother
faticoso   tiring
il fatto   fact
il fazzoletto   handkerchief
la favola   fable
favorevole   favorable
febbraio   February
fedele   faithful
felice   happy
la felicità   happiness
femminile   feminine
le ferie   annual vacation
*fermarsi   to stop
fermo   still, stopped
il Ferragosto   August holiday
la ferrovia   railroad
la festa   holiday, party
festeggiare   to celebrate
la fetta   slice
il fidanzamento   engagement
*fidanzarsi   to become engaged

il figlio; la figlia   son; daughter;
  figlio (a) unico (a)   only
  child; i figli   children
la figura   figure; fare bella
  figura   to make a good
  impression
la fila   line
finalmente   finally
finanziare   to finance
il fine   purpose
la fine   end
la finestra   window
finire (-isc-)   to finish
fino a   until
finora   until now
il fiore   flower
fiorente   flourishing
Firenze   Florence
la firma   signature
firmare   to sign; firmare una
  ricevuta   to sign a receipt
il fiume   river
il flauto   flute
la foglia   leaf
il foglio   sheet; il foglio di
  carta   sheet of paper
fondare   to found
la fontana   fountain
la forchetta   fork
la forma   form, shape
il formaggio   cheese
il forno   oven
forse   maybe, perhaps
forte   strong
la fortuna   fortune, luck; buona
  fortuna   good luck; per
  fortuna   luckily
fortunato   lucky
la forza   strength
la foto(grafia)   picture,
  photography
fra   between, among, in
la fragola   strawberry
francamente   frankly, honestly
francese   French
la frase   sentence
il fratello   brother
freddo   cold; avere freddo   to
  be cold; fa freddo   it is cold
frenare   to brake
frequentare   to attend
fresco   cool, fresh

la fretta   hurry; avere fretta
  to be in a hurry; in fretta
  in a hurry
il frigo(rifero)   refrigerator
la frutta   fruit
il frutto   piece of fruit
fumare   to smoke
il fumatore; la fumatrice
  smoker
il fungo (*pl.* funghi)
  mushroom
funzionare   to function
il fuoco   fire
fuori (di)   out (of), outside

G

la galleria   arcade; gallery;
  balcony; la galleria d'arte
  art gallery
la gamba   leg
il gatto   cat
il gelato   ice cream
generale   general
il genere   gender; kind; in
  genere   generally
il genero   son-in-law
generoso   generous
il genio   genius
il genitore   parent
gennaio   January
Genova   Genoa
la gente   people
gentile   kind
la geografia   geography
geografico   geographic
la Germania   Germany
il gesso   chalk
il gesto   gesture
il gettone   token (telephone)
il ghiaccio   ice
già   already; yes; sure
la giacca   coat; jacket; la giacca
  a vento   windbreaker
giallo   yellow
il Giappone   Japan
giapponese   Japanese
il giardino   garden
il ginocchio   knee

giocare (a)   to play (a game)
il giocatore; la giocatrice
  player
il giocattolo   toy
il gioco   game
la gioia   joy
il giornale   newspaper
il/la giornalista   journalist
la giornata   the whole day
il giorno   day; buon giorno
  good morning (good day)
giovane   young
il giovanotto   young man
il giovedì   Thursday
il giradischi   record player
girare   to turn; to tour; girare
  un film   to make a movie
il giro   tour
la gita   trip, excursion, tour
il giudice   judge
il giudizio   judgement, sentence
giugno   June
giusto   just, right
il golf   sweater
il golfo   gulf
la gomma   tire
la gonna   skirt
gotico   gothic
governare   to rule
il governo   government
il grammo   gram
grande   big, wide, large, great
grasso   fat
il grattacielo   sky-scraper
gratuito   free
grazie   thank you; grazie a
  thanks to
greco   Greek
gridare   to shout
grigio   grey
grosso   huge
il gruppo   group
guadagnare   to earn
i guanti (*pl.*)   gloves
guardare   to look at, to watch
guarire (-isc-)   to cure; to
  recover
la guerra   war
la guida   guide, tourist guide;
  guide book; driving
guidare   to drive
gustoso   tasty

I

l'idea idea
ideale ideal
l'idraulico plumber
ieri yesterday
ignorante ignorant
l'imbianchino house-painter
immaginare to imagine
immediatamente immediately
imparare to learn
*impazzire to go crazy
l'imperatore emperor
l'impermeabile (*m.*) raincoat
l'impiegato; l'impiegata clerk
l'impiego employment, job
imponente imposing
importante important
l'importanza importance
l'importazione import
impossibile impossible
improvvisamente suddenly
in in, at, to
incassare to cash
incerto uncertain
l'inchiostro ink
l'incidente (*m.*) accident
incominciare to begin
incontrare to meet
l'incontro encounter; meeting
incoraggiare to encourage
indimenticabile unforgettable
indipendente independent
l'indirizzo address
l'individualità individuality
indovinare to guess
industriale industrial
inesperto inexperienced
infatti in fact
infelice unhappy
l'infermiere; l'infermiera nurse
l'inflazione (*f.*) inflation
l'informazione (*f.*) information
l'ingegnere (*m.*) engineer
l'ingegneria engineering
l'Inghilterra England
l'ingiustizia injustice
inglese English
l'ingresso entrance, entry
l'inizio beginning
*innamorarsi (di) to fall in
love (with)

inoltre besides
l'insalata salad
insegnare to teach
insieme together
insignificante insignificant
insinuare to hint at, to suggest
insipido tasteless
insomma for heaven's sake; in
short
intellettuale intellectual
intelligente intelligent
l'intenzione (*f.*) intention;
avere intenzione di + *inf.*
to intend
interessante interesting
interessare to interest;
*interessarsi di (a) to be
interested in
l'interesse (*m.*) interest
l'intermezzo intermission
interno internal, interior,
domestic
intero entire
interpretare to interpret
l'interpretazione (*f.*)
interpretation
l'intervista interview
intitolato entitled
intorno a around
introdurre (*p.p.* introdotto) to
introduce
inutile useless
invece instead
inventare to invent
l'inventore; l'inventrice
inventor
invernale winter
l'inverno winter
invitare to invite
l'invitato guest
irlandese Irish
*iscriversi to enroll
l'isola island
ispirare to inspire; ispirarsi
to get inspired
l'Israele Israel
istruire to educate, to instruct,
to teach
l'istruttore; l'istruttrice
instructor
l'istruzione (*f.*) instruction,
education

l'Italia Italy
italiano Italian
l'Italiano Italian language;
l'Italiano/l'Italiana Italian
person

L

là there, over there
il labbro (*pl.* le labbra) lip
il ladro; la ladra thief
il lago lake
*lamentarsi (di) to complain
la lampada lamp
il lampadario chandelier
la lana wool
largo large, wide
lasciare to leave (someone or
something)
il latte milk
la laurea university degree
*laurearsi to graduate
il laureato university graduate
il lavabo sink
la lavagna blackboard
il lavandino sink
lavare to wash; *lavarsi to
get washed
la lavastoviglie dish washer
lavorare to work
il lavoratore; la lavoratrice
worker
il lavoro work; job
legale legal
il legame tie
la legge law
leggere (*p.p.* letto) to read
leggero light
il legno wood
lento slow
il leone lion
la lettera letter; le Lettere
humanities
la letteratura literature
il letto bed
il lettore; la lettrice reader
la lettura reading
la lezione lesson
lì there
la libbra pound
libero free, available

il libro   book; **libro di cucina**
   cookbook
licenziare   to fire
il liceo   high school
il limite   limit; **limite di
   velocità**   speed limit
la lingua   language
la lira   lira (Italian currency)
liscio   straight
litigare   to fight
il locale   room
locale   local
la località   place
lodare   to praise
la Lombardia   Lombardy
Londra   London
lontano (da)   far (from)
la luce   light
luglio   July
la luna   moon
il lunedì   Monday
lungo (*pl.* lunghi)   long, along;
   a lungo   for a long time
il luogo   place; **avere luogo**   to
   take place
lussuoso   sumptuous

M

ma   but
la macchina   car; machine;
   engine; **macchina da presa**
   movie camera; **macchina da
   scrivere**   typewriter;
   macchina fotografica
   camera
la madre   mother
maestoso   majestic
il maestro; la maestra
   elementary school teacher
maggio   May
maggiore   bigger, greater, older
la maggioranza   majority
maggiormente   mainly
la maglietta   T-shirt
il maglione   heavy sweater
magro   thin
mai   never, ever; **non . . . mai**
   never
malato   ill

la malattia   disease, illness
malvolentieri   unwillingly
la mamma   mom
la mancia   tip
mandare   to send
mangiare   to eat
il manifesto   poster; **manifesto
   elettorale**   campaign poster
la mano   hand; **dare la mano**
   to shake hands
il manoscritto   manuscript
il marciapiede   sidewalk
marcio   rotten
il mare   sea; **Mar Tirreno**
   Tyrrhenian Sea
il marito   husband
il marmo   marble
la margarina   margarine
marrone   brown
il martedì   Tuesday
marzo   March
la maschera   mask; mask-
   character
maschile   masculine
massimo   greatest, maximum;
   al massimo   at the most
la matematica   mathematics
la matita   pencil
il matrimonio   marriage,
   wedding
la mattina; il mattino
   morning; **di mattina**   in the
   morning
matto   crazy
il mattone   brick
maturo   mature
il meccanico   mechanic
la medicina   medicine
il medico   doctor, physician
il medio Evo   Middle Age
meglio   better
la mela   apple
il melone   cantaloupe
il membro   member
la memoria   memory; **a
   memoria**   by heart
meno   less
la mensa   cafeteria
mensile   monthly
mentre   while
il menù   menu

meraviglioso   wonderful
meravigliosamente
   wonderfully
il mercato   market
il mercoledì   Wednesday
meridionale   Southern
meritevole   deserving
mescolare   to mix
il mese   month
il messaggio   message
messicano   Mexican
il mestiere   trade
la metà   half
la metropolitana   subway
mettere   to put, to place, to
   wear; ***mettersi**   to put on,
   wear; **mettersi a**   to start
la mezzanotte   midnight
mezzo (*adj.*)   half
il mezzo   means; middle; **per
   mezzo di**   by means of
il mezzogiorno   noon
il Mezzogiorno   Southern Italy
il miglio (*f. pl.* miglia)   mile
migliorare   to improve
migliore   better
Milano   Milan
il milionario   millionaire
mille   thousand
la minestra   soup
il minestrone   vegetable soup
minore   smaller, younger
il minuto   minute
misto   mixed
la moda   fashion; **di moda**
   fashionable
il modello; la modella   model
moderno   modern
modesto   modest
il modo   way, manner; **ad ogni
   modo**   anyway
la moglie   wife
molto   much, a lot of; (*inv.*) very
il momento   moment
monarchia   monarchy
mondiale   world-wide
il mondo   world
il monolocale   studio apartment
il monologo   monologue
la montagna   mountain
il monumento   monument

*morire (*p.p.* morto) to die
la morte death
il mosaico mosaic
la mostra exhibition
mostrare to show
il moto motion, movement;
    mettere in moto to start
    (the car)
la moto(cicletta) motorcycle
il motore motor
la multa fine
il muratore mason
il museo museum
la musica music; musica
    operistica opera music;
    musica folcloristica
    folklore music
il/la musicista musician

N

napoletano Neapolitan
Napoli Naples
il narratore novelist
*nascere (*p.p.* nato) to be born
la nascita birth
il naso nose
Natale Christmas
la natura nature; la natura
    morta still life
naturalmente naturally
nazionale national
la nazionalità nationality
la nazione nation
nè . . . nè neither . . . nor
neanche not even
la nebbia fog
necessario necessary
il negozio store, shop
nemmeno not even
nero black
nervoso nervous
nessuno nobody, no one,
    not . . . anyone
la neve snow
nevicare to snow
niente nothing,
    not . . . anything
il nipote nephew, grandchild;
    la nipote niece,

granddaughter; i nipoti
    grandchildren
no no
la noia boredom
noioso boring
il nome noun, name
non not
il nonno; la nonna
    grandfather; grandmother; i
    nonni grandparents
nonostante in spite of
il nord North
la nota note
notevole remarkable
la notizia news
noto well-known
la notte night
la novella novella, tale
novembre (*m.*) November
nubile (*fem.*) unmarried, single
nucleare nuclear
il numero number; numero
    telefonico phone number
la nuora daughter-in-law
nuotare to swim
il nuoto swimming
nuovo new
nuvoloso cloudy

O

o or
obbligatorio compulsory
l'occasione (*f.*) opportunity;
    approfittare dell'occasione
    to take advantage of
l'occhio eye
gli occhiali (*pl.*) eyeglasses;
    occhiali da sole sunglasses
occidentale western
occupato busy
l'oceano ocean
l'oculista (*m. or f.*) eye doctor
offendere (*p.p.* offeso) to offend
l'offerta offer
offrire (*p.p.* offerto) to offer
l'oggetto object
oggi today
ogni each, every
ognuno everyone, each one

olimpico Olympic
l'olio oil; olio d'oliva olive oil
l'oliveto olive grove
l'ombrello umbrella
l'onore (*m.*) honor
l'opera work, opera; l'opera
    d'arte work of art; opera
    buffa comic opera;
    cantante d'opera opera
    singer
l'opinione (*f.*) opinion
opportuno opportune
oppure or
ora now
l'ora hour; time; è ora che it
    is time that; è ora di it is
    time to
l'orario schedule; in orario
    on time
ordinare to order, to put in
    order, to prescribe
ordinato neat
l'ordine order
l'orecchio (*pl.* le orecchie) ear
organizzare to organize
orgoglioso proud
orientale oriental, eastern
l'originale (*m.*) original
originale original
l'origine (*f.*) origin
l'oro gold; d'oro golden
l'orologio watch, clock
l'ospedale (*m.*) hospital
l'ospite (*m. or f.*) guest, host
l'osso (*pl.* le ossa) bone
ostinato stubborn
ottenere to obtain
ottimista optimist
ottimo excellent
ottobre October
l'ovest West

P

il pacco package, parcel
la pace peace; fare la pace to
    make up
la padella frying pan
il padre father

il padrone owner, boss;
  padrone di casa landlord
il paesaggio landscape; scenery
il paese country, village, town
pagare to pay
la pagina page
il palazzo palace, building
il palcoscenico stage
la palestra gym
la palla ball
la pallacanestro basketball
pallido pale
il pallone ball (soccer)
la panchina bench
il pane bread
il panino roll; panino
  imbottito sandwich
i pantaloni pants
il Papa Pope
il papà dad
paragonare to compare
parcheggiare to park
il parcheggio parking
il parco park
il/la parente relative
parere (p.p. parso) to seem
la parete wall
Parigi Paris
parlare to speak, to talk
il parmigiano Parmesan cheese
la parola word
il parrucchiere; la parrucchiera
  hairdresser
la parte part, side, role
partecipare to take part
*partire to leave, to depart
la partita match, game
il partito party
il passaggio passage, lift; dare
  un passaggio go give a lift
il passaporto passport
passare to pass, to pass by; to
  spend (time)
il passatempo pastime
passato last, past; il passato
  past
la passione passion
la pasta dough, pasta; pastry;
  le paste (pl.) pastries
il pasticcino pastry
la patata potato; patate fritte
  fried potatoes

la patente driver's license
il pattinaggio skating
i pattini skates
la paura fear; avere paura to
  be afraid
il pavimento floor
paziente patient
il/la paziente patient
la pazienza patience; avere
  pazienza to be patient
Peccato! Too bad!
il pedone pedestrian
la pelle skin; leather
la pelliccia fur coat
la penisola peninsula
la penna pen; penna
  stilografica fountain pen
pensare to think; pensare a
  to think of; pensare di +
  inf. to plan, to intend (to
  do something)
il pensiero thought
il pensionato senior citizen
la pensione pension; andare in
  pensione to retire
la pentola pot
il pepe pepper
per for; in order to; per caso
  by any chance
la pera pear
la percentuale rate
perchè why, because
perciò therefore
perdere (p.p. perduto, perso)
  to lose; to waste (time);
  *perdersi to get lost
perfetto perfect
la perfezione perfection
perfino even
il pericolo danger
pericoloso dangerous
la periferia outskirts; periphery
la permanente (f.) permanent
Permesso? May I come in?
permettere (p.p. permesso) to
  allow
però but, however
la persona person
il personaggio character
personale personal
pesante heavy
la pesca peach; fishing

pescare to fish
il pesce fish; pesce fritto
  fried fish
il peso weight
pessimista pessimist
*pettinarsi to comb one's hair
il piacere (m.) pleasure; con
  piacere with pleasure;
  gladly; per piacere please;
  Piacere! Pleased to meet you!
*piacere (p.p. piaciuto) to like,
  to be pleasing
piacevole pleasant
piangere (p.p. pianto) to cry,
  to weep
il piano floor; plan; il
  pianterreno ground-floor
il piano(forte) piano
la pianura plain
il piatto dish; primo piatto
  first course; secondo piatto
  second course
la piazza square
piccante spicy
piccolo little, small
il piede (m.) foot; a piedi on
  foot
il Piemonte Piedmont
pieno (di) full (of); fare il
  pieno to fill up
la pietra stone
pigro lazy
la pillola pill
la pineta pine grove
la pioggia rain
piovere to rain
la pipa pipe
la piramide pyramid
la piscina swimming pool
i piselli peas
il pittore; la pittrice painter
la pittura painting
più more; non più no longer
piuttosto rather
poco little, few; un po' di
  some, a little bit of; a
il poema poem
la poesia poetry
il poeta; la poetessa poet;
  poetess
poi then
poichè since

politico   political
la politica   politics
la Polizia   Police Station
il poliziotto   policemen
il pollo   chicken; **pollo arrosto**
  roast chicken
la poltrona   arm chair;
  orchestra seat
il pomeriggio   afternoon
il pomodoro   tomato
il ponte   bridge
popolare   popular
la popolarità   popularity
popolato   populated
la popolazione   population
la porta   door
il portabagagli   trunk (of a car)
il portacenere   ashtray
il portafoglio   wallet
portare   to carry, to bring; to
  wear
il porto   port, harbor
possedere   to own
possibile   possible; **il meno
  possibile**   as little as
  possible
la possibilità   possibility
il postino   mailman
la Posta   Post Office
il posto   place, seat, position
il potere   power
potere   to be able to, can, may;
  può darsi   it may be that
povero   poor; **Poveraccio!** Poor
  devil!; **Poverino!** Poor
  thing!
pranzare   to have dinner
il pranzo   dinner; **sala da
  pranzo**   dining room
pratico   practical
preciso   precise
predire (*p.p.* **predetto**)   to
  foretell
preferire (-isc-)   to prefer
il prefisso   area code (phone)
il pregiudizio   prejudice
Prego!   Please!, You are
  welcome!, Don't mention it!
il premio   prize
prendere (*p.p.* **preso**)   to take,
  to pick up
prenotare   to reserve

la prenotazione   reservation
*preoccuparsi (di)   to worry
  (about)
preoccupato   worried
preparare   to prepare;
  *prepararsi   to prepare
  oneself, to get ready
*presentarsi   to introduce
  oneself
prestare   to lend
presto   early, fast, soon;
  quickly; **il più presto
  possible**   as soon as
  possible
la previsione   forecast
prima   before, earlier; first;
  prima di   before
la primavera   spring
primo   first
principale   main, leading
privato   private
probabile   probable
il problema (*pl.* **i problemi**)
  problem
il produttore: la produttrice
  producer
la professione   profession
il/la professionista   professional
  man/woman
il professore; la professoressa
  professor
profondo   deep
il profumo   perfume
il progetto   project, plan
il programma   program
proibire (-isc-)   to prohibit
promettere (*p.p.* **promesso**)   to
  promise
la promozione   promotion
il pronome   pronoun
pronto   ready; **Pronto!** Hello!
  (telephone)
il proposito   purpose; **a
  proposito**   by the way
il proprietario; la proprietaria
  owner
proprio (*adv.*)   exactly, indeed
la prosa   prose
il prosciutto   cured Italian ham
prossimo   next
il/la protagonista   main
  character

proteggere (*p.p.* **protetto**)   to
  protect
la protesta   protest, complaint
protestare   to protest, to
  complain
provare   to try; to try on
la provincia   province
lo psicologo; la psicologa
  psychologist
pubblicare   to publish
la pubblicità   advertising
il pubblico   public, audience
il pugile   boxer
il pugilato   boxing
pulire (-isc-)   to clean
pulito   clean
punire (-isc-)   to punish
il punto   point; **punto di vista**
  point of view; **in punto**   on
  the dot
puntuale   punctual
purchè   provided that
pure   by all means
purtroppo   unfortunately

Q

il quaderno   notebook
il quadro   painting, picture
qualche   some
qualcosa   something
qualcuno   someone
quale   which
la qualifica   qualification
qualunque   any, whatever
quando   when
quanto   how much; **per quanto**
  although; **quanto a**
  concerning, as for
il quartiere   district
il quarto   quarter (of an hour)
quasi   almost
quello   that
questo   this
qui   here

R

raccomandare   to warn
la raccomandazione
  recommendation

raccontare to tell, to relate

il racconto short story, tale

*radersi (*p.p.* **raso**) to shave

la radio radio

il ragazzo; la ragazza boy, young man; girl, young woman; boy or girl friend

la ragione reason; **avere ragione** to be right

rapido fast

il rapporto relationship

rappresentare to stage

la rappresentazione performance

raro rare

il re; la regina king; queen

reagire to react

la realtà reality

recentemente recently

recitare to act, to play

la recitazione recitation, performance

il regalo gift, present

la regione region

il/la regista movie director

il registratore tape recorder

regnare to reign

il regolamento regulations

regolare regular

*restare to stay, to remain

restituire (-isc-) to return

la rete network

riassumere to summarize

il riassunto summary

la ricchezza wealth

riccio curly

ricco (*pl.* **ricchi**) rich

la ricerca research

la ricetta recipe, prescription

ricevere to receive

la ricevuta receipt

ricordare to remember

ridere (*p.p.* **riso**) to laugh

riempire to fill

rimanere (*p.p.* **rimasto**) to remain

rimproverare to scold, to reproach

il Rinascimento Renaissance

ringraziare to thank

rinunciare (a) to renounce

riparare to repair

ripetere to repeat

riposare to rest; ***riposarsi** to rest

riservato reserved

il riso rice; laughter

risparmiare to save

il risparmio saving

rispondere (*p.p.* **risposto**) to answer, to reply

la risposta answer

il ristorante restaurant

il risultato result, outcome

il ritardo delay; **in ritardo** late

ritornare to return

il ritorno return

il ritratto picture, portrait

la riunione reunion, meeting

*riunirsi (-isc-) to gather

*riuscire (a) to succeed (in)

la rivista magazine

Roma Rome

romantico romantic

il romanzo novel; **romanzo rosa** (**giallo, di fantascienza, di avventure**) love story (mystery, science-fiction, adventure story)

rompere (*p.p.* **rotto**) to break

rosa (*inv.*) pink

la rosa rose

rosso red

rovinare to damage

la rovina ruin, fall; **andare in rovina** to bankrupt

rubare to steal

il rumore noise

il ruolo role

russo Russian

S

il sabato Saturday

la sabbia sand

il sacco bag, sack; **sacco a pelo** sleeping bag; **un sacco di** a lot of

*sacrificarsi to sacrifice oneself

la sala living room

salire to climb, to go up

il salone hall

la salsa sauce

la salsiccia sausage

saltare to jump; to skip

il salumiere delicatessen man

salutare to greet, to say good bye

la salute health

salvare to save

sapere to know, to know how

sarcasticamente sarcastically

la Sardegna Sardinia

sbadigliare to yawn

*sbagliarsi to make a mistake

sbagliato wrong; incorrect; **è sbagliato** it is wrong

lo scaffale shelf

la scala ladder; staircase

scapolo single (man)

lo scapolo bachelor

la scarpa shoe

gli scarponi da montagna hiking boots

scegliere (*p.p.* **scelto**) to choose

la scelta choice

la scena scene

*scendere (*p.p.* **sceso**) to descend, to come down

scherzare to joke

la schiena back

lo schizzo sketch

lo sci (*inv.*) ski; **lo sci acquatico** water ski

sciare to ski

la scienza science

le scienze politiche political science

lo scienziato scientist

scioperare to strike

lo sciopero strike

scolpire to sculpt, to carve

sconosciuto unknown

scontento unhappy

lo scontrino claim check; **scontrino del bagaglio** baggage check

la scoperta discovery

scorso last

lo scrittore; la scrittrice writer

la scrivania   desk

scrivere (*p.p.* scritto)   to write;
  scrivere a macchina   to
  type

la scuola   school; scuola
  elementare   elementary
  school; scuola media
  junior high school

lo scultore; la scultrice
  sculptor; sculptress

la scultura   sculpture

la scusa   excuse; Scusa!
  (*fam.s.*); Scusi! (*form.s.*)
  Excuse me!

*scusarsi   to apologize

se   if

sebbene   although

il secchio   pail

secco   dry

il secolo   century

secondo   according to

la sede   seat

*sedersi   to sit down

la sedia   chair

segnalare   to signal

il segnale   signal

segnare   (sports) to score

il segretario; la segretaria
  secretary

il segreto   secret

seguire   to follow, to take (a
  class)

il semaforo   traffic light

sembrare   to seem

il semestre   semester

semplice   simple

sempre   always

sentire   to hear, to feel, to
  smell; *sentirsi   to feel

senza   without

separare   to divide; *separarsi
  to separate, to part

la sera   evening; Buona sera
  Good evening

la serata   evening

sereno   clear

la serie   series

serio   serious

servire   to serve

il servizio   service

il sesso   sex

la seta   silk

la sete   thirst; avere sete   to be
  thirsty

settembre   September

settentrionale   Northern

la settimana   week

severo   strict

la sfilata   fashion-show

la sfortuna   bad luck

sfortunato   unfortunate

sì   yes

sia . . . che   both . . . and;
  whether . . . or

siccome   since, because

la Sicilia   Sicily

siciliano   Sicilian

sicuro   sure

la siesta   siesta, nap; fare la
  siesta   to take a nap

la sigaretta   cigarette

significare   to mean

il significato   meaning

la signora   lady, Mrs., ma'am

il signore   gentleman, Mr., sir

la signorina   young lady, miss

il silenzio   silence

simpatico   nice

la sincerità   sincerity

la sinfonìa   symphony

la sinistra   left; a sinistra   to
  the left

il sipario   curtain

il sistema   system

la situazione   situation

smettere (*p.p.* smesso)   to stop

snello   slim

socialista   socialist

la società   society, company

soddisfacente   satisfying

soddisfatto   satisfied

soffrire (*p.p.* sofferto)   to suffer

il soggiorno (la sala)   living-
  room

i soldi   money

il sole   sun

solito   usual; di solito
  usually; generally; al solito
  as usual

la solitudine   loneliness

solo   alone; (*adv.*) only

la somma   sum, addition, total

il sonno   sleep; avere sonno
  to be sleepy

sopra   above, on top of

il/la soprano   soprano

sopratutto   above all

la sorella   sister

sorpassare   to pass (a car)

la sorpresa   surprise

sorridere (*p.p.* sorriso)   to
  smile

sorvegliare   to watch, to
  supervise

la sottana   skirt

sotto   under, below

spagnolo   Spanish

la spalla   shoulder

lo specchio   mirror

speciale   special

lo/la specialista   specialist

*specializzarsi (in)   to
  specialize

la specializzazione   major

specialmente   especially

spegnere (*p.p.* spento)   to turn
  off

lo spendaccione   spendthrift

spendere   to spend

sperare   to hope

spesso   often

spettacolare   spectacular

lo spettacolo   show,
  performance; sight

lo spettatore; la spettatrice
  spectator

spiacente   sorry

la spiaggia   beach

spiegare   to explain

spiegazione   explanation

gli spinaci   spinach

spingere (*p.p.* spinto)   to push

spiritoso   witty

lo sportello   (teller) window

sportivo   athletic, sporty

sposare   to marry; *sposarsi
  to get married

sposato (a)   married

lo sposo; la sposa   groom,
  bride; gli sposi   newlyweds

lo spumante   sparkling wine

lo spuntino   snack

la squadra   team

lo stadio stadium
la stagione season
stamattina this morning
la stampa press; print
stancare to tire; *stancarsi to get tired
stanco tired; stanco morto dead tired
la stanza room
*stare to stay; stare bene to be well, to feel well; stare a dieta to be on a diet; stare male to feel ill; stare zitto to be quiet; stare per + inf. to be about to
stasera tonight
statale of the state
lo stato state
la statua statue
la stazione station
stesso same
lo stile style
la stilografica fountain pen
lo stipendio salary
lo stivale boot
lo stomaco stomach
la storia history; story
storico historical
storto crooked
la strada street, road
straniero foreign
lo straniero; la straniera foreigner
strano strange
stretto narrow, tight
lo strumento instrument; strumento musicale musical instrument
lo studente; la studentessa student
studiare to study
lo studio study; study room
studioso studious
stupendo magnificent
stupido stupid
su above, on top of
subito immediately
*succedere (p.p. successo) to happen
il successo success
il succo juice; succo d'arancia orange juice

il sud South
suggerire to suggest
il suocero; la suocera father-in-law; mother-in-law
suonare to play an instrument, to ring
superare to exceed
superficiale superficial
la superficie area
superiore superior
il supermercato supermarket
surgelato frozen
lo svantaggio disadvantage
la sveglia alarm clock
*svegliarsi to wake up
la svendita sale
lo sviluppo development

T

la taglia size
tagliare to cut; *tagliarsi to cut oneself
le tagliatelle pasta (cut into thin strips)
il talento talent
il tappeto rug
tardi late
la targa license plate
la tasca pocket
la tassa tax; tassa universitaria tuition
il tassì (inv.) taxi, cab
la tavola; il tavolo table; tavola da pranzo dinner table; tavolo da disegno drawing table; A tavola! Dinner's ready!
il tavolino end table; tavolino da tè coffee table
la tazza cup
il tè tea
il teatro theater
la tecnica technique
tedesco (pl. tedeschi) German
la telecamera TV camera
telefonare to phone
la telefonata phone call; telefonata interurbana long distance phone call
il telefono telephone

il telegiornale TV news
il telegramma telegram
il televisore TV set
il tema theme
il tempo time, weather; a tempo pieno full time; a tempo ridotto part time; Che tempaccio! What bad weather!
la tenda tent
le tende, pl. curtains
il tenore tenor
la tentazione temptation
la teoria theory
terminare to finish, to end
il termine term
la terra earth; ground; land; per terra on the floor
il territorio territory
il tessuto fabric
la testa head
testimoniare to bear witness
il tetto roof
il Tevere Tiber river
il tifo (sports) enthusiasm; fare il tifo per to be a fan
tifoso fan
il tipo guy; type, kind
tirare to pull; tirare vento to be windy
il titolo title
la tivù (colloq.) television
il topo mouse
Torino Turin
la torre tower
la torta cake
torto wrong; avere torto to be wrong
toscano Tuscan
il totale total
il Totocalcio soccer pool
la tovaglia table cloth
il tovagliolo napkin
tra (or fra) between, among; tra un'ora in one hour
tradurre (p.p. tradotto) to translate
la traduzione translation
il traffico traffic
la tragedia tragedy
il tram street car
la trama plot

tranquillo   quiet
traslocare   to move
il trasporto   transportation
il tratto   tract, stretch, distance;
   ad un tratto   all of a sudden
la trattoria   restaurant
il treno   train
il trimestre   quarter (of the
   year)
triste   sad
il trofeo   trophy
la tromba   trumpet
troppo   too much
la trota   trout
trovare   to find; trovarsi   to be
   situated, to find oneself
*truccarsi   to put on makeup
il/la turista   tourist
tutti, tutte   everybody, all
tutto   all, every; the whole

U

ubbidire (-isc-)   to obey
ubriaco   drunk
l'uccello   bird
uccidere (*p.p.* ucciso)   to kill
l'ufficio   office
uguale   equal
l'ulivo   olive tree
umido   humid
unico   unique; figlio unico
   only child
l'università   university
universitario (*adj.*)   university
un; una   a, an; ad uno ad uno
   one by one
unire (-isc-)   to unite
l'uomo (*pl.* gli uomini)   man
l'uovo (*pl.* le uova)   egg
usare   to use, to take
usato   used, secondhand
*uscire   to go out
l'uso   use
utile   useful
l'uva   grapes

V

la vacanza   vacation, holiday
la valigia   suitcase
la valle   valley
vantare   to boast
la varietà   variety
vario   varied
la vasca   bathtub
il vaso   vase
vecchio   old
vedere (*p.p.* visto, veduto)   to
   see
vendere   to sell
veloce   fast
la velocità   speed; limite di
   velocità   speed limit
la vendemmia   vintage time
il venerdì   Friday
Venezia   Venice
veneziano   Venetian
*venire (*p.p.* venuto)   to come
il vento   wind; tira vento   it is
   windy
il verbo   verb
verde   green
la verdura   vegetables
la verità   truth
vero   true
il verso   line (poetry)
verso (*prep.*)   towards
*vestirsi   to get dressed
il vestito   dress, suit
la vetrina   shop-window;
   display
la via   street, way
via (*adv.*)   away, off
viaggiare   to travel
il viaggiatore; la viaggiatrice
   traveler
il viaggio   trip, voyage
vicino (*adj.*)   close, nearby;
   vicino a   near
il vicino; la vicina   neighbor
il vigile   police officer
la vigna   vineyard

il villaggio   village
vincere (*p.p.* vinto)   to win
il vino   wine
viola (*inv.*)   purple
il violino   violin
il violoncello   cello
la visita   visit
visitare   to visit, to examine
la vita   life
il vitello   veal; arrosto di
   vitello   roast veal
la vittoria   victory
vivace   lively, bright
vivente   living
vivere (*p.p.* vissuto)   to live
vivo   alive, living
il vocabolario   vocabulary,
   dictionary
la vocale   vowel
la voce   voice; ad alta (bassa)
   voce   in a loud (low) voice
la voglia   desire; avere voglia di
   to feel like
volentieri   willingly
volere   to want; voler dire   to
   mean; volersi bene   to love
   each other
la volontà   will
la volta   time; una volta   once;
   (C'era) una volta   once
   upon a time; due volte   twice
votare   to vote
il voto   grade; vote
il vulcano   volcano
vuoto   empty, vacant

Z

lo zafferano   saffron
lo zaino   backpack
lo zero   zero
lo zio; la zia   uncle; aunt
lo zoo   zoo
lo zucchero   sugar

ENGLISH-ITALIAN VOCABULARY

A

able: to be able to   potere
about   circa; di
above   sopra, su; above all
   sopratutto
abroad   all'estero
to accept   accettare
accident   l'incidente (*m.*)
to accompany   accompagnare
according to   secondo
act   l'atto; to act   recitare
activity   l'attività
actor   l'attore
actress   l'attrice
ad   l'annuncio pubblicitario
to add   aggiungere
address   l'indirizzo
advertising   la pubblicità
advice   il consiglio
to advise   consigliare
affection   l'affetto
afraid: to be afraid   avere paura
after   dopo
afternoon   il pomeriggio
again   ancora
against   contro
age   l'età
ago   fa
air   l'aria
airplane   l'aereo, l'aeroplano
airport   l'aeroporto
alive   vivo
all   tutto
to allow   permettere (*p.p.*
   permesso)
almost   quasi
alone   solo (*adj. adv.*)
along   lungo; to get along
   andare d'accordo
already   già
also   anche
although   benchè

always   sempre
American   americano
among   fra (*or* tra)
amusing   divertente
ancient   antico
and   e
animal   l'animale (*m.*)
another   un altro
answer   la risposta; to answer
   rispondere (*p.p.* risposto)
any   qualunque
anyone   chiunque
apartment   l'appartamento;
   studio apartment   il
   monolocale
to apologize   *scusarsi
to appear   *apparire (*p.p.*
   apparso)
to applaud   applaudire
applause   l'applauso
apple   la mela
appointment   l'appuntamento
to appreciate   apprezzare
April   aprile (*m.*)
architecture   l'architettura
area   la superficie
to argue   litigare
arm   il braccio (*pl.* le braccia)
around   intorno a
to arrive   *arrivare
art   l'arte (*f.*)
article   l'articolo
artistic   artistico
as   come
to ask   domandare; chiedere
   (*p.p.* chiesto)
asleep   addormentato; to fall
   asleep   *addormentarsi
at   a, in, da (*at the house of*); at
   least   almeno
athlete   l'atleta (*m. or f.*)
to attend   assistere; to attend a
   course   seguire

attention   l'attenzione (*f.*)
to attract   attirare
attraction   l'attrazione (*f.*)
attractive   attraente
audience   il pubblico
August   agosto
aunt   la zia
author   l'autore; l'autrice
autobiography   l'autobiografia
available   libero

B

bad   cattivo; too bad   peccato!
bag   la borsa; hand bag   la
   borsetta; sleeping bag   il
   sacco a pelo
balcony   il balcone; la galleria
ball   la palla; il pallone (*soccer*)
bank   la banca
barman   barista
basketball   la pallacanestro (*f.*)
bath   bagno; to take a bath
   fare il bagno; bathroom   la
   stanza da bagno
to be   *essere (*p.p.* stato)
beach   la spiaggia
beautiful   bello
beauty   la bellezza
because   perchè; because of   a
   causa di
to become   *diventare
bed   il letto
bedroom   la camera da letto
beer   la birra
before (*prep.*)   davanti (a);
   (*conj.*) prima (di)
to begin   incominciare
beginning   l'inizio
behind   dietro
to believe   credere (a)
bell-tower   il campanile

to **belong**   appartenere

besides   inoltre

between   tra (*or* fra)

bicycle   la bicicletta

big   grand; **bigger**   maggiore

bill   il conto

biology   la biologia

birth   la nascita

birthday   il compleanno

black   nero

blackboard   la lavagna

blond   biondo

blouse   la camicetta

blue   blu (*inv.*)

boat   la barca

body   il corpo

bone   l'osso (*pl.* le ossa)

book   il libro

bookstore   la libreria

boot   lo stivale

to **border**   confinare

bored: to get bored   *annoiarsi

boredom   la noia

boring   noioso

born: to be born   *nascere (*p.p.* nato)

boss   il capoufficio

to **bother**   dare fastidio

bottle   la bottiglia

boy; boyfriend   il ragazzo

bread   il pane

to **break**   rompere (*p.p.* rotto); *rompersi

breakfast   la colazione; **to have breakfast**   fare colazione

brick   il mattone

briefcase   la cartella

to **bring**   portare

broke: to be broke   essere al verde

brother   il fratello; **brother-in-law**   il cognato

brown   castano; marrone

to **build**   costruire (-isc-)

building   l'edificio; il palazzo

bus   l'autobus (*m.*); **bus stop**   la fermata dell'autobus

business   l'affare (*m.*)

busy   occupato

but   ma, però

butter   burro

to **buy**   comprare

by   da

C

cab   il tassì (*inv.*)

cafeteria   la mensa

cake   la torta

calendar   il calendario

to **call**   chiamare; **to be called**   *chiamarsi

calm   calmo

camera   la macchina fotografica

camping   il campeggio; **to go camping**   fare il campeggio

can   potere

candidate   il candidato

capital   la capitale

car   l'auto(mobile) (*f.*); la macchina

careful   attento; **to be careful**   stare attento

to **carry**   portare

to **cash**   incassare

castle   il castello

cat   il gatto

cathedral   il duomo

cause   la causa

to **celebrate**   festeggiare

cellar   la cantina

central   centrale

century   il secolo

certain   certo

chain   la catena

chair   la sedia

chalk   il gesso

champion   il campione, la campionessa

change   il cambiamento; la moneta; **to change**   cambiare; **to change one's clothes**   *cambiarsi

channel   il canale

chapel   la cappella; **the Sistine Chapel**   la Cappella Sistina

chapter   il capitolo

character   il personaggio

cheap   economico

check   il conto; l'assegno

cheese   il formaggio

chicken   il pollo

child   il bambino; la bambina; (*pl.*) i bambini; i figli; **only child**   il figlio unico; la figlia unica; **grandchild**   il/la nipote; **as a child**   da bambino

Chinese   cinese

chocolate   il cioccolato; **chocolate candy**   il cioccolatino

choice   la scelta

to **choose**   scegliere (*p.p.* scelto)

Christmas   il Natale

church   la chiesa

cigarette   la sigaretta

city   la città

class   la classe, la lezione

classmate   il compagno/la compagna di classe

clean   pulito; **to clean**   pulire (-isc-)

clear   sereno

climate   il clima

to **climb**   salire

clock   l'orologio; **alarm clock**   la sveglia

to **close**   chiudere (*p.p.* chiuso)

cloudy   nuvoloso

coach   l'allenatore; l'allenatrice; **to coach**   allenare

coast   la costa

coat   la giacca; **winter coat**   il cappotto

coffee, coffee shop   il caffè

cold   freddo; **to be cold**   avere freddo; **it is cold**   fa freddo

to **collaborate**   collaborare

colleague   il/la collega

to **come**   *venire (*p.p.* venuto); **to come back**   ritornare; **to come in**   entrare; **to come down**   *discendere (*p.p.* disceso)

comfort   la comodità

comfortable   comodo

company   la società

to **compare**   paragonare

common   comune

to **communicate**   comunicare

communist   il/la comunista

to complain *lamentarsi (di)
completely completamente
complicated complicato
composer il compositore; la compositrice
compulsory obbligatorio
concert il concerto
condition la condizione
confusion la confusione
to consume consumare
continent il continente
to continue continuare
continually continuamente
conversation la conversazione
cook il cuoco; la cuoca; **to cook** cucinare; **cooking** la cucina
corner l'angolo
to correct correggere (*p.p.* corretto)
cost il costo; **to cost** costare
to count contare
couple la coppia
country il paese; **country side** la campagna
course il corso; la classe
cousin il cugino; la cugina
covered coperto
crazy pazzo; **to go crazy** *impazzire
crisis la crisi
critic il critico; la critica
to criticize criticare
crooked storto
to cross attraversare
courage il coraggio
courageous coraggioso
crowded affollato
to cry piangere (*p.p.* pianto)
cup la tazza
to cure guarire
customer il/la cliente
customs la dogana
to cut tagliare; **to cut oneself** *tagliarsi

D

dad il papà
to damage rovinare

to dance ballare
danger il pericolo
dangerous pericoloso
dark buio; **dark-haired** bruno
date la data; l'appuntamento
daughter la figlia; **daughter-in-law** la nuora
day il giorno; la giornata; **the next day** il giorno dopo
dear caro
death la morte
December dicembre
to decide decidere (*p.p.* deciso)
decision la decisione
deep profondo
to define definire (-isc-)
delicious delizioso
democracy la democrazia
dentist il/la dentista
deposit il deposito; **to deposit** depositare
depressing deprimente
to describe descrivere (*p.p.* descritto
description la descrizione
dessert il dolce
desk la scrivania
development lo sviluppo
dialect il dialetto
dialogue il dialogo
diary il diario
dictionary il vocabolario
to die *morire (*p.p.* morto)
diet la dieta; **to be on a diet** stare a dieta
difference la differenza
different differente
difficult difficile
difficulty la difficoltà
diligent diligente
dinner il pranzo; **dining room** sala da pranzo; **to have dinner** pranzare
directly direttamente
director il direttore; la direttrice
discovery la scoperta
to discuss discutere (*p.p.* discusso)
discussion la discussione
dish il piatto
distance la distanza

distant distante; **to be distant** distare
district il quartiere
to divide dividere (*p.p.* diviso)
to do fare (*p.p.* fatto)
doctor il dottore; la dottoressa; il medico
document il documento
dog il cane
door la porta
doubt il dubbio; **to doubt** dubitare
downtown il centro; in centro
to draw disegnare
drawer il cassetto
drawing il disegno
dress l'abito; il vestito; **to dress** vestire; **to get dressed** *vestirsi
drink la bevanda; **to drink** bere (*p.p.* bevuto)
to drive guidare
driving la guida
drunk ubriaco
dry secco
during durante
duty il dovere

E

each ogni
ear l'orecchio (*pl.* le orecchie); **earache** mal d'orecchio
early presto
to earn guadagnare
earth la terra
eastern orientale
easy facile
to eat mangiare
economy l'economia
to educate istruire (-isc-)
education l'istruzione (*f.*)
egg l'uovo (*pl.* le uova)
either . . . or o...
election l'elezione (*f*)
elegant elegante
elementary elementare
emotion l'emozione (*f.*)
to embrace abbracciare
employee l'impiegato/a

employment l'impiego;
  employment agency
  l'agenzia di collocamento
empty vuoto
to encourage incoraggiare
end la fine; **to end** finire
  (-isc)
engagement il fidanzamento
engineer l'ingegnere (*m.*)
engineering l'ingegneria
England l'Inghilterra
English inglese
to enjoy godere; **to enjoy
  oneself** *divertirsi
enough abbastanza; **to be
  enough** bastare
to enroll *iscriversi (*p.p.*
  iscritto)
entertaining divertente
enthusiastic entusiasta
entire intero
entitled intitolato
equal uguale
error l'errore (*m.*)
Europe l'Europa
even perfino; **not even**
  neanche, nemmeno
evening la sera; la serata; **Good
  evening!** Buona sera!
every ogni (*inv.*)
everyone ognuno
exact esatto
exactly esattamente
exam l'esame (*m.*); **to take an
  exam** dare un esame
example l'esempio; **for
  example** ad esempio, per
  esempio
excellent eccellente; ottimo
except eccetto
exception l'eccezione (*f.*)
to exchange cambiare (**money**)
excursion l'escursione (*f.*)
excuse la scusa
exercise l'esercizio
exhibition la mostra
to exist *esistere
expensive caro; costoso
experience l'esperienza
experienced esperto
experiment l'esperimento
to explain spiegare

to explore esplorare
expression l'espressione (*f.*)
eye l'occhio
eyeglasses gli occhiali (*pl.*);
  sunglasses gli occhiali da
  sole

F

face la faccia
fact il fatto; **in fact** infatti
factory la fabbrica
faithful fedele
fall l'autunno; **to fall** *cadere
familiar familiare
family la famiglia
famous famoso
fan tifoso
fantastic fantastico
far (from) lontano (da)
fashion la moda
fashionable di moda
fascinating affascinante
fast rapido, veloce
fat grasso
father il padre; **father-in-law**
  il suocero; **grandfather** il
  nonno
fable la favola
fascism il fascismo
favorable favorevole
fear la paura
February febbraio
to feel sentire; *sentirsi; **to feel
  like** avere voglia di
feminine femminile
few pochi(e); **a few** alcuni(e)
field il campo
to fill riempire
final definitivo
finally finalmente
to finance finanziare
to find trovare
fine la multa
finger il dito (*pl.* le dita)
to finish finire (-isc-)
fire il fuoco; **fireplace** il
  caminetto; **to fire** licenziare
firm la ditta
first (*adj.*) primo; (*adv.*)
  prima

fish il pesce; **fried fish** pesce
  fritto; **to fish** pescare
floor il pavimento; il piano
Florence Firenze
flour la farina
flower il fiore
fog la nebbia
to follow seguire
fond (of) appassionato (di)
food il cibo
foot il piede; **on foot** a piedi
foreign straniero
foreigner lo straniero; la
  straniera
to forget dimenticare
fork la forchetta
free libero, gratuito
fountain la fontana
frankly francamente
freeway l'autostrada
French francese
fresco l'affresco
Friday il venerdì
friend l'amico(a)
friendship l'amicizia
from da, di
fruit la frutta; **piece of fruit** il
  frutto
fun il divertimento; **to have
  fun** *divertirsi
to function funzionare

G

gallery la galleria; **art gallery**
  la galleria d'arte
game il gioco, la partita
garden il giardino
gasoline la benzina; **gasoline
  pump** il distributore di
  benzina
to gather *riunirsi (-isc-)
gender il genere
general generale
generally in genere
generous generoso
genius il genio
gentleman il signore
geography la geografia
German tedesco
Germany la Germania

to get prẹndere; **to get up** *alzarsi; **to get along** andare d'accordo; **to get near** *avvicinarsi (a)

gift il regalo

girl la ragazza; **little girl** la bambina; **girlfriend** la ragazza

to give dare

glad contento

glass il bicchiere; **glasses** gli occhiali

gloves i guanti (*pl.*)

to go *andare; **to go in** *entrare; **to go out** *uscire; **to go back** ritornare

gold l'oro

good buono, bravo

Good-bye Arrivederci! (*fam.*); ArrivederLa! (*form.*); ciao!

government il governo

grade il voto

to graduate *laurearsi; *diplomarsi

grandfather il nonno; **grandmother** la nonna; **grandparents** i nonni

grapes l'uva

grass l'erba

gray grigio

great grande

green verde

to greet salutare

group il gruppo

to grow *crẹscere

to guess indovinare

guest l'ọspite (*m. or f.*); l'invitato(a)

guitar la chitarra

guide la guida

gulf il golfo

gym la palestra

H

hair i capelli; **dark-haired** bruno

hairdresser il parrucchiere; la parrucchiera

hall il salone

half la metà; mezzo (*adj.*)

hand la mano (*pl.* le mani); **to shake hand** dare la mano

handkerchief il fazzoletto

to happen *succẹdere (*p.p.* successo)

happiness la felicità

happy felice

hard duro

to hate detestare, odiare

to have avere; **to have to** dovere

head il capo; la testa

health la salute

to hear sentire

heart il cuore

heavy pesante

hell l'inferno

hello ciao; pronto (**telephone**)

help l'aiuto; **to help** aiutare

here qui; **here is!** ecco!

hero l'eroe (*m.*)

high alto

hill la collina

to hire assụmere (*p.p.* assunto)

historical stọrico

history la stọria

to hit colpire (-isc-)

hitch-hiking l'autostop (*m.*); **to hitch-hike** fare l'autostop

holiday la festa, la vacanza

home la casa; **at home** a casa

homework il cọmpito

to hope sperare

horse il cavallo

hospital l'ospedale (*m.*)

hot caldo; **to be hot** avere caldo; **it is hot** fa caldo

hotel l'albergo

hour l'ora

house la casa; **at the house of** a casa di; **at his/her house** a casa sua

housewife la casalinga

how? come?; **how much?** quanto?; **How are you?** Come sta? (*form.s.*), Come stai? (*fam.s.*), Come va?; **How come?** Come mai?

however comunque, però

huge grosso

humid ụmido

hundred centinạio (*pl.* centinaia)

hunger la fame; **to be hungry** avere fame

hurry la fretta; **to be in a hurry** avere fretta; **in a hurry** in fretta

husband il marito

I

ice il ghiạccio; **ice-cream** il gelato

idea l'idea

ideal ideale

if se

ignorant ignorante

ill (am)malato; **to become ill** *ammalarsi

illness la malattia

to imagine immaginare

immediately immediatamente

importance l'importanza

important importante

impossible impossịbile

to improve migliorare

in in, a; fra

included compreso

increase l'aumento; **to increase** aumentare

indeed davvero; veramente

independent indipendente

industrial industriale

inexperienced inesperto

inflation l'inflazione (*f.*)

information l'informazione (*f.*)

inhabitant l'abitante (*m.*)

to inherit ereditare

inheritance l'eredità

ink l'inchiostro

inside dentro, in

instead (of) invece (di)

instructor l'istruttore; l'istruttrice

instrument lo strumento

intelligent intelligente

to intend avere intenzione di; pensare di

intention l'intenzione (*f.*)

interest l'interesse (*m.*); to
interest interessare; **to be
interested in** *interessarsi a
interview l'intervista
interesting interessante
to introduce presentare; **to
introduce oneself**
*presentarsi
to invent inventare
to invite invitare
Irish irlandese
island l'isola
Italian italiano; **Italian
language** l'italiano
Italy l'Italia

J

January gennaio
Japan il Giappone
Japanese giapponese
job il lavoro
to joke scherzare
journalist il/la giornalista
juice il succo; **orange juice** il
succo d'arancia
July luglio
June giugno
just giusto; **just** (*adv.*)
appena

K

key la chiave
to kill uccidere (*p.p.* ucciso)
kilogram il chilo
(chilogrammo)
kilometer il chilometro
kind gentile; il genere
king il re
kiss il bacio; **to kiss** baciare
kitchen la cucina
knee il ginocchio (*pl.* le
ginocchia)
knife il coltello
to know conoscere (*p.p.*
conosciuto); sapere; **to know
how** sapere
knowledge la conoscenza

L

ladder la scala
lady la signora
lake il lago
lamp la lampada
landscape il paesaggio
large largo
last ultimo, scorso; **to last**
durare
late tardi; **to be late** essere in
ritardo
to laugh ridere (*p.p.* riso)
laughter il riso
law la legge
lawyer l'avvocato;
l'avvocatessa
lazy pigro
to learn imparare
leather il cuoio, la pelle
to leave lasciare; *partire
lecture la conferenza
left la sinistra; (*adj.*) sinistro;
to the left a sinistra
leg la gamba
legal legale
to lend prestare
less meno
lesson la lezione
to let lasciare
letter la lettera
library la biblioteca
light leggero; la luce
lie la bugia; **to lie** dire una
bugia
life la vita
lift il passaggio; **to give a lift**
dare un passaggio
like come; **to like** piacere
(*p.p.* piaciuto)
limit il limite; **speed-limit** il
limite di velocità
lip il labbro (*pl.* le labbra)
lira la lira (**Italian currency**)
to listen to ascoltare
literature la letteratura
little piccolo
to live abitare, vivere (*p.p.*
vissuto)
London Londra

long lungo; **for a long time** a
lungo **to look (at)**
guardare; **to look** (+ *adj.*)
avere un'aria; **to look for**
cercare; **to look like**
assomigliare a
to lose perdere; **to get lost**
*perdersi
lot (a lot) molto
love l'amore (*m.*); **to love**
amare; **to be in love (with)**
essere innamorato (di)
luck la fortuna; **good luck**
buona fortuna; **bad luck** la
sfortuna
lucky fortunato
luckily per fortuna

M

mad: to get mad *arrabbiarsi
magazine la rivista
magnificent stupendo
major la specializzazione
majority la maggioranza
to make fare (*p.p.* fatto)
man l'uomo (*pl.* gli uomini)
manuscript il manoscritto
map la carta geografica
marble il marmo
March marzo
market il mercato
to marry sposare; **to get
married** *sposarsi; **married**
sposato (a)
marriage il matrimonio
masculine maschile
mask, mask character la
maschera
masterpiece il capolavoro
match la partita
mathematics la matematica
mature maturo
May maggio
maybe forse
main principale
to mean significare, voler(e)
dire
meaning il significato

means il mezzo; **by means of** per mezzo di

mechanic il meccanico

medicine la medicina

to meet conoscere (*p.p.* conosciuto); incontrare

meeting la riunione

memory la memoria

message il messaggio

messy disordinato

meter il metro

midnight la mezzanotte

mile il miglio (*pl.* le miglia)

milk il latte

millionaire il milionario

minute il minuto

misadventure la disavventura

miss la signorina

to mix mescolare

mixed misto

model il modello; la modella

modern moderno

modest modesto

mom la mamma

moment il momento

Monday il lunedì

money il denaro, i soldi

monologue il monologo

monument il monumento

month il mese

more più

morning il mattino; la mattina; **in the morning** di mattina; **this morning** stamattina; **good morning!** buon giorno!

moon la luna

more ancora; (di) più

mother la madre; **mother-in-law** la suocera; **grandmother** la nonna

motor-cycle la motocicletta

motorist l'automobilista (*m. or f.*)

mountain la montagna

mouth la bocca

to move traslocare

movie il film; **to go to the movies** andare al cinema

much molto; **too much** troppo

museum il museo

music la musica; **opera music** musica operistica; **folk music** musica folcloristica

musician il/la musicista

must dovere

monthly mensile (*adj.*)

N

name il nome; **last name** il cognome

Naples Napoli

narrow stretto

nation la nazione

nationality la nazionalità

naturally naturalmente

Neapolitan napoletano

near vicino; **to get near** *avvicinarsi

neat ordinato

necessary necessario; **to be necessary** bisognare

neck il collo

need il bisogno; **to need** avere bisogno di

neighbor il vicino; la vicina

nephew il nipote

nervous nervoso

never mai

nevertheless ciò nonostante

new nuovo

news la notizia

newspaper il giornale

next to vicino (a); **next week** la settimana prossima

nice simpatico

niece la nipote

night la notte; **good night!** buona notte!; **last night** ieri sera

no no

nobody nessuno

noise il rumore

noon il mezzogiorno

Northern settentrionale

nose il naso

not non

notebook il quaderno

notes gli appunti

nothing niente

to notice notare

novel il romanzo

November novembre

noun il nome

now adesso; ora

number il numero; **phone number** il numero telefonico

nurse l'infermiere; l'infermiera

O

to obey ubbidire (-isc-)

object l'oggetto

to obtain ottenere

occasion la circostanza

ocean l'oceano

October ottobre

of di

to offend offendere (*p.p.* offeso)

offer l'offerta; **to offer** offrire (*p.p.* offerto)

office l'ufficio; **Post Office** la Posta

often spesso

O.K.; very well va bene

old vecchio

Olympic olimpico

once una volta; **once upon a time** c'era una volta

only solo (*adv.*), solamente, appena, soltanto

open aperto; **to open** aprire

opera l'opera

opinion l'opinione (*f.*)

opportunity l'occasione (*f.*)

opposite il contrario

optimist ottimista

or o

orange l'arancia; **orange juice** il succo d'arancia

order l'ordine (*m.*); **to order, to put in order** ordinare; **in order to** per; **in order that** affinchè

to organize organizzare

origin l'origine (*f.*)

original originale; l'originale (*m.*)

other   altro
out   fuori
outskirts   la periferia
to owe   dovere
owner   il proprietario; la
   proprietaria

P

to pack   fare i bagagli; **back
   pack**   lo zaino
package   il pacco
page   la pagina
pain   il dolore
to paint   dipingere (*p.p.*
   dipinto)
painter   il pittore; la pittrice
painting   la pittura; il quadro
palace   il palazzo
pants   i pantaloni
paper   la carta
parents   i genitori
park   il parco; **to park**
   parcheggiare
parking lot   il parcheggio
party   la festa; il partito
passport   il passaporto
pastry   il pasticcino
patience   la pazienza
patient   paziente
to pay   pagare; **to pay attention**
   fare attenzione; **to pay a
   visit**   fare visita
pay-check   lo stipendio
peace   la pace
peasant   il contadino; la
   contadina
pedestrian   il pedone
pen   la penna
pencil   la matita
peninsula   la penisola
pension   la pensione
perfect   perfetto
period   l'epoca
people   la gente; **some people**
   alcune persone
performance   la
   rappresentazione
perfume   il profumo
pharmacy   la farmacia

phone   il telefono; **to phone**
   telefonare; **phone call**   la
   telefonata
picture   la fotografia, il quadro
pill   la pillola
pink   rosa (*inv.*)
place   il luogo; il posto; **to
   place**   mettere
plan   progetto; **to plan**
   progettare; pensare (di +
   inf.)
play   la commedia; il dramma;
   to play (an instrument)
   suonare; **to play (a game)**
   giocare; **to play (a part)**
   recitare **player**   il giocatore;
   la giocatrice
pleasant   piacevole
please   per piacere
pleasure   il piacere; **with
   pleasure**   con piacere
plot   la trama
pocket   la tasca
poem   il poema
poetry   la poesia
poet   il poeta
political   politico
politics   la politica
poor   povero
popular   popolare
popularity   la popolarità
populated   popolato
portrait   il ritratto
position   il posto
possible   possibile; **as little as
   possible**   il meno possibile
possibility   la possibilità
poster   il manifesto; **electoral
   poster**   il manifesto
   elettorale
postcard   la cartolina
pot   la pentola
potato   la patata; **fried potatoes**
   le patate fritte
to practice   allenarsi; esercitarsi
precise   preciso
to prefer   preferire (-isc)
to prepare   preparare
present   il regalo
president   il presidente
press   la stampa

pretty   carino
prize   il premio
probable   probabile
problem   il problema
producer   il produttore; la
   produttrice
profession   la professione
professor   il professore; la
   professoressa
program   il programma
to prohibit   proibire (-isc-)
to promise   promettere (*p.p.*
   promesso)
prompter   il suggeritore
pronoun   il pronome
provided   purchè
proud   orgoglioso
public   il pubblico
to publish   pubblicare
publisher   l'editore; l'editrice
to pull   tirare
to punish   punire (-isc-)
purple   viola (*inv.*)
purpose   il fine
to put   mettere (*p.p.* messo); **to
   put on**   *mettersi

Q

qualification   la qualifica
quarrel   il litigio; **to quarrel**
   litigare
quarter   il trimestre; il quarto
question   la domanda; **to ask a
   question**   fare una domanda
quiet   tranquillo; **to be quiet**
   stare zitto
to quit   abbandonare

R

radio   la radio
rain   la pioggia; **to rain**
   piovere
raincoat   l'impermeabile (*m.*)
rare   raro
rather   piuttosto
to read   leggere (*p.p.* letto)
reading   la lettura

ready pronto
reality la realtà
really davvero
reason la ragione
receipt la ricevuta
to receive ricevere
recently recentemente
recipe la ricetta
to recite recitare
record il disco; **record player** il giradischi
to recover guarire (-isc-)
red rosso
refrigerator il frigo(rifero)
region la regione
regular regolare
relationship il rapporto, la relazione
relative il/la parente
remarkable notevole
to remember ricordare, *ricordarsi
Renaissance il Rinascimento
renowned noto, famoso
rent l'affitto; **to rent** affittare; **to rent (a car)** noleggiare
to repair riparare
to repeat ripetere
republic la repubblica
research la ricerca
reservation la prenotazione
to reserve prenotare
to rest *riposarsi
restaurant il ristorante, la trattoria
to retire andare in pensione
return il ritorno; **to return** ritornare; restituire (-isc-)
rice il riso
rich ricco
riding l'equitazione (*f.*)
right giusto; **to be right** avere ragione; **to the right** a destra
result il risultato
river il fiume
road la strada
romantic romantico
Rome Roma
roof il tetto
room la camera, il locale, la stanza

roommate il compagno/la compagna di stanza
rug il tappeto
run la corsa; **to run** correre (*p.p.* corso)

S

to sacrifice *sacrificarsi
sad triste
sailing: to go sailing andare in barca
salad l'insalata
salary lo stipendio
salesperson il commesso; la commessa
salt il sale
same stesso
sand la sabbia
sandwich il panino imbottito
Saturday il sabato
sauce la salsa
sausage la salsiccia
satisfied soddisfatto
to save risparmiare; salvare
saving il risparmio
to say dire (*p.p.* detto); **to say good-bye, to say hello** salutare
scene la scena
schedule l'orario
school la scuola; **elementary school** la scuola elementare; **junior high school** la scuola media; **high school** il liceo
science la scienza; **political science** le scienze politiche
to scold rimproverare
to sculpt scolpire
sculptor lo scultore
sculpture la scultura
sea il mare
serious grave
season la stagione
seat il posto; la poltrona (**theater**)
secret il segreto
secretary il segretario; la segretaria
to see vedere (*p.p.* visto, veduto)

to seem parere, sembrare
to sell vendere
to send mandare
sentence la frase
September settembre
serious serio
to serve servire
several diversi, e
sex il sesso
to shave *radersi (*p.p.* raso)
shelf lo scaffale
shirt la camicia
shoe la scarpa
shop il negozio
shopping: to go shopping fare le spese; **to go grocery shopping** fare la spesa
short basso; breve
to shout gridare
show la mostra; lo spettacolo; **to show** (di)mostrare
shower la doccia; **to take a shower** fare la doccia
Sicilian siciliano
Sicily la Sicilia
sidewalk il marciapiede
sign il cartello; **to sign** firmare
signal il segnale; **to signal** segnalare
signature la firma
silence il silenzio
silent silenzioso
silk la seta
similar simile
simple semplice
since siccome; da quando
sincerity la sincerità
to sing cantare
singer il/la cantante
single nubile (*woman*); celibe, scapolo (*man*)
sister la sorella; **sister-in-law** la cognata
size la taglia
to sit (down) *sedersi
ski lo sci (*inv.*); **to ski** sciare
skirt la gonna
sky il cielo
sleep il sonno; **to sleep** dormire; **to be sleepy** avere sonno

slice   la fetta
slim   snello
slow   lento
small   piccolo
to smoke   fumare
snow   la neve; **to snow** nevicare
so   così; **so much** così tanto; **so that** affinchè
soccer   il calcio
socialist   socialista
sofa   il divano
some   alcuni (alcune), qualche, di + *def. art.,* un po' di
someone   qualcuno
something   qualcosa
sometimes   qualche volta
son   il figlio; **son-in-law** il genero
song   la canzone
soon   presto; **as soon as possible** appena possibile
sorry   spiacente; **to be sorry** dispiacere (*p.p.* dispiaciuto)
soup   la minestra; **vegetable soup** il minestrone
South   il sud
Southern   meridionale
Spanish   spagnolo
to speak   parlare; **to speak about** parlare di
special   speciale
specially   specialmente
spectator   lo spettatore; la spettatrice
speech   il discorso
speed   la velocità
to spend   spendere (money) (*p.p.* speso); passare (*time*)
spendthrift   spendaccione
sporty   sportivo
spring   la primavera
square   la piazza
stadium   lo stadio
stage   il palcoscenico; **to stage** rappresentare
to start   incominciare
state   lo stato
station   la stazione
statue   la statua
to stay   *restare
steak   la bistecca

to steal   rubare
still   fermo, ancora (*adv.*)
stingy   avaro
to stop   smettere (*p.p.* smesso); fermare, *fermarsi
store   il negozio
story   la storia; **short story** il racconto
straight   diritto, dritto; **straight ahead** avanti diritto
strange   strano
street   la strada; **street corner** l'angolo della strada
strength   la forza
strike   lo sciopero; **to strike** scioperare
strong   forte
stubborn   ostinato
student   lo studente; la studentessa
studious   studioso
studio   il monolocale
study   lo studio; **study room** lo studio; **to study** studiare
style   lo stile
subject   l'argomento; il soggetto
subtitles   le didascalie
subway   la metropolitana
to succeed (in)   *riuscire (a)
success   il successo
suddenly   improvvisamente
to suffer   soffrire (*p.p.* sofferto)
sugar   lo zucchero
to suggest   suggerire (-isc-)
suit   il vestito, il completo; **bathing suit** il costume da bagno
suitcase   la valigia
summer   l'estate (*f.*)
sumptuous   lussuoso
sun   il sole
Sunday   la domenica
sunny: it is sunny   c'è il sole
supermarket   il supermercato
supper   la cena; **to have supper** cenare
sure   sicuro
surgeon   il chirurgo
to surround   circondare
sweater   il golf
sweet   dolce

to swim   nuotare
swimming   il nuoto; **swimming pool** la piscina
system   il sistema

T

table   il tavolo; la tavola
to take   prendere (*p.p.* preso); portare
to talk   parlare; **to talk about** parlare di
tall   alto
to tan   *abbronzarsi
tax   la tassa
tea   il tè
to teach   insegnare
teacher   il maestro; la maestra
team   la squadra
telegram   il telegramma
to tell   dire (*p.p.* detto); raccontare
tenor   il tenore
tent   la tenda
terrible   terribile
thank you   grazie; **to thank** ringraziare; **thanks to** grazie a
that   che; quello; **that is** cioè
theater   il teatro; **movie theater** il cinema
then   allora; poi; **since then** da allora
theory   la teoria
there   là, lì; **there is** c'è; **there are** ci sono
therefore   perciò
thief   il ladro; la ladra
thin   magro
thing   la cosa
to think   pensare; **to think of** pensare a
thirsty: to be thirsty   avere sete
this   questo
through   attraverso
thought   il pensiero
thousand   mille, (*pl.*) mila
Thursday   il giovedì
ticket   il biglietto
tie   la cravatta

time il tempo, la volta, l'ora; **it
is time** è (l')ora di; **to be
on time** essere in orario
tip la mancia
tire la gomma
tired stanco
tiring faticoso
title il titolo
to a, in, da
today oggi
together insieme
token (*telephone*) il gettone
tomato il pomodoro
tomorrow domani
tonight stasera
too anche; **too much** troppo
tooth il dente; **tooth-ache**
mal di denti
tour il giro, la gita; **to tour**
girare
tourist il/la turista
towards verso
tower la torre
town il paese, la città
trade il mestiere
traffic il traffico; **traffic light**
il semaforo
tragedy la tragedia
train il treno
travel il viaggio; **to travel**
viaggiare; **travel agency**
l'agenzia di viaggi
traveler il viaggiatore; la
viaggiatrice
to treat curare
treatment la cura
tree l'albero
trip il viaggio; **to take a trip**
fare un viaggio; **Have a good
trip!** Buon viaggio!
true vero
trunk il portabagagli
truth la verità
to try cercare di + *inf.*; **to try
on** provare
tub la vasca
Tuesday il martedì
tuition la tassa universitaria
to turn girare; **to turn on**
accendere (*p.p.* acceso) **to
turn off** spegnere (*p.p.*
spento)

to type scrivere a macchina
typist il dattilografo; la
dattilografa
typewriter la macchina da
scrivere

U

ugly brutto
umbrella l'ombrello
uncertain incerto
uncle lo zio
under sotto
to understand capire (-isc-)
unemployed disoccupato
unemployment la
disoccupazione
unfortunately purtroppo
unhappy infelice, scontento
university l'università
unknown sconosciuto
unless a meno che
unlucky sfortunato
unpleasant antipatico
until (*prep.*) fino a; (*conj.*)
finchè
unwillingly malvolentieri
use l'uso; **to use** usare; **to get
used** *abituarsi
useful utile
useless inutile
usual solito; **usually** di solito;
as usual come al solito

V

vacation la vacanza
valley la valle
vase il vaso
vegetables la verdura
Venice Venezia
verb il verbo
very molto
victory la vittoria
village il villaggio
vineyard la vigna
violin il violino
visit la visita; **to visit** visitare;
esaminare; andare a trovare
vocabulary il vocabolario

voice la voce; **in a loud voice**
ad alta voce; **in a low voice**
a bassa voce
vote il voto; **to vote** votare
vowel la vocale

W

to wait (for) aspettare
waiter il cameriere
to wake up *svegliarsi
walk la passeggiata; **to walk**
andare a piedi; comminare;
to take a walk fare una
passeggiata
wall il muro, la parete
wallet il portafoglio
to want volere
war la guerra
warmly calorosamente
to wash lavare; **to wash
oneself** *lavarsi
watch l'orologio; **to watch**
guardare
water l'acqua
way il modo; **anyway** ad ogni
modo
weak debole
wealth la ricchezza
to wear mettere, *mettersi;
portare
weather il tempo; **weather
forecast** le previsioni del
tempo
wedding il matrimonio
Wednesday il mercoledì
week la settimana
weight il peso; **to lose weight**
dimagrire (-isc-)
well be' (bene); **to be well**
stare bene
western occidentale
what? che? che cosa? cosa?
when quando
where dove
wherever dovunque
which quale
while mentre
white bianco
without senza

who, whom che, il quale; **who? whom?** chi?

whoever chiunque

whole tutto; **the whole day** tutto il giorno

whose? di chi?

why perchè

wide largo

wife la moglie

willingly volentieri

to win vincere (*p.p.* vinto)

wind il vento

window la finestra; la vetrina (*shop*)

wine il vino

winter l'inverno

wish il desiderio, l'augurio; **to wish** desiderare, augurare; **I wish** vorrei

with con

without senza

witty spiritoso

woman la donna

wonderful meraviglioso

wonderfully meravigliosamente

wood il bosco; il legno

wool la lana

word la parola

work il lavoro, l'occupazione (*f.*); **work of art** l'opera d'arte; **to work** lavorare

worker l'operaio/a

world il mondo; **world-wide** mondiale

to worry preoccupare; *preoccuparsi (di); **worried** preoccupato

to write scrivere (*p.p.* scritto)

writer lo scrittore; la scrittrice

wrong sbagliato; **to be wrong** avere torto

Y

yawn sbadigliare

year l'anno; **to be . . . years old** avere . . . anni; **New Year's day** capodanno

yellow giallo

yesterday ieri

yes sì

yet eppure; **not yet** non ancora

young giovane; **young man** giovanotto; **young lady** signorina

INDEX

(Numbers refer to pages)

PHOTO CREDITS

Cover photo, (Siena rooftops) Nawrocki Stock Photo/© William S. Nawrocki.   Chapter opener photos, Carmen Cavazos.   10, Beryl Goldberg.   17, Stock, Boston/Christopher Brown.   19, Photo Researchers Inc./Binzen.   22, (*left*) Beryl Goldberg, (*right*) Sebastian Cassarino.   30, Beryl Goldberg.   32, Mario Federici.   33, (*left*) Italian Cultural Institute/Agenzia Giornalistica Italia/Vitello-Turchetti, (*right*) Sebastian Cassarino.   36, Photo Researchers Inc./© Bobbie Kingsley.   50, Kay Reese & Associates./© Paulo Fridman.   61, Italian Cultural Institute/Agenzia Giornalistica Italia/(*left*) Franco Gianuzzi, (*right*) Stefano Marinotti.   64, Beryl Goldberg.   78, Monkmeyer/Irene Bayer.   88, Monkmeyer/Irene Bayer.   92, Italian Cultural Institute/Agenzia Giornalistica Italia/Vittorio Morelli.   93, Sebastian Cassarino.   96, Familia Lamacchia   105, Photo Researchers Inc./© Catherine Ursillo.   108, Kay Reese & Associates/Enrico Martino.   109, Kay Reese & Associates/Marka.   111, Monkmeyer/Irene Bayer.   123, Azienda Autonoma Turismo Di Firenze/Bazzechi.   124, Gaetano Barone/E.P.T. Firenze.   130, Mario Federici.   141, Italian Cultural Institute/Agenzia Giornalistica Italia/Cristiano Rossi.   144, Mario Federici.   145, Monkmeyer/Morin.   148, Kay Reese & Associates/Ean Erick Pasquier.   161, Italian Cultural Institute/Agenzia Giornalistica Italia (*top left*) Roberto Mezzetti, (*top right*) Andrea Nemiz, (*bottom*) Vittorio Morelli.   164, courtesy of Roberta di Camerino.   165, Italian Cultural Institute/Agenzia Giornalistica Italia/Andrea Nemiz.   168, Italian Cultural Institute/Agenzia Giornalistica Italia/Enrico Salaroli.   178, Woodfin Camp & Associates/William Hubbell.   180, Woodfin Camp & Associates/William Hubbell.   181, Monkmeyer/Luten.   184, Duilio Peruzzi.   198, Italian Cultural Institute/Agenzia Giornalistica Italia/Roberto Mezzetti.   199, Italian Cultural Institute/Agenzia Giornalistica Italia/Enrico Valentini.   202, Monkmeyer/Feily.   216, Sebastian Cassarino.   217, Italian Government Travel Office.   220, Italian Cultural Institute/Agenzia Giornalistica Italia/Andrea Nemiz.   232, Monkmeyer/Bernard Silberstein.   233, Rapho/Photo Researchers Inc./Bernard Silberstein.   236, Italian Cultural Institute/Agenzia Giornalistica Italia/Enrico Salaroli.   249, Monkmeyer/Irene Bayer.   252, Monkmeyer/Nancy Ploeger.   267, (*left*) Photo Researchers Inc./Dr. Eugene A. Eisner, (*right*) Monkmeyer/Bernard G. Silberstein.   270, Italian Cultural Institute/Agenzia Giornalistica Italia/Enrico Salaroli.   281, Italian Cultural Institute/Agenzia Giornalistica Italia/Bruno Peruzzini.   284, "Enit"/Italian Government Travel Office.   285, Italian Cultural Institute/Agenzia Giornalistica Italia/Di Paternò.   286, Medichrome/Stock Shop Inc./Arthur Sirdofsky.   300, Italian Cultural Institute/Agenzia Giornalistica Italia/Andrea Nemiz.   301, Italian Cultural Institute/Agenzia Giornalistica Italia/Cristiano Rossi.   304, Monkmeyer/Irene Bayer.   318, Italian Cultural Institute/Agenzia Giornalistica Italia/Bruno Peruzzini.   319, Kay Reese & Associates/Marka/Graphic Photo.   334, Photo Researchers Inc./© Bobbie Kingsley.   335, Italian Cultural Institute/Agenzia Giornalistica Italia/Pino Farinacci.   338, Monkmeyer/Irene Bayer.   349, Italian Cultural Institute/Agenzia Giornalistica Italia.   350, Italian Cultural Institute/Agenzia Giornalistica Italia.   354, Italian Cultural Institute/Agenzia Giornalistica Italia/Silvano Festuccia.   361, Art Resource.   365 Italian Cultural Institute/Agenzia Giornalistica Italia (*top and bottom*) Andrea Nemiz.   368, Monkmeyer/Irene Bayer.   392, Italian Cultural Institute/Agenzia Giornalistica Italia/Roberto Mezzetti.   395, Luigi Ciminaghi.

LITERARY PERMISSIONS

158, reprinted by permission of *Il Messaggero di Roma*.   162, ("Gucci" ad) reprinted by permission of *Corriere della Sera*.   194, "Er compagno scompagno" by Trilussa, reprinted by permission of Arnoldo Mondadori Editori.   320–21, ("Dallas" and "La Città delle Donne" ads) reprinted by permission of *Corriere della Sera*.   350, "Soldati" by Giuseppe Ungaretti, reprinted by permission of Arnoldo Mondadori Editori.   351, "Fine del '68" by Eugenio Montale and "Alla nuova luna" by Salvatore Quasimodo, reprinted by permission of Arnoldo Mondadori Editori.

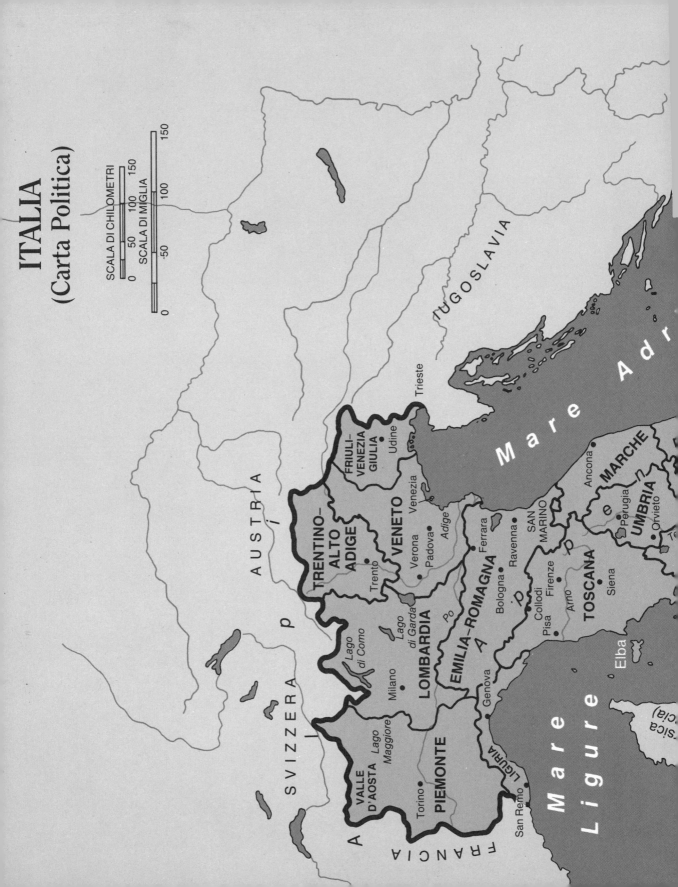

ITALIA
(Carta Politica)

SCALA DI CHILOMETRI
0   50   100   150

SCALA DI MIGLIA
0   50   100   150

AUSTRIA

SVIZZERA

FRANCIA

JUGOSLAVIA

Alpi

Trieste

FRIULI-VENEZIA GIULIA

Udine

TRENTINO-ALTO ADIGE

VENETO

Venezia

Trento

Verona

Adige

Padova

Lago di Como

Lago di Garda

Milano

LOMBARDIA

EMILIA-ROMAGNA

Ferrara

Po

Ravenna

SAN MARINO

MARCHE

Ancona

UMBRIA

Perugia

Orvieto

Bologna

Appennini

Collodi

Firenze

TOSCANA

Pisa

Arno

Siena

Elba

Lago Maggiore

VALLE D'AOSTA

PIEMONTE

Torino

Genova

LIGURIA

San Remo

Mare Ligure

Mare Adri...

Corsica (Francia)